REISEN UM GLÜCKLICH ZU SEIN

Julius Meier-Graefe

SPANISCHE
REISE

List Verlag

Die erste Auflage der »Spanischen Reise« erschien 1910
im S. Fischer Verlag, Berlin.

Umschlagentwurf: Design Team, München
Umschlagbild: Ignacio Zuloaga (1870–1945), Maurice Barrès
mit Toledo im Hintergrund, Gemälde, 1913
(Ausschnitt), Nancy, Musée Lorrain.
(Bildarchiv Preußischer Kulturbesitz, Berlin)

Bildquellennachweis:
MAS, Barcelona: 1, 2, 3, 4, 5, 7, 8
Kunstbildarchiv Aline Lenz, Hamburg: 6

ISBN 3-471-78163-3

Eine Reise durch Spanien und Portugal lieferte den glücklichen Teilnehmern vielerlei Eindrücke. Was sich davon in den wenigen Stunden, denen bessere Verwendung fehlte, notieren ließ, habe ich aufgeschrieben. Wäre es mehr, so hätte ich weniger davon gehabt. Wer in dem Lande war, wird mir nachfühlen, daß ich lieber leben als schreiben wollte. Dem, der nicht da war, werden diese Andeutungen möglicherweise mehr Lust machen, hinzufahren, als eine eingehende Beschreibung von Dingen, die gesehen werden wollen. Sie wäre mir sicher noch weniger geglückt. Um die pyrenäische Halbinsel zu kennen, braucht man, schlecht gerechnet, zehn Jahre, die gut verwendet werden wollen. Ich hatte nur sechs Monate und nicht im geringsten den Trieb zu solcher Verwendung. Wir haben uns in Spanien wohlgefühlt. Europa wird nachgerade so klein, daß man sich mit dem Nachweis freier Plätze für die Tummelung des Körpers und des Geistes Verdienste erwirbt. Dies allenfalls ist der einzige Ehrgeiz des Autors. Verhallt die Lockung ungehört, so werden die Wissenden das Verdienst womöglich noch höher schätzen.

Lieber Fritz! Am 28. März erhielt ich außer Deinen Telegrammen vier andere. Das erste, daß unsere Kabinen auf »Cap Arcona« reserviert wären und wir uns am 31. März im Bureau der Hamburg-Südamerika-Gesellschaft zu melden hätten; das zweite, daß mein lieber Onkel Johann im Sterben liege; das dritte, daß in München die seit zwei Jahren von mir gesuchten Zeichnungen (103, ohne die unwesentlichen) gefunden seien; das vierte von meinen Wiener Verlegern Korn, Müller & Co., daß sie sich der Verschiebung des Liefertermins für das seit zwei Jahren fällige Opus *Die Vorläufer des Impressionismus* widersetzten und mich, falls ich wirklich das auffallende Projekt einer Reise nach Spanien ausführen sollte, zur Zahlung der Konventionalstrafe heranziehen würden. – Am 29. drückte ich meinem lieben Onkel Johann in Königsberg die Augen zu, traf am 30. abends in München ein und katalogisierte in der Nacht zum 31. die 103 Zeichnungen, die zu den entscheidenden des großen Künstlers gehören und meinen bisher verfaßten Katalogteil so ziemlich auf den Kopf stellen. Am 1. fuhr Jeanne mit dem Gepäck nach Hamburg, während ich mich in München mit Korn, Müller & Co. auseinandersetzte, die ich telegraphisch hinberufen hatte. Sie sahen schließlich ein, daß die Vorläufer des Impressionismus nirgends anders als in Spanien zu suchen seien, und daß ich wieder mal die größten Opfer brachte, um mich zu dokumentieren. Abends nach Berlin, wo ich Deinen Anwalt an den Bahnhof bestellt hatte. Da wir während der Fahrt zum Lehrter Bahnhof nicht fertig wurden, nahm ich ihn nach Hamburg mit und diktierte ihm unterwegs in großen Zügen, wie ich mir die Regelung der Angelegenheit denke. Das Entscheidende scheint mir: liebst Du Alma noch, oder nicht? Alles, was ich dem Anwalt gesagt habe, gilt natürlich für den zweiten Fall. Trifft dieser zu, so ist es sicher das Richtige, Du benutzt den gewiß unerfreulichen Anlaß, um ein Band zu lösen, dessen Solidität mir nie ganz gesichert vorkam. Solltest Du sie aber doch noch lieben, was ich aus Deinem Brief nicht mit vollkom-

7

mener Klarheit ersehe, so würde ich empfehlen, mit Alma weiter zu leben. In diesem Fall übermittle ihr bitte meine herzlichen Grüße. Du ersiehst sicher aus dem Obigen, daß es mir beim besten Willen unmöglich war, Dein dringendes Verlangen nach Aussprache zu erfüllen. Ich habe das Schiff,nur noch gerade im letzten Moment erreicht.

In Treue Dein   J.

AN BORD DES CAP ARCONA, 3. APRIL.

Man muß sich daran gewöhnen. Ich lief gestern den ganzen Tag auf Deck herum, wenn ich nicht auf dem mechanischen Kamel in der Turnhalle saß. Dies macht genau die Bewegungen des Wüstentiers. Man kann sie sich schnell und langsam stellen. May und Jeanne sahen zu und fanden mich lächerlich. Ich bin glücklich. Hans und Mynheer wollen mich zum Skatspielen verführen. Diese Leutchen langweilen sich schon. Ich langweile mich gar nicht. Möchte den ganzen Tag rennen und habe mich viermal massieren lassen. Morgens zum ersten Frühstück: Quäkergrütze, Sole frite, Ham and Eggs und zwei Orangen. Der Dampfer fährt nach Buenos Aires. In der ersten Kajüte ist nicht viel los. Eine sehr schöne Spanierin mit einem noch schöneren Kinde. Beide haben Augen wie schwarze Kirschen. Das Auf- und Ablaufen gab ich schließlich auf, da ein widerlicher Mensch, Turnlehrer offenbar, auch immer auf und ab lief; Brust heraus, mit durchgedrückten Knien. In Boulogne kam ein Landsmann Mays, ein französischer Botschaftssekretär, mit einer um fünfundzwanzig Jahre jüngeren Frau an Bord. Er spielt Pferd mit den Kindern, an roten Klingelbändern, trippelt mit so süßlichen Schrittchen hinterdrein und trillert Trilili! Der Diener läuft mit ebensolchen Schritten mit der Frau hinterher und trillert auch Trilili. Hübscher Kerl. Im Zwischendeck Auswanderer. Eine famose dicke Person, das Gesicht mit einer Fülle von Epidermis, daß sie sich dreimal darin einwickeln könnte. Frau Rosa heißt sie, reist in Geschäften nach Buenos Aires. Sitzt den ganzen Tag breit und majestätisch auf dem Hinterdeck. Zwei nicht schlecht gewachsene Mädchen, gegen Zwanzig, sind bei ihr. Hans machte sich an die Alte heran und fragte, ob die jungen Damen ihre Töchter wären. Ihre Nichten. Die eine trägt rosa, die andere schwarze mit Pailletten besetzte Tanzschuhe. Sonst sind sie bei der merkbaren Kälte dürftig bekleidet.

NACHMITTAGS.

Der Trilili-Attaché trillert noch immer. Das Schiff stampft ein bißchen. Die Sicherheit vor Telegrammen ist erquickend. Wir haben eine Funkstation an Bord und können die Leute auf dem Festland ärgern, ohne Antwort zu erhalten. Ich habe Lust, Korn, Müller & Co. auf diesem Wege wissen zu lassen, daß mir ihr Kontrakt ganz trilili ist. Auf ihre Kosten natürlich. Auch sehr viele andere Leute möchte ich dergleichen wissen lassen. Ich habe das Gefühl, im rechten Moment abgereist zu sein; bilde mir ein, daß ich mich binnen den nächsten acht Tagen mit allen Bekannten verzankt hätte, und zwar endgültig. In Southampton kamen viele Menschen an Bord. Nun geht es dem Golf von Biscaya entgegen. May und Jeanne kommen nicht zum Essen, sondern lassen sich auf ihren Korbstühlen auf Deck frugale Dinge servieren. Jeanne ist wenig aufgelegt zu Gesprächen. May legt Patiencen und bewundert den Himmel »l'infini«. Der Wind ist recht frisch. Frau Rosa sitzt unentwegt. Hans hat die Adresse ihres Hauses in Buenos Aires. Soll sehr komfortabel sein.

AN BORD DES CAP ARCONA, 4. APRIL, ABENDS.

Zum Dejeuner ein Ei und ein Kognak. Dieser Golf von Biscaya macht seinem Namen Ehre. Madame Rosa liest eine illustrierte Monographie Kaulbachs, Verlag Velhagen und Klasing. Um zwölf Uhr erhöhen wir das Point auf zwei Pfennige, um zwei auf fünf Pfennige. Um vier verliert Mynheer einen Grand mit den drei Ältesten, weil er verpaßt, die Jungen zu ziehen, und ich mit dem Kleinsten in der Mittelhand sein Flötenaß wegsteche. Um fünf gibt Hans das Rennen auf. Mynheer und ich legen uns in die von den beiden Damen verlassenen Korbgeflechte. Der Himmel saust in einer Weise in die Höhe, daß man schwindelig wird. Trilili und Anhang längst nicht mehr vorhanden. Nur dieser gottverdammte Turnlehrer stampft in seinen hohlen Hosen immer noch im Paradeschritt auf und ab. Ein Engländer neben mir raucht heilloses Kraut und stopft immer nach. Um 10 Uhr erscheinen in der Dunkelheit etwa sechs Seemeilen vor uns drei Lichter in einer Linie. Einmal am Himmel, so etwa 1000 Meter über uns, dann fast unter dem Meer. Ich beobachte das eine ganze Weile und komme schließlich zu dem Einsehen, daß es ein Luftschiff sein muß, vermutlich in schwerer Bedrängnis. Mynheer behauptet, es sei ihm ganz egal. Jeanne hat siebzehnmal gebrochen und zwanzig Pillen Antinausin genommen.

AN BORD DES CAP ARCONA, 5. APRIL.

Wir nähern uns La Coruña. Alles wohl. Hans will nur seiner Schwiegermutter geschrieben haben. Die Frauen sind munter. May behauptet, selbst in der Kabine nicht des befreienden Gefühls, d'être corps à corps avec les vagues et le ciel, verlustig gegangen zu sein. Wir frühstücken wie die Wilden. La Coruña liegt reizend zwischen Meer und Hügeln. Das Schiff bleibt weit draußen und ist im Nu von einem Dutzend kleiner Segler umringt, in denen es von Menschen wimmelt. Die Don Juan-barke von Delacroix in mannigfaltigen Varianten. Ein tolles Geschrei. Sie krabbeln, ich weiß nicht wie, die Strickleitern herauf und werden oben zu Hunderten in den Gepäckraum verstaut. Spanische Deserteure, mit deren Transport nach Südamerika ein schwungvoller Handel getrieben wird. Nach der

Lebhaftigkeit, mit der sie sich in den luft- und lichtlosen Raum wie Heringe verstauen lassen, scheint der militärische Dienst in Spanien auch nicht zu den Annehmlichkeiten des Daseins zu gehören. Dann kommen die offiziellen Auswanderer an Bord, die Falltreppe herauf. Und schließlich die Behörde mit Gendarmen in Dreimastern. Der Chef sitzt an einem Tischchen und schreibt, daß alles in Ordnung ist. Er sitzt genau einen Schritt von dem Gepäckraum, in dem die dreihundert nichtoffiziellen Auswanderer warten, bis er das Schiff verläßt. Kaum haben wir den Hafen verlassen, so wird das Brett abgehoben, die Kerls krabbeln aus ihrem Loch heraus und gruppieren sich malerisch.

AN BORD DES CAP ARCONA, 6. APRIL.

Die See ist immer noch bewegt, aber wir haben uns an das Schwanken gewöhnt. Von Skat keine Rede. Selbst die Damen frühstücken mit im Speisesaal, und wie sich einmal das Schiff stark auf die Seite legt und Teller, Flaschen usw. auf die Sofas kollern, gibt es nur Lachen. Wir haben verteufelte Lust, bis Madeira mitzufahren. Mynheer, der an der glänzenden Küche des Schiffes hängt, redet nach Kräften zu. Die Fahrt in dem Tejo, der Elbe Lissabons. Rechts regelmäßig profilierte Hügel; links das Sintragebirge mit dem stattlichen Castelo da Pena. Wird, von nahem gesehen, wohl enttäuschen. Wie es daliegt, als organische Krönung des Felsens, wirkt es prachtvoll. Lissabon baut sich imposant auf. Man denkt sofort an Neapel. Die Bewegung der Terrassen hat nicht so viele Spielarten, aber die Farbigkeit ist nicht geringer, und das Ganze wirkt massiger als Neapel. Wir liegen lange vor dem Kloster Belém, einer unwahrscheinlich weißen Gotik, die wir uns morgen genauer ansehen werden. Die Trennung von unserem schönen Schiff wird uns nicht leicht. Mynheer ist ganz gebrochen. Hans nimmt zärtlichen Abschied von Madame Rosa und ihren Nichten, die ganz schelmische Mädchen sein sollen.

11

Wir haben uns nicht enthalten können, noch einen Bummel durch die Stadt zu machen. Gestern waren die Wahlen. Es hat blutige Köpfe gegeben. Der Platz Dom Pedro ist von Militär besetzt. Die Ulanen sehen gut aus. Die Stadt gefällt uns sehr. Das malerische Neapel mit europäischer Allüre. Überall Durchblicke auf die hochgelegenen Viertel. Alles sauber. Die Häuser in famosen Farben; namentlich pompejanisches Rot mit Weiß. Wir sind mitten im Frühling. Die lila Blüten der Judasbäume, eine Art Mandelbaum, von märchenhafter Farbe. Natürlich begegnen wir auf Schritt und Tritt den Passagieren des »Cap Arcona«. Der widerliche Turnlehrer läuft auf der Praça do Commercio in demselben Tempo herum wie auf dem Schiffe. Trilili ist auch da.

Morgens nach dem Kloster Belém. Die Klosterkirche Santa Maria sah vom Schiff weit besser aus. João de Castilho, der Baumeister, erscheint wie ein geschickter Neger, der eines Tages nach Europa kam. Seine Gotik ähnelt dem modernen Archaismus der heutigen Russen, Ungarn und ähnlicher Völker, die sich eine Sezession leisten. Diese Kombination von Gotik und Renaissance, Barock und maurischen Motiven höchst fatal. Die Gotik ist an sich schon barock genug und verträgt nur die in ihrem Organismus liegende Übertreibung. Man sieht keine einzige vernünftige Fläche. Alles mit Ornamenten bekleckst, die ebensogut anders sein könnten. Die berühmten Netzgewölbe, abscheulich taktlos, weil das, was konstruktiv wirken müßte, rein ornamental verwendet ist. Man riecht überall den Parvenü. Der Emanuelstil ist das Empire eines Korsaren des 16. Jahrhunderts. Als wir in der Kirche waren, wurde der Sarg eines der erschossenen Skandalmacher gebracht.

Der Sarg, ein reizendes Ecrin aus orangenem Stoff mit schwarzen Streifen, sah in dem Sonnenlicht des Portals anbetungswürdig aus. Der Mann lag in seinem Anzug darin, mit einer roten Nelke im Knopfloch. Vor der Kirche ein hübscher Garten aus blühenden Rosen, Palmen und Judas. Um einen der Judasbäume hatte man einen großen Rosenstrauch wachsen lassen, so daß sich die gelben Rosen mit den violetten Judasblüten vermischten. Als Geschmack ebenso infam wie die Kombination der Gotik mit dem Barock des Emanuelstils, aber die himmlische Sonne macht alles wieder gut. Der Kreuzgang hinter der Kirche ist eine angenehme Überraschung. Die gewaltige Erfindung der Anlage des doppelten Stockwerkes mit den abgeflachten Ecken, hinter denen die gewaltigen Pfeiler stehen, triumphiert über alle Details. Und die Vermengung der Stile hat hier wirklich einen Stil von ungesehener Pracht ergeben. Die Gotik tritt ganz zurück, es ist eine Kombination romanischer Rundbogen mit arabischem Pfeilerwerk, die durchaus natürlich wirkt. Die Renaissanceornamente bleiben in der Fläche der Pfeiler und erfüllen daher vollkommen ihren Zweck. Das Material, der weiße, stellenweise geschwärzte Stein, fügt viel hinzu. Daß derselbe Mann die Kirche bauen konnte, ist schwer zu begreifen. Nachmittags durch Lissabon gebummelt, bergab und bergauf. Es ist eine wundervoll luftige Stadt. Mir behagt sie besser als Neapel. Die Sauberkeit wird zu einer ästhetischen Eigenschaft, und die Ausblicke von dem einen Stadtteil auf den anderen sind reicher als in Neapel. Daß der Vesuv fehlt, erscheint fast als Vorzug. Die Wirkungen werden nicht immer wieder auf denselben Eindruck zurückgeführt. Der Botanische Garten hat schöne Bäume. Dazu rechne ich nicht die Palmen. Diese ungebührlich vergrößerten Blätter, die irgendwie auf einen kahlen Stamm aufgepappt sind, sind überhaupt keine Bäume. Das Exotische scheint mir nicht zu liegen. Aber schöne Zedern, prachtvolle Eukalyptus und Oliven. In der Nähe, an einer kleinen Straße, lag eine Frau im Fenster. Unbewegliche, schwarze Augen. Das weiße Fleisch leuchtete vor dem Dunkel des Zimmers in dem schneeweißen Fensterrahmen. Hans war schwer wegzubringen.

Morgens auf dem Fischmarkt am Hafen. Das Gewimmel der Frauen mit den Fischtrögen auf den Köpfen. Eine schöner als die andere. Bildschöne Bengels von fünfzehn Jahren. Ein liebenswürdiges Volk. Nirgends hat man den Eindruck von Dekadenz. Die Redensart, daß der Portugiese den Übergang vom Affen zum Spanier darstelle, ist wohl übertrieben. Bekannte von Hans, zwei junge Damen der Lissaboner Gesellschaft, kamen ins Hotel. Rührender Patriotismus. Sie meinen, wir müßten länger hier bleiben. Unser Plan, acht Tage für Portugal, sechs Monate für Spanien zu geben, sei unmoralisch. – Mynheer zieht die Katernase und ruft: Auf nach Velasquez! Um elf fahren wir nach Sintra. Nach Sintra zu schließen, haben die jungen Damen recht. Ich habe nie eine so merkwürdige Vereinigung schönster Landschaft mit charakteristischer Architektur gesehen. Unten der alte Palácio Real, ein prachtvoller Block mit zwei schnurrigen Küchenschornsteinen, die von weitem wie schlesische Kalköfen aussehen. In dem patriarchalischen Eingangshof nähert sich ein verschnörkelter Baum der Fassade. Die Formen der Äste gehen zwanglos in die Ornamente des Emanuelstils über, der die Fenster schmückt, und legitimieren den groben Naturalismus, der mich in Belém abstieß. Im Innern malerische Winkel. Einige sehr schöne Räume mit gewölbten Holzdecken. Überall wundervolle Fliesen. Vorgeschmack von Sevilla. Abwarten! Ein Jammer, daß die Wanddekorationen mit den schönen Fliesen durch die gräßlich moderne Einrichtung verdeckt werden. Der Trödel moderner Fürsten ist niederdrückend. In den Wohnräumen der Schlösser von Petersburg, Rom, Wien, Berlin, Dresden immer derselbe trostlose Eindruck eines Parvenüs, der sich in einem gekauften Schlosse einrichtet. Kein Börsianer könnte es schlimmer machen. Ein merkwürdig eindringliches Symptom. Übrigens erzählten uns die beiden Fräuleins allerlei Interessantes über den ermordeten König und den Kronprinzen.
Dann in Wagen die Höhe hinauf zum Kastell der Mauren. Die

niedrige, gezackte Befestigungsmauer säumt die Höhe in wunderbaren Linien. Wir steigen an der Mauer entlang. Mynheer stoppt gleich am Anfang. Leidet an Schwindel. Neulich bei der Gemsjagd niedergebrochen. Wir spazieren wie auf Wolken, tief neben uns die riesige Ebene, auf der anderen Seite das wunderbare Kastell auf der Höhe. Die Romantik hat nicht die Spur eines Mißtons, weil sie aus der Natur hervorgeht. Byron hat diese mit Süße gemischte Wildheit kaum geahnt. Das Kastell, das wir vom Schiff aus sahen, hält sich doch auch in der Nähe, zumal der Klosterteil. In dem modernen ganz schreckliche Banalitäten. Hübsche Höfe und Durchgänge. Die Statue des Vasco de Gama, auf einem Felsen in der Nähe, sieht wie ein barocker Zahnstocher aus. Durch den wundervollen Park mit den blühenden Kamelien zu den Wagen zurück. In unglaublichem Tempo den Berg hinunter nach der Quinta de Monserrate. Schöner Reinfall. Der Park ohne eine Ahnung von Disposition, und die maurische Residenz des Mister Cook im Innern und im Äußern von schmerzlicher Lächerlichkeit. Mynheer triumphiert, er hat es gleich gesagt. Wir haben einen schönen Tag hinter uns. Selbst der Reinfall mit der Cookschen Phantasie hat sein Gutes.

LISSABON, 9. APRIL.

Morgens das luxuriöse Haus und die Sammlung des Grafen Burnay. Zahllose mit Gobelins tapezierte Räume. Ein gutes Schulbild von Rubens und ein schönes Frauenbildnis eines deutschen Meisters des 16. Jahrhunderts. Schöner Garten. Nachmittags ohne Mynheer – er hat seinen Bedarf an Gegend gestern gedeckt – nach Cascais mit der Bahn, den Tejo entlang. Von Cascais per Wagen nach dem Felsen Bocca do Inferno am Meer. Wir klettern in den Felsen herum, Hans mit unverschämter Dreistigkeit. Dann weiter nach dem hübschen Bade Estoril. Das Kasino ist zum Leidwesen von Hans noch nicht in Betrieb. Die Spieltische im ersten Stock noch zugedeckt. Wir lassen uns

Tee holen und bleiben ein paar Stunden. Vor uns das blaugraue Meer unter dunstigem Himmel. Links die großgeschwungene Bucht. Vorn der graue Strand mit den wenigen Menschen, die wie schwarze, weiße und rote Puppen aussehen. Dann die schwarze Bahn und zu beiden Seiten die weißen und roten Häuser zwischen Grün. Die Farben erhalten sich bis in die fernste Spitze der Bucht und werden mit sinkender Sonne nur stärker. Es gibt einen Moment, wo die Grün und Weiß in der Nähe im Maximum des Kontrastes aufeinander wirken, und die Farben in der Ferne sich auflösen und die Details unterdrücken. Vom Bahnhof Estoril ist es noch schöner, weil von hier der graue Stein des Bahndammes das Bild abschneidet. Mynheer könnte hier einen noch ungeborenen Cézanne bewundern. Auch die andere Seite nach Norden hat ihre Reize. Hier liegen die Massen der Häuser in Stufen von Grau, das einzelne Lampen unterbrechen. Hans ist für diese Seite nicht zu haben. Er muß Farben sehen. Zum Diner sind wir in Lissabon zurück. Große Diskussion. Hans bekundet den Entschluß, ein paar Tage hier zu bleiben und die Bucht von Estoril zu malen. Jeanne wütend, da sie sich nicht gerne von May trennt. Wenn das schon am Anfang so ginge, hätten wir nicht zusammen zu reisen brauchen. Hans sei doch überhaupt Porträtmaler. Mit Würde machen wir sie auf die Bedeutung des Objektes im Beruf des Künstlers aufmerksam. Mynheer lockt die zweitägige Wagenfahrt nach Tomar durchaus nicht. Aber er hat sein Gepäck bereits nach Buçaco schicken lassen und tröstet sich mit Zigarren, die er das Stück zu 5000 Reis gekauft hat.

11. APRIL.

Mynheer, Jeanne und ich morgens um sieben mit der Bahn nach Wallado, wo wir um halb zwölf eintreffen. Von da mit Pferden nach Alcobaça. Das Innere der Kirche sehr anständig, frühgotisch mit romanischen Details. Es tut wohl, nach den Phantastereien des Emanuelstils mal wieder reine Formen zu genießen. Schöner Klostergang mit dem merkwürdigen Lavatorium. Hier zeigt sich wieder der Orient. Das Maurische paßt sich immer am besten dem Claustro an. Wohl, weil der Hof an sich dem Orient entstammt. In der Abtei – jetzt Kaserne – eine enorme gekachelte Küche mit Riesenschornstein à la Sintra. Nach dem Frühstück fahren wir durch langweilige Gegend nach Batalha weiter. Man sieht die Kirche erst unmittelbar vor der Ankunft. Sie liegt an der Landstraße tief unten. Wenn man plötzlich in der Heide bei Lüneburg oder sonstwo die Westminster Abbey fände, könnte die Überraschung nicht größer sein. Selbst Mynheer ist erstaunt. Ein durchaus städtischer Prachtbau, der einer Millionenstadt als Zentrum dienen könnte und der auch dann noch vielleicht nicht weniger einsam wäre. Die Hauptteile von größter Distinktion bis in alle Einzelheiten. Wir gingen mit wahrer Angst hinein, auf Enttäuschungen gefaßt und fanden das nobelste Interieur, ohne jeden Schmuck, nur die Pracht erhabener Verhältnisse. Man bekommt Achtung vor einem Volk, das den siegreichen Kampf um die Unabhängigkeit so würdig feiert. Die späteren Anbauten liegen zum Glück an der Hinterseite und fügen der Noblesse den Zauber des Phantastischen hinzu. Das Äußere des Teils, der die Capellas inperfeitas enthält, von grandiosem Gepränge. Es ist vermutlich ein Glück, daß die Türme mit den Rundstäben unvollendet blieben. So überwiegt die gotische Stimmung. Fabulöser Reichtum im Innern, der wieder durch das fehlende Dach gewinnt. Die Sonne verbessert die Details. Die an sich unsinnige Hinzufügung des Anbaues, dem jede nützliche Verbindung mit dem Hauptteil fehlt – man muß um die Kirche herumgehen, um hineinzukommen –, stört nicht einen Augenblick. Man hat selten vor Werken der Baukunst diesen Eindruck des Massenimpulses. Der Enthusiasmus steigert sich bis zum Größenwahnsinn, ohne lächerlich zu werden. Der erste Kreuzgang mit überreichen Füllungen maurischer Art in den Bogen. Der zweite ganz simpel. Der Kapitelsaal, ein prachtvolles Riesengewölbe ohne Pfeiler, von größter Wucht. Man wird in Batalha von einer Empfindung in die andere geworfen, ohne müde zu werden. Wenn Mynheer nicht so drängte, bliebe ich ein paar Tage hier. Als wir in die Kirche gingen, brachte eine Frau die Leiche ihres Kindes in offnem Sarg, den sie auf dem Kopf trug. Das Baby lag zwischen bunten Blumen gebettet, und die Sonne schien gerade darauf. Die Frau brachte den Sarg in den Chor und stellte ihn hin, um auf den Segen des Pfaffen zu warten. Das Ding sah in dem enormen Raum wie ein winziger Farbenfleck aus. Nachher nahm sie den Sarg wieder auf den Kopf und blieb eine Viertelstunde damit stehen, um uns abfahren zu sehen.

Abends trafen wir in Leiria ein, wo wir übernachteten. Das Städtchen liegt reizend. Von der Ruine des Kastells auf dem Hügel sieht es wie aus dem Ei gepellt aus. Ohne die paar roten Flecken würde man es für ein thüringisches Städtchen nehmen. Die Ruine des Kastells, wundervoll durch den Zufall der Zerstörung gegliedert. Eine verfallene Chornische von guten Verhältnissen mit merkwürdigem, strahlenartigem Gewölbe. Lange vor dem Gasthaus gesessen. Das Kastell wurde schließlich pechschwarz vor blauem Himmel.

Langer Kampf mit Mynheer, der absolut nicht mit nach Tomar will. Er sehnt sich nach Velasquez und guten Hotels. Paris ist die einzige Stadt, weil man dort gute Kunst und gute Butter bekommt. Neben dem Gasthaus liegt der Brunnen. Vom frühen Morgen an kommen die Frauen mit ihren Tonkrügen auf dem Kopf. Wenn der Krug leer ist, tragen sie ihn mit der Breite aufliegend. Sie halten sich so gut, weil sie an das Tragen auf dem Kopf gewöhnt sind. Diese Brunnenidylle stimmt Mynheer friedlich, er willigt schließlich ein, doch mitzufahren. Recht langweilige Wagenfahrt zuerst nach Ourém. Mynheer behauptet, die Leute hätten von der Landwirtschaft keine Ahnung, weil sie keinen Kalidünger verwenden. Die zweirädrigen Lastwagen, die uns begegnen, sind alle noch nach antikem Muster, mit beweglicher Holzachse und massiven Holzrädern. In der Kirche von Ourém wurde der Christus, eine Gliederpuppe, für das morgige Sonntagsfest angezogen. Der Pfaffe schimpfte sich blau, weil das Hemd nicht über die Gliederpuppe gehen wollte. Beinahe hätte er den Heiland geprügelt. Die Fahrt nach Tomar zog sich lange hin durch das wenig erfreuliche unfruchtbare Land. Mynheer bildete Mythen über unsere Bosheit, ihn verlockt zu haben, und prophezeite Wanzen und wer weiß was in Tomar. Wir stiegen gleich nach der Ankunft zur Kirche hinauf und waren enttäuscht. Mynheer von satanischem Behagen. Ich fing deshalb an, das Sammelsurium von Architektur schön zu finden und redete mich in große Begeisterung hinein. Krach mit Jeanne, die sich auf Seite Mynheers stellte. Frauen sind auch nur gerade von hier bis da für bessere Dinge zu haben. Wir aßen, das heißt ich aß. Mynheer und Jeanne erklärten, nicht mittun zu können. Es gab unter anderem einen schwarzen Fisch mit Reis. Ich nahm zweimal von jedem Gericht und trank einen Liter des Rotweins, den Mynheer für Tinte erklärte. Nachher war mir übel. Der Wirt führte uns in einen Klub, in dem sich ein Billard befand. Mynheer besiegte mich dreimal, weil ich ihm konstant setzte und er wie ein Lutteur mit den Bällen holzte. Die Bewunderung der zusehenden Spießer tat ihm sichtlich wohl.

TOMAR, 12. APRIL.

Die Kirche gewinnt bei erneutem Besuch. Jeanne und ich, Jeanne nicht ohne Sträuben, treiben uns den Vormittag in den Höfen herum. Mynheer bleibt vor dem Eingang in dem Garten sitzen und sonnt sich. Der Blick von hier mindestens malerisch. Mynheer meint, malerisch sei auch der Brunnen auf dem Lützowplatz in der rechten Beleuchtung, und die Puppenallee sehe im Schnee entzückend aus. Der Teufel hole den Emanuel-stil. Dieser krasse Naturalismus, der sich nicht schämt, aus

19

Stricken und Schnallen und wer weiß was sonst noch, Ornamente zu gewinnen, ist zum Übelwerden. Ein Stockholmer Architekt hat vor ein paar Jahren etwas Ähnliches mit einem Ausstellungslokal versucht. Die Templerkirche wäre ohne den Anbau, die sogenannte Christusritterkirche, wunderbar. Zentralbauten sind meine Schwärmerei, und dieser gehört mit seinem reichen, aber strengen Säulenwerk zu den merkwürdigsten. Der Platz wird durch den großen Säulenbau in der Mitte stark eingeengt, und in der Enge wirken die verblichenen Gold, Blau und Rot der Bemalung fast zu stark. Aber man möchte den Raum nicht vergrößern. Die Buntheit dieser Enge paßt genau zu dem Charakter, paßt auch zu den Ideen, die wir uns von den Tempelherren machen, die man sich nie in Menge denken kann. Man kann sich die zwölf Ritter vorstellen, die hier ihre ernsten Gebete verrichteten, bevor sie wieder hinaus gegen die Ungläubigen zogen. Es steckt ein verdammt anderer Geist in dieser Enge als in dem Protz der Christusritterkirche. Die Höfe so verschieden wie möglich. Eine Perle der Claustro da Hospedaria, zum Teil dreistöckig, italienische Renaissance, bescheidenen aber intimen Charakters, die rötlichgraue Ziegelverdachung auf dem weißen Säulchen zum Anbeten. Claustro dos Philippes, wörtlich, ich weiß nicht, welchem Spätrenaissancebau Roms entlehnt. Darüber schaut die Fassade der Christusritterkirche hervor, ein tolles Mixtum Compositum. Der Kreuzgang do Mixo malerisch einsam.

Mittags per Wagen nach der Eisenbahnstation Chao de Maças. Mynheer hat nicht geschlafen und hungert. Er entwirft ein Bild, was man alles in der Zeit für Genüsse, namentlich kulinarischer Art, in anderer Umgebung hätte haben können, und er erklärt den Tag für verloren. Ich gebe zu bedenken, daß ich in Berlin mit Snobs, die nichts von Bildern verstehen, noch viel mehr Zeit auf weniger nützliche Art verbringe. Die letzte halbe Stunde wird kein Ton gesprochen.

Die Fahrt hierher zuletzt sehr hübsch, an lila Wiesen vorbei, auf denen das Vieh grast. Nicht herauszubekommen, woher das Lila stammt. Vielleicht sehr dichtes Heidekraut. Man trifft auf kilometerlange Strecken. Coimbra versöhnt uns; die Perle der portugiesischen Städte, beschaulich, traulich, das Ideal einer Studentenstadt. Mynheer ergattert einen Wagen mit Gummirädern und glänzenden Pferden. Wir fahren in Karriere durch die sehr steilen Steinstraßen. Die hochgelegene Universität köstlich. Man sollte meinen, daß junge Menschen, die zwischen den Kollegs solche Rundblicke haben, zu guten Gedanken kommen können. In den Hörsälen fällt das Fehlen aller Tische auf. Nur Bänke. Sollten die Glücklichen nicht nachschreiben? Sé Velha entschädigt uns für alle Unbill in Tomar. Der Bau könnte bei uns im Norden liegen; reinster romanischer Stil; der Blick in das obere Stockwerk hinreißend. Ehrwürdige Gräber. Auch das Äußere fabelhaft imposant. Bei der Betrachtung des Domschatzes kommt Mynheer in Wallung. Dann im Jardino Botanico gebummelt. In Santa Cruz konnten wir leider nicht hinein. Nach dem Diner nach Luzo, der Eisenbahnstation für Buçaco. Von dort nach dem Hotel hinauf. Die nächtliche Fahrt durch den großen Wald sehr schön, und man freute sich auf das Hotel, von dessen Üppigkeit uns Wunder berichtet waren.

BUÇACO, 13. APRIL.

Auch Nietzsche – der Engländer, der wie Nietzsche aussieht und den wir in Batalha trafen – ist da. Schöne Spaziergänge; von der Höhe weiter Blick auf die waldigen Berge. Das Hotel, ein grotesker Koloß in dem unvermeidlichen Emanuelstil, ursprünglich als Palast erbaut und noch nicht ganz fertig, von der Königin refüsiert, die, wie man sagt, hier ein Retiro des dem schönen Geschlecht nicht abgeneigten Gatten vermutete. Heilloser Geschmack. Bezeichnenderweise passen zu der verhunzten Gotik die schlimmen Wanddekorationen, die einem modernen Bierpalast entlehnt zu sein scheinen, ausgezeichnet. Nietzsche trägt bei dem Diner zum Smoking ein Monokel statt seiner gewohnten Brille und scheint von leichtem Säuferwahnsinn besessen.

Mynheer beginnt an meinem Kunstenthusiasmus zu zweifeln, weil ich immer noch nicht direkt nach Madrid will, sondern darauf bestehe, erst noch Salamanca und Burgos zu besuchen. Ich verstehe es auch nicht. Mir liegt nicht viel an Salamanca und Burgos, aber ich möchte noch nicht gern zu den Bildern, aus irgendeinem undefinierbaren Grunde. Möchte erst etwas von dem Lande und den Menschen sehen, wie um eine Stütze gegen den Eindruck zu finden, oder die Möglichkeiten einer Erklärung, die man brauchen wird. Vielleicht ist es ein perverses Gelüst, die Sparsamkeit mit der Vorfreude. Ich werde das, was ich dort erleben werde, nie wieder erleben. Es ist vielleicht die letzte ganz starke Erfahrung. Außer dem Prado habe ich alle großen Sammlungen der Welt gesehen. Vielleicht ist es auch Angst, wennschon ich nicht wüßte, vor was.

Der Vormittag in Buçaco ziemlich langweilig. Der Wald ist ganz nett, aber mir sind hundert Wälder im Norden lieber, und dieses Emanuelhotel bedrückt uns. Es wäre gescheiter gewesen, ein paar Tage in Coimbra zu bleiben. Mynheer wiederholt bei jeder Gelegenheit sein: Auf nach Velasquez! und Jeanne erklärt Salamanca von vornherein für abgelehnt. In ihre Sehnsucht nach dem Prado mischt sich die Hoffnung ein, in Madrid einen anständigen Coiffeur zu finden. Gegen Mittag per Wagen nach Pampilhosa. Von dort mit dem Südexpreß, in dem wir Hans und May wiederfanden, nach Salamanca. In der Nacht kommen wir an. Zu Mynheers satanischer Freude in Schnee und Regen. Wir müssen die Sehenswürdigkeit in geschlossenem Wagen abmachen und frieren wie die Schneider. Kein Wunder, daß sich die Stadt so übel wie möglich präsentiert. Aber, ob sie selbst bei gutem Wetter die Erwartungen erfüllt? Die neue Kathedrale groß und stillos. Der »platereske« Stil ist vielleicht eine noch trübere Verirrung als Portugals Emanuelstil. Ornamentchen, die einem Zierteller entnommen zu sein scheinen, werden für Fassaden benutzt. In dem Emanuelstil steckt brutale Rücksichtslosigkeit, die nicht den Eindruck von Kraft ausschließt, und von weitem sehen alle portugiesischen Bauten imposant aus. Dieses Zeug dagegen ist Impotenz durch ein Vergrößerungsglas. Die alte Kathedrale – was hatte ich mir vorgestellt! – plump und unorganisch. Die berühmten Kapitäle blöde Spielerei, die berühmten Kapellen Talmi. Die Fassaden von San Esteban und der Universität in der gleichen kleinzügigen miserablen Pracht. Plateresk und platt ist dasselbe. Kurios der alte Hörsaal. Wir suchen unter Regenschirmen die Stadt ab. Wo sind die romantischen Gassen von Salamanca? Zwei Häuser, die Casa de las Conchas und die Casa de la Salina sind kümmerliche Reste und lassen nicht den Schluß auf vergangene Größe zu. Man merkt nirgends die Universitätsstadt. Viele Straßen wirken polnisch verwahrlost. Die Plaza Mayor mit den regelmäßigen Häusermassen und den Bogengängen sehr hübsch, aber recht bescheiden. Eine Stadt im Regen, ohne Licht, ist wie eine unfrisierte Frau. Die Kälte macht Hans und May krank. Sie müssen ins Bett. Wir hätten erst nach Tanger gehen sollen. Mynheer wird weich, wenn er an »Cap Arcona« denkt.

MADRID, 15. APRIL.

Wir haben uns nach der Nachtfahrt hingelegt und sind eben eingeschlafen, als Mynheer an die Türe klopft. 10 Uhr! Auf nach Velasquez! Ich brumme etwas. Er soll nur allein gehen. – Hans ginge auch mit. – Na schön; dann geht zusammen; ich muß schlafen. Mynheer redet etwas vor sich hin. Hans lacht. Ich höre sie hinuntergehen. Jeanne schläft ruhig weiter. Ich kann nicht. Dasselbe lächerliche Gefühl des Zauderns. Unten schreien die Zeitungsverkäufer, genau in dem Tone der Pariser Camelots. In unserm lichten Wohnzimmer hängt eine Photographie an der

23

Wand, die ich heute früh beim Einzug kaum gesehen, das Reiterbild des Olivares von Velasquez. Ich habe sie auch in Berlin hängen. Es ist, als setzte sich die Bewegung des Pferdes in einen Rhythmus meines Blutes um, ich kann kaum mehr stillhalten. Um zwölf kommen die beiden ganz ungeniert herein. Ich rasiere mich gerade. Mynheer sehr aufgeregt: Nicht zu schlagen! Gröbste Klasse! – Hans still und bleich. Er erkundigt sich bei dem Portier, wo man Leinwand kaufen kann. Ohne daß sie es merken, schleiche ich mich fort, Jeanne habe ich gesagt, daß ich auf das Telegraphenbureau gehe. Ich stürze in eine Droschke. Prado! Der Kerl fährt so langsam, daß ich ihn prügeln könnte, und wie ich wütend klopfe, hält er still und fragt freundlich nach meinen Wünschen. Endlich! Ich steige gelassen die Treppe hinauf, kaufe mir einen Katalog und gehe langsam durch die Säle. Bilder – Bilder. Ich sehe kaum etwas, bis ich am Ziel bin. Die Grecos, an denen man vorbei muß, scheinen betrunkene Phantasien. Goyas Majas elender Kitsch. Das habe ich mir ungefähr so gedacht, und es ist ganz gleichgültig. Nur der eine, der große, der einzige! »Velasquez«! Es ist mir, als ob ich seit Jahren zu keinem anderen Zweck gelebt hätte, als um diesen Moment zu erleben.

Gleich im ersten Augenblick im Velasquezsaal habe ich das Gefühl, daß etwas entsetzlich Peinliches und Lächerliches passiert. Es kommt nicht mal ganz unerwartet. Es trifft mit tödlicher Richtigkeit ein, wie der Eisenbahnzug im Bahnhof. Ich gehe von Bild zu Bild, erst sehr schnell, wie man Banknoten zählt, dann langsam, immer langsamer. Was passiert, ist eigentlich ganz natürlich. Wie sollen die Bilder denn sein? Was geht die Bilder an, was ich von ihnen denke. Ich habe Jahre einem Unbekannten rührende Briefe über die beträchtlichsten Dinge geschrieben, bin schließlich der Versuchung unterlegen, ihn persönlich kennen zu lernen, und das soll man eben nicht tun. Übrigens ist vielleicht nur der infame, kalte Tag in Salamanca daran schuld, oder der Knoblauch gestern Abend, oder irgend etwas anderes. Es fehlt mir vielleicht nur der gewisse Ruck. Mut! Wenn man erst einmal drin ist, kommt das andere von selbst. Sieh die Farben, dagegen ist nichts zu sagen, und vor allem die Allüre! Es liegt nur daran, daß man diese Allüre schon so oft auf dem Leierkasten gehört hat! Die anderen, die Leierkastenmänner, Whistler und Konsorten, haben sie banalisiert. Alles das muß man sich wegdenken. Aber daran denke ich ja auch gar nicht, ich denke überhaupt nicht, ich warte. Ich sehe und zwinge mich zu sehen, mit aller Spannkraft meines Sehvermögens. Ich versuche es bei jedem Bild von neuem. Wenn nur ein einziges da wäre!

Ich stehe in der Mitte des großen Saales und denke an eine Szene in der Badeanstalt der kleinen Stadt zurück, wo ich das Gymnasium besuchte. Ich stand zum erstenmal auf dem großen Sprungbrett und fühlte die Kälte auf der nackten Haut. Die ganze Nacht hatte ich mir ausgemalt, daß ich morgen wie die Großen auf dem Brett stehen und dann mit kühnem Satz ins Wasser springen würde. Denn ich fühlte mich auch schon groß. Und wie ich so dastand in meiner lächerlichen Badehose, kriegte ich's mit der Angst. Die anderen, die im Wasser schwammen, lachten mich aus. Je mehr sie lachten, desto mehr Angst hatte ich. Ich stand wie festgenagelt und schlich dann richtig wieder zurück und hatte Selbstmordgedanken.

Nach zehn Minuten bin ich wieder draußen. Ich gehe zu Fuß zurück und ärgere mich über jede Kleinigkeit auf dem Wege. Die Stadt scheint unerträglich. Schon allein das Pflaster und die miserablen Droschkengäule. Jeanne fragt, ob Nachricht da sei. – Jawohl, sehr unangenehme. In einem Ton, der jede weitere Frage abschneidet. Beim Lunch redet Mynheer von nichts als Velasquez. Es ist etwas Neues in ihm, eine gewisse Herzlichkeit. Er scherzt über seine schlechte Laune in Tomar und bittet beinahe um Verzeihung. Ich komme mir wie ein Verbrecher vor. Es ist mir unmöglich, ihnen zu sagen, daß ich da war.

Das Konzert der Straßenverkäufer erinnert an Paris. Sogar die melancholische Flöte fehlt nicht. Nur wird sie hier von dem Scherenschleifer geblasen, in Paris von den Ziegenhirten. Es ist zum Heulen traurig.

Mynheer sucht mich zu provozieren, und ich muß mich halten, nicht loszufahren und alles zu verraten. Ich bin noch nicht wieder dagewesen, habe geradezu einen Ekel. Natürlich kann Velasquez nichts dafür, sondern meine Einbildung. Nach den Wiener Bildern und nach denen in Berlin und Paris, zumal nach dem Doriabildnis, hatte ich mir zu große Vorstellungen gemacht. Man nahm sie für den Anfang und glaubte, hier erst das Wahre zu finden. Nun quäle ich mich mit diesen Bildern. Statt in den Prado zu gehen, versuche ich alles mögliche, um mir die kleine Pariser Prinzessin und den Papst von Rom so deutlich wie möglich vorzustellen. Ich bin schon so weit, selbst an diesen Bildern zu zweifeln. Diese Reise habe ich mir anders gedacht. Manchmal ist mir, als hätte ich gestern nur Kopien gesehen und als müßten die Originale noch kommen. Ich darf entschieden erst wieder hingehen, wenn ich mal in einer ganz lustigen Stimmung bin.

Kann man sich von der Kunst wirklich unerreichbare Vorstellungen machen? – – Große Frage. Mynheer meint, ja. Hans, nein. Aber beim Streiten kommt man immer auf Details, auf Zufälle und Nebensachen. Im Prinzip: Können große Kunstwerke enttäuschen? Ist es meine Schuld? Gehen wir in die Praxis: Haben mich je Werke großer Künstler enttäuscht? Soviel steht fest, ich habe hundertmal etwas ganz anderes gefunden, als ich erwartet hatte. Zum Beispiel hatte ich mir den großen Stockholmer Rembrandt vorher ganz anders gedacht. Man denkt sich Rembrandt, so genau man ihn kennen mag, immer ganz anders. Es ist auch möglich, daß man in einer Hinsicht enttäuscht wird, in der, die man sich zurechtgemacht hatte. Das geht einem fast jedesmal so. Weil das Bild, das man oft in der Photographie gesehen hat, gar nicht mehr als Bild in uns existiert, sondern hundert komplizierte Gedankenfolgen gebracht hat, die sich wie Muscheln an das Schiff legen und ganz neue Formen hervorbringen. Sieht man es dann, so fallen plötzlich alle diese Muscheln ab, und man hat zunächst etwas Kahles vor sich, etwas Fremdes,

Unbewohntes. Aber dann kommt diese wunderbare Robinson-Crusoe-Stimmung, diese kindliche Urbarmachung der Wildnis, dieser große Kampf mit fremden Gewalten. Ich habe noch nie einen Rembrandt gesehen, der mich nicht zu dieser Bautätigkeit lockte.

Man findet verfehlte Werke. Das würde mich auch in diesem Fall nicht weiter beunruhigen. Es könnte ein Dutzend verfehlter Velasquez' in dem Saal hängen. Verfehlt in der Realisierung. In manchen Rembrandts der mittleren Zeit sticht einem das gekünstelte Licht in die Augen. Man amüsiert sich darüber und wischt es mit der Hand weg. Man möchte diese Irrungen nicht missen. Auch die größte ist immer ein kleiner Robinson Crusoe. Die Jugendsünden Corots, Cézannes und Marées'. Rembrandts Pinseleien der ersten Zeit locken Tränen der Rührung. Wenn Rubens vorbeihaut, glaubt man ihn über sich selbst lachen zu hören.

Das ist es alles nicht. Diese Velasquez sind nicht vorbeigehauen. Sie sind so gut, wie sie sein können. Dieser Benavente ist in seiner Art vortrefflich, die Bildnisse Philipps auch, die Lanzas auch. Aber eben die Art! Wenn man etwas wegwischen will, müßte man das Ganze nehmen.

Es muß an mir liegen. Velasquez! Velasquez! – – Schon allein der Klang des Namens gibt eine Vorstellung unerhörter Werte. Es ist doch unmöglich, daß der Anblick von wenigen Minuten genügen soll, Gewißheit zu verschaffen. Es ist ein unbedingtes Oppositionsbedürfnis, ein Spleen, eine Verrücktheit. Es gibt sechs große Meister in der Welt seit tausend Jahren. Zu denen gehört er, zu den Allergrößten. Ich erinnere mich nicht, seit wie lange ich ihn dafür halte. Solche Vorstellungen können doch nicht einfach verdunsten. Was wird denn dann mit den anderen, die damit verknüpft sind? Nicht auszudenken. Unsinn! Unsinn! Nochmals hingehen!

Es ist das Lächerliche, daß ich alle diese Diskussionen nicht im Ernst halte. Ich rede sie mir vor wie einem Bekannten, dem nicht zu helfen ist, und denke an ganz andere Dinge dabei. Ich weiß ganz genau, daß jeder Irrtum ausgeschlossen ist. Ich suche in allen Taschen nach einem verlorenen Paket. Es war da, und jetzt ist es nicht mehr da. Man greift immer nochmal in die leere Tasche, obwohl es ganz sinnlos ist. Es kann sich nur darum handeln, ob es jemals da war.

Hans lobt mit Betonung die Meninas★. Also die anderen nicht? Die Meninas habe ich übrigens in meiner dummen Hast gar nicht gesehen, da sie in einem besonderen Saal hängen.

KARFREITAG, 17. APRIL.

Wir wohnen in der Calle Príncipe. Es könnte wirklich eine Querstraße der Rue de la Paix oder des Boulevards de la Madeleine sein. Viele Teile der Stadt sehen wie moderne Straßen von Paris aus. Derselbe unpersönliche Takt in den Fassaden, von denen viele nur mit den goldenen Buchstaben der Firmenschilder geschmückt werden. Der Prado ist geschlossen, bin fast froh darüber. Nachmittags große Karfreitagsprozession. Die Puerta del Sol und die Calle Mayor kribbeln vor Menschen in Schwarz, Weiß, Rot; dazwischen die gelben Tramwagen und als Fond die weißen Häuser. Die Ordnung wird von den Romanones und der Guardia Civil gehalten. Die Romanones, die Röcke schwarz und violett, Küraßhelme mit schwarzen Büschen, sitzen auf stattlichen, violett gesattelten Schimmeln. Die berittenen Leute der Guardia Civil, schwarzer Rock mit roter Brust, gelbes Bandelier, schwarz-weißer Hut. Wir finden einen guten Platz bei Jeannes Coiffeur im ersten Stock, und ich habe zum erstenmal einen wesentlichen Vorteil von ihrer Leidenschaft für die Peluquería. Der Platz ist ein Meer von Köpfen. Keine bessere Dekoration als geputzte Menschen in Masse. Alle Fenster sind voll mit Frauen in Mantillen. In dem schwarzen Haar stecken

---

★ »*Las Meninas*« (Die Infantin Margarita María und ihr Gefolge), Alterswerk von Velasquez. (Anm. d. Verl.)

28

rote Nelken, und darüber liegt lose das weiße Spitzengewebe. Wenn die Sonne darauf scheint, meint man Rubine in dem Schwarz und Weiß zu sehen. Die Prozession hat nur ethnographisches Interesse. Hübsch die niedere Priesterschaft in schwarzen Röcken und weißen Spitzenjacken. Miserable Panoptikumdarstellungen der Passion aus bemaltem Holz werden von violett kostümierten Kerlen getragen. Die Mischung von Pfaffen und Soldaten recht drollig. Zuletzt kommen prachtvolle Mäntel, mit Gelb besetzt: die Beamten der Munizipalität. Sie tragen schwere goldene Szepter. Hinter ihnen der Bürgermeister in Zivil. Wenn man denkt, daß es losgeht und sich die Pracht spanischen Pomps entfaltet, ist die Geschichte aus. Solche Sachen sind in Moskau und in Rom sehr viel feierlicher und schöner.

Nachher bummeln wir zum königlichen Palais hinunter. Es liegt sehr gut und macht einen vornehmen Eindruck. Jenseits hübscher Blick auf Tal und Berge. Im Schloßhof spielen Kinder zwischen den Geschützen.

MADRID, 18. APRIL.

Vor den Meninas. Mynheer: »Aber sehen Sie denn nicht das da? und das da und das da?« – – »Gewiß sehr schön!« – »Grandios ist es! das Blond! Nehmen Sie doch nur das Blond! Und das Grün und das Rosa! Wie die Figuren zueinander stehen! Die Kleider! Das von der Prinzessin und das der anderen!« – »Mynheer, ich könnte Ihnen noch viel mehr solcher Das-da's zeigen, zum Beispiel die Zwergin.« – »Nun also!« – »Gewiß, sehr schön!« – »Aber!« – »Wieso aber? Es ist ja sehr schön, Donnerwetter!« Wenn sie einen nur erst mal in Ruhe ließen! Man ist doch keine Bewunderungsmaschine. Mynheer spioniert wie Jeanne, wenn sie einen Ehebruch vermutet. Gewiß, hier ist eine Möglichkeit. Wenn nicht so viele Menschen dabei wären, käme jetzt vielleicht der Ruck. Ich werde mir die Erlaubnis geben lassen, vor den

Museumsstunden zu kommen. Es liegt vielleicht nur an den Menschen. Morgen früh werde ich hergehen, wenn ich ganz frisch bin. Nur jetzt nicht mehr hinsehen! Ich spüre doch etwas, ich kann doch nicht leugnen, daß das wundervoll komponiert ist. Wenn man nahe herangeht, freilich – aber was brauchst du nahe heranzugehen? Gehst du vielleicht bei den Modernen nahe heran? – Das ist doch etwas anderes, du kannst einen Manet ganz nahe sehen, du siehst dann ein unklares Bild, aber die klare Genesis der Wirkung, eine vollkommene Struktur. Hier dagegen scheint die Malerei etwas, was sie in Wirklichkeit nicht ist. – Aber das sind Begriffe, die du mitbringst, laß doch alles weg, sei naiv. Ich bin wieder der Junge in den Badehosen. Nun dauert es nur noch eine Minute, dann ziehe ich wieder ab.

Hans will ein Stück kopieren und sucht. Man kann die ganze Gruppe ohne jede Schwierigkeit herausnehmen, auch einzelne Stücke der Gruppe, zum Beispiel die Prinzessin mit der Gespielin zu ihrer Rechten. Den Raum, meint Hans, brauche er gar nicht mitzumalen. Das sei zwecklos. Ein neutraler Hintergrund sei sogar vielleicht besser. Man kann sogar einzelne Figuren nehmen. Hans ist für die Gespielin, Mynheer für die Prinzessin, ich für die Zwergin. Eigentlich merkwürdig, daß sich das Bild so zerstückeln läßt und daß man über den Raum wie über eine Nebensache hinwegsehen kann. Übrigens recht viel verlorener Raum. Der ganze Teil über den Menschen ist nur des Größenverhältnisses wegen da. Man darf sich die Figuren nicht wegdenken, sonst erhält man ein raumloses Nichts. Man kann sie sich aber wegdenken. Das ist das Unglück. Einzelne Figuren, nicht mal alle, aber die der Hauptgruppe, hängen unter sich zusammen, aber nicht mit dem Raum. Und unter sich nur, weil sie zusammenstehen. Sie stehen glänzend zusammen, aber sind nicht zusammen gemalt. Dieser Zusammenhang beruht nur auf Äußerlichkeiten, ist rohe Natur, im künstlerischen Sinne künstlich; die rohe Sinnestäuschung wird nur von dekorativen Phrasen verhüllt. Der perspektivische Schnitzer mit der aufsteigenden Fläche hinter der Gruppe stört entsetzlich, weil alles nur auf abgemalte Wirklichkeit ankommt und deshalb jede Kollision mit der Wirklichkeit die Illusion aufhebt. Der Hintergrund – »Wie findest du den Hintergrund?« frage ich Hans. – »Darauf kommt es doch nicht an.« – Immer gleich gereizt wie ein Frauenzimmer. »Ich frage doch nur.« – Der Mann in der Tür ist ein Loch im Dunkel, ohne alle Valeurs. Der Spiegel daneben eine banale Zutat post festum. Nun sehe ich überhaupt nur noch Löcher. Mynheer zieht mit der Hand in der Luft die Linie der Hauptgruppe nach und spricht mit sich selber. Die alte Engländerin mit dem Sprachrohr: »Beautiful, isn't it?« Ich brülle ins Sprachrohr: »Yes, very beautiful indeed!« – Mynheer brummt: »Alte Ziege!« – »Immerhin«, meint Hans, »an den Figuren ist nicht zu rütteln.« – »Hm, sieh mal die beiden des zweiten Plans.« – »Nebensache!« – »Und der Junge!« – »Nebensache!« – »Der Hund ausgeschnitten wie mit der Papierschere.« – »Was?« fragt Mynheer, vor Wut berstend. – – Die Engländerin, in dem Glauben, er habe sie angesprochen: »A very nice picture, isn't it?« und bohrt ihm das Hörrohr an den Schlund. Es ist ausgeschlossen, daß ich je anders über Velasquez denken werde.

Beim Botschafter gefrühstückt. Leidliche Lenbachs. Hans meint: Da ist Velasquez doch viel besser. – – Eben, eben! – Hübsche Zeichnungen von Veit und ein paar deutsche Bilder derselben Zeit, die man auf der deutschen Jahrhundertausstellung hätte brauchen können. Eine massige Madonna mit Putten von Cranach. Gute Konstantinopler Teppiche. Radowitz erzählt vom König. Typ: Alfred Heymel*. – Eine deutsche Offiziersfrau: Madrid ist doch viel schöner als Paris. – Ihr Mann: Und man merkt gleich, in einem monarchisch regierten Lande zu sein. – Mynheer jovial: Herr Oberst meinen sicher die Statuen vor dem Schloß. Fabelhafte Ähnlichkeit mit der Puppen-Allee, aber die unsere nicht zu schlagen.

---

* *Alfred Walter von Heymel* (1878–1914), Schriftsteller und Verleger; gründete 1898 die Monatsschrift »Die Insel«. (Anm. d. Verl.)

Lieber Thomas! Was Du von Madrid schreibst, nehme ich ad notam und werde alles gründlich ablaufen. Ich beklage, daß Du nicht bei uns bist. Hans und ich hätten Dich dringend nötig, Dein unentwegtes Festhalten an dem, was Du mal hast. Mir geht wieder mal eine Welt in die Brüche. Nicht Spanien. Davon habe ich noch nichts gesehen (wir haben uns bisher in Portugal herumgetrieben, das hundertmal besser als sein Ruf ist). Sondern, was mir sehr viel mehr bedeutet – erschrick nicht – Velasquez! Velasquez, daß ich Dir's offen gestehe, gefällt mir gar nicht. Ich bin mir nicht unklar darüber, mit diesem Eingeständnis die letzte Aussicht auf Deine Anerkennung meiner Kapazitäten einzubüßen, und gestehe Dir, daß ich mir selbst seit dieser Entdeckung bedenklich erscheine. Das Negative der Einsicht bedrückt mich wie die Aufdeckung einer Infamie am eigenen Leibe. Ich bitte Dich, zerreiße den Brief nicht gleich. Ich weiß, wie Du zu dem Manne stehst, erinnere mich auch der hundert schönen Momente, die er uns geschenkt hat, wenn wir, um einen Begriff festzustellen, seinen Namen gebrauchten; weiß, daß ein guter Teil unserer Freundschaft in seinem Schatten geschlossen wurde. Schütte das Kind nicht mit dem Bade aus. Alles das bleibt. Der Begriff existiert, und wir hatten recht, uns darauf zu berufen. Ist die Fähigkeit, Ideale zu bilden, nicht das Schönste? Wollen wir sie uns durch zufällige Erfahrungen verkümmern lassen? Alles das, auf das wir uns beriefen, um Kraft gegen diese oder jene Anfechtung, Mut zum Eintreten für geheime Überzeugungen zu erhalten, bleibt. Nur Velasquez bleibt nicht. Das heißt, der Mensch Velasquez, den wir vermuteten und der mir allein möglich erschien. Du hast Dich geirrt, als Du hierher kamst. Bitte, streite nicht! Dieser Irrtum ist unendlich geringfügig im Vergleich zu dem Verlust, den ich erleide und den wir beide und noch viele andere sehnsüchtige Menschen erleiden werden. Es wäre jammervoll, wenn Dich Kühlen, Objektiven der Zankteufel in einem Moment packte, wo ich Deine wesentlicheren Gaben, Deinen Verstand und

Deine Ehrlichkeit, notwendiger als je brauche. Zudem bleiben Teile des Menschen bestehen, das Können ist nicht anzutasten. Das heißt – nun ja darüber später. Aber diese Teile erscheinen mir wie die Ruinen einer schlechtgebauten Kirche. Das Gottserbärmliche ist, daß ich nicht mehr an die Intaktheit des Menschen glaube, daß Velasquez kein großer Maler, noch weniger ein großer Künstler war. Ich bin nicht imstande, Dir heut schon vernünftige Gründe für diese Ansicht anzugeben. Ich werde Dir hundert Briefe darüber schreiben. Antworte mir erst, wenn Du daraus ein Bild der Tatsachen, die mich bestimmen, gewonnen hast. Nur schreib' mir ein Wort, daß Du sie lesen und ordentlich prüfen wirst, was ich – verzeihe die Romantik – gleichbedeutend mit der Zusage erachte, mir Deine Freundschaft zu erhalten. Ich will Dir gleich sagen, daß, wie kein Unglück allein kommt, auch diese schmerzliche Entdeckung nicht ohne Begleiter geblieben ist: Goyas Pradobilder erscheinen mir noch viel schlimmer, als ich vermutete. Doch fehlt es auch nicht an glücklichen Eindrücken. Von denen mag ich Dir heute nicht schreiben.

MADRID, 19. APRIL.

Morgens zu Beruete. Seine Grecos übersteigen alle Erwartung. Die Austreibung der Händler aus dem Tempel ist eins der Wunder der Menschheit. Mittwoch wieder hingehen und nur das Bild ansehen. Es ist offenbar ganz früh, nachdem Greco Italien verlassen hatte. Venedig als Szene, venezianische Farben. Tintoretto, aber hundertmal leuchtender und reiner; reiner sowohl in wörtlichem Sinne, insofern als die Farben viel ökonomischer auf das Maximum ihrer Wirkung hin verwendet sind; und – was wichtiger ist – reiner in übertragenem Sinne, weil unvergleichlich vergeistigt. Die Bewegung der Riesendimensionen Tintorettos auf ein kleines Format gebracht; das Pathos der Prunkmenschen Venedigs vereinfacht und zu einem ganz persönlichen Idiom gestaltet, nicht nur ohne materielle Verluste, sondern mit Gewinn nach jeder Richtung. Man würde die Darstellung lediglich ihrer seltenen Empfindung wegen schön finden, auch wenn sie in den häßlichsten Farben gemalt wäre. Daß sich diese Aufbietung kühnster Phantasie einer aus Edelsteinen extrahierten Materie bedient, ist das unfaßbare Glück. Man ist wie mit Strömen von Wollust überschüttet, steht atemlos davor, findet kein Ende. Er hat, wie die Venezianer, mit Tempera gemalt und dann mit Öl gedeckt. Das technische Geheimnis beruht auf der idealen Ausnutzung beider Methoden. Er legt mit Tempera die Modellierung an – Beispiel: das männliche Profilbildnis bei Beruete, das nur in Grau und Rosa untermalt ist – und gibt die Lichter und die Akzente der Charakterisierung in spitzen Ölstrichen. Diese wiederholen nicht etwa, was die Tempera gesagt hat, sondern werden in dem Ganzen die wirklichen Träger der Zeichnung. Die Modellierung liegt in dunkel diskreter Orchesterbegleitung unter verwegenen Koloraturen, organisch wie die Felsenzacken, die aus den Spitzen grüner Berge hervorwachsen. Die Kombination der weichen Farbenwellen Venedigs mit dieser äußerst präzisen Handschrift ist einzig. – Der Christ mit dem Kreuz von Greco, bei Beruete, scheint besser als das Bild gleichen Vorwurfs des Prado infolge der Weichheit und Intaktheit der Farbe. Noch einmal vergleichen. Hans hingerissen von dem sogenannten Selbstbildnis. Ich möchte gern eine Kopie haben. Er meint, er könne es nicht frei kopieren, und wörtlich sei es unpraktisch, weil man nichts Handwerkliches daran lernen könne. Das ist, glaube ich, bei diesem Bilde richtig. Man lernt sicher weit mehr von Velasquez, weil man seine Beziehung zur Außenwelt zu wiederholen vermag. Er ist vielmehr Rechenexempel; nicht organischer, ganz im Gegenteil, mich stört nichts so sehr, als das Unorganische seiner Bilder; aber der angestrebte Organismus ist durchsichtig. Greco ist undurchdringlich. Wenn man die Farben des Velasquez hat, hat man schon viel; erreicht man noch die Verbindung der Teile, wie zum Beispiel das Haar den Kopf umgibt, wie das Fleisch zu den Kleidern steht, so hat man fast alles. Dieselben Dinge sind bei Greco vergleichsweise objektive Gegebenheiten, die noch nicht das mindeste von seiner Subjektivität verraten. Man kommt ihm weder mit dem Pinselstrich noch mit der Farbe nahe, obwohl natürlich alles nur Strich und Farbe ist. Das Mittel entsteht im Moment, wenn er es anwendet, und verändert sich fortwährend. –

Nachmittags zum Stiergefecht. Die breite Calle de Alcalá wimmelt von Wagen allerlei Art. Viele elegante Equipagen. Offene Droschken mit Frauen in weißen Mantillen und starkfarbigen Tüchern. Hier und da ein Picador in glänzendem Staat zu Pferde; hinter dem Sattel sitzt der brennendrot gekleidete Diener. Es ist immer noch frisch, aber heller Sonnenschein. May, die nur mit Mühe zu bewegen war, mitzufahren, ist über die eleganten Furagekästen der Landauer empört. Daß vornehme Frauen während des rohen Schauspiels Tee trinken können, c'est abominable. Hans tröstet sie mit allen Suggestionen des Sports und ist Feuer und Flamme. Wir auch. Ein Volksfest, an dem sich wirklich alle Welt mit demselben Impuls beteiligt, ist an sich schon eine schöne Sache. Der Zirkus, trotz des nüchternen Backsteinbaus, imposant. Die niederen Plätze Steinbänke. Alles dicht besetzt. Die strohgelben Fächer, die als Schirm gegen die Sonne gebraucht werden, leuchten zwischen dem Schwarz und Weiß der Menschen. Unten gewaltige Türen, hinter denen die Stiere warten. Man denkt ans Kolosseum.

Der Einzug der Quadrille enttäuscht. Die Menschen wirken zu klein. Man muß sich erst an die Dimensionen des Zirkus gewöhnen. St! Der Stier. In einem Galopp durch die ganze Bahn. Auch zu klein. Man müßte unten sitzen. Die Kerls mit den Tüchern geschwind wie die Affen. Eben ging einer über die Brüstung, gerade eine Sekunde, bevor der Stier dagegenrannte. Nun die Pferde. Da muß man Spaß verstehen, sagt Mynheer. Er sieht käsig aus wie im Golf von Biscaya. Der Stier hat den Braunen mit einem Horn in den Bauch gestoßen wie durch Butter. Nochmal. Der Gaul liegt, der Kerl auch, sechs Kerle darum herum, der Stier dazwischen wie unbeteiligt. Dummes Vieh! Nun geht er auf den Schimmel los. Der Reiter hält ruhig.

Ein Stich in die Brust. Der Gaul sofort hin, in einer enormen Blutlache. May schreit auf, Jeanne zittert und weint. Sieh doch nicht hin, zum Teufel! Sieh doch dorthin, wie fabelhaft der Mensch sich mit den beiden bunten Dingern vor die Bestie hinstellt. Der Banderillero stampft auf, der Stier will nicht, scharrt mit den Füßen, möchte zu Muttern. Die Menge pfeift und johlt. Endlich bequemt er sich, senkt den Kopf und trabt auf den Banderillero zu. Zk! hat er die beiden Dinger im Nacken. Bravo! diese Kerls müssen Courage haben und ihrer Hände sicher sein. Der zweite, der das Vieh mit dem zweiten Paar bespickt, wird gestreift. Die Gefahr dauert immer nur eine Sekunde, aber – hoppla! Der Stier ist mit einem Riesensatz über die Barriere gesprungen. Nanu! Jeanne ist aufgesprungen, bildet sich ein, er käme zu uns herauf. Drüben jagt er in dem schmalen Gang vor einem Menschen aus dem Publikum, einem Gelegen- heitstorero, her, der in den Gang gesprungen ist und wie wild mit einem roten Fetzen hin- und herfuchtelt. Da ist der Stier wieder in der Arena. Enormer Beifall, warum wissen wir nicht. Trompetenstoß, ah, der Espada! Die berühmte Grandezza ist immerhin lebhaft. Prachtvolles Rot. Trotz alledem hat man immer das Gefühl, daß der Stier weit lieber draußen wäre. Der Torero spielt mit ihm, wie mit einem gemästeten Hündchen. Es sieht lächerlich aus, Manet wußte, warum er den Mann allein malte. Jetzt sticht er zu. Der Stier rührt sich nicht. Aus Maul und Nase strömt das Blut. Er starrt stumpfsinnig auf den roten Lappen. Jetzt fangen die kurzen Beine an zu zittern. Im Zirkus rührt sich nichts. Er steht immer noch, es dauert eine Ewigkeit. Da liegt er. Hinter mir sagt die Offiziersgattin, die gestern beim Botschafter war: »Menschen, die sich an solcher Grausamkeit ergötzen, sind wert, von der Erde vertilgt zu werden.« Mit lustigem Geklingel jagen die rotgezäumten Maultiere herein, werden vor das Tier gespannt, und im Galopp gehts mit dem schweren Körper zur Arena hinaus. ›Dégoûtant!‹ ruft May ganz laut. – I wo! Ich finde es rasend lustig. In der Antike war es auch nicht anders. – O, ihr Ästheten! sagt sie mit einem bitterbösen Blick. Aber bevor ich sie trösten kann, kommt schon der zweite

Stier gebollert. Er hat es nicht so eilig, Guten Tag! – Sieh nur die prachtvollen Hörner! sage ich zu Jeanne, ›Ja, ich weiß!‹ Auf alles, was ich ihr sage, antwortet sie immer nur: Ja, ich weiß! und ist weiß wie ein Blatt Papier. Es geht alles viel langsamer als das erstemal. Das macht die Sache unbehaglich. Die Pferde werden ganz nahe von den Knechten an den Stier herangeführt, damit er sie gefälligst aufspießt. – Du! sagt Jeanne atemlos, da! da! – Hm, dem einen Gaul hängen die ganzen Gedärme zum Leibe heraus. Mynheer hat die Augen fest geschlossen und schnappt nach Luft. May hat das Taschentuch vor den Augen. Hans schimpft: Feige Bande! –

Beim zweiten Pferd dieselbe Geschichte. Wir sehen erst wieder beim zweiten Trompetenstoß hin. Auch der Matador wird diesmal nicht fertig: Dreimal muß er wiederholen. »Wenn die guten Leute nur eine Pause machen wollten!« Niemand antwortet. Der dritte Stier kommt. Hinter mir sagt die Offiziersgattin: »Und es ist ihnen ganz recht geschehen, daß sie von den Amerikanern geschlagen wurden.★ Eine solche Nation!« Hans hält seiner Frau das Fläschchen unter die Nase. Kinder, Nerven! Nerven! So ein Gaul ist besser dran, als ein Berliner Droschkengaul zweiter Güte! – Aber diesmal wird es ekelhaft. Hart vor uns passiert einem Schimmel genau dieselbe Geschichte, und nun haut so ein verdammter rothaariger Schuft mit einem Knüppel auf das Vieh los, und der Reiter von oben mit der Stange – – Kinder, ich kann nicht mehr – »Bleiben Sie doch, es kommt noch besser!« sagt die Offiziersgattin. Um uns bedenkliches Gemurmel. Ich schreite wie blödsinnig die Stufen hinunter, sehe nur immer die krampfartigen Tritte des Pferdes, dem die Gedärme aus dem Leib hängen. Wir gehen, ich weiß nicht wie lange, nebeneinander. Mir sind die Backen bis zur Schläfe wie erfroren vor Überreizung.

Nein, trotz aller Offiziersgattinnen, da hört der Sport auf. In Mynheer regt sich der Herrenreiter. Sport? Damit hat es über-

---

★ Krieg Spaniens mit den USA 1898; Abtretung von Kuba, Puerto Rico und den Philippinen an die Vereinigten Staaten. (Anm. d. Verl.)

haupt nichts zu tun. Glatte Gemeinheit! – Hans verpflichtet sich, in die Arena zu gehen und ebenso mit den roten Lappen zu hantieren, und Mynheer meint, man exponiere sich vor der Mauer einer anständigen Steeplechase sehr viel mehr als die Leute vor ihrem Viehzeug. Das einzige gefährliche in der Arena sei die geputzte Räuberbande. Ich glaube – soweit man nach dem ersten Stiergefecht, von dem man nur die Hälfte gesehen hat, etwas glauben kann, sie haben recht. Man käme über alles hinweg, selbst über die unglücklichen Gäule und über noch Schlimmeres. Aber es fehlt das Tempo. Die scharfe Mensur einer P.P.-Suite ist kaum weniger blutig. Als ich die erste sah: Suevia contra Macaria – mein Leibbursch ließ sich nicht umdrehen, obwohl er eine Pflaume in den Mund nehmen konnte, ohne ihn aufzumachen –, mußte ich mich übergeben. Aber man gewöhnte sich daran des Tempos wegen und sah schließlich nur noch das Tempo, die Geschicklichkeit, den Mut. So ein Stierkampf ähnelt einer Mensur, bei der einer der Komparenten festgehalten wird. Man ertrüge vielleicht die Grausamkeit des Einzelnen, nicht das Stupide der ganzen Sache. Das Vieh stößt nach dem Tuch, nicht nach dem Menschen, und die Beweglichkeit des Menschen steht zu der Schwerfälligkeit der Bestie in keinem Verhältnis. Dieses Unrecht ist unästhetisch. Der Stier wird um sein einziges Vorrecht, die Kraft, gebracht, indem man ihn ermüdet, und dann tötet man ihn mittels eines Schlächtertricks. Auch wenn die Stelle, die der Espada treffen muß, noch viel kleiner wäre, vermöchte das Resultat nicht zu befriedigen. Nehmt den Stier auf, wenn er in vollem Lauf in die Arena stürmt, stellt Geschicklichkeit, Gewandtheit, Kühnheit gegen blinde Kraft, aber nicht die Kraft gegen die Hinterlist. Zugestanden, daß Geschicklichkeit dazu gehört. Sie ist nicht sporthaft, nicht wirksam, unplastisch, unrhythmisch. Ameisen, die den Knochen eines Kadavers bloßlegen, tun ungefähr dasselbe. Dieser Massenbetrieb, daß viele Menschen ein Tier umbringen können, ist weiter nicht erstaunlich. Die Geste des Einzelnen, auf die es ankommen müßte, wird zur Theatergrandezza. Dafür sitzt man zu weit, Gott sei Dank! Von dem noblen Gestus ist im

Kampf nichts zu spüren. Er ist auf die Brutalität daraufgepappt und verschlimmert sie. Die Verwendung der Gäule als Stechkissen mangelt des Liebreizes. Spanier sagen, man brauche sie, um den Stier zu ducken, damit er die Nase nicht mehr zu hoch hält. Keine Frage, daß der Zweck erreicht wird, wenn, wie wir's einmal sahen, der Stier Roß und Reiter in die Höhe hebt. Aber welcher Aufwand! Mynheer nennt es Sport am untauglichen Gegenstand. Und mir scheint dieser Zweck nicht der einzige. Das Volk verlangte das Blut der Schindmähren und johlte vor Vergnügen, wenn es recht ekelhaft wurde. Wenn es halbwegs geht, werden die Löcher der Gäule mit Stroh zugestopft, und die Tiere müssen beim nächsten Gang die heile Seite präsentieren. Ich kann kein Pferd mehr sehen, ohne an das Stechkissen zu denken. Nach und nach wird unsere Wut produktiv. May erklärt, eine Broschüre schreiben zu wollen.

Abends begegnet uns die Offiziersgattin: »Das wäre denn doch bei uns unmöglich.« – Ahnungsloser Engel! – Wer weiß, ob nicht Berlin zur Stelle wäre, wenn Majestät die Sache in die Hand nähme. Trotz alledem fällt es schwer, die Wut niederzukämpfen, weil sie einem körperlich zu nahe gekommen ist. Ich fühle es noch immer in den Schläfen. Jedes süffisante Lächeln der Straßenmenschen empört mich, und jeder rote Fetzen ekelt mich an. Hans, der Maler, will mit der Tradition kommen, und May ist nahe daran sich scheiden zu lassen. Zum Malen ist es, aber nicht zum Ansehen. Und das Traditionelle ist zum Umpusten. Die gemeinsten Instinkte bedürfen keiner grandezzahaften Überlieferung, um erhalten zu werden. Die Stierkämpfe waren im Mittelalter, selbstverständlich, nicht annähernd so grausam, weil das Volk grausamer war. Vermutlich waren sie es nicht mal absolut. Solange sich Kavaliere beteiligten, kämpfte man kavaliersmäßiger; das Ameisenhafte fehlte, die Gefahr war größer, man spielte freier mit ihr. Daraus ist hündische Grausamkeit einer impotenten Rasse geworden. Die Statistik nachsehen, ob hier die Morde zahlreicher sind. Vielleicht nicht einmal. Dazu ist das Gesindel womöglich zu faul. Daß Spanien keine große Kunst besitzt, ist fast eine Beruhigung. Velasquez ist halber

Portugiese, Greco Grieche, und Goyas Bilder riechen schon von weitem nach Pferdedärmen. Wenn ich nur beizeiten die Wut los werde!

Stierkampfstimmung. May erzählt von der Corrida, die sie und ihr Mann in Lissabon gesehen, während wir in Coimbra waren. Es war die Abschiedsvorstellung des berühmten Espada Fuentes, dem die Gattin nicht mehr das Zücken des Degens gestattet. Der Stier wird nicht getötet und kann nicht mit den Hörnern töten, da sie mit Leder verkappt sind. Also ähnlich wie das Stiergefecht, das ich mal während der Weltausstellung 1889 in Paris sah. Hans schwärmt von den schönen Pferden, die von ihren Reitern gegen den Stier geschützt wurden. Das Schauspiel viel glänzender und infolge der kleinen Arena imposanter. Wir können nicht umhin, die Tatsache als Plus zugunsten unseres geliebten Portugals zu verrechnen.
Wir lesen im Lokalanzeiger, daß am 6. April, dem Tage unserer Ankunft in Lissabon, große Straßenkämpfe stattfanden. Der kühne Reporter behauptet, die harmlosen Reisenden des Cap Arcona, die in Lissabon herumspazierten, seien in größter Lebensgefahr gewesen. Jeanne und May sind sehr stolz darüber. May behauptet, sich dieser ernsten Situation durchaus bewußt gewesen zu sein.

Akademie, Akademisch. Das wertvollste Bild scheint mir der Morales. Warum, Herr Justi*, nennen Sie seine Bilder »schauerliche Karikaturen?« – Wo ist in der Beweinung Christi eine Willkür, die den Tadel rechtfertigen könnte? Auf welches Maß

---

* *Carl Justi (1832–1912)*, dt. Kunsthistoriker. (Anm. d. Verl.)

beziehen Sie sich? Etwa auf Murillo, für den Sie schwärmen? Und dann verurteilen Sie doch wohl auch Filippo Lippi zugunsten Peruginos? Was werden Sie erst zu Greco sagen? Karikaturen im denkbar verwerflichsten Sinne scheinen mir die Szenen Goyas in der Akademie, und was Sie bei ihm seltenes Genie für das Charakteristische und Momentane nennen, kommt mir wie der flüchtige Einfall eines Verwahrlosten vor, dem die Kraft fehlt, das Momentane unvergänglich zu gestalten. Die Szenen Goyas in der Akademie, im Prado, bei Beruete und so weiter sind die Notizen eines talentvollen Reporters, um so schlimmer, je größer sie sind. Gewiß interessant. Ich möchte wissen, wer sich nicht für Inquisition, Hexengeschichte, Mord und Totschlag und ähnliche Scherze interessiert. Nur müßte man die Sphäre des Interesses analysieren, um daraus auf den Wert des Erregers zu schließen. Was ist Kunst daran? Die Tatsache, die der große Übertreiber berichtet, oder der Ton, in dem er es mitteilt? Die Übertreibung könnte es sein. Aber dann müßte sich die Lust des Erzählers nicht auf das Entsetzen richten, das er uns noch grausiger zu machen versucht, sondern auf etwas, das über den Graus hinausgeht. Die Sachen lassen mich kalt. Einen Riesen einen blutigen Menschen verzehren zu lassen, ist bei Goya nur eine Frage des Geschmacks der Zunge. Als solche abzulehnen, da unappetitlich. Nicht eine Tat des Kunstgeschmacks. Meinetwegen soll er seinen Riesen zwei Menschen auf einmal fressen lassen, aber so, daß mir das Wasser im Munde zusammenläuft. Gelingt ihm nicht, die Übertreibung als notwendig erscheinen zu lassen, so ist er langweilig, ebenso langweilig wie einer, der am Daumen lutscht. Sport am ungeeigneten Objekt, wie Mynheer sagt. Manche Szenen, zum Beispiel der Stierkampf in der Akademie, sind amüsant ausgeschnitten, aber keine ist gelöst. Goya konnte alles, was er wollte, aber war zu faul, über große Anfänge hinwegzugehen. Seine Grausamkeit in der Wahl des Stofflichen ist dieselbe Trägheit des Denkens, die seine Landsleute an die Stierkämpfe fesselt. Seine Phantasie in Wirklichkeit phantasielos. Er denkt sich neue Anordnungen des Porträts aus, so in dem großen Breitbild der

Akademie mit dem Príncipe de la Paz* oder in dem Karl III. des Prado und vielen anderen, möchte über die Tradition hinaus, seiner Kraft eine neue Form öffnen. Aber begnügt sich mit der guten Absicht, die unerfüllt nur das Traditionslose übrigläßt. Dieser La Paz könnte, malerisch gelöst, vollkommen die verwegene Anlage der Komposition rechtfertigen. Warum nicht einen General unter seinen Soldaten gelagert zeigen, anstatt in der gewohnten Heldenstellung. Nur müßte es Malerei sein. Die Beine in den gelben Hosen aber wirken doppelt formlos, weil sie, ungestalteten, hölzernen Fragmenten ähnlich, daliegen ohne Materie. Man sieht nur sie, nicht den Menschen. Winterhalters Goethebildnis in Frankfurt steht sehr viel höher, weil es innerhalb eines viel bescheideneren Organismus nicht der Harmonie entbehrt.

Hans ist zerstreut und mißmutig, und May beklagt sich über seinen Mangel an Genußfähigkeit. Er hat schon den moralischen Kater, weil er nichts tut. Mir geht es nicht viel besser. Traurig, aber wahr. Man ist zu sehr an stramme Arbeit gewöhnt und genießt ganz anders zwischen der Arbeit. Auf sechs Stunden von Berlin nach Paris fahren und während der sechs Stunden ein Dutzend Meisterwerke sehen, ist rasende Freude. Man sieht ganz anders. Es geht einem wie dem Stier, der vor dem Kampf im Dunkel gehalten wird; die Strapazen vorher sind Peitschen für die Aufnahmefähigkeit. Dies Behagen macht schlaff. Sentimentale Reisen sind nichts mehr für uns. Wir sehen nicht weniger als die alten Leute in der Postkutsche, nur etwas anders, vielleicht etwas Lohnenderes. Und das verlangt die gewohnte Anspannung der Nerven. Die Frauen können es nicht verstehen, da sie den Genuß intellektueller Arbeit nicht kennen. Ihnen ist die Reiseexistenz die normale, selbst wenn sie zu Hause an Tätigkeit gewöhnt sind.

Mynheer bereitet sich Sensationen. Wenn wir nicht wissen, wo er ist, können wir sicher sein, ihn in einer der Stiefelwichsbuden

---

* *Príncipe de la Paz* (Friedensfürst) ist der Beiname des Ministers *Manuel de Godoy (1767–1851)* in der Zeit Karls IV. (Anm. d. Verl.)

nebenan zu finden. Gestern hat er sich siebenmal den Anfang seines Wesens glänzend machen lassen. Es ist zum Malen, wie er, blond und gewaltig in seinem Riesenregenmantel in der dunklen Bude sitzt, die langen Stelzen aufgestützt. Die Kerls, die ihm mit großer Geschwindigkeit die Pedale bearbeiten, sehen wie schwarze Affen daneben aus. Wenn er fertig ist, bleibt er immer noch ein paar Minuten sitzen und träumt. Dann geht er gemessenen Schrittes zu Velasquez.

MADRID, 22. APRIL.

Nochmal mit den Frauen in Beruetes Sammlung. Die Vertreibung Grecos hätte Delacroix entzückt. Man kann sich nicht satt sehen. Das Auge schlürft jedes Detail, und wenn man alles hat, bleibt alles übrig. Das Rätsel liegt im Fluß der Farben. Sie flammen frei wie feurige Erscheinungen und füllen trotzdem eine Zeichnung, die sich wie eine Miniatur betrachten läßt. Von weitem zieht der rauschende Klang den Dominanten an, dem man verfällt, bevor etwas Näheres erkannt wird. Ein veronesenhaftes Blau, ein Erdbeerrosa, voll aller Süßigkeiten Venedigs bis zu tiefstem Bordeaux, ein Gelb von goldigem Orange bis zur fettesten Farbe der Zitronen. Dem mischt sich ein Grün bei, wie es halbreife Zitronen zeigen. Diese Farben sitzen, liegen, schwimmen nebeneinander, übereinander, von keiner Kontur gehemmt. Und tritt man näher, zeigen sich Köpfe, Hände, Brüste, die man gelockt ist, mit der Lupe zu betrachten. Ganz wie auf kleinen Legenden Delacroix'. Vorn links der Mann, der sich bückt, in der roten Jacke mit gelber Beleuchtung (der rote Lack über das Gelb lasiert) ist von erstaunlicher Wirklichkeit; nicht weniger das Weib hinter ihm, das die Hand wie geblendet über die Augen hält. Zwischen Christus und der Frau steht ein wunderbarer Kerl mit einem zitronenen Tuch um die Hüfte. Die Gebärde ist enorm. Die abgewandte Hand des Heilands scheint mit nichts als dem Luftzug dieser Bewegung den Arm des

43

renitenten Burschen zu einem unmöglichen Winkel zusammen-
zuknicken. Darin steckt schon der ganze Greco. Die Geste liegt
nicht in dem Arm oder in der Kopfhaltung oder im Faltenwurf,
sondern in jedem Teil und Teilchen des Körpers bis in den
Schatten und ist selbst Teil einer größeren Welle, von der alle
Beteiligten getragen werden. Die Welle hat ihre Höhe in dem
mehr schwebenden als gehenden Heiland. Hier ist sie gewaltige
Woge. Nach rechts ebbt sie sich breit über Gewänder zu den
Köpfen der rechten Seite, die die schaumige Brandung krönen.
Nach links kommt eine schmale quirlende Tiefe, in der es von
Köpfen, Händen, Falten wimmelt. Dann hebt sich die Welle
über den schrägen Körper des Burschen mit dem spitzwinkligen
Arm und dringt in gleicher Schräge weiter hinauf zu dem
Nacken, dem sie den Arm, der den Korb umklammert, gigantisch verlängert. In dem Davoneilenden zur äußersten Linken
und in dem vordersten, der sich bückt, setzt sie sich noch immer
fort. Genau so rechts bis zu der griechischen Grazie des Mäd-
chens in dem Säulenhof, ja, bis in die Bogen des Hofes. Der
Rhythmus vervielfacht; man glaubt Hunderte von Menschen
um den Heiland zu sehen. Ungeheuer ist die Kraft dieses Gottes.
Nicht auf Grund einer der Religion entnommenen Konvention,
sondern von Grecos Gnaden. Sichtbar ist, was er schafft. Weil er
da in der Mitte steht, in prangendem Rot, Blau und Weiß, die
einzige ganz ausschwingende Linie, die einzige ungebrochene
Fläche der Schräge, die Summe aller Farben. Weil er die Kraft
ist, von der nach rechts und nach links, nach vorn und nach
hinten – nicht der Nimbus, sondern die Bewegung ausstrahlt,
und weil das so sein muß kraft des von Greco errichteten
Gebäudes. Ein religiöser Mystiker als Mensch – vielleicht,
vielleicht auch nicht, das interessiert heute niemanden.
Meinetwegen ein Mystiker als Künstler insofern, als er uns
unmöglich macht, die Formen an der Wirklichkeit mit Sicherheit zu kontrollieren. Aber können wir das Wesentliche anderer
Kunstwerke aus der Beziehung zur Natur erkennen? Wir täu-
schen uns, wenn wir es glauben, und lesen Kunst ab in dem
Glauben, Natur vor uns zu haben. Und dem Mystiker, wenn es

einer ist, fehlt nicht die kühle Reflexion. Er ersinnt seinem Spiel einen unübertrefflichen Rahmen. Die Unruhe seiner Gruppen würde uns unruhig machen, wenn die fahle Wand des Grundes mit den behäbigen Säulen fehlte, deren Grau sich mit dem Grau der Fleischtöne trifft; wenn die Karos des Fußbodens nicht wären, deren Regelmäßigkeit wie das Gewebe erscheint, auf dem der Meister stickte. Den Ausweg mit dem festen Hintergrund fand er bei den Italienern. Sie haben es hundertmal so gemacht, so oft, daß wir nicht das Unbehagen unterdrücken, sobald uns die Kulisse begegnet. Hier merkt man nichts davon, weil der Mystiker klug genug war, den Abschnitt der Wand nach oben haarscharf abzuwägen; weil er die köstliche Durchsicht durch das Mitteltor erdachte mit dem lichten Blau und Weiß der Häuser und des Himmels; und rechts die Halle dazu erfand, die jeden Gedanken an die Kulisse zurückdrängt, dem spontan entstandenen Nebensatz eines genialen Autors vergleichbar, der die Idee nach einer vollkommen neuen Seite hin unmerkbar ergänzt. Der Mystiker hat die Zeit, hier ein Mädchen zu zaubern, das die Grazie eines Franciabigio mit der Spontaneität des Hogarthschen Krevettenmädchens vereint. Er gibt den Jüngern Köpfe, von denen jeder ein Individuum greifbarer Art ahnen läßt, Gesichter, die eine Nuance zu den bekannten Typen der biblischen Geschichte stempelt und die eine Nuance von allen solchen Köpfen unterscheidet. Das kleine Format fügt dem Bild nicht wenig hinzu. Es gehört dazu wie zu Grecos späteren Phantasien die große Fläche. Es muß so sein, gerade weil er damals im Anfang noch unter dem Einfluß seines Meisters und Tintorettos war. Er faßte die weitläufige Pracht seiner Vorgänger zu einem Schrein von Juwelen zusammen. Das Positive dieser Auseinandersetzung erzählt Bücher von der Persönlichkeit des Menschen. Grecos Christ mit dem Kreuz übertrifft in der Tat das gleiche Bild im Prado. Die Augen wachsen noch organischer aus dem Fleischton hervor. Das Orangebraun des Holzes steht wärmer zu dem Blau und Rot der Gewandung. May, die eine ganze Weile allein in dem Zimmer war, wird von Jeanne beim Beten erwischt, sucht es abzustreiten und gibt es schließlich zu mit dem flammenden Vorwurf gegen Jeanne, daß diese nichts empfinde. Nun zanken sie sich. Jeanne behauptet, das Bild ebenso, das heißt natürlich noch höher zu schätzen; das Beten sei nur eine billige Ableitung, Nervenfrage, während sie, Jeanne, dergleichen nicht nötig habe; sie glaube, daß Greco glaube, und das sei die Hauptsache, aber nicht, was er glaube, denn der Glaube – sie verheddert sich. Beide haben ein Tränchen im Auge. Merkwürdig, wieviel Wege es zur Kunst gibt. Die beiden Frauen empfinden jede ganz selbständig, und jede kommt auf diametral entgegengesetztem Weg zum Resultat der andern. Und alle beide empfinden vollkommen anders als ihre Männer und treffen mindestens so richtig wie wir.

Nachmittags machen Hans und ich Villegas, dem Direktor des Prado, unsere Aufwartung in seinem Atelier, um im Prado ungestört arbeiten zu können. Liebenswürdige Aufnahme, aber Hans muß auf die Kopie der Meninas verzichten. Das Bild ist noch auf Monate hinaus besetzt. – Dann im Retiro gebummelt. Bois de Boulogne im kleinen, nicht ohne Pariser Eleganz. Berlin wird es nicht lernen, auch wenn es tausend Jahre wartet. Es sind nicht die eleganten Dinge; die hat man auch in Berlin; sondern die Nonchalance, sich ihrer ohne Unterstreichen zu bedienen. Elegante Völker sind ihrer selbst wegen so, nicht der andern wegen, obwohl sie nicht weniger, vielleicht sogar noch mehr den Schein lieben.

In dem Hotel uns gegenüber wohnt ein steifleinener Lord mit Familie. Wir haben ihn schon in Lissabon getroffen. In Buçaco war er auch. Mynheer nennt ihn Eisbein. Nun ist die Straße so schmal, daß wir vom Balkon aus in die Zimmer der Lordschaft sehen müssen, selbst wenn Jeanne nicht wollte. Eben erwischten wir ihn, wie er seiner überaus breit gebauten Gattin den hinteren Teil der Taille zuknöpfte. Als er sich umdrehte, trafen sich ein Augenblickchen unsere Blicke. Er blieb ernst und vornehm wie immer.

MADRID, 23. APRIL.

Stierkämpfe zu Ehren der Reine de la Mi-Carême aus Paris. Da
wir geschworen haben, nicht wieder einen Zirkus zu betreten,
schauen wir uns an, wie das Volk herauskommt; der bei weitem
bessere Teil der Handlung. Jeder will den Toreros die Hand
drücken. Ich glaube, sie küssen sie. Aus den Fenstern regnet es
rote Nelken, und die geputzten Helden dulden die Huldigung
mit gelassener Würde. Plötzlich schreit alles: Vive la Reine! – In
dem bunten Gedränge taucht ein Blumenwagen auf. Man sieht
undeutlich zwischen Händen, Hüten und Fächern eine majestätische Frau, mit einer goldenen Krone auf dem Kopf. – Du, Du!
sagt May elektrisiert, die Königin! – Sie ist hell gekleidet. Über
der Brust leuchtet eine Schärpe. – Jeanne: Unsinn! Die Königin
von Spanien ist doch blond. – May wendet sich eifrig an eine
Nachbarin. Die bestätigt, jawohl die Königin! – Siehst Du! Vive
la Reine! Sie ist ja auch blond. – Nein, brünett! – Sie stellen sich
auf die Zehen. Langsam kommt der Wagen. Comme c'est beau!
– So ein Quatsch! Die Königin wird mit einer Krone ausfahren!
– Was weißt du, wie es im Süden zugeht, wir sind nicht so
méticuleux wie ihr Berliner. – Der Wagen kommt ganz hart an
uns vorüber. Die Königin lacht, knixt und nickt nach allen
Seiten. In dem Wagen sitzen noch zwei andere Königinnen,
ebenfalls mit goldenen Kronen; die eine stark betrunken. Hinten
hocken vergnügte Kerle auf. – Kokotten! triumphiert Jeanne. –
Tant pis! Sie sind wunderschön. – Im Hotel erfahren wir
endlich, daß die Pariser Karnevalskönigin dieses Jahres zu
Besuch nach Madrid gekommen ist.
Wie sich der Volksinstinkt verwandter Rassen versteht! – Die
Karnevalskönigin ist wie May aus Marseille und spricht sicher
kein Wort Spanisch. Doch ist sie mit ihrem Lachen binnen zwei
Stunden bei den Madrilenen beliebter geworden, als die legitime
Gemahlin des Königs Alfons je werden kann.
Vorher waren Hans und ich in der Sammlung Lazaro. Der
Besitzer ist im Begriff, in ein neues Palais überzusiedeln, daher
hängt alles durcheinander. Endlich ein paar gute Goyas...

Dann einen Augenblick im Nationalmuseum. Gleicht einer Leihbibliothek von Schauerromanen. Keine Mordgeschichte Spaniens, die nicht in größtem Format illustriert wäre. Manche hat man, mit der großen goldenen Medaille gekrönt, in Berlin gesehen. Wenn man müde ist, wie wir, nach der etwas anstrengenden Besichtigung der Lázaroschen Sammlung, liest man solche Bilder mit einem gewissen Behagen. Man braucht nicht mal die Seiten umzudrehen, und die Schinken sind so groß, daß man mit einem Minimum von Bewegung die aufregendsten Dinge erlebt.

MADRID, DEN 24. APRIL.

Wir haben eine rechte Dummheit gemacht, nicht, wie ursprünglich beabsichtigt, von Portugal erst nach dem Süden gegangen zu sein. Nun sitzen wir in der Kälte. Es ist kälter als im Januar in Partenkirchen, und eine unausstehliche, nichtsnutzige Kälte. Man empfindet sie bei uns viel weniger. In Italien friert man geradeso, am wenigsten in Moskau. Mynheer hat uns hereingelegt mit seinem ewigen: Auf nach Velasquez! Er hat sich mit der natürlichsten Miene von der Welt das einzige heizbare Zimmer angeeignet und liest im Stevenson. Aufforderungen, mitzugehen, lehnt er freundlichst ab. Hans leidet an chronischem Tatendurst. Als wir nach Hause kamen, wollte er Julie, unser Zimmermädchen, malen, und zog sich eine kühle Zurechtweisung der Wirtin zu. Der Unglückliche sieht auf Schritt und Tritt Motive, die er nicht ansprechen kann. Neulich wäre er beinahe eingesperrt worden, weil er einem Jungen verständlich zu machen suchte, er möchte Modell stehen. Die Leute sahen ihm den Deutschen an und witterten ein Sittlichkeitsverbrechen. Viele Leute sprechen Französisch, aber man versteht sie nicht; ein Französisch, wie das Dresdner Englisch. Wenn nicht bald ein deutsch sprechendes Motiv kommt, bricht Hans aus. Villegas will ihm einen Picador verschaffen, der sich in der Arena malen läßt. Bei der Temperatur auch kein Vergnügen. Den Gedanken, Velasquez zu kopieren, scheint er endgültig aufgegeben zu haben.

In die Sammlung Bosch brachte ich Hans nur mit Mühe mit, da ich nur Primitive erwartete und Hans dafür nicht zu haben ist. Er hat nicht unrecht. Wenn man vor Primitiven nicht das Primitive vergißt, sind sie nichts wert. Eine kleine Skizze Goyas schlägt jeden zünftigen Konventionalismus. Nur nicht die Skizze Goyas bei Bosch zu dem Kirchenbild mit den beiden Frauen, im Dom* von Sevilla. Darin ergibt sich die Freiheit von jedem Konventionalismus als kläglicher Mangel, weil Goya die Freiheit nicht nutzte. Nur in dem Löwen ein Stück wundervoller Malerei. Die Überraschung vor der Madonna Gerard Davids war groß. Bodenhausen** hatte mir von dem Bilde erzählt. Es gehört sicher zu denen, die ihn zu der großen Arbeit über David bewogen haben. Aber man mißtraut nie so leicht als in Kunstfragen. Ich dachte mir einen veredelten Memling, ein Kunstfiltrat interessanter Art, und finde einen Menschen. Dadurch steht das Bild, ob es, wie die Gelehrten meinen, eine alte Kopie ist, oder das Original, über allem des berühmten Verwandten. Memlings Bilder sind klischierte Niedlichkeit. Er ist fromm und freut sich darüber. Nie kommt die Frömmigkeit als elementarer Impuls zum Vorschein. Dieser Gerard David strömt Menschlichkeit aus; er ist nicht fromm, aber man wird es, wenn man ihn sieht. Eine Frömmigkeit, bei der man nicht an die Kirche, sondern an den Wald denkt, nicht an Priestervorschriften, sondern an Märchen. So ein Märchen ist die Ruhe auf der Flucht im Hintergrund des Bildes. Und weil er so empfand, konnte er so malen. Man erfindet kein solches Farbenspiel, nicht diese zart gesponnene Atmosphäre, wenn der Instinkt mit festen Formen vermauert ist. Das bräunliche Silber des Korbes steht in keinem Kirchenbuch. Wunderbar wie sich die graue Skala mit dem dunklen Graublau des Kleides auf dem Stein bereichert. Es ist

* Gemeint ist die Kathedrale. (Anm. d. Verl.)
** *Eberhard von Bodenhausen (1868–1918)*, Kunstgelehrter und Industrieller. (Anm. d. Verl.)

unmöglich, von den Primitiven der Sammlung den Weg zu den Grecos zu finden. Wohl von dem Gerard David. Man darf sagen, es gibt in der Kunst keine Primitiven.

Die Krönung der Maria von Greco ist das Vorbild für den Velasquez gleichen Titels, der im Prado hängt. Wir sahen uns, bevor wir zu Bosch gingen, den Velasquez an. Ein sehr schlimmes Bild, fast so brutal wie ein Goya. Unter der gleißenden Farbe kommt hier einmal der Barbar zum Vorschein. Bodenhausen vergleicht in seiner Vorrede zu dem Stevenson die beiden Bücher und meint, Velasquez sei in diesem Falle unterlegen, weil er den Boden der Wirklichkeit verlassen habe. Darüber ließe sich viel sagen. Andere meinen, das Mystische habe ihm nicht gelegen, während Greco eben Mystiker sei. Auch das könnte ein langes Kapitel geben, das eigentlich mit dem anderen zusammenfällt. Wenn ich nur wüßte, wie die Wirklichkeit aussieht, die zur Kunst wird, und wie eine Kunst aussieht, die dessen, was sie Mystik nennen, entbehrt. Meint man mit Mystik etwas Spezifisches, was Greco allein eigentümlich ist und anderen Meistern, zum Beispiel Rubens oder Rembrandt oder Tizian oder van Eyck oder Giotto oder irgendeinem nicht, dann soll man von Greco dieses Mystische abziehen und sehen, was übrigbleibt. Und dann soll man von Velasquez das, was man Wirklichkeit nennt, abziehen und die Reste vergleichen. Der, bei dem keine Form übrig bleibt, etwas ganz Konkretes, das jenseits des Abgezogenen besteht und nicht mit Unrecht Kunst genannt wird, ist sicher der Geringere. Die ganze Mystik Grecos und die Wirklichkeit des Velasquez sollte man weglassen, denn das sind Fremdkörper, die der Diskussion nicht förderlich werden können, sondern nur in den bekannten Schlupfwinkel treiben, der den Vergleich als Sünde an dem heiligen Geist verbietet. Es ist kein geringes Glück für die Erkenntnis, daß Velasquez in diesem Fall und in einer ganzen Anzahl anderer Fälle unmittelbar nach Greco gearbeitet hat und daher den Vergleich herausfordert. Velasquez befindet sich in der Krönung Mariä ebenso tief unter Greco wie in irgendeinem anderen Bilde; nicht, weil er weniger mystisch, sondern weil er weniger

malerisch gestaltet, weil die Farbe Farbe bleibt, weil die schreck-
lichen Rot und Blau als objektive Bestandteile herausfallen,
nicht von subjektiver Empfindung aufgelöst werden. Bodenhausen konstatiert vollkommen richtig, daß Velasquez den
Vorgang als solchen am stärksten betont, während bei Greco die
Unendlichkeit des Raumes, darin der Vorgang sich abspielt,
eindruckbestimmend wirkt. Damit fällt man nicht dieses Bild
des Velasquez, sondern alles, was er je gemalt hat. Denn genau
dasselbe läßt sich von den Meninas, von den Hilanderas, von
den Lanzas, von allen Bildnissen sagen. Es handelt sich doch
nicht darum, das Ding an sich zu schaffen, den Menschen, die
Fürsten, die Prinzessinnen. Das vermag keine Kunst, und jeder
Versuch ist Irrtum. Sondern man kann die Existenzbedingung
neuer Wesen schaffen, den gemalten Raum, in dem gemalte
Menschen sind. Darauf hat sich das Streben aller großen Meister
gerichtet, seitdem die Kunst aus Visionen von Persönlichkeiten
besteht. Sie war primitives Handwerk, solange ihr diese
Erkenntnis verschlossen blieb, solange sie Menschen ohne
Raum hervorzubringen suchte. Sie ist bei Velasquez raffiniertes
Handwerk, weil er die Menschen und das Bild zu schmücken
weiß. Je weiter er es darin bringt, desto schneidender tritt der
Mangel einer die Realität überwindenden Raumsuggestion her-
vor. Was Bodenhausen als Grecos Eigentümlichkeit erkennt, die
kosmische Unendlichkeit, ist etwas, dessen Art in jedem Kunstwerk sein muß, ob es von historischen oder von gedachten
Personen, von Prinzessinnen oder von Kohlrüben handelt.
Merkwürdig, daß Velasquez gerade diesen Greco aussuchte.
Das Bild ist lange nicht so schlagend wie die anderen, die wir
bisher gesehen haben. Die reichen Weiß der rechten Seite
scheinen zu stark. Er hat das natürlich beabsichtigt, um das
Dreieck nicht zu stark zu unterstreichen. Man muß das Bild
wiedersehen, es wird das nächste Mal vielleicht viel überzeugen-
der wirken. Ich kämpfe jetzt noch zu sehr mit dem Ungewohnten der Vision. Kein Meister jener Zeit, auch nicht Rembrandt,
hat an die Freiheit des Betrachters stärkere Forderungen gestellt.
Die beiden anderen Grecos bei Bosch, der Dominikaner mit

dem leuchtenden Kragen und der Franziskus mit dem Mönch, gehören zu den unangreifbaren Garantien des Meisters, auf die man sich stützt, um seine Wagnisse zu begreifen. Das Fleisch wächst aus dem gelblichen Grau der Kutten hervor wie auf Cézanneschen Bildern. Dadurch teilt sich das Leben den Stoffen mit. Die Kutten sprühen von Farbe. Dem Franziskus bei Lázaro fehlt dieses Leben, deshalb kann er nicht eigenhändig sein. Es ist nur das Formale, wie es einem Zeichner erscheint, übernommen, nicht das Selbsttätige, Fortlebende, Weiterwachsende der Form des Malers Greco. Bei Bosch hängt ein Apostel auf Wolken, von Engeln getragen, der von Correggio sein soll. Weich und reich und sehr anmutig und in der Farbe nicht zu weit von Greco, sehr malerisch. Man denkt, das Bild müßte ein paar Jahrhunderte vor den Grecos entstanden sein. Die Malerei des Italieners berührt kaum die Sphäre des Griechen.

Vor der Krönung Mariä Grecos sagt Hans auf einmal ganz unvermittelt, er möchte sich doch noch mal die Delacroix' im Louvre ansehen. Es wäre schnurrig, wenn Hans, der bisher Delacroix recht niedrig einschätzt, in Spanien zum Verständnis gelangte.

Wir liefen von Bosch wie die Verrückten in den Prado vor die Grecos. Mitten vor der Auferstehung Christi, zusammengewickelt wie ein verzückter Indier, mit Kalbsaugen, ohne eine Spur von Haltung, nicht mal die Hosen über die Knie gezogen – Mynheer! Er versucht, zu leugnen. Darauf finde ich die Auferstehung doch ein wenig manieriert. – »Was? manieriert? Das Größte, Unglaublichste, Gröbste von Klasse!« – Na also! – Er gesteht, daß er jeden Tag hier gewesen sei, während wir bei den Privatleuten – verächtliches Zucken – herumliefen. Wir sind ein Herz und eine Seele. Am Abend soll eine Bombe mit Pommery stattfinden.

Es ist unnatürlich, wie ich nur einen Augenblick den sogenannten Basilio oder Eugenio für echt halten konnte, und es beweist, wie wenig wir vorher von Greco wußten. Der flaue Ton des Gesichtes rückt die ganze Pracht des Kostüms auf ein falsches Niveau. »Handarbeit!« sagt Mynheer. Weder in dem Menschen noch in dem Kostüm steckt etwas von Greco. Das Original soll im Escorial hängen. Mynheer zerrt uns vor den San Bernardino. Wir sollten mal gefälligst die drei Mitren am Boden mit der Mitra des Basilio vergleichen. Er zeigt uns den Platz, von dem aus das Gesicht am besten aussieht. Das bißchen Fleisch! – »Hier – sehen Sie mal das da, wie? Und das da und das da! –« Der Diener schleppt Stühle herbei. Ich glaube, Mynheers Trinkgelder machen ihn zum Rentner. – Hans klebt an der Auferstehung. »Das muß ich kopieren.« – »Na, na, Kleiner!« sagt Mynheer. – »Natürlich nicht das Ganze.« – »Glaube ich Ihnen ohne Eid.« Wir beratschlagen. Die fabelhaft verkürzte Hauptfigur unten, der hingeworfene Kerl mit dem Degen in der Faust, reizt am meisten. Hans meint, isoliert kopiert würde er gelb wirken; das Gelb sei ohne das Blau der umgebenden Partien unmöglich. Mir scheint auch, daß die Öffnungen zwischen den Beinen ohne den daraus hervorwachsenden schwebenden Krieger unverständlich, mindestens leer blieben. Auch die anderen gehören dazu. Man darf diesen Schlund von Körpern nicht teilen. Also vielleicht ohne die Nebenfiguren zur äußersten Rechten und zur äußersten Linken. Aber damit verschwände links der Mann mit dem verkürzten Gesicht, der den Arm im Winkel hält, und damit würde das wichtigste Zwischenglied dieses ganzen Teils fehlen. – In Hans wächst der Entschluß, die ganze untere Hälfte zu malen. Das ergibt die Frage, ob er die Füße des Heilandes mitnehmen soll oder nicht. Mynheer bekommt einen leichten Anfall. Ohne den Heiland sei doch der ganze Sinn des Bildes unverständlich. – Hans kommt es aber doch nicht auf die religiöse Szene an. Mynheer außer sich: »Halten Sie mich vielleicht für katholisch?« Er pfeift auf die religiöse Szene, und pfeift richtig, daß der Diener angestürzt kommt. – Ich gebe zu bedenken, daß in der Tat sowohl die Helligkeit oben als auch dieser lange krönende Teil für die untere Komposition unentbehrlich erscheine. Man würde sonst ein Bild wie die »Pentecostés« erhalten, an dem man nur mit Mühe die von Greco gewählte Horizontale als Abschluß verträgt. Ja, was bei den Pentecostés durch die reiche Bewegung der Horizontale erreicht ist, wäre hier unmöglich. Eine Veränderung des Formats würde den ganzen Sinn der Komposition aufheben. Das Hinaufstreben und Hinabsinken der Körper ist selbstverständlich an das Hochformat gebunden. Der Christ muß sich über den Schlund von Körpern erheben. – Hans stöhnt: »Man kann nicht den kleinsten Fetzen davon weglassen.« Er ist ganz rot im Gesicht. »Ich mache das Ganze.« »Bravo!« sagt Mynheer. Vierzehn Tage wird es mindestens kosten.

Wir gehen sofort in das Bureau zu Villegas, um die Erlaubnis zu erhalten. Villegas vergeht vor Liebenswürdigkeit; aber er kann beim besten Willen nicht anders; die Meninas würden erst im Juli frei. – Mynheer negiert mit seinem unverschämten Zeigefinger: »Nix Meninas, Herr Direktor, Greco! Comprenez-vous? la Ré-sur-rec-tion! – Klasse! Capisco? –« Dagegen hat Villegas natürlich nichts einzuwenden. Auf diese Idee ist noch niemand gefallen. – Hans läuft mit Mynheer, um die Leinwand zu bestellen. 2,75 hoch, 1,20 breit. – Schöne Größe!

Ich lasse sie und gehe allein zurück, bummle in einer trägen Mittagsstimmung an den Grecos vorbei zu den Velasquez' und von den Velasquez' zurück zu den Grecos. Erst ohne Absicht, in Gedanken an Mynheers drollige Begeisterung, dann mit einer merkwürdigen Energie, die sich bei jedem Gange zwischen den beiden steigert. Ich sehe kaum noch die Bilder der anderen, die in dem langen Saal hängen, noch die Menschen, die den Weg versperren. Es ist, als ginge ich nicht mehr, sondern als liefen nur meine Augen von dem einen zum andern. Während ich hin und her pendele, dämmert in mir ein phantastisches Hin und Her von Empfindungen. Wenn ich bei den Grecos bin, glaube ich stets aufs neue einen brausenden Akkord zu empfangen, der bei den Velasquez' undeutlich, zitternd nachklingt, wie ein ganz leises Echo. Dieser rein sinnliche Eindruck dauert eine ganze Weile, bis ich anfange, darüber nachzudenken. Wenn das des ganzen Geheimnisses Lösung wäre? Wenn der Reflex eines unbekannten, weltfernen Genies auf die Geschicklichkeit eines Kleinen diesen jahrhundertelangen, Millionen umfassenden Irrtum entzündet hätte? So etwas kann vorkommen, obwohl es

54

wie ein Hohn auf unsere ganze, betriebsam forschende Kultur klingt. Man denke sich Rembrandt durch irgendeinen Zufall in einen Balkanstaat verschlagen, mitten unter Menschen, die nicht seine Sprache sprechen. Dort lebt er versteckt, in einem Schlupfwinkel, umgeben von eifersüchtigen Verehrern. Er vergräbt sich, weil es ihm paßt, weil es ganz aussichtslos ist, daß er die Masse erobern könnte, und weil er jene Abneigung vor der Masse spürt, die wir heute so gut begreifen. Und dann nach seinem Tode kommt einer in seine Nähe, der die Gabe hat, zu nehmen, der den Instinkt besitzt, was genommen werden muß, um an den Hof und in die Welt zu kommen, der genau so weltlich veranlagt ist wie Rembrandt weltenfern. Der Kluge findet ein Feld von Goldquarz; das Gold braucht nur gesäubert zu werden, um zu glänzen. Und er versteht sich aufs Säubern. Wenn Rembrandt nicht wäre, wie würde man über seine Epigonen denken? Wäre die Masse nicht hundertmal zufriedener? Nun mal den Fall bereichern, sich einen Nachfolger denken, der nicht nur von dem einen nimmt, sondern von vielen andern. Einen sehr kultivierten Nehmer, den ein seltenes Wahlvermögen zu einer Persönlichkeit macht, der außer dem von Künstlern Entnommenen einen populären Gedanken erfindet, zum Beispiel den »Boden der Wirklichkeit«; eine Suggestion, die der Masse genau soviel Widerstände entgegensetzt, als sie vertragen kann, um von Groß und Klein mit Enthusiasmus verschlungen zu werden.

Könnte es nicht so sein? Es muß in der Welt alles einmal vorkommen, also auch das. Es sind schon ganz andere Dinge vorgekommen. Ich stehe im Velasquez-Saal zwischen den Staffeleien der fleißigen Kopisten wie in einer Fabrik, in der die Räder schnurren.

Zeitig aufgestanden, trotz des langen Abends. Ich suchte mir auf der Puerta del Sol eine halbwegs menschliche Droschke, hätte viel für ein Auto gegeben. Es gibt heutzutage Stimmungen, die man nur mit dem Auto los wird. Dann so schnell, als der Klepper ging, durch die Stadt über die Toledobrücke ins Freie. Es war eine Wonne, kahle Strecken zu sehen. Ich bekam eine wahre Liebe zu dem wasserlosen Manzanares mit den steinigen Ufern. Mal eine Weile allein sein und keine Bilder sehen, auch nicht darüber reden und nicht daran denken. – Es ist ein prachtvoller, kühler Morgen. In dem Blau des Himmels ist nichts, das den Blick zu verengen vermöchte. Schließlich darf man das alles nicht so tragisch nehmen.

Zu Hause wartete schon der freundliche Marquis de Vega, um uns zu dem Marquis de Casa Torres zu bringen. Viele Bilder. Mynheer steht schon längst vor dem Sebastian Grecos. Der ist authentisch, und man braucht sich deshalb nicht lange den Kopf zu zerbrechen. Greco ist ungefähr das einzig Authentische in dem ganzen Saal. Ich möchte mal ein paar Dutzend der hundert und aberhundert Sebastians der Malerei zusammensehen. Es sind große Meisterwerke darunter, sehr wenig Heilige. Man gewöhnt sich daran, von dem Gegenstand zu abstrahieren. Es wird ein Etikett wie die Bezeichnung Porträt oder Stilleben. Schließlich vergißt man, daß der gemalte Sebastian eigentlich ein Märtyrer und ein Heiliger war. Denkt man aber mal daran, ist es selten zum Vorteil des Bildes. Entweder erschreckt dann die realistische Darstellung des Körpers, und die Qual des Anblicks eines Durchbohrten hämmert gegen die Würde des heiligen Mannes; oder, wenn der Märtyrer mit dem bekannten Lächeln die Massakrierung seiner Gewebe erträgt, kommt der Zweifel an die Solidität der Pfeile. Die glaubhafteste Darstellung war mir bisher die kleine Sacra Conversazione Bellinis in den Uffizien, weil dort die Übertreibung des Unmöglichen den Zweifel an der Wirklichkeit zurückdrängt. Der Märtyrer steht nicht, sondern wandelt mit den andern Heiligen, und der

Rhythmus dieser gemeinsamen Promenade beschwingt unsere Einbildung. Nur, in dem Bilde spielt der Sebastian als solcher keine Rolle. Er nimmt teil an der beschaulichen Versammlung, und die Pfeile sind lediglich das Abzeichen seiner Würde, nicht das Werkzeug seiner Folter. Greco malt den Heiligen, nichts als den Heiligen. Den Heiligen an dem Marterpfahl mit den Pfeilen, mit dem zum Himmel gehobenen Antlitz, ganz wie ihn die Tradition überliefert. Der Gegenstand steht im Mittelpunkt des Bildes, die Halbfigur füllt die ganze Fläche, kein anderes Wesen zieht den Blick von ihr ab. So haben Hunderte vor und nach Greco den Heiligen dargestellt. So hat ihn kein anderer vor und nach ihm gemalt. Er ist allein, und doch ist eine Fülle von Erscheinung um ihn, und die vollbringt, daß das Einzelhafte, das bedingungslos nie unseren Glauben gewänne, zu einer vielfältigen Gesamtheit wird, gegen die unsere Skepsis keine Handhaben findet. Das Konventionelle, die Kopfhaltung, die Pfeile, ist nicht das Ziel, sondern Mittel, ein Verständigungsmittel, das, wenn es seinen Zweck erfüllt hat, gegenstandslos wird wie die Buchstaben, die dem Leser Gedanken vermitteln. Es lockt uns wie der heimatliche Laut im fremden Lande, und nachher, wenn man der Lockung gefolgt ist, wundert man sich nicht mehr, daß es uns genarrt hat, daß man in keinem Detail, weder in Farbe noch Linie, ein Restchen davon findet, daß man in eine neue Welt, in den Kreis eines Genies gelangt ist. Dann ergibt sich, daß diese Gestalt, deren Umriß uns bekannt dünkte, überhaupt keinen Umriß besitzt, weil die Wolken teil an ihr haben; daß die Geste, die das Schema wiederholt, überhaupt keine Geste ist, weil die Farben, weil Licht und Schatten und andere gestenlose Begriffe die eine Gebärde vervielfachen. Und dann geschieht es, daß wir die Wollust des Märtyrerschmerzes dem ganzen Bilde mitgeteilt finden als Farbenprunk, als Rhythmenrausch, als ein undurchdringliches, ewig schöpferisches Geheimnis.

Der Marquis de Casa Torres war ein wenig pikiert über unsere lange Station vor dem Sebastian, nachdem wir im Kurierzug die anderen Bilder passiert hatten. Er malt selbst, so scheint es, und fragte, was man wohl sagen würde, wenn er sich einfallen ließe, so wie Greco zu zeichnen.

Den Tee nahmen wir bei Cossío, dem Greco-Biographen. Ein altmodisches Häuschen an der Peripherie Madrids mit einem Garten. Das Milieu im äußeren so wenig spanisch wie möglich, wenigstens haben wir nie dergleichen in Spanien erwartet. Etwas Lichtes, Blondes, eher Nordisches in der Einfachheit der Menschen und Dinge. Und doch ganz südlich in der Schnelligkeit, mit der man willkommen geheißen wurde. Es waren fünf oder sechs Professoren da. Gespräch über Dehmel, Flaubert, Kaiser Wilhelm, Helmholtz, über den Lehrer Cossíos, der Präsident der spanischen Republik gewesen ist, über Justi, Strauß, Cézanne und André Gide, über moderne Pädagogik und Goethes Farbenlehre. Alles en passant antippend, ohne zu wollen, ohne jeden Schick, mit der Liebenswürdigkeit, mit der guterzogene Leute auf Fragen des Besuchers eingehen. Das Anheimelnde an diesem kosmopolitischen Niveau die unverhüllt spanische Aussprache. Ich habe mal in Finnland ein paar Meilen nördlich von Helsingfors in einem halben Urwald einen kongruenten Eindruck gehabt. Es gibt ein europäisches Spanien. Die Torerowirtschaft hat einen Revers. Welchen Umfang, weiß ich noch nicht, vielleicht größer als die kompakte Minorität in Ländern, die an der Spitze der Kultur marschieren. Die Bildung ohne jede Phrase, mit einem Unterton von Positivismus, den das südliche Temperament merkwürdig eindringlich macht. Zumal in Cossío. Der Enthusiast, wie er in unseren gebildeten Kreisen heute undenkbar ist, zappelnd vor Mitteilsamkeit, vor Lebenslust, gelehrt wie deutsche Universitätsprofessoren vor den Gründerjahren. Bei Greco läuft Cossío über. Über die kritische Stellung den anderen Spaniern gegenüber wollte ich nicht näher sondieren. Jedenfalls gilt in diesem Kreise Greco als unbestrittener Vater der spanischen Kunst. In einem fort lief Cossío hinaus, um neue Photographien zu bringen. Und das Possierliche bei dieser Lebhaftigkeit, die strenge Objektivität des Forschers. Nichts Sachliches, was nicht dokumentiert ist. Es geht also auch so.

Ein paar amüsante Anekdoten über Grecos Unerbittlichkeit gegen seine Besteller. Er ließ nicht an sich rühren. Am liebsten borgte er die Bilder nur für ein Mietgeld. In der Selbsteinschätzung nicht blöde. Fanatischer Musikfreund. Wählerisch im Lebensgenuß. Ließ sich venezianische Musikanten nach Toledo kommen. Ob er geschriftstellert hat, ist bis jetzt noch nicht festgestellt. Cossío hat nichts gefunden. Große Schärfe und Kühnheit des Urteils. Pacheco, Velasquez' Schwiegervater, hat Greco kurz vor dem Tode in Toledo besucht und sich die Unterhaltung notiert. Natürlich die Frage, was mehr wert sei, Zeichnung oder Farbe. Natürlich die Antwort: die Farbe. Aber, sagt Pacheco, Michelangelo? – Nun, meint Greco, Michelangelo war ein ausgezeichneter Mann, aber von Malerei hatte er keine Ahnung.

Jeanne, die Talent für die Bühne besitzt, macht Cossío auf der Fahrt nach Hause sprechend nach, seine Art, die Worte zu überstürzen und mit den Händen zu fuchteln. May ärgert sich. Sie liebt ihn.

Aus Pachecos Interview ist wohl die Mythe der Verrücktheit Grecos entstanden. O, wie gut paßt dieser Titel zu ihm. Wie gern tun wir ihn zu den anderen Verrückten, zu Rembrandt, Tintoretto, Delacroix, Cézanne und Marées! Was wäre er, wenn er nicht verrückt wäre! – Was wären Sie, Herr Geheimrat, wenn Sie ihn nicht dafür hielten! Beruete gab mir Ihre Darlegungen der Pathologie Grecos zu lesen. Erschütternd, aber zu kurz. Warum hier so wenig Worte, während Sie, wo es die Ethnographie, Geographie und zumal die Bibliographie der Kunst gilt, so viele zu finden wissen. Gern wüßten wir mehr von dem, was Sie pathologisch nennen. Wäre es auch nur, um den Beginn dieser europäischen Krankheit festzustellen, die seitdem so viele Kunstdoktoren erschreckt. Natürlich haben Sie sich nichts dabei gedacht. Wie sollten Sie! Nie würde Ihnen einfallen, einem Lebenden, und wäre es nur ein Schuster oder Schneider, dergleichen nachzusagen. Selbst wenn Sie von einem Bekannten wissen, daß er seine Ferien in der Zelle zubringt, gehen Sie als wohlerzogener Mensch schonend darüber hinweg, nennen seinen Zustand allenfalls nervös, oder sonderbar, oder gar eigenartig. Ein Genie aber, das seit dreihundert Jahren tot und daher nicht in der Lage ist, Ihnen in der nächsten Nummer der Kunstchronik zu antworten, das nennen Sie mit derselben Gelassenheit pathologisch, mit der Sie irgendeines Ihrer Daten darlegen. Ihre Tatsachen sind nicht immer gesichert. Sie haben einem geringeren Künstler, den Sie für groß halten, Dinge zugeschrieben, die er nicht verdiente, auch wenn er um vieles niedriger stände als Sie ihn einschätzen. Aber Sie haben es als Gelehrter getan, auf Grund wissenschaftlicher, wenn auch verkehrter Schlüsse, und man darf Sie nicht dafür verantwortlich machen, daß sich zuweilen die Schätzung der Kunst Ihrer Methode entzieht. Wo ist die Methode in Ihrer Entdeckung des pathologischen Greco? Was wissen Sie von ihm? Sicher weniger als Leute, die zehn Jahre eifrig gesucht und so gut wie nichts über sein Leben, noch weniger über sein Denken gefunden haben. Also Intuition? – O, Herr Geheimrat!

MADRID, DEN 26. APRIL.

Sonntag. May geht in die Kirche, Jeanne zum Coiffeur. Jede sucht mit gleicher Schläue ihr Laster zu verstecken. Jeder sieht man es am Gesichte an. Mynheer reist nach Paris. Er kann so viel unverkäufliche Bilder nicht länger mit ansehen. Die Pariser Händler werden ihre Freude an ihm haben. In vierzehn Tagen will er wiederkommen. Er glaubt selbst nicht daran.
Tante Mary fragt an, ob wir von einem gewissen El Greco, der in Spanien gelebt haben soll, Bilder gesehen haben.
Hans ist mit dem Aufriß der Auferstehung fertig. Selbst in der primitiven Kohlezeichnung wirkt die Komposition, während im Bilde keine Linie, nur geschwungene Flächen zu sehen sind. Ich bin sicher, daß die Untermalung allein vierzehn Tage kostet. Manchmal könnte man glauben, Greco habe das Bild ohne Untermalung gemacht. Es wirkt prima.

Mit Jeanne und May – Hans ist nicht wegzubringen – durch die Stadt gebummelt. Wir fühlen uns schon ganz heimisch. Dazu mag beitragen, daß Madrid an die Gegend von Paris erinnert, wo wir viele Jahre gewohnt haben. Die Avenue de la Grande Armée mit den angrenzenden Nebenstraßen kommt oft wieder. Der Bonaparte hat Luft in die Stadt gebracht. Große Teile wirken infolgedessen unfertig, und die Zahl der Menschen langt nicht, sie zu bevölkern. Auf Nachwuchs berechnet.

Der König begegnet uns in offenem Auto, ohne jeden Schutz. Er fährt zum Polo. Als er vor kurzem nach Barcelona reiste, hat man ihn aufgegeben. Er sagte zu Radowitz: »Wenn es eine Stadt in Spanien gäbe, in die ich nicht hineinkönnte, möchte ich nicht König sein.« Er hat einen guten Schneider. – Im Schloß ein paar sehr reizende Räume. Eine Antikamera im buntesten Empire würde Rudi Schröder* begeistern. Wandbekleidung und Bezüge in blaugelber Seide. Die Möbel Mahagoni mit Goldbronze. Ein Mittelsofa mit bronzenem Blumenaufsatz, Füllhörnern undsoweiter von köstlichem Spleen. Dazu ein Teppich in tollen Farben, rot, weiß, schwarz, blau, gelb; paßt glänzend dazu. Hier hängen Goyas Karl IV. und Maria Luisa. Das Bildnis des Königs ist eine Wiederholung des Neapler Bildes. In dem Halbdunkel des schönen Raumes sahen sie gut aus. Als die Gardine vom Fenster weggezogen wurde, schwand ein gutes Stück des Reizes. Das Kostüm des Königs ist pikante Arbeit von der Art der Hübschheit des Empiremobiliars. Es schmückt vortrefflich die Wand. Auffallend dilettantisch ist der Hund gemacht. Merkwürdig, daß der Phantasiereiche so wenig Vorstellungskraft für das Organische des Körpers besaß. Seine Menschen und Tiere sehen, wenn sie nicht im Fluge in der Masse gemalt sind, wie unförmliche Pakete aus. Maria Luisa, in schwarzem Kleid – ödes Virtuosentum. Man kann charakteri-

---

* *Rudolf Alexander Schröder (1878–1962)*, Lyriker, Erzähler, Essayist und Übersetzer. (Anm. d. Verl.)

sieren und doch ganz banal malen. Besser scheint, soweit ich sehen konnte, das Bildnis der Königin in dem blauen Zimmer. Graues Ballkostüm. Etwas grenzenlos Gefräßiges, Unsauberes steckt darin, das wohl der Natur entsprochen haben mag. Der dicke König in Uniform ist ein dicker König in Uniform. Der lange Speisesaal, Hotel-Table d'hôte, mit schönen vergrauten Gobelins. Der Thronsaal mit den vielen, schweren, schwarzen Bronzen vor der roten Wandbekleidung pompös, phantastisch, wie man sich als Kind den Thronsaal eines Satrapen denkt. Von dem Plafond Tiepolos bekam ich bei der schlechten Beleuchtung keinen Eindruck.

Zu Hause fand ich Karl Schönchen aus Paris und einen etwas viel redenden Franzosen, namens Sillery, mit dem er seit vier Monaten durch Spanien reist, auf der Suche nach Bildern. Den beiden sind heitere Dinge passiert. In einem abgelegenen Kloster wurden sie von den Mönchen ausgeraubt und kamen knapp mit dem Leben davon. Monsieur Sillery erzählt von phantastischen Diebstählen in den königlichen Schlössern und in den Klöstern. Für Geld scheint alles zu haben. Monsieur Sillery wurden von den gefälligen Priestern die Gräber der Könige von Kastilien und Aragón zur Verfügung gestellt, das Stück zu 100 000 Pesetas. Sie ließen sich drei öffnen und gelangten auf diesem Wege in den Besitz eines großen Kruzifixes, Gold und Email, 12. Jahrhundert, das einen phantastischen Wert haben soll. Wenn die betriebsamen Mönche nur keine Industrie mit diesen Artikeln treiben!

MADRID, DEN 28. APRIL.

Der Prado wimmelt von Berliner Bekannten. Neben Hans auf der Leiter vor der Auferstehung steht Zedwitz. Er kommt von Moskau, von einer Premiere Stanislawskis und reist nach New York, um dem Start einer schwarzen Tänzerin beizuwohnen, die das Non plus ultra aller Tänzerinnen sein soll. Sie sei mit nichts zu vergleichen, weder mit der, noch mit der, noch viel weniger mit der. Der Rhythmus der Negerseele. Die Jahrhunderte oder Jahrtausende lang aufgespeicherte animalische Kraft einer von Kunst ungeschwächten Rasse äußert sich in einem Phänomen von bestialischer Schönheit. Zedwitz wundert sich über meine Enttäuschung vor Velasquez. Er habe nie etwas anderes in Velasquez gesehn als einen eleganten Photographen vor Erfindung der Photographie und er verstehe nicht, wie man über Goya überhaupt nur noch diskutieren könne. Der wirkliche spanische Maler sei überhaupt noch nicht bekannt, der als Repräsentant spanischer Art gelten könne, im Gegensatz zu Greco, der doch Grieche sei. Auf meine Frage, wer er sei, gibt er lächelnd zur Antwort, er würde mir den Mann morgen vorstellen, er wohne in Madrid und heiße so und so. Ich kann den Namen nicht verstehen, da er ihn sehr schnell und spanisch mit dem Z-Laut ausspricht. Man könne sich, ohne mit dem Mann zu sprechen, kein Bild von seiner Kunst machen.* Da ich Spanisch nicht verstehe, ist mir also diese Überraschung versagt. Zedwitz hofft uns nach seiner Rückkehr aus New York in fünf Wochen in San Sebastian zu treffen. Er ist sehr eilig, da er noch wer weiß was alles in Madrid zu besorgen hat.

Den Tee nehmen wir wieder bei Cossío. Das nette Häuschen enthält eine vom Staat unabhängige École libre, für die Cossío mit Leidenschaft tätig ist. Er macht uns mit Gimer, dem Gründer der Schule, und mit den anderen Lehrern bekannt. Famose Köpfe. Die Richtung der Schule ohne Tendenztreterei radikal. Mir stehen die Haare zu Berge. Bei uns würden solche Leute einfach eingesperrt werden. Hier haben sie außer der Stellung an ihrer eigenen Privatschule Lehrstühle an der Universität und bekommen vom Staat Reisebörsen, um sich draußen umzusehen.

Auch Kunstgeschichte wird in der freien Schule getrieben.

---

* Gemeint ist *Ignacio Zuloaga* (1870–1945), span. Maler, in enger Berührung mit dem Jugendstil. (Anm. d. Verl.)

Cossío führt schon die Kinder von 8 bis 10 Jahren in den Prado,
und zeigt ihnen die Bilder. Als Literatur: Don Quichote,
Homer, Shakespeare.

Die Porträtsammlung im Prado gleicht einer Ahnengalerie der
Menschheit. In die Freude über die Schönheit mischt sich die
Ehrfurcht vor dieser Gesellschaft. Es erscheint ganz selbstverständlich, daß dieser Karl V. von Tizian, dieser Kardinal von
Raffael, diese Königin, die Mutter dreier Könige, von Rubens,
diese Fürstin von Mor, diese Bürger von Dürer und dem
Marienmeister gemalt wurden. Die Darsteller passen zu den
Dargestellten. Und diese Suggestion kommt selbst Goya zustatten, dem Proletarier der Reihe. Den Abscheu gegen den Flitter-
kram seines Familienbildes mildert die Einsicht, daß dieser Folie
einer königlichen Familie die Folie eines großen Künstlers
angemessen war.
In der Verlogenheit des Prunkes Goyascher Granden steckt ein
Gran von Wahrheit. Es ist die Fassadendekoration der
Abkömmlinge großer Familien, die für die Nachmittagsstunde
in der eigenen Equipage beim Korso den Rest opfern. Unnah-
bare Marquis, die unter der Hand Provisionsgeschäfte gegen die
eigene Familie machen und stolz den edlen Namen unter der
Quittung verweigern, um zu gelegener Stunde den Betrag
doppelt nehmen zu können. Edelleute, die jeden Schimpf, der in
die Zeitung kommt, mit Blut abwaschen und im Klub der
Alcalá mit falschen Karten spielen. Seinen aristokratischen
Frauen sieht man die schlechten Dessous und den latenten Beruf
an. Seine nackte Maja ist anständiger in ihrer simplen Roheit als
manche seiner Marquisen in ihrer Allüre schlecht erzogener
Provinzkokotten. Jede Gesellschaft hat die Kunst, die sie verdient. Goya hätte aus der Opposition gegen seine Landsleute die
größte Darstellung gewinnen können, aber er gehörte dazu.

1   *El Greco, Porträt des Bischofs Covarrubias. Toledo, Museo del Greco*

2   *El Greco, Auferstehung. Madrid, Museo del Prado*

Seine Überzeugung des Künstlers war nicht weniger bestechlich als die politische Meinung seiner Zeitgenossen, aber war insofern ehrlich, als er nicht mehr log als die anderen. Da er darstellen konnte, erhält man ein ungewolltes Kulturbild von leicht durchsichtiger Realität. Die mangelhafte Subjektivität macht ihn verhältnismäßig echt. Einer kongruenten Erscheinung in Deutschland könnte die gleiche Realität nicht gelingen, weil unsere Rasseeigentümlichkeiten weniger plastisch sind. Wir gestikulieren weniger, auch wenn wir schwindeln. In dem letzten spanischen Kabinett außer den Grecos ein anständiges Bildnis von Juannes. An dem Tristan kann man die Schwäche der Nachahmung prüfen. Freilich ist es kein gutes Spezimen. Auch zu Greco paßten seine Leute, oder machte er sie sich passend? Man glaubt einen generellen Unterschied zwischen seinen Bildnissen und denen seiner erlauchten Kollegen zu finden. Es fehlt die Machtfülle Tizians, die Kraft des Rubens, die Klarheit Raffaels, die Strenge der Deutschen. Er ist dünner, gebrechlicher als sie alle. Seine gravitätischen Herren in den Fältchenkragen sind alle nicht sehr imposant. Aber man blickt tiefer in sie hinein als in den Karl V., als in den Kardinal des Urbinaten, als in das zierliche Selbstbildnis Dürers, oder die Gestalten Mors. Sie sind viel mehr Gesichter. Der Beitrag des Kostüms ist auf ein Nichts reduziert. Man könnte fast glauben, daß Greco seine Modelle alle gleich angezogen habe, um sich zu stärkerer Individualisierung zu nötigen. Er erschwert sie sich noch durch die Betonung seines Typs. Alle seine Gesichter sehen von weitem gleich aus: das lange schmale Gesicht mit dem hügeligen Kopf und der langen Nase. Es war keine Willkür, was ihn zu diesem Typus trieb, nicht lediglich das Stilbedürfnis. Die Form entspricht der Natur. Kein Maler hat die Spanier so gut bis auf die Knochen verstanden wie dieser Grieche. Man kann diese Modelle noch jeden Tag zu Dutzenden in der Gesellschaft finden. Vega brachte uns heute zu dem Marquis de Socorro, dessen Ahne, Rodrigo Vázquez, von Greco gemalt wurde. (Das Bild hängt im spanischen Kabinett des Prado und ist wohl eine alte Kopie). Der Marquis besitzt eine Kopie des Pradobildes.

Jeanne stieß mich gleich an. Die Ähnlichkeit war verblüffend. Grecos Spanier ist so echt wie Ambergers Deutscher oder der Holländer des Frans Hals. Die Übertreibung erscheint geringer als bei einem Dürer oder Cranach, weil sie sich mit weniger linearen Mitteln an die Merkmale der Rasse hält. Der Typus ist reicher, trotzdem er sich einer viel einfacheren Form anpaßt. Und auch da wieder ein Schema. Die Palette ist auf allen Bildnissen fast dieselbe. Nur das Farbige wechselt. Greco entdeckte den Rest von orientalischer Antike in seinen Modellen. Manche seiner Köpfe, zumal wenn die Leinwand nicht mehr gut erhalten ist und daher die Struktur der Gesichter noch stärker hervortritt, gleichen ägyptischen Grabbildern. Selbst die Individualisierung hält sich noch an schematische Merkmale. So kommt es, daß bei ihm das, was die Ähnlichkeit mit dem Modell gegeben hat, und das Stilbildende identisch erscheinen. Er hat richtig beobachtet, daß die Menschen nur sehr selten eine grade Nase haben und daß bei den wenigsten die Lage der Augen und des Mundes der mathematischen Einteilung entspricht. Die geringen Abweichungen, die den Gesichtern das Eigentümliche geben, übertreibt er. Der Mund sitzt entweder nach links oder nach rechts, fast nie in der Mitte, und das erscheint infolge der ganzen Organisation des Gesichtes vollkommen in der Ordnung. Das übrige wird von der Farbe besorgt. Das Bild zur äußersten Rechten der Grecowand in der Bildergalerie ist die Perle der Grecobildnisse des Prado. Stellt man sich die Anatomie des Gesichtes vor, so erhält man ein phantastisches Gebäude. Das rechte Auge sitzt viel tiefer als das linke, der Mund wäre ohne den Bart ein unförmlicher Fleischlappen, das rechte Ohr, vom Kopfe losgelöst, monströs. Der Witz ist nur, daß man nichts loslösen kann, daß die Farbe, ein Fluß von Dunkelrosa und Gelb, die Teile organischer verbindet, als es irgendeine Zeichnung vermöchte. Der Ansatz des Haares, einer der Prüfsteine guter Bildnisse, ist so unmerkbar wie in der Natur. Die Augen schwimmen in den Höhlen, sie sitzen nicht fest, sondern regen sich, blicken. Das Rot des Ohrs wächst aus dem Rot des Fleisches, ist Masse, bevor es Form wird, und so wächst das ganze Gesicht aus dem rotbraunen Grund, und das Wunderbare ist nur, wie es in den grauweißen Halskragen hineinkommt, ohne sich vom Grunde zu lösen, wie es zu dem dunklen Körper gehört, von dem es durch das massenhafte Weiß geschieden ist, wie sich die getrennten Teile immer ergänzen. Un desconocido, ein Unbekannter, wie fast alle Bildnisse Grecos. Man möchte die Leute wohl kennen lernen, die Greco so malte und die sich so malen ließen. Cossío meint, es seien alles die Intellektuellen seiner Zeit und ausschließlich seine Freunde. Auf Bestellung habe er nicht porträtiert. Das paßt zu ihm. Villegas zeigte uns neulich im Keller des Prado drei Bildnisse Grecos aus der Bibliothek in Toledo, die hier gereinigt und rentoiliert* werden, darunter den Diego Covarrubias. Seitdem laufen wir jeden Tag in den Keller und sind mehr unten als oben. Der Covarrubias ist in grauweißem Priesterhemd, unter dem der schwarze, weiß gesäumte Kragen vorkommt. Auf der Brust das grüne Kreuz der Inquisition, auf dem Kopf das schwarze Barett. Hans bekommt jedesmal Zustände. Das, was Rembrandt im Schatten suchte, ist hier mit lichten Farben geglückt, in dem Rosa Renoirs, in dem Lila Cézannes, in dem Weiß Manets. Und wenn sich die dreie zu einem vereinten, käme noch lange nicht dieser Kopf heraus. Man kann den Kopf ganz von nahem besehen. Wir nahmen ihn uns mit der Lupe vor. Es entsteht dann kein gehacktes Durcheinander, sondern man hat etwas wie zarte Haut vor sich, duftig, geschmeidig, wie die wohlgepflegte Haut alter Frauen, die zu leben wissen. Es ist natürlich nichts weniger als eine Nachbildung der Haut, das wäre widerlich; es hat nicht das geringste von der Struktur der Epidermis. Sondern eine Übertragung auf die Malmaterie, aus Farbe und Pinselstrichen, von so schlagender Symbolik, daß die Illusion selbst bei intensivster Betrachtung nicht verschwindet. Das Treffende liegt in der Erfindung der spitzpinseligen Struktur, die die Fläche teilt, ohne sie aufzuheben, und in der eminenten Abwägung der

---

* *rentoilieren:* Fachbegriff der Restaurierung. Der Malgrund oder die alte Leinwand wird mit einer neuen unterklebt. (Anm. d. Verl.)

Valeurs. Alle Erfindungen der Modernen, farbige Schatten, Auflösung der Konturen, die Kombination von Abtönungen und Kontrasten, sind hier vorweggenommen. Der Bart besteht nicht aus Haaren, sondern aus einem weißen wolkigen Ton. Dieser hängt mit den Tönen des Fleisches so innig zusammen, daß es zu genügen scheint, ihn hinzustreichen, um ahnen zu lassen, welche Rolle er im Organismus der Wirklichkeit spielt: Haar um Antlitz. Ja, die Zusammengehörigkeit ist noch stärker als in der Natur, wo man den Bart mechanisch entfernen könnte. Es ist kein Bart mehr, sondern der untere Teil des Gesichts. Man weiß nicht, wo er anfängt oder aufhört. Greco verdoppelt – nicht die Natur, sondern den Schein der Natur, das, was dem Auge das Wesentliche dünkt. Prachtvoll leuchtet aus den violetten und gelbgrauen Tönen des Fleisches der rote Lack, mit dem der Mund und die Schatten der Nasenlöcher gemalt sind. Er überrascht als Kontrast auf dem Weiß und überrascht noch mehr, wenn man erkennt, daß er überall latent in dem Fleisch mitwirkt, daß er sogar schon in dem warmen rötlichen Havanna steckt, das die Leinwand grundiert. Hundertmal haben wir uns das Auge angesehen, das Augenlid, die Augenhöhle; alles gemalt wie von einem Landschafter, von einem Cézanne, der die Form aus dem Ton entstehen läßt, und präzis in allen Details wie von einem Ingres. Ich kann mir nicht helfen: neben diesem kleinen Bildnis treten die hohen Herren oben in dem berückenden Saal auf ein anderes Niveau. Ich sage nicht, daß sie verlieren. Sie behalten alles. Aber sie haben etwas anderes im Sinne, Tizian so gut wie Raffael, Dürer so gut wie Mor. Sie haben den Menschen einer Zeit, einer Klasse gemalt; Fürsten, Kardinäle, Bürger; mit der Pracht, dem Anstand, der Sinnesart dieser Leute. Greco gibt alles das, aber sozusagen in einem Nebensatz. Es kommt noch weit mehr dazu. Dieser weißgraue Herr könnte heute gemalt sein. Den Eindruck macht keins der Bildnisse der anderen in der Porträtgalerie. Ja, in ihrer Wirkung auf uns spielt die Zugehörigkeit zu einer vergangenen Zeit als Suggestion mit, die unseren Genuß vergrößert. Das Heutige in dem Covarrubias ist eine vollkommen neue Wirkung. Das Moderne in dieser Darstellung verbindet uns mit dem Stück bemalter Leinwand, und dieses Gefühl überflügelt alle Suggestionen der anderen. Auch die der Schönheit. Gewiß ist dieses Bildnis, der Kopf, das Kostüm schöner als viele andere. Aber man vergißt es in einer höheren Empfindung. Man würde an diesem Mann nicht die Schönheit loben, aus Furcht, eine Banalität vorzubringen. Man würde es vielleicht eher von dem Raffael und von manchen Tizians sagen. Nicht weil der Covarrubias männlicher erscheint. Männlicher sind viele Gestalten Tizians. Man möchte die Männer Tizians und Raffaels schöner finden, weil sie sich ansehen lassen, weil sie gewissermaßen stillhalten. Wenn sie etwas sagen, so sagen sie: so sind wir. Oder sie denken das wenigstens. Der Covarrubias spricht und denkt etwas für sich, nicht für uns. Nichts Konkretes, das ist das Wunderbare, man kann viel weniger als bei irgendeinem anderen Porträt eine Gebärde entdecken. Und doch spricht er viel lebhafter, so überzeugend, daß man ganz auf seine Schönheit vergißt. Er ist Denker. Aber auch das sagt nichts von dem Besonderen. Ein Denker ohne die Gebärde des Denkens. Man könnte es fast eine denkende Materie nennen. Die Farben sind wundervoll, sie können gar nicht schöner sein. Aber sie gehören nur dazu, sind nicht die Hauptsache. Sie leuchten, um etwas anderes sichtbar zu machen. Wenn man sie lobt, lobt man die Kleider eines Gedankens. Es ist, als hätte uns da ein Mensch vor 300 Jahren unsere Gedanken vorhergesagt. Mehr noch: so wie wir heute denken möchten. Er hat nicht den Covarrubias, sondern uns darin konzentriert, ein Ideal von Menschlichkeit, das wir bisher unser Eigen glaubten. Der Mann gleicht nicht einem der Menschen, die wir heute sehen. Man wird genötigt, allen unmittelbaren oder mittelbaren Naturalismus aufzugeben. Mor ist Naturalist, Tizian auch, selbst Raffael. Raffael vielleicht am meisten. Grecos Mensch, natürlicher, greifbarer als sie alle, gleicht einem gedachten Menschen und zwar einem derer, die wir heute denken. Man glaubt ihn unter die Phantasiegestalten unserer modernen Kultur irgendwo unterbringen zu können. Zum Beispiel in der Nähe der Menschen Stendhals. Er könnte in

Rouge et Noir vorkommen. Einer der vornehmen Kirchenfürsten, die Julien Sorel im Hotel de la Mole begegnen. Ein heller Denker, dem der Geist Komfort ist, der kirchliche Phrasen mit dem Takt reifster Menschlichkeit ausspricht und zu frei ist, um sich seiner Fesseln zu begeben.

Cossíos Bericht, daß Greco den Covarrubias unmöglich nach der Natur gemalt haben könne, da der Bischof damals schon tot war, macht das Phänomen dieser Darstellung im Grunde kaum merkwürdiger. Das Modell konnte dieser Anschauung nichts hinzufügen.

Das Porträt des anderen Covarrubias, des Bruders, das auch hier rentoiliert wird, ist nicht ganz so wirksam. Der Diego dürfte wohl überhaupt die Quintessenz des Bildnismalers sein. Das dritte Porträt, das wir im Keller fanden, der Mystiker Juan de Avila, mit der Hand auf der Brust, aus dem Museum von Toledo, wesentlich früher, erinnert noch an Tintorettos Bildnisse; zum Beispiel an das im Kastell von Mailand. Tintoretto hat in Venedig die menschlichsten Bildnisse gemalt. Greco hat sich seiner Hilfe bedient, um Sinnbilder des Lebens zu geben. Sie gehen weit über alles Venezianische hinaus.

MADRID, DEN 30. APRIL.

Die Dekorationen in San Antonio de la Florida gaben Goya eine amüsante Gelegenheit, seine Silhouettenkunststücke zu zeigen. Es hat ihm Spaß gemacht, sie zu malen, und sie sind so gut geworden, als man von einer Improvisation verlangen kann. Die Improvisation überwiegt noch mehr als bei Tiepolo, Goyas Vorbild. Deshalb wirkt er freier als der Italiener. Aber die Wirkung entfernt sich auch weiter als bei Tiepolo vom Monumentalen. Sie wäre unerträglich, wenn nicht zufällig der Platz, den sie einnimmt, so beschränkt wäre.

Den Nachmittag im Prado. Erinnerungen an Velasquez nachgelaufen.

Lieber Thomas! Ich danke Dir jedenfalls, daß Du mir Deine Huld nicht ohne weiteres entziehst und mich anhören willst. Ja, wo fange ich an? Es ist schrecklich, daß die Briefe so lange gehen. Du hast den meinen in Deiner gemütlichen Studierstube erhalten und sitzest jetzt zur Abwehr bereit, wohlverschanzt hinter Deinen Büchern und hundert notorischen Urteilen. Ich empfing Deine Antwort auf der Straße und las Deine ernste Aufforderung, Dir meine Argumente contra Velasquez aufzubauen, während ich mir die Stiefel wichsen ließ, und hatte Mühe, mir zu vergegenwärtigen, was Du eigentlich meintest. In den zehn Tagen ist so unglaublich viel passiert, daß ich kaum noch an Velasquez denke. Thomas, ich habe einen Menschen gefunden, einen großen, über alle Begriffe genialen Menschen: Greco. Ein Mann aus der Gegend Rembrandts und uns so nahe wie ein Zeitgenosse. Meine Reise nach Spanien wird eine Fahrt zu diesem Menschen werden, und wenn ich nichts als ihn mitbrächte, hätte ich tausendmal mehr gewonnen, als ich mir je versprochen habe. Du weißt fast nichts von ihm. Stell Dir einen Cézanne oder einen Renoir vor, oder vielmehr, nimm die Summe aller großen Franzosen und streiche alles Pariserische, fast möchte ich sagen, alles Französische weg, alles, was die Zugehörigkeit zu einer bestimmten Gattung Malerei verrät. Du kannst es Dir durch das Griechentum ersetzt denken, aber um Gotteswillen ohne schematisierte Antike. Das Griechentum ist bei ihm Blut, nicht Form. Er hat die Antike überlebt und sich jenseits der Plastik entwickelt. Ein Maler, Du kannst ihn Dir gar nicht genug als Maler denken. Ein Outsider unter den Griechen, mit der kühnen Selbständigkeit eines von seinem Volke Abgesonderten, in dem das Edelste des Volkes neue Blüten treibt. Fast der Gegenpol der Antike. Er kommt von Tintoretto her und hat die Antike durch Michelangelo kennen gelernt. Eine Auseinandersetzung mit Michelangelo nach der Art des Rubens, vollkommen unplastisch. Aber wo Rubens in Fleischorgien tobt, entsteht bei Greco eine vollkommen spiritualisierte Schönheit: eine Farbe, die nicht des Fleisches bedarf, um zu leben, insofern antikes Erzeugnis. Die Gefahr ist, ihn deshalb für einen

Spiritisten zu halten. Er ist es so wenig als Degas und noch weniger als Rembrandt. Klarheit bis zum Exzeß, insofern himmelhoch über Cézanne. Er realisiert, was er will, kann alles und will das Höchste. Rembrandt, der breiter und mächtiger ist, stützt sich, sei es auch nur mit einem kleinen Teil seiner Wirkung, auf eine Legende. Er dreht sie um, zwingt uns, sie umzudeuten und überflügelt immer die gewohnte Deutung. Aber schließlich, sie dient ihm. Bei Greco ist alles Anfang und Ende. Greco hat, wennmöglich, noch reichere Deutungen, weil er untragisch ist, aber befreit sich ganz von ihnen. Er malt Christus am Kreuz, die Auferstehung, Marienbilder, mit aller Furie der Renaissance. Aber die Furie scheint uns über das Christliche hinaus in das Antike zu tragen. Kannst Du Dir diese jenseitige Antike vorstellen? Ein ganz neues Griechentum. Das verwehte Samenkorn eines untergegangenen Baumes, das sich in fremdem Erdreich entwickelt. Es gewinnt die Kraft aus dem Mangel an Heimat. Seine Schwäche ist seine Stärke. Der Fremdling durchschaut unsere Kultur, erobert sie sich, und wie er auf dem Gipfel steht, fängt er an, seine uralte Muttersprache zu stammeln. Es klingt nur noch wie Christus. – Weißt Du, an wen ich oft vor seinen Bildern denke? An unseren Marées. Du weißt, daß ich Marées nie tragisch nehme. Von einer unmittelbaren Beziehung ist natürlich keine Rede. Was man dafür nehmen könnte, geht wohl nur mittelbar auf Greco zurück, denn als er hier war, hat er ihn wie alle seiner Zeit nicht beachtet. Übereinstimmend ist der Glaube beider Heimatlosen an eine innere Heimat, die Zuversicht, durch den Sturm unserer Evolutionen hindurch zur Ruhe zu kommen. Das Mysterium Grecos, das nur einmal in der Weltgeschichte vorkommt, beruht auf dem Unbegreiflichen, daß er den Sturm, der erst nach ihm kommen sollte, der uns heute noch trägt, allein für sich entfachte und seiner Herr wurde.

Das ist, was ich Dir von Velasquez schreiben kann. Vielleicht verstehst Du, warum es mir unmöglich ist, Dir meine Gründe gegen ihn auseinanderzusetzen. Oder nein, wie sollst Du das aus diesen abgerissenen Andeutungen verstehen! Du wirst es womöglich für Zynismus halten, wenn ich Dir sage, daß mir das ganze Velasquezproblem heut schon langweilig ist. Es ist so unfruchtbar, über eine Sache viel Worte zu machen, die ein einziger Blick sofort klarstellt. Das Problem ist zu simpel und bedarf keines Scharfsinns, keines irgendwie wesentlichen kritischen Vermögens und eines so geringen Postens von Selbständigkeit, daß man sich wie ein Don Quichote vorkommt, wenn man dagegen anrennt. Während Greco alles, was man geben kann, herausfordert. Man kann sich fast einbilden, in seiner Nähe zu etwas Besserem zu werden. Der heillose Unterschied liegt hier wie überall, wo man künstlerische Differenzen unüberbrückbarer Art zu finden glaubt, im Bereich rein menschlicher Qualitäten. Es ist unsäglich lächerlich, zu sagen, daß Greco etwas anderes als Velasquez malte, und es ist fast ebenso lächerlich, zu sagen, daß er besser malte. Gewöhne Dir doch diese Handwerkervorstellungen ab. Von Malern sollte man überhaupt nicht in Gesellschaft von Künstlern reden. Natürlich malt Greco besser. Ja, ja, ja, malt besser. Es hilft nichts, daß Dir das unmöglich erscheint. Aber diese Tatsache, die Dir aus dem Vergleich jedes Winkels auf dem Bilde des einen mit irgendeinem auf dem Bilde des anderen mathematisch erwiesen werden kann, tippt nicht an den Kern der Frage. Müßten wir uns nicht alle wie winzige Proleten erscheinen, wenn wir mit solchen Feststellungen unser Dasein verbrächten? Das Interesse beginnt da, wo es möglich wird, Menschen zu entdecken, große Vorbilder, Helden. Leibl konnte zufällig malen. Marées konnte zufällig weniger gut malen und war viel größer. Du mußt einsehen, daß die Überwindung des Talentes dasselbe ist wie die Überwindung des Stofflichen im Kunstwerk. Das Genie schafft sich, was dem Talent ein Zufall gibt. Es kann immer so gut malen, als es braucht, um sich auszudrücken. Velasquez war ein winziger Mensch von großer Geschicklichkeit. Er wußte zu wählen. Unter gegebenen Möglichkeiten traf er vielleicht die beste. Vielleicht – ich bin dessen nicht mal sicher. Aber der Umfang seiner Möglichkeiten ist beschränkt. Er beschreibt Dinge, die vor ihm da waren, auch wenn sie zufällig niemand vor ihm gemalt hat. Wir wollen Schöpfer sehen.

Ich schicke Dir ein paar Photographien, da ja in unserem gesegneten Lande nicht mal Abbildungen der Grecos zu haben sind. Manchmal kommt mir das alles ganz verrückt vor. Man muß sich vorstellen, daß man über vierzig Jahre wurde, ohne von diesem Menschen eine Ahnung zu haben. Ob es Dir möglich sein wird, Dich von der Suggestion der Photographien nach Velasquez frei zu machen und die photographierten Grecos zu erkennen? Ich behaupte, daß neun Zehntel der Wirkung des Velasquez den glänzenden Photographien zuzuschreiben sind, die die Löcher der Originale zudecken.

Also habe ein wenig Geduld. Jetzt kann ich nicht, ich muß nach Toledo. Dort hat Greco gelebt. Ich will alle Grecos sehen, die in Spanien sind. In ein paar Monaten komme ich wieder her. Dann sollst Du über Velasquez und den Prado und wer weiß was alles kilometerlange Briefe haben. Ich werde dann vielleicht ruhiger urteilen können.

MADRID, DEN I. MAI.

Beim Kultusminister gewesen, um meine Empfehlungen abzugeben und Einführung für die Provinzmuseen zu erhalten. Ich hatte mich auf drei Stunden Antichambrieren eingerichtet und mir einen Roman von Ibáñez mitgenommen. Die Sache war binnen fünf Minuten erledigt. Der Mann sehr simpel und gefällig. Er verbat sich sogar den Exzellenztitel. Von Kunst versteht er nicht mehr als bei uns ein Kultusminister.

Unsere Frauen haben Erlebnisse. In einer Nebenstraße der Alcalá begegnet May drei Studenten. Sie werfen die Bücher, die sie unter dem Arm haben, vor sie auf die Straße und bitten sie, darüber hinwegzugehen. May, obwohl sie kein Wort Spanisch spricht, versteht die Geste und tut ihnen den Willen mit der Grazie einer Königin, rettet sich aber dann schleunigst in einen

Antiquitätenladen. C'était bête, car c'étaient de vrais cavaliers! –
Jeanne wird kurz vor dem Prado von einem stürmischen
Jüngling angesprochen: »Selbst, wenn du mich mit der Pistole
totschießt, gehe ich mit dir!« – Jeanne versteht in ihrer Angst nur
Pistole und kommt halbtot in den Prado zu mir. Dort erklärt sie,
es wäre ein ganz harmloser Mensch gewesen, und übersetzt mir
den ganzen Satz. Am nächsten Tag bietet ihr jemand an, mit ihr
bis ans Ende der Welt zu gehen. Immer per Du.
Sie findet das reizend. May auch. – Na, meine ich, wenn das mal
ein Berliner riskierte. – Große Entrüstung. Das sei ganz etwas
anderes.

TOLEDO, DEN 4. MAI.

Toledo liegt hoch, man denkt an Orvieto. Aber diese Beziehung
ist äußerlich. Toledo profitiert glücklicher von seiner Lage.
Wenn man einmal in Orvieto oben ist, meint man in einem
sichergelegenen Käfig zu sein. Die Expedition per Drahtseil-
bahn vom Bahnhof steil hinauf vergrößert noch diese Empfindung. Toledo liegt auf dem Berge, aber der Blick steigt leichter
ins Tal, und dieses Tal ist undenkbar in einem anderen Lande.
Schon auf dem Wege von Madrid hierher hatte ich das Gefühl,
diese kahle, ausgebrannte Ebene, aus der zuweilen ohne jede
Veranlassung phantastische Felsen aufsteigen, könnte nur die
Heimat des Cervantes sein. Schwarz hoben sich vor dem weiten
Horizont die wenigen Leute ab, die landeinwärts gingen, die
Frauen doppelt ernst in ihrer schwarzen Kleidung. Das Unab-
sehbare ihres Weges gab ihnen tragikomisches Gepräge. Auch
hier in Toledo ist Cervantes oft gewesen; eine seiner Geschichten
hat hier gespielt, aber unsereiner spürt nichts mehr davon. Es
liegt ein anderer Geist über dieser wunderbaren Stadt. Er ist dem
Grotesken des Don Quichote nicht fremd, aber erhebt sich
darüber. Dieses Groteske ist nur ein Teil davon. Die Schönheit
liegt versteckter, ist viel fremdartiger, wunderbarer noch,

75

mächtiger und zugleich zierlicher als der kosmische Humor des großen Dichters. Riesenbollwerke, zu denen man in vielen Windungen langsam hinaufsteigt, wie zu einem verwunschenen Schloß, umarmen die Stadt. Man schreitet durch mächtige Tore, über Brücken, die, Viadukten ähnlich, in einem gewaltigen Bogen das ganze plötzlich verengte Tal überdachen. Man kommt sich winzig vor und findet, wenn man angelangt ist, genau eine der Winzigkeit angepaßte Kulisse, um sich behaglich zu fühlen. Ein Gewimmel von hundert Gassen und Gäßchen, die Tausende von Winkeln geben, mit hohen Häusern. Man brauchte nicht auf Schritt und Tritt an den Häusern die säulengeschmückten Portale zu finden, die sich heute wie einst, als sie gebaut wurden, diskret in die Fläche verlieren, brauchte nicht überall in stille Höfe, wo die Kacheln blinken und die Ampeln mit freundlichem Grün hängen, zu blicken, um sich in der Vergangenheit fern von der Welt zu fühlen. Die Stille allein genügt für den Eindruck, diese unglaubliche Ruhe, ohne Wagen, ohne Ausschreier, ohne Drehorgel, mit Menschen, die auf Stoffsohlen gehen. Hört man wirklich mal ein paar Kinder die Gasse hinunterlaufen, so schallt es wie zwischen toten Felsen, und jedes Wort klingt unnatürlich laut; die Stimme des Predigers in der Kirche. Es ist die echte Stadt für May. Ihre Augen werden immer größer. Merkwürdig, wie sie, seitdem wir in Spanien sind, aus sich herausgeht. In Berlin ist sie fast immer krank. Die geringste Anstrengung wird ihr zuviel. Hier läuft sie den ganzen Tag mit uns herum und wird immer lebhafter. Sie kroch mit uns in der Casa del Greco bis in die tiefsten Keller, die Vega hat ausgraben lassen, und war, obwohl in der unterirdischen Synagoge absolut nichts zu sehen war, wie vom Bändel los. Die Dunkelheit allein schien ihr zu genügen. Jeanne geht es gerade umgekehrt. Die Hitze und der Wechsel zwischen der starken Sonne und der Kühle in den Kirchen macht sie marode. Heut bleibt sie zu Hause in unseren stillen, gemütlichen Zimmern. Ich beneide sie fast. Diese Stille macht die Arbeitslust bedenklich lebendig. Ich möchte hier Monate bleiben und glaube, man könnte hier gute Dinge schaffen, bräuchte

deshalb gar nicht viel zu sehen. Vielleicht ist die Einbildung noch stärker als die Realität Toledos. Freilich haben wir schon so viel gesehen. Wir waren im Dom.
Cossío und der Marquis Vega sind mit uns hier. So haben wir vortreffliche Führer. Cossío ist in beständiger Ekstase.

TOLEDO, DEN 5. MAI.

Man kann stundenlang im Dom* sein, ohne irgend etwas zu besehen. Alle artistischen Einwendungen gegen die Einengung des Raumes durch den Einbau des Chors und der Capilla Mayor werden an der Schönheit dieses Doms im Dom zuschanden. Lange, lange stand ich vor dem Eisengitter der Kapelle und starrte wie hypnotisiert auf dieses wunderbare Gebirge von Figuren vor dem goldenen Grund. Man glaubt, Hunderte, Tausende zu sehen. Wie in den Wolken liegen die hohen Gräber an den Seiten. In der Westminster Abbey hat man zum Teil ähnliche Empfindungen, aber dort versteint man selber vor finsterer Ehrfurcht. Hier fügt das Filigran der Gitter aus Eisen und Stein die Zierlichkeit hinzu. Der Chor mit den prachtvollen, schwarz gebräunten Bänken, den farbigen Säulchen und den hellen fast heiteren Heiligengestalten, ist das europäische Pendant zu der südlichen Glut der Kapelle. Schönes Maß, Anmut, reife Formen ersetzen das Phantastische der Kapelle. Man bekommt großen Respekt vor den spanischen Bildhauern der Renaissance. Ich erinnere mich nicht, in Italien ein Chorgestühl so spielenden Stils gesehen zu haben. Es ist fast, als hätten die Spanier den Import liebenswürdiger und lebendiger gemacht. Das Barock bleibt auf Einzelheiten beschränkt, auf die Gestalten über den Säulen, und gibt dort nur der Fläche wohltuende Bewegung. Englische Touristen kletterten in den dunklen Chorstühlen herum. Sie sahen in ihren karierten Mänteln wie

* Siehe Anmerkung S. 49

riesige exotische Käfer aus. Schließlich machten wir es ebenso. Der Wissensdurst war stärker als die Freude am Schönen, und ich konnte nicht von der Vorstellung loskommen, in diesem Moment einem ekelhaften Käfer zu gleichen. Sehr schön ist die dunkle Steinfigur der Jungfrau auf dem Altar.

Cossío zappelte schon längst, uns das Espolio Grecos in der Sakristei zu zeigen. Das Motiv kannte ich von dem kleinen Bild bei Cheramy. In dem größeren Format kommt der wundervolle Aufbau der Figuren besser zur Geltung. Der Heiland mit dem zum Himmel gewandten Antlitz ist das Überbleibsel der Mitgift Italiens und zeigt, daß Greco noch nicht frei war, als er im Jahre 1579 das große Werk komponierte. Er beugte sich noch unter die Konvenienz, mit der er später wie mit einem Kinderspielzeug verfuhr. Die Nachgiebigkeit verrät sich nur in Kleinigkeiten. Ein Blick zum Himmel, der nicht ganz natürlich scheint, eine um ein Geringes zu starke Betonung der sinnbildlichen Bedeutung, die von dem Rhythmus des Bildes nicht vollkommen überwunden wird. Wir sind großen Kunstwerken gegenüber so unerbittlich, daß selbst der geringste Rest zwischen Instinkt und Stoff uns verstimmt. Ich werde mir das Bild morgen ohne den Enthusiasmus Cossíos noch mal ansehen.

Die Bestattung des Grafen Orgaz in Santo Tomé geht über alle Erwartungen hinaus. Den reinen Klang stört nicht der geringste Rest unrealisierter Vorstellung. Das Konventionelle ist viel stärker betont als im Espolio der Kathedrale, man denkt nicht einen Moment, daß diese Geschichte Wirklichkeit sein könnte. Aber gerade darin liegt der Reiz, in der vollkommenen Harmonie zwischen Konvention und Ausdruck. Ein Märchen wird märchenhaft erzählt. Hans, dem das Espolio höher steht, meint, man könne den Reiz auch an einer Photographie bewundern. So redet der moderne Maler. Eine besondere Materie geht ihm über alles. Die Materie ist aber hier nicht das Fleisch, nicht der Stoff der Gewänder, nicht die Atmosphäre der Wolken, sondern die Versammlung gedachter Menschen, die eine gedachte Handlung vornehmen, unter dem gedachten Beistand der Heiligen. Die bildliche Möglichkeit dieses Vorgangs ist die Materie, und sie ist es hier ebenso gut wie in dem Begräbnis Courbets im Louvre. Daß Greco mehr zeichnerisch löst, weil die Erfindung der Gruppe mit dem Ritter vor der Reihe von Köpfen, unter dem gewaltigen Baldachin der oberen Hälfte, entscheidet, ist belanglos. Er wirkt malerisch, malerischer als Courbet, dessen Begräbnis vielleicht noch reicher zu denken ist, weil in der Verbindung der Leute von Ornans mit dem Hintergrund Lükken bleiben. Während es vollkommen unmöglich ist, den Greco anders zu denken.

Dieses Motiv paßte zu ihm, zumal zu der Zeit, in die es fiel. Es war 1584 vollendet und beschließt die Frühzeit Grecos. Zehn Jahre später hätte er sich vielleicht nicht mehr damit abgegeben, zehn Jahre früher es nicht bewältigt. Ein Jüngling erfand diese zärtliche, linde Haltung der beiden Heiligen, die den gerüsteten Ritter betten. Wie ein Kind, mehr schlafend als tot, liegt er in ihren Armen, weich und hilflos, trotz seiner Rüstung, und doch über alles ritterlich. Die Menschlichkeit dieser Gruppe rührt den Betrachter wie die keusche Anmut schöner Menschen, die man unbemerkt betrachtet. Und diese Menschlichkeit wärmt die fabulöse Pracht des Bildes. Es entstehen dadurch Ideenverbindungen ganz neuer Art. Der Prunk der Ornate scheint die Einfachheit der Handlung noch zu steigern. Ein Teilchen dieses Zaubers hat Zurbarán in sein Louvrebild gerettet, und von dem kam es in Courbets Begräbnis. Aber weder Zurbarán noch Courbet haben dieses Zusammensein von Pracht und natürlichster Menschlichkeit so sinnfällig dargestellt, so naiv. Cossío läßt uns das Gitter aufschließen und nun sehen wir, wo die Pracht herkommt. Der Umriß verschwindet in der Nähe vollkommen. Was wir für ausgeschlossen hielten, die malerische Belebung der Details durch die Pinselschrift, kommt bei jedem Stück immer erstaunlicher hervor. Nicht nur in der Steigerung im Ornate des S. Stephan (ein märchenhafter Cézanne en miniature aus Blau, Weiß, Gelb und Rot), in jedem Teil und Teilchen des Riesenbildes. Das Grau des Mönches der linken Seite ist wie ein Stilleben bereichert. Der Priester rechts, der zum Himmel blickt, eine aus Erz gegossene Gestalt, ist wie ein Vermeer gemalt; durch das weiße Priesterhemd meint man hindurchzusehen. Und die Gesichter, die von weitem nur Stützpunkte der Komposition scheinen, sind Bildnisse. Der S. Augustin im weißen Bart von rembrandthafter Tiefe; jedes der Gesichter der hinteren Reihe so individualisiert, daß man glauben möchte, sie hätten alle einzeln gesessen. Der sechste Kopf von rechts, Profil nach links mit weißem Bart ist der Hellenist Antonio Covarrubias, dessen Bildnis wir neben dem des Diego Covarrubias im Prado im Keller sahen. Der brachte in der stillen Kirche eine Katastrophe hervor. Cossío fragte Hans, ob ihm etwas an dem Kopf auffalle. Hans nickte: das Auge. Da stürzt Cossío wie wild auf ihn los und schreit, daß die Wände zittern: Il était sourd! und dabei bohrte er Hans den Zeigefinger in die Brust. Wir wollten uns schon zwischen die beiden werfen. May war halb ohnmächtig, und Jeanne hing an meinem Arm wie eine Leiche. In der Tat mußten wir ihm recht geben. Der Mann sieht taub aus. Wenn, wie die Tradition meint, und wie Cossío glaubt, der sechste Kopf von links, der den Betrachter ansieht, wirklich Greco selbst darstellt, dürfte der Kopf bei Beruete schwerlich Selbstbildnis sein, wenn auch zwischen den beiden eine große Spanne Zeit liegt. Der Schnitt der Augen ist ganz verschieden.

Hans fand immer mehr schöne Details, auch in dem oberen Teil des Bildes, zumal an den Seiten, wo die Gestalten aus den Wolken herauszuwachsen scheinen. Doch ist das Bild trotz alledem von weitem am schönsten, und das ist sein bester Vorzug. Je weiter man zurückgeht, desto reicher entwickelt sich das Spiel zwischen dem unteren Teil und dem enormen Balda-chin in den Lüften. Sehr fein, daß die untere Hauptgruppe nicht gerade unter der Hauptgruppe des oberen Teils, sondern ein wenig links liegt. Die Farben, die unten in breiten Massen auftreten, scheinen oben zusammengezogen. Wunderbar ist das Gelb oben verteilt. Es erscheint in genau dem Maße, daß der Zusammenhang gewahrt bleibt, ohne das aus Blau und Rot gewonnene neue Motiv zu beeinträchtigen. Unten ist das Rot der Gewänder stark nachgedunkelt. Dadurch erscheinen ein-zelne Hände ein wenig isoliert.

Die Grecos im sogenannten Museum in haarsträubendem Zustand, der genug von der Schätzung Grecos in Spanien erzählt. Die Apostelbilder scheinen flüchtige Arbeiten auf Bestellung. Das interessanteste der S. Bartolomé, weil er nur untermalt ist, und daher nicht von den im gegenwärtigen Zustand krassen Farben der anderen verunstaltet wird. Die Bilder sollen alle demnächst nach Madrid, um geflickt und gereinigt zu werden. Interessant das zweite arg verdorbene Exemplar des Diego Covarrubias. Die Ansicht Toledos ist gegenwärtig noch im Prado zur Restauration*. Hübsch die Marmorbüste von Berruguete.

San Vicente. Die Himmelfahrt der Jungfrau** kann wundervoll sein. Cossío erklärt sie für das beste Werk Grecos. Übertrieben. Die Pradobilder sind schöner. Mir scheint, daß Greco diesmal übereilig war, vielleicht auch nicht vollendete. Zumal die Stoffe sehen ein wenig nach Dekorationsmalerei aus. Ihre Farben bleiben getrennt. Freilich sind sie eingeschlagen. Die Blumen unten, mit denen er etwas wohlfeil den ersten Plan konstruierte, stören nicht mehr, wenn man zurücktritt. Überhaupt verändert sich dann das Ganze zum Vorteil. Prachtvoll die Gestalt des Engels, ein fleischgewordener Impuls, der die Jungfrau mit ganz mystischer Bewegung in die Höhe trägt. Die Flügel sind so simpel wie möglich gemalt – schwarz und weiß auf dem roten Grund – und verdanken dieser Simplizität, die dem Pinsel alle Kraft läßt, den mächtigen Ausdruck. Am Altar alte Kopien der Originale Grecos, die Velasquez nach dem Escorial gebracht hat.

Grecos heilige Familie im Hospital*** ähnelt dem Pradobild (der Joseph, meint Cossío, durch Übermalung entfernt), aber scheint gelungener. Daran knüpft sich eine stramme Diskussion über die Frage, ob man Bilder, die an ihrem Originalplatz unsichtbar sind, in ein Museum bringen soll oder nicht. Cossío sagt nein, ich sage ja, dreimal unterstrichen. Primitive Schinken,

* Das Bild befindet sich heute wieder im Greco-Museum. (Anm. d. Verl.)
** Jetzt im Santa Cruz-Museum, Toledo. (Anm. d. Verl.)
*** Hospital de Tavera. (Anm. d. Verl.)

die nur gerade dekorativ genug sind, um eine finstere Nische auszufüllen, soll man ruhig da lassen. Das Wesen der Leute vom Schlage Grecos beruht gerade auf dem Transportablen ihrer Werke. Würden sie bis in die Kunst der Zukunft reichen, wenn sie an der Architektur hingen? Cossío wehrt sich gegen den Vorwurf des Romantikers. Er will nur den Komfort des originalen Lokals. Darunter versteckt sich die letzte Fessel des Historikers. Auffallend bei einem so selbständigen Geist. Ich finde, man sollte solche Bilder in Räume mit allen Apparaten der Neuzeit, die die Sichtbarkeit vergrößern können, ausstellen. Die Räume nüchtern und hell wie Operationssäle. Möglichst unter Ausschluß des Mobs.

Cossío, Hans und May fahren abends nach Madrid zurück. Cossío muß in seine Schule, Hans zu seiner Kopie. Der Marquis bleibt bei uns, die Liebenswürdigkeit selbst.

Spät nachmittags wieder nach dem Kloster der Virgen del Valle gefahren. Nachher in Santa Cruz. Ich muß dem Platereken viel abbitten. Trotz des Durcheinanders der Fassade kribbelt es einem vor Behagen. Es ist die Willkür eines schlechten Historikers, der ein glänzender Dekorateur war. Der Hof eine Perle.

TOLEDO, DEN 6. MAI.

Greco ist wohl das größte Erlebnis, das unsereinem blühen konnte. Es ist notwendig einzig, vollkommen anderer Art als alle bisher gewonnenen künstlerischen Eindrücke. Nicht weil Greco so groß ist, sondern weil er neu ist. Mit Rembrandt, Rubens, Michelangelo, mit allen anderen Großen der Geschichte wächst man auf. Man sieht Goethe mit zwölf Jahren, mit zwanzig, mit vierzig. Langsam vertieft sich unsere Meinung. Wir tun fast nichts dazu. Unbemerkt strömen aus der zur Gewohnheit gewordenen Berührung mit den Großen die Quellen in unserem Innern, und wir sehen kaum, wie die Menge wächst, weil wir dabeistehen. Nie wird uns der unvermittelte

Eindruck eines dieser Heroen zu Teil. Niemand weiß, wann er das erstemal von Beethoven gehört hat, und man erinnert sich so wenig an den ersten Eindruck Raffaels wie an die ersten Worte, die man als Kind buchstabierte. Es kann passieren, daß man einen Sienesen entdeckt, meinetwegen ganz Siena, oder einen Deutschen, der 1830 nicht akademisch, nicht Nazarener, nicht dieses oder jenes war, sondern um 10 Jahre, oder 20, oder 30 seiner Nation vorantrabte, meinetwegen eine ganze deutsche Schule. Erfreulich und ersprießlich, aber schließlich nicht gerade wunderbar. Es hing so und so zusammen, es war möglich. Auch erlebt man Zeitgenossen. Es ist sehr schön, neben sich Menschen zu fühlen, die arbeiten, aus der Fratze unserer Epoche ein Gesicht zu machen. Man sieht sich manchmal an, nickt sich zu, schwärmt und predigt, gewinnt Mut, wenn es glückt, bedauert, wenn es nicht glückt, wundert sich oder wundert sich nicht. Alle diese Erregungen sind verhältnismäßig winzig, nicht weil die Erreger klein sind, sondern weil die Distanz fehlt. Wir könnten neben einem Shakespeare leben, ohne uns etwas besonderes dabei zu denken.

Greco aber kommt wie der Blitz. In dem Moment, wo die großen Erlebnisse, ich will nicht sagen zu Ende, aber eingetroffen sind. Es ist alles wesentliche, so glaubte man, in der Kammer und es kann sich jetzt nur noch, so bildete man sich ein, um das Aufräumen handeln. Allenfalls werden noch Kleinigkeiten erwartet, Ergänzungen, Nachzügler, Mitläufer, Kroppzeug. Da kommt er und schlägt wie eine Bombe ein. Man hat, seitdem man lange Hosen trägt, mit drei Erdteilen gerechnet: Michelangelo, Rubens, Rembrandt. Jetzt ist ein vierter da. Keine Insel, die verloren im Ozean schwimmt, keine Halbinsel, die an einem der Festländer angewachsen ist; ein richtiger, neuer, gewaltiger Erdteil, von derselben Bedeutung wie die drei anderen, auf denen seit so und so vielen hundert Jahren so und so viel Millionen Menschen leben, die sich freuen und sich sehnen, Menschen wie du und ich, die keine Ahnung von diesem Gestirn in ihrer nächsten Nähe haben.

Nun heißt es: nachholen, geliebte Zeitgenossen! Nachholen so fix wie möglich, was dreihundert Jahre mit so und so viel Millionen Menschen versäumt haben. Ich sah mal von der Spitze des Eiffelturms, wie ein Ballon während irgendeines Volksfestes auf dem Marsfeld platzte und rapide auf die Erde fiel. Tausende von schwarzen Punkten, die Menschen waren, krochen zu der Stelle hin. Es war ein teils erfreulicher, teils widerlicher Anblick. Es ist zu komisch, wie man, noch mitten im Sehen begriffen, noch ganz verblüfft von dem Eindruck, der erst im Werden ist, schon versucht, ihn zu analysieren. Dieser Fall gebiert ganz neue Lüste, die noch gar nicht von seiner spezifischen Art, sondern nur von seiner Aktualität herkommen. Wir möchten diesen Menschen, von dem wir noch nicht ein Drittel des Werkes gesehen haben, schon heute durchschauen. Nicht aus Erkenntnisdrang, sondern weil man die Kraft los werden muß, man würde allenfalls auch Nüsse knacken, wenn das mit Greco irgendwie zusammenhinge. Vorher sehnte ich mich nach Tätigkeit, weil ich nichts zu tun hatte, jetzt weil ich etwas Unübersehbares zu tun habe. Hans ist fein heraus. Er kopiert. Früher wäre ihm kopieren wie Nüsse knacken erschienen, er hat noch nie in seinem Leben kopiert, war naiv genug, das Kopieren, wie er mir mal sagte, stupide zu finden. Item ich analysiere. Es wäre natürlich sehr viel besser, ich ließe es bleiben, da es nur Unsinn sein kann. Aber schließlich, Hansens Kopie wird vermutlich auch miserabel. Man hat gut reden: erst mal sehen. Meine Kammer ist bis auf das letzte Plätzchen besetzt, und ich soll ruhig zusehen, wie immer noch mehr hineingestopft wird. Vega wartet schon unten. In einer halben Stunde soll ich herunterkommen. Dann gehts wieder weiter, in ein Hospital, wo wieder, ich weiß nicht wieviel, hängen. Und wenn ich nicht mit Vega gehe, komme ich womöglich nie dazu. Kein Mensch kann ohne einen Eingeborenen die Grecos von Toledo finden. Mir ist manchmal, als müßte ich platzen wie der Ballon auf dem Marsfeld.

Also analysieren wir. Wo kommt er her? Aus Kreta. Wann ist er geboren? Das weiß man nicht. Nur ungefähr. Es steht fest, daß er eine Generation vor Rubens, zwei Generationen vor Rembrandt auf die Welt kam. Hier ergeben sich gleich verschiedene höchst belangreiche Parenthesen. Ich hätte darauf geschworen, es wäre umgekehrt, er wäre mindestens ein paar Tage nach Rubens geboren. Es sieht genau so aus, als ob er Rubens gesehen hätte. Die malerische Transfiguration Michelangelos, die man bisher Rubens zuschrieb – passons –, das sind alles später zu erledigende Fragen. Daß er ungefähr starb, als Rembrandt geboren wurde, unglaublich. Der religiöse Mythus Rembrandts, den man isoliert glaubte – später! später!

Vega klopft an die Tür. Er hat immer ein vergnügtes, stilles Gesicht. Ich weiß nicht, ob ich froh bin, wieder hinauszukommen, oder einen Choleraanfall vorschützen soll. Vega bittet mich, noch eine halbe Stunde zu warten, da er einen Gang habe. Noch eine halbe Stunde, himmlisch! In einer halben Stunde analysiere ich ganz Toledo zu Brei. Jeanne schläft, als ob sie in Berlin wäre. Nun ja, warum soll sie nicht! Es ist kindisch, sich über unveränderliche Gegebenheiten zu ärgern. Bis der Tee kommt, werde ich zum Fenster hinaussehen. Wir haben ja sogar einen Balkon. Diese Straßen sind so recht geeignet, einem den Schädel zuzunageln. Sehr praktisch für Verschwörungen und dergleichen, aber für einen Menschen, der Luft braucht . . . Luft! Luft! Luft!

Greco war Schüler Tizians und begann wie ein rechter Venezianer. Ein Bild der venezianischen Zeit in der Dresdener Galerie. Von Toledo aus wandte er sich gegen Venedig. Schon in dem Espolio, noch mehr in dem Begräbnis. Das Riesenbild im Escorial, das wir später sehen werden, die Legende des Mauritius, muß diese Reaktion auf Venedig irgendwie bestätigen. In dem Begräbnis ist er ganz nordisch. Schon ein Rätsel. Man konstatiert das wie ein beiläufiges Datum. Das Begräbnis ist undenkbar von einem Venezianer. Wer im Norden könnte es gemalt haben? Frans Hals etwa? Niemals. Es ist viel straffer als Hals, ohne die Halssche Derbheit. Und wann hätte Hals je solchen Reichtum besessen? Man ahnt höchstens noch den Venezianer. Ein Zusammenziehen aller Instinkte der Venezianer, zumal aller ins Dekorative flutenden Instinkte. Darauf, als hätte er Anlauf genommen, der Sprung in die Sphäre der großen Pradobilder. Das Venezianische kommt wieder mehr vor, aber vollkommen verändert, nicht zu vergleichen mit den Bildern der Frühzeit. Aus den tänzelnd illuminierenden Lichtern der Frühbilder in der Art der Tempelaustreibung Beruetes sind gewaltige Flammen geworden. Das ist so venezianisch, wie der reife Rembrandt holländisch ist. Die Flammen haben das Plastische, das in dem Begräbnis steckt, gelöst, und trotzdem spiegelt ihre lodernde Farbenglut etwas von der gewaltigen Stabilität des größten Plastikers, Michelangelo. Michelangelo hatte er schon, als er die frühe Auferstehung malte. Wie anders hat er ihn, als die zweite entstand! Die zweite ist das spiritualisierte jüngste Gericht Michelangelos, gebändigtes Chaos. Beziehung zu Rubens. Auch Rubens hat mit Venedig Michelangelo aufzulösen gesucht, aber unterband sich nicht die Dekoration. Der Ton liegt bei ihm weniger auf dem Mysterium Michelangelos, mehr auf einem durch Michelangelo entfachten Kraftsymbol, das sich ins Weite erstreckt. Greco malt Riesenbilder wie Rubens seine Skizzen und zwingt die überschäumende Dekorationslust in das Bild zurück. Die Auferstehung ist dekorativer als der ganze Medici-Saal in Paris, und dieses Dekorative erreicht einen Ausdruck der Empfindung von der Konzentration Rembrandts. Man wird Greco immer nur neben Rembrandt stellen können, obwohl er Rubens ähnlicher sieht.

Das Hospital de Tavera scheint ganz im Geiste Grecos gebaut. Nicht nur der noble einfache Altar in der Kirche, auch der Hof mit dem schönen Säulengang. In der »Taufe« Grecos stört unten die Verlängerung, oben der zu nahe gerückte Rahmen. Dadurch kann die ohnehin gewagte Komposition nicht ausklingen, und so bleibt man an den gewundenen Linien des Christs und des Täufers hängen und erklärt das Bild für Manierismus. Der Heilige über dem Bild nicht zu sehen. Das Pendant zu diesem Altar auf der anderen Seite der Kirche enthält eine entsetzliche moderne Verkündigung und darüber eine schöne heilige Familie Grecos in einer seltenen Palette von Orange, Lila, Olive und Rosa. Das Bildnis des Kardinals Tavera malte Greco nach der

Totenmaske. Nach demselben Modell machte Berruguete die Figur auf dem pompösen Grabmal in der Mitte der Kirche. Lehrreicher Vergleich. Des Malers Werk ist plastischer als das des Bildhauers. Berruguete hat seinen Kardinal angenehm zu machen gesucht. Man denkt an keine Totenmaske, aber auch nicht an das Leben; ein hübsches Bibelot mit Engelchen usw. Greco hält sich an die Maske; die Ähnlichkeit ist frappierend. Aus dem Gesicht ist mit der Zeit die rote Lacklasur gewichen, und die graue Untermalung macht das Antlitz noch totenkopfhafter. Aber es gibt Menschen, die im Leben so aussehen, zumal Priester. Man sieht hier zuweilen neben den feisten Gesichtern derer, die das Dasein gemütlich nehmen, solche Berserker des Geistes, denen der Fanatismus das Fleisch gebleicht hat; Leute von wilder Energie, die begreiflich machen, daß das Land immer noch von Pfaffen regiert wird; Leute, denen man im stillen die Herrschaft gönnt, ohne zu fragen, zu welchem Zweck sie sie ausüben. Greco hat sich diesen Leuten gleichgefühlt, trotzdem er nicht gläubiger war als Michelangelo, und hat gern mit ihnen gelebt, ohne sich ihren Vorschriften zu unterwerfen. Ein Verkehr inter pares.

Das Legendenhafte Grecos kommt in der alten Kunst nicht zum zweitenmal vor. Unter den Florentinern des Quattrocento gibt es gleich naive Erzähler. Aber sie erzählen und malen nicht. Und nicht nur das. Es ist, als ob mit dem Malerischen Grecos eine unvergleichlich stärkere Subjektivität zur Sprache käme, eine viel größere Kühnheit, eine weit kühlere Gelassenheit. Selbst wenn die Quattrocentisten Italiens alles primitive Wesen vermeiden, sind sie zu einseitig in ihrer Diktion, zu spezifisch. Sie nötigen den Betrachter immer zu lächeln, auch wenn er gar nicht dazu aufgelegt ist. Dieser Grieche, der aus Italien kam und in Spanien malte, ohne Spanier zu werden – daran ließe sich eine erbauliche Studie über das beliebte Thema »Kunst und Nationalität« knüpfen –, wirkt europäisch. Trotz seiner greifbaren Persönlichkeit und trotzdem man in jedem Bild das Cinquecento spürt. Persönlichkeit und Tradition bedeuten bei ihm etwas anderes als bei den Zeitgenossen und vielmehr das, was sie uns heute bedeuten. Er scheint die Tradition wie ein Delacroix nicht empfangen, sondern genommen zu haben, aus Gründen, die in psychologischen Bedingungen seiner Persönlichkeit lagen. Nur unsere Zeit hat die Möglichkeit solcher Genesis des Künstlers, aber die Realisierung eines Greco fehlt. Er scheint das Beste von uns vorweggenommen zu haben, um es mit der Übersichtlichkeit eines Meisters seiner Zeit von sich zu geben.

Ob er in der Casa del Greco, die Vega mit Liebe bereitet, gewohnt hat? Es ist äußerst wahrscheinlich, da es feststeht, daß die Familie hier hauste und in der nächsten Kirche begraben liegt. Im ehemaligen Judenviertel, beinahe wie Rembrandt. Gleich dahinter die Synagoge* mit den prachtvollen Ornamenten, nicht weit davon Santa Maria la Blanca, der weiße Schmuckkasten mit den krausen Kapitälen. Man kann sich Greco hier sehr gut denken. Von dem Hause ging sein Blick auf das romantische Tal. Ein paar Schritte, und er sah die geliebte Brücke, deren prachtvoller Bogen so viele der Landschaften ziert. Aber ob er hier wohnte oder nicht, ist herzlich gleichgültig. Je mehr ich von dem Mann sehe, desto weniger interessiert mich das Detail seines Lebens. Man wird nie so viel erfahren, um ihn psychologisch erklären zu können, und die Einzelheit kann nur verwirren. Ja, wenn ich bei der Unterhaltung mit Pacheco hätte dabei sein können! und selbst das würde mich nicht aufklären, denn vermutlich hielt Greco den gesinnungstüchtigen Streber zum Narren. Vermutlich hielt er alle Leute zu Narren, und es war selbst den Vornehmsten nicht immer leicht, in ihn zu dringen. Er gab sich als Philister, war der Obrigkeit ergeben und ging pünktlich zur Kirche. Ein Bourgeois à la Cézanne, der gern Wörter wie »Vortrefflich«, »Überaus lobenswert«, »Allergehorsamster Diener« brauchte und unter Umständen kein Spanisch verstand. Sehr reinlich, korrekt, gravitätisch, ein wenig unter dem Pantoffel der Gattin und zerstreut wie ein deutscher Professor der alten Zeit. Kamen aber gewisse Leute wie der Griechen-

* Die El Tránsito-Synagoge. (Anm. d. Verl.)

freund Covarrubias, so konnte er, wenn Gattin und Kinder zu Bette waren, ein ganz anderes Gesicht aufstecken. Dann kam sein Steckenpferd zum Vorschein. Er glaubte an die Zukunft Griechenlands und sprach davon wie Przybyszewski* von den Polen. Man konnte es für Blague halten und ließ sich deshalb die unbändige Verachtung von allem, was nicht griechisch war, gefallen. Die Spanier standen nach seiner Meinung noch unter den Italienern, die er als proletarische Vorstädtler Athens behandelte. Es waren aufgeblasene Wichtigtuer, gerade gut genug, von den Engländern gefressen zu werden. Wies man ihn dann auf die Kleinheit des Landes, so schoben sich die Brauen noch höher und die Augen schienen aus den Höhlen zu treten. Was kam es auf Klein oder Groß an! Wenn Spanien längst nicht mehr mitzählte, wenn von dem ganzen Hokuspokus ebensowenig übriggeblieben sein würde wie von der Armada, würde Griechenland immer noch die Weltmacht sein, von anderer Güte als das Kaiserreich des Deutschen, eine Macht, gegen die Kaiser und Soldaten, Armada, Geld und Tod und Teufel nichts vermöchten. Und dieser Macht würde Spanien in vier- oder fünfhundert Jahren das einzige Ansehen verdanken, insofern als der letzte Grieche, Theotokópoulos, aus Kreta gebürtig, genannt El Greco, die Gnade gehabt habe, in Spanien einige Bilder zu malen. In solchen Stunden pflegte er nur Griechisch zu reden, und der gelehrte Covarrubias hörte mit Wonne zu und notierte sich die besonders gelungenen Wendungen.

Beim Diner saß ein Herr am Nebentisch, der frappierend van de Velde** ähnlich sah. Man trifft den Typus häufig. Möchte schwören, daß van de Velde spanisches Blut in den Adern hat. Er wäre auch ein gutes Modell für Greco gewesen.

---

* *Stanislaw Przybyszewski (1867–1927)*, führender Vertreter der naturalistisch-symbolist. Bewegung »Junges Polen«. (Anm. d. Verl.)
** *Henry van de Velde (1863–1957)*, belg. Architekt. (Anm. d. Verl.)

Bei einem Trödler eine kastilianische Chronik mit der Geschichte des Don Juan de Padilla gefunden, des Helden Toledos im Kampf der Comuneros gegen die faulen Regenten Karls V. Eine Psychologie der Stadt müßte bei den Städtekriegen anfangen. Sie gleichen sich in allen Ländern. Nach dem Unglückstage, an dem sich Padilla zum letztenmal wie ein Löwe geschlagen hatte, schrieb er im Kerker zwei Briefe. Der eine war an Toledo.

Dir, Krone Spaniens, Leuchte der Welt, Dir, seit den Gotenzeiten Freien, die nie mit ihrem Blute darbte, um das des Feindes zu vergießen, Dir tu ich kund, daß ich, Dein rechter Sohn, mit meinem Blute die Erinnerung an Deine früheren Siege wecke. Daß meinen Taten nicht erlaubt war, sich denen anzureihen, die Deinen Ruf begründeten, ist nicht meines guten Willens, sondern meines schlechten Glückes Fehl. Nimm, so bitte ich Dich, mein Opfer wie eine gute Mutter an, da Gott mir nicht mehr gab, für Dich zu wagen, als ich für Dich verliere. Höher als das Leben steht mir die Kunde, die ich von mir lasse. Das Schicksal war launisch. Aber es gab dem Geringsten Deiner Kinder das Glück, für Dich zu sterben. Andere, die Du an Deiner Brust genährt hast, werden mich rächen. Von meinen letzten Augenblicken werden Dir viele andere melden. Noch sind sie mir selbst unbekannt, nur eins weiß ich, daß sie sehr nahe sind. Sie werden Dir meinen guten Willen dartun. Dir, als der Hüterin der Christenheit, empfehle ich meine Seele. Von meinem Leibe schweige ich, da er mir nicht mehr gehört. Mehr darf ich Dir nicht schreiben, denn schon habe ich das Messer an der Kehle, und Deine Unzufriedenheit fürchte ich mehr als den drohenden Tod.

Der andere Brief war an seine Gattin, Maria Pacheco.

Señora! Wenn Euer Schmerz mich nicht mehr betrübte als mein Tod, würde ich mich für sehr glücklich halten. Denn da jedermann einmal sterben muß, habe ich Gott zu danken, daß er mich in seinem Dienst fallen läßt, beweint von vielen Menschen.

Ich brauchte mehr Zeit, als mir bleibt, um Euch Tröstungen zu schreiben; ich will nicht den Moment aufschieben, da ich die Krone empfangen werde, die mir meine Feinde mit Unlust gönnen. Weint Euren Verlust, Señora, aber weint nicht meinen Tod, er ist zu ehrenvoll, um beweint zu werden. Euch vermache ich meine Seele als mein letztes Gut. Behandelt sie wie das, das Euch am meisten geliebt hat. Ich wage nicht an meinen Vater Pedro Lopez zu schreiben. Denn wenn ich schon von ihm den Mut, mein Leben zu wagen, erbte, fehlt mir das Erbe seines guten Glückes. Mehr will ich nicht schreiben, um nicht den Henker warten zu lassen, damit man nicht glaubt, ich dehnte meine Briefe, um meine Zeit zu verlängern. Mein Diener Lassa wird Zeuge meines Todes sein. Ich habe ihm meine geheimsten Gedanken anvertraut. Er wird Euch sagen, was ich nicht schreiben kann. Ich ende in der Erwartung des Werkzeugs Eurer Qual und meiner Befreiung.

Die Briefe taten ihre Wirkung. Doña Maria stieg nach der Hinrichtung auf ein schwarz verhangenes Maultier und ritt mit ihrem Kind auf dem Arm durch die Straßen Toledos. Alles Volk ward ihr untertan. Dann verschanzte sie die Festung. Erst bestrafte sie die Verräter; sie entbot die Aguirres zu sich, die den Sold für die Truppen Padillas unterschlagen und dadurch die Soldaten kampfmüde gemacht hatten. Die Verräter ahnten nicht, daß Doña Maria schon von ihrem Diebstahl wußte, und kamen arglos aufs Schloß. Kaum hatten sie das erste Tor durchschritten, so faßte man sie und erstach sie. Ihre Leichen wurden über die Mauer geworfen und das Volk riß sie in Stücke. Gleiches Geschick widerfuhr dem Sendling des Regenten. Doña Maria unterhandelte nicht mit den Mördern des Gatten. Sie übergab den Sendling dem Pöbel, der ihn in einem Augenblick zu Tode brachte. Unter der Leitung Doña Marias widerstand Toledo lange Zeit den Stürmen der königlichen Truppen. Sie verteidigte die Stadt wie der klügste Feldherr. Padillas Löwenmut war in sie gefahren. Als schließlich die Uneinigkeit der Toledaner den Feinden das Spiel schenkte, entwich sie nachts aus der Stadt und entkam mit ihren Söhnen nach Portugal, wo beide bald darauf starben. Ihr Haus wurde dem Erdboden gleichgemacht.

Jeden Nachmittag fahren wir nach der Virgen del Valle auf dem anderen Ufer. Es geht an der trotzigen, protzigen San Juan de los Reyes vorbei, dann über den Puente San Martin, die schönste der beiden Brücken, dann in großem Bogen den Abhang entlang, hoch über dem Tajo. Am Sonntag, als wir das erstemal kamen, war großes Fest draußen. Man sah ganz von weitem, mitten in der Ebene, ein Häufchen Menschen mit ein paar bunten Flecken. Natürlich eine Prozession, zu Ehren der Jungfrau. Von nahem besehen, war es eine Unmenge Volk. Sie saßen zwischen den Felsen, als ob sie dazu gehörten. Obschon das Fest schon vorbei war, war nicht ein einziger betrunken. Das Vergnügen besteht im Schnabulieren von Süßigkeiten. Der Marquis und ich vertilgten Unmengen. Jeanne verdarb sich den Magen. Wir lieben den Weg der Stadt wegen. Man kann sie von keinem anderen Punkte so schön sehen. Sie scheint von hier sehr groß, und man glaubt ihr das Alter, so organisch gehört sie zu dem Lande. Man könnte sich denken, daß sie immer hier war. Dabei nichts von dem Altertümlichen des Innern. Nur Farbe, und in den hundert Farben nur Grau. Weißgrau, schwarzgrau, silbergrau, gelbgrau, rotgrau. Die Wege, die Häuser, der Fluß, die Steine, die Berge, der Himmel, alles stimmt am späten Nachmittag zu einem Grau zusammen. Man denke beileibe nicht an das öde, ewiggleiche Staubgrau Whistlers. Toledo ist Farbe unter strahlender Sonne, positiv wie Rot oder Blau, und sein Grau schlägt alle Farben, weil sein Reichtum ohne Buntheit entsteht. Der Takt, der das gebaut hat, scheint der Wille eines Individuums, eines ganz vornehmen, stillen Bürgers, der seine Gegend verstand. Hier hat Greco seine Palette gewonnen, das wunderbare tonreiche Grau, das nur ihm gehört, mit dem er die Glieder seiner Heiligen, die Gesichter seiner Bildnisse, die phantastischen Wolken seiner Himmel malt; eine ganz europäische Farbe, ohne eine Spur von Exotik. Wäre es nicht gar zu verrückt, so möchte man sogar in diesem planreichen Stadtbilde den Zug der Gesichter erkennen, die der griechische Meister

seinen Bildern gab. Er hat diese Stadt fanatisch geliebt, inbrünstiger als Tintoretto Venedig oder Dürer sein Nürnberg. Weil er
hier fremd war, weil es Wahlverwandtschaft war, was ihn
hertrieb, weil der Vielgereiste hier nicht geboren wurde, sondern zu leben wünschte. Heute mittag mit dem Marquis nach
Illescas. Die Tour wäre von Madrid aus bequemer gewesen.
Aber ich konnte es nicht mehr erwarten. Jeanne glücklicherweise zu Hause geblieben. Sie wäre umgekommen vor Hitze.
Erst mit der Bahn nach Yepes y Esquivias, wohin wir vergeblich
einen Wagen bestellt hatten. Also per pedes weiter. Es war zwei
Uhr mittags. An dem Dorf Yepes vorbei, einem ausgedörrten
Steinbruch ähnlicher als menschlichen Behausungen, aber von
weitem merkwürdig malerisch. Selbst diese Leute haben den
Takt des Lokals, aber er wirkt hier wie Mimikry, als suchten sie
im Erdboden zu verschwinden. Wieder das Grau Grecos. Wir
begeisterten uns an der Kühle dieser Farbe. Vega suchte lange
nach einem Namen für den Tonwert. Törichter Weise. Denn
wenn man Grecos Farbe fassen könnte, wäre sie Palette, nicht
Tonwert. Nur in der animalischen Wirkung wurden wir uns
einig: Kühle, froid glacial! sagte der Marquis. Ich stimmte zu.
Aber: un froid, qui naît du chaud. Wie wir mitten unter freiem
Himmel, ohne die Ahnung eines Strauches in der Nähe, eine
halbe Stunde lang über die Kälte Grecos diskutierten, ohne einen
Schritt vorwärts zu tun, müssen wir, ich lang und dank der
Ölkost abgemagert, der Marquis behäbig und in Schweiß
gebadet, mit seinen dicken Händchen gestikulierend, eine hübsche Silhouette abgegeben haben. Cervantes hat in der Nähe
seine Frau gefreit.
Fünf Minuten vor Illescas holte uns die bestellte Tartana ein; ein
köstliches Vehikel auf zwei Rädern, den Tonneaux ähnlich, in
denen die kleinen Damen morgens in den Bois fahren, aber
gedeckt, vorn und hinten zu und infolge der mangelhaften
Federn nichts weniger als pariserisch. Das Innere mit hübschem,
altmodischen Stoff ausgeschlagen, gleicht einem Kastenbad,
wie man es nicht besser träumen kann. Verteufelt schmale
Bänkchen, den Längsseiten entlang. Das Gestikulieren nahm ein

Ende, denn sobald man das Bänkchen losließ, lag man, dank den niedlichen Wegen, im Kiel.

Das Hospital, sehr imposant, von weitem schloßähnlich, dominiert das Städtchen. In der Kirche schloß ein freundlicher Kaplan das schöne Eisengitter auf, und dann stand ich vor Grecos Ildefonso.

Nein, ich hatte mir nicht zuviel versprochen. Man kann sich nie genug davon versprechen. Dieses eine Bild lohnt die Reise nach Spanien, und müßte man sie in einer Tartana ausführen. Der Heilige in dunkelbrauner Kutte sitzt an einem Juwel von Tisch, den eine blutrote, orange gefaßte Decke schmückt, und schreibt, den Blick zu der kleinen Madonna erhoben. Ist es wirklich ein Heiliger? Was wissen wir von San Ildefonso? Er hat, glaube ich, im Dom von Toledo ein kompliziertes Wunder vollbracht. Das Wunder ist hier und von Greco. Heilig ist nicht der Mensch, der da auf dem Stuhl sitzt, die Feder sinnend erhoben, sondern der Moment, den er erlebt. Es könnte ein simpler Dichter sein. Diese kleine Madonna neben ihm auf dem goldenen Sockel in dem weißen Kleidchen mit den goldenen Litzen vor einem aus Grau und Orange gewebten Hintergrund ist so hinreißend, daß man kein Heiliger zu sein braucht, um sie anzubeten. So wird das Wunder menschlich. Ein genialer Mensch erfand die Darstellung dieser dichterischen Ekstase. Der Moment steckt in der Wendung des Kopfes, der nicht etwa die Jungfrau anschaut, sondern ins Leere starrt, wo er ein noch schöneres immaterielles Abbild der Heiligen entdeckt; in der Hand, die mit unbewußter Zierlichkeit die Feder hält, bereit, das zärtlichste Gebet zu schreiben; in der anderen, deren Finger sich instinktiv auf dem Pergament auseinanderspreizen. Das ist fabelhaft aus dem Inneren heraus beobachtet und in voller, alles Dazudenken ausschließender Körperlichkeit in die sichtbare Welt des Malers übertragen. Drei Farben tragen das Ganze: Grau, Gelb und Rot. Sie sind in zartesten Dosen in dem Fleisch vereint, in dem das Gelbliche überwiegt, von dem grauen Reflex des Mantels, von dem Grauweiß des spärlichen Haars und von einem zarten Rosa durchflossen. Das Gelb wird prunkendes

Orange in den schweren Ornamenten der Decke, deren Rot das versteckte Rosa des Fleisches flutend verstärkt. Die Ärmel, weißgelb und grau in zarten Nuancen und umso kräftigeren Pinselstrichen. Die Hände wie von Manet mit ein paar Hieben des Pinsels gemacht. Die weißlichen Töne erweitern sich in dem Kleidchen der himmlischen Puppe, nie zu ganz Weiß (das Grau bleibt immer fühlbar), doch zu entschiedenen Tönen, daß der Akkord der Farbe des Stoffes und des gelben Besatzes ganz rein klingt. So hebt sich und senkt sich jede der drei Farben, auch das Grau, das auf dem Schreibtisch mit der dunkelrosa Decke ein wunderbares Stilleben zaubert.

Grau und Rosa, die Velasquezfarbe. In jedem Bilde Grecos findet man sie. Ja, meint Vega, die Farben habe Velasquez von Greco übernommen. – Übernehmen wollen, wäre richtiger zu sagen. Kein Mensch kann diese Farbe übernehmen. Er müßte denn den Heiligen und die Puppe, das ganze Bild und alle anderen Bilder mitnehmen. Das Bild ist glänzend erhalten. Man kann die sichere Spontaneität der Darstellung in jedem Strich verfolgen. Also, da das Bild sicher zehn Jahre früher als das Bildnis des Diego Covarrubias entstand, besaß Greco diese moderne Kunst des Ausdrucks momentaner Impulse schon in der mittleren Zeit. Hier wirkt sie mehr als Schmuckelement, dem gelingt, das Legendarische mit sprossendem Leben zu bekleiden. Rätselhaft, daß, während der Ildefonso wie ein Bild, das vor ein paar Jahren entstand, erhalten ist, das Pendant dazu, die Himmelfahrt der Jungfrau, nahezu in Trümmer fällt. Der Firnis scheint gewütet zu haben. Prachtvolle Köpfe verschwinden in Braun. Vega hofft, das Bild zu restaurieren. Nach der Tradition war es früher das Bild des Hauptaltars. Unwahrscheinlich, da der Rahmen des Hochaltars zu groß wäre. Die Rundbilder, die früher in Lünetten über dem Hochaltar saßen, arg verdorben. Die Krönung der Jungfrau, die jetzt noch den Plafond ziert, unsichtbar, vielleicht sehr schön.

Ein toledanisches Nonnenkloster: Convento de Capuchinas. Diese Nönnchen dürfen keines anderen Menschen Antlitz sehen, noch gesehen werden. Daher ist am Eingang in der Vorhalle ein viereckiges Loch. Darin bewegt sich ein Tourni-quet, eine Art Trommel mit Holzwänden. Man kann etwas darauflegen, dann drehen die Nönnchen von innen die Trommel und nehmen oder geben. Vega verhandelt sehr lange vor dem Loch. Von innen antwortet eine gänzlich zersplitterte Fistel-stimme. Genau so war es bei Mlle. Courbet in Paris, nur verhandelte man dort durch das kleine Gitter der Entreetür. Die Nönnchen kennen Vega. Jeder Mensch kennt ihn, aber sie wollen doch ganz sicher sein, erkundigen sich nach seiner Familie. Er hat unangenehmerweise die Schokolade vergessen, mit der er sie gewöhnlich füttert. Endlich dreht sich die Trom-mel. Auf dem Boden liegen drei entzückende Juwelen, Gold und Smaragde, sechzehntes Jahrhundert. Jeanne steckt sie sich gleich an; die Nönnchen können ja nicht sehen. Am liebsten drückte sie sich. Es gibt noch mehr. Wir legen alles wieder säuberlich hin und drehen. Vega zitiert etwas Neues mit vielen Freundlichkei-ten. Drinnen quiekst es, dann wird wieder gedreht. Ein Altär-chen mit drei köstlichen Heiligen aus vergoldeter Bronze. Siebzehntes Jahrhundert, aber zum Anbeten. Mit denen möchte ich los. Aber es gibt noch mehr. Wieder wird appelliert, gequiekst und gedreht. Ist es die Möglichkeit; ein Greco! Er füllt die ganze Trommel. Ein heiliger Franziskus aus der besten letzten Zeit. Verkleinerte Wiederholung des bekannten Motivs der Halbfigur, Profil nach links mit Kruzifix und Totenkopf. Reizend die Abtönung des Grau-Gelb in dem Mantel, im Fleisch und im Kruzifix. Der Totenkopf darunter braun. Den möchten wir alle drei mitnehmen. Aber nach einer Weile wird drinnen so fürchterlich gequiekst, daß wir es bleiben lassen.

Es ist nicht richtig, was ich über Grecos Espolio in der Kathe-drale notierte, oder mindestens übertrieben. Man stellt nur bereits, seitdem man ihn näher kennt, so hochgespannte Anfor-

3   *El Greco, Vision des hl. Ildefonso. Illescas, Hospital de la Caridad*

4   *El Greco, Der hl. Ludwig, König von Frankreich. Paris, Louvre*

derungen, daß man keine Nuance verzeiht. Was würde aus Velasquez, aus der Übergabe von Breda, wenn man mit gleicher Strenge urteilen wollte? Als er die Lanzas* malte, hat er sicher ergiebig in der *Bibel der Malerei* (so soll er Greco genannt haben) studiert, und zumal die Seite mit dem Espolio. Es ist ein ganz ähnliches Problem, trotzdem es sich hier um ein religiöses Motiv, dort um ein profanes handelt. Menschengruppen, die einer Handlung beiwohnen, sollten so imposant und zahlreich wie möglich erscheinen. Velasquez sammelt eine Anzahl glänzender Studienköpfe, kostümiert sie wundervoll und stellt sie zusammen. Bei dem Verfahren ist es unmöglich, die klaffende Dissonanz zwischen Vordergrund und den hinteren Plänen zu vermeiden. Die Sehnsucht nach Harmonie, die sich nicht mit Physiognomien, und seien sie noch so interessant, nicht mit reizenden Farben, und seien sie noch so selten, begnügt, sondern nach Ganzheiten dürstet, bleibt ungestillt. Es gibt auf dem Greco ein paar außerordentlich imposante Gestalten, zum Beispiel den Krieger links, an dem Velasquez nicht ungerührt vorbeiging, vorn die drei venezianischen Damen, in Gelb, Lila, Blau und Grau, rechts den Kerl in der gelben Jacke mit dem blaurosa schillernden Schurz, der an dem Kreuze nagelt, schließlich den Christ in dem dunkelroten Kleid, bei näherer Betrachtung doch eine weit über das Repräsentative hinausragende Gestalt. Das Bild gewinnt manchen Reiz aus der Charakteristik in diesen Figuren, aber nicht das Entscheidende. Die Frauen und der gelbe Kerl tragen nur verhältnismäßig wenig dazu bei, und was sie beitragen, beruht weder auf der venezianischen Schönheit der Frauen noch auf dem an sich glänzend charakterisierten Henkersknechthaften des gelben Kerls. Die großen Gestalten des Vordergrundes bilden nur die ein wenig zu lang geratene Ouvertüre für das eigentliche Stück, das in der kompakten Gruppe, in deren Mittelpunkt der Heiland steht, den Höhepunkt findet und erst mit den letzten Andeutungen des Hinter-

* »Die Lanzenreiter« und die »Übergabe von Breda« sind ein und dasselbe Bild. (Anm. d. Verl.)

grundes aufhört. Denkt man sich die vorderen Figuren weg, so gewinnt die Hauptmasse außerordentlich, und der geringe Einwand gegen den Christus fällt dann sofort. Trotzdem dürften sie nicht fehlen. Man würde die Treppe, auf der man zum Gebäude hinaufsteigt, entbehren. Doch ahnt man, daß Greco Treppe und Gebäude nicht zusammen erfand. Die Schönheit der einen ist mehr akzidentell, Schmuckwerk, Dekoration; das Gebäude selbst ist sprühendes Leben. Alle Gestalten rühren sich, handeln, auch die, die man nicht sieht. Aus den zehn oder fünfzehn Köpfen, die Greco malte, wird ein Volkshaufen von Hunderten. Das ist es, was den Lanzas fehlt. Velasquez hört da auf, wo Greco anfängt, bei dem Vordergrund. Er bleibt immer im Vorhof der Kunst. Ihm ist die zufällige Schönheit arrangierter Gruppen die Hauptsache. Diese Ritter stehen alle sehr schön, und die Szene zwischen Sieger und Besiegten kann nicht beredter sein. Justi hat ganz recht: »Die vornehmste, rein historische Darstellung«. Spínolas Haltung »rührend edel«, das »schönste Zeugnis für die Denkweise des Künstlers.« – Halt, des Künstlers? Was hat denn das mit der Kunst zu tun? Des Menschen vielmehr, des Philosophen, des Historikers. Man kann doch nicht gut die Empfindung eines Historikers mit der eines Künstlers verwechseln. Oder sollte Justi selbst etwa nur als Historiker urteilen? – Für den Künstler können alle diese historischen und philosophischen Erwägungen, zu denen ganz zweifellos die Lanzas anregen, nur Mittel zum Zweck sein. Denn sie bestehen ohne ihn. Und er muß etwas geben, das nur durch ihn entsteht und bestehen bleibt, das das Auge abzieht von dem Ausschnitt des Lebens, und ihm dafür die Vorstellung der Unendlichkeit verleiht. Die Lanzas bleiben aber immer nur eine Szene. Es sind immer dieselben Menschen bei immer derselben Handlung, die nicht vor- noch rückwärts geht. Ich gelange vielleicht durch das Bild dahin, mir die Szene sehr schön vorzustellen, noch schöner als auf dem Bilde. Ich kann erhebende Schlüsse aller möglichen Art daran knüpfen wie zum Beispiel den, daß jeder Besiegte so vor seinem Sieger stehen müßte und so weiter. Alles das ist belanglos und interessiert nur

Menschen von allzu lebhaftem Mangel an Phantasie. Gerade der Vergleich des besten Velasquez mit einem nicht ganz vollendeten Greco, wie dem Espolio, ist instruktiv. Grecos Auferstehung und ähnliche reife Werke stehen so hoch über Velasquez, daß man zuerst garnicht weiß, worin der Unterschied beruht, und geneigt ist, Gattungsunterschiede zu suchen. Es sind aber immer nur Bilder, die des einen wie die des anderen, können nur Bilder sein, und deshalb muß der Unterschied im Bereich des Bildmäßigen zu erkennen sein. Bei dem Espolio merkt man's. In dieser vorderen Szene steckt der letzte Rest des Fehlers, dem Velasquez in allen Bildern verfällt. Es ist derselbe Fehler, der viel grotesker in der frühen Himmelfahrt Grecos hervortritt. Unvermögen, eine Masse zu bilden. Der Künstler, der mit seiner Gruppe den Betrachter beherrschen will, wird selbst von ihr hypnotisiert und vergißt über ihr das Bild und seinen Organismus. Bei Greco ist der Fehler die unentbehrliche Anfangsstufe und wird sofort überwunden. Die Lanzas gelten als das reifste Werk des Velasquez. Der Mangel erscheint hier nicht wie bei Greco als Begleiterscheinung eines Temperaments, dem die Zeit fehlt, aufzuräumen, sondern ist zum Ziel geworden. Eine Szene malen ist die Losung, eine Szene mit allen nur denkbaren Illusionen. Neulich ist im Prado ein deutscher Kunsthistoriker so von der Illusionskraft der Lanzas betroffen gewesen, daß er sich das Gerüst eines Kopisten bringen ließ und hinaufstieg, um zu sehen, was hinter dem Bilde vorgeht. Hans war Zeuge. Und nachher pries derselbe Kunsthistoriker dieses Phänomen von Suggestion als Lob des Velasquez. Greco malt Bilder, Velasquez malt Szenen. Auch der Olivares des Prado erscheint einem im Anfang von größter Lebendigkeit. Bis man die Szene sieht. Merkt man erst die Kulisse, so wird auch das Pferd zweifelhaft, und man wundert sich über diesen aufgeblasenen, runden Leib des Renners. Ist das Pferd zweifelhaft, so schwankt der Reiter. Und so weiter. Der Kopf ist vielleicht ein gutes Stück Malerei. Porträtistenkunst. Die Entschuldigung, daß er als Hofmaler auf die Kulisse angewiesen war, ist Historikergeschwätz. Darauf sind alle angewiesen, von den Malern unter François I. bis zu denen unter Wilhelm II. Van Eyck, Tizian, Holbein haben damit gerechnet. Velasquez hat nicht damit gerechnet. Das war sein Fehler. Daß er Philipp nicht nach der bekannten Schablone verschönerte, ist nur ein biographisches Detail, das in die Rubrik der edlen Zeugnisse Justis gehört. Nach dieser Theorie sind Sargent, Boldini, Besnard und Whistler große Meister. Greco könnte in unserer Zeit gelebt haben, so altmeisterlich ist er. Velasquez könnte auch in unserer Zeit gelebt haben, so neumodisch ist er. In der Erinnerung scheinen mir immer noch die Borrachos des Prado trotz ihrer italienischen Haltung das beste Bild des Velasquez, weil sie am wenigsten den eigentlichen Velasquez zeigen.

Neben dem Espolio Goya mit der »Gefangennahme Christi«. Hat auch das Espolio gesehen und wollte etwas Neuzeitliches danebenstellen. Es ist, als blähte sich ein zuchtloser Proletar, der auf seine Fäuste stolz ist, neben einem schweigenden Fürsten. Wie konnte ich je auf diesen Modernismus hereinfallen! Auch eine Art von Charakterisierung, die das Recht auf Unediertheit widerspruchslos erheben kann. Auch eine Wahrheit unwiderleglicher Art. So fühlte er, so sah er, so war er. Hat seine Bekenntnisse erschöpfend auf die Leinwand gebracht und damit nur die Schamlosigkeit seiner Stierfechterseele erwiesen. Und war in Spanien vielleicht der Stärkste und Begabteste. Auch das ist gleichgültig.

Greco! Greco! Greco! Als könnte man nicht mehr von ihm los. Den Nachmittag liegen wir auf der anderen Seite des Tajo, gerade unter der Virgen del Valle im Schatten der Birken und Felsen. Rechts in der Schlucht auf dem Berge vor blauer Luft das Kastell, links die Mühle, vor uns der Turm der Kathedrale. Alles mögliche Viehzeug krabbelt um uns herum. Schnurrig! Selbst die Esel sind im Ton. Das Grau! Das Grau! Ein paar Schritte von uns waschen Toledanerinnen ihre Wäsche. Ein Mädel, das gerade fertig ist, bringt uns in der Hand einen gebratenen Fisch, soeben gefangen, und dicke schwarze Oliven. Da ist noch das ganze Öl drin – nur mal kosten! Sie erzählt, daß es im Winter in Toledo kalt, im Sommer warm ist, und hat Zähne, weiß wie das

Fleisch des Fisches. Der Hahn macht einen Angriff auf die Henne. Sie jagt ihn fort. – No tienen educación. – Sehr richtig! Da es aber mehrere Hennen gibt, nützt kein Appell an die Educación. Sie lacht, der Esel schreit, drüben trippelt ein Haufen von Ziegen am Ufer, schwarz auf gelb, und über den Fluß kommt gemächlich ein Nachen mit Frauen in roten Röcken. Jeanne schenkt der Kleinen ihren Fächer. Sie wehrt sich erst aus Educación, und dann werden wir intim. Schöne Kirchen in Toledo, o ja! Freilich die schönste bleibt die Kathedrale. Aber schöne Cuadros von El Greco! So viel gibt es nur in Toledo! Ob wir Franzosen seien und wie lange wir schon verheiratet seien und wieviel Kinder wir hätten. Ja, der Greco! Die Gemeinheit, den heiligen Martin aus San José zu stehlen! – Na, na stehlen – sie haben ihn doch verkauft. – Verkauft? Heilige Jungfrau! Das glauben doch nur die Geisteskranken, weil es so in den Zeitungen steht. Gestohlen haben sie ihn, und die Diebe haben 100 000 Duros vom Könige von Frankreich dafür bekommen. Und jetzt hängt eine Kopie an der Stelle, ein Exkrement von wassersüchtigen Ziegen. Den Greco könne man überhaupt nicht kopieren. Wir steigen langsam zu unserer Kapelle hinauf und gehen noch ein wenig weiter. Zum ersten Male sehen wir von hier den Puente de Alcantara. Wie ein Regenbogen überspannt die Brücke die hohen Ufer. Dies war sein Lieblingsspaziergang. Um uns auf Córdoba vorzubereiten, in El Cristo de la Luz und in der Casa de Mesa. Für das Innere langte dieser Mudéjarstil vollkommen. Ganz wie die Architektur unserer vielgepriesenen Modernen.

SEVILLA, DEN 10. MAI.

Sevilla ist himmlisch. Eine dicke Wirtin! – Ich sagte Jeanne gleich, wir würden gut fahren, dicke Wirtinnen sind unfehlbar. Zum erstenmal seit Wochen zwei Waschtische. Man freut sich wie ein Kind über eine Puppenstube. Behagliche Zimmer. Wir sind seit zwei Tagen hier und haben noch keinen Schritt auf die Straße getan. Ich komme nicht aus dem Pyjama heraus, und Jeanne liegt den ganzen Tag auf dem Sofa.

Lieber Mynheer! Sie können mir leid tun. Jeanne hat es gleich gesagt: Der kommt nicht wieder! Aber Sie haben unrecht. Ich sehe Sie in Ihrer Pariser Hotelbude. Drei Schritte nach rechts, drei Schritte nach links, nachts auf beiden Seiten schnarchende Nachbarn und am Tage Autogetute, daß man toll wird. Wir wohnen in einem stillen Gäßchen und können in unseren Zimmern Mensuren schlagen. Aber das Essen? – Ach, lieber Mynheer, Sie haben die Eigentümlichkeit, immer nur Sachen zu essen, die bekannt sind, die sozusagen schon von tausend anderen Leuten gegessen sind. Lassen Sie sich unser Menü erzählen. Hors d'oeuvre: Crevettes von der Größe recht anständiger Oderkrebse. – Nein, nein, mein Lieber, frisch! Vielleicht wissen Sie nicht, daß Sevilla Seehafen ist. Kennen Sie das Rosa? Dazu Radieschen. Wissen Sie, daß es Radieschen gibt, lang wie Mohrrüben und doch durch und durch kernig? Ich habe es noch nicht erlebt. Dann eine Suppe! Nun gut, die mögen Sie bei Laurent ebenso haben. Aber dann – erstarren Sie! Gefüllte Zwiebeln! Ich weiß jetzt, woran es lag, Sie können es Ihrem trottelhaften Koch mitteilen. Man muß ganz einfach die Fleischklößchen nicht nur mit den Zwiebelblättern umwickeln, sondern sie auch mit Zwiebelblättern spicken, wenn ich mich so ausdrücken darf. Dann lange genug kochen und eine Ahnung überbraten. Die Wirtin – dick, sage ich Ihnen und schmalzig wie eine Germania, kocht alles selbst! – schwört, weiter sei nichts daran. Kein Knoblauch! Als ich mich erkundigte, hätte mir die Dicke fast gekündigt, Knoblauch fressen hier nur die Schweine. Und so weiter, vier bis fünf Gänge, aber alles – wenn Sie nicht so viel Mißbrauch mit dem Worte trieben, würde ich sagen: Klasse! Und das inklusive Zimmer und allen nur erdenklichen Scherzen für das Geld, das Sie für eine kümmerliche Salade Romaine zahlen. Außerdem ist Sevilla voll von fabelhaften Sehenswürdigkeiten. Uns gegenüber wohnt ein Mädchen. Es hat schwarze Augen und einen Papagei. Es liebt den Papagei sehr. Der Vogel steht den ganzen Tag auf dem Balkon, und dieser Balkon ist unserem Balkon so nah, daß ich, wenn ich nicht verheiratet wäre, bequem hinüberreichen könnte. Wissen Sie noch die schwarzen Kirschen in dem gelben Teint auf dem Cap Arcona? Nun, wenn Sie sich vorstellen können, daß dieses Mädchen sich zu unserem Papageimädchen verhält wie Velasquez zu Greco, dann kommen Sie der Sache näher. Aber bleiben Sie nur ja in Paris, Sie Mynheer! Entnerven Sie sich, entwurzeln Sie sich und grüßen Sie Ihre liebe Frau.

Wir degenerieren langsam. Heute nachmittag sagt auf einmal Jeanne: »Du, heute ist ja Sonntag.« Ich wußte gleich, was sie wollte, sagte aber nichts und las weiter. Es war erst halb vier. Sie saß auf dem Balkon. »Du, viel Menschen!« – »Wahrhaftig?« – »Heute ist doch –« Sie verschluckt es. Ob sie sich vor mir geniert oder vor sich selbst. »Na, du wolltest es dir doch nochmal ansehen, man kann doch nicht von einem Male urteilen. Wenn du aber nicht willst?« – In dem Moment wußte ich bestimmt, daß Jeanne fähig wäre, einen Menschen zu töten, was ich übrigens nie bezweifelt habe. Ich sagte natürlich ja. Nachher tat sie so, als läge ihr doch eigentlich nicht viel daran. Aber um vier Uhr saßen wir pünktlich auf unseren Plätzen. Eine Corrida zu Ehren und zugunsten des Roten Kreuzes. Der Zweck heiligt die Mittel. Es sah einigermaßen schnurrig aus, als zu Beginn der Vorstellung erst die Truppen des Roten Kreuzes in ihren nüchternen Uniformen mit ihren Verbandswagen, Tragbahren und so weiter über den Kampfplatz marschierten. Ein Engländer neben uns, der zum erstenmal teilnahm, erklärte seiner Gattin, diese Leute und Wagen seien alle für die Verwundeten und Toten des Tages, und der alten, vertrockneten Lady gingen die Augen über, vor Entsetzen oder Vergnügen. Kaum war die Humanitätskolonne hinaus, kam die andere Tonart. Es war lebhafter als in Madrid, und man sah mehr von dem Technischen, weil der Zirkus kleiner ist, vielleicht auch, weil wir uns an die Metzgerei gewöhnt hatten. Es war interessanter, denn die Leute, zum Teil noch Fechter ohne Ruf, Novilleros, exponierten sich. Zwei stürzten unter den Stier und standen heil wieder auf. Ein Torero

namens Vela, der auch als Banderillero auftrat, von unbändiger
Kourage. Die Banderillos zur Feier des Tages mit roten Kreuzen
geschmückt – zum Schießen komisch. Ich hätte eine Berliner
Vereinstante dabeihaben mögen. Vela wurde zum Schluß im
Triumph durch die Menge getragen. Jeanne hielt bis zu Ende
aus. »Deine Nerven scheinen sich gestärkt zu haben.« – »Und
du hattest recht viel Vergnügen daran, hast geklatscht wie ein
Wahnsinniger.« – »Der eine Kerl verdiente es auch. Übrigens
klatschte ich auch bei Sudermann.«

CORDOBA, DEN 11. MAI.

Ich komme in der Moschee zu keinem rechten Bilde. Der
Eindruck ist natürlich da, aber ich weiß nicht, wohin damit, und
es fehlt die Lust, darüber nachzudenken. Man ist durch unsere
Begriffe von Architektur zu diszipliniert, um einem Bau gerecht
zu werden, an dem die Architektur das Geringste ist. Die so und
so viel hundert Säulen geben Menge, nicht Masse. Allenfalls ein
Labyrinth, beunruhigend. Es fehlt ganz und gar die lebendige
Kraft der Materie, das Vervielfachende verständiger Verhältnisse. Die Bedeutung der Säulen wird durch die Bogen aufgeho-
ben. Die weißroten Streifen der Bogen, an sich sehr hübsch,
geben die Illusion flatternder Zelte, allen Vorstellungen vom
Steinhaften diametral entgegengesetzt. Und die unter Karl V.
geschaffenen Gewölbe der Decken passen dazu wie die Faust
aufs Auge. Wo man sie bereits weggenommen und die alten
Holzdecken wiederhergestellt hat, sieht es besser aus. Der
zweite Mihrab sehr prächtig und, wenn man ihn wieder auf
seine Säulen gestellt haben wird, sicher ein schönes Exempel
dieser Filigranarchitektur. Die Mosaiken an sich sehr prunkvoll.
An sich ist alles wunderschön, aber die Verwendung verstimmt.
Die Art ist für Buchschmuck geeignet. Die Koran-Nische süßes
Zuckerwerk. Tausendundeine Nacht, wie man sich als Kind mit
gutem Magen die Sache denkt. Man müßte alles essen können.

Von der Fassade hat man schon mehrere Portale freigelegt. Alles sehr reizend und zierlich, aber nur, wenn man zwei Schritt davor zurücksteht. Die weibliche Seite des Orientes, nichts von Ägypten.

SEVILLA, DEN 12. MAI.

Hans und May angekommen. Seine Kopie ist kaum untermalt. Auch sie waren, wie Jeanne nach zehn Minuten heraushatte, nochmal beim Stierkampf. Nun haben wir uns nichts vorzuwerfen. Hans wird einen Picador malen. Sie sind natürlich nur deshalb hingegangen. Und May, die mystische, sanfte May, hat in der ersten Reihe gesessen, Quelle boucherie, n'est-ce pas! – Verehrteste, das sagen die Madrider Damen auch, genau in demselben Ton. Jeanne erklärt: Nie wieder. Sie scheint es sogar ernst zu meinen. Castillejo, unser Sevillaner Freund, begleitet mich zum Hüter des Alcázar. Ich zeige meinen Brief des Ministers, weil mir daran liegt, auch die sonst verschlossenen Räume zu sehen. Das Schreiben ist formell. Es soll mir alles gezeigt werden. Aber der Mann macht Schwierigkeiten. Es steht nur darin, alle königlichen Schlösser und so weiter, nicht besonders der Alcázar. Castillejo ist Professor der Jurisprudenz und benutzt die Gelegenheit, das Rechtsgefühl und die Subordination seiner Landsleute zu stärken. Er bietet dem Mann an, dem Minister zu telegraphieren, daß sein Empfehlungsschreiben fehlerhaft sei, da es von dem honorablen Herrn Direktor nicht respektiert werde. Nun, das sei gerade nicht nötig. Im erzbischöflichen Palast dieselbe Geschichte. Plötzlich fällt mir ein, daß Vega mir eine Empfehlung an einen Kaplan des Bischofs gegeben. Sofort öffnen sich alle Türen. Kein Spanier reagiert auf eine unpersönliche Ordre, sagt Castillejo. Aber, wenn Sie einen guten Freund irgendwo haben, können Sie gleich alles mitnehmen. Ich werde in Zukunft den Brief des Ministers sorgfältig verstecken.

Für den Alcázar war mein Eifer übertrieben. In Córdoba wird man beunruhigt, im Alcázar abgestoßen. Die Fassade mit der Puerta principal ist der Traum eines größenwahnsinnigen Konditors. Das Innere eine Ausstellung von Kachelfabrikanten. In einem und demselben Raum findet man vier verschiedene Wände. An einer Wand, in einem winzigen Fensterbogen drei, vier einander aufhebende Motive. Eine Fundgrube für moderne Flächendekorateure. Van de Velde würde erröten. Der Stuck wechselt die Kachel ab und macht das Durcheinander noch größer. Die Einsicht, daß das einzelne angehen könnte, daß ein Tausendstel dieser Ornamente genügte, um unendlich mehr zu erreichen, hat nichts Versöhnendes bei so geringfügigem Aufwand. Die Erfindung dieser Sächelchen vollzieht sich auf mechanischem Wege. In einem Nachmittag kann man hundert Alcázar-Zimmer entwerfen. Lineal und Zirkel genügen. Jeanne sagte: »Das sind nur die Badezimmer, die Hauptsache kommt noch.« Da hatten wir alles gesehen. Merkwürdig, daß dieses Schloß für europäische Fürsten gebaut wurde. Keine schmeichelhafte Psychologie der Maurenbesieger. Die Sache riecht nach niederer Nachahmung. Ein geschickter Berliner würde ein türkisches Café daraus machen.

Viel schönere Fliesen in der Casa de Pilatos. Manche Wände sehen juwelenhaft aus. Ohne die Mischung wäre es fürstlich.

Wenn der Ildefonso im erzbischöflichen Palast wirklich, wie Beruete meint, von Velasquez ist, was mir sehr wahrscheinlich vorkommt, dürfte er die erste ernsthafte Auseinandersetzung mit Greco sein, die Velasquez versuchte. Ein Dokument der Schmerzen. Man kann sich nicht der Rührung erwehren. Dieses gescheiterte Bild, in dem jeder Strich qualvolle Sehnsucht verrät, zeigt edlere Teile des Menschen als manches vollendete Werk. Der schmale Kopf, der nur aus Knochen besteht, wirkt wie ausgepreßt, von großer Energie. Velasquez wollte zu einer Form gelangen und glaubte, die Originalität des großen Vorgängers beruhe auf dem Typus des Dargestellten. Die Drapierung des Wundermantels so gequält wie möglich, und die Engel darüber gehören gar nicht dazu. Die Farbe bleibt ganz aus.

Scheint oft, wohl auch von fremder Hand, übermalt zu sein. Der Mantel dunkelrot verschmiert. Das Kleid der Jungfrau in ebenso undeterminiertem Graublau. In den Wolken scheint eine Beziehung zu dem Graublau versucht. Die edelfarbenen Gesichter der Engel können sehr malerisch sein. Sie stehen vor schmutziggoldgelbem Grund. Es war nicht möglich, eine Leiter zu erhalten. So unfarbig konnte der glänzende Kolorist, so unbeholfen konnte der geschickte Komponist sein. Mit dieser Unfarbigkeit und Ungeschicklichkeit hätte er sich durchringen müssen, die Widerstände seines Wesens auszunutzen, das Unbeholfene organisieren. Wie Rembrandt, Corot und Marées. Die Möglichkeiten dieses Bildes hat Velasquez nie wieder versucht. Und obwohl sein Ildefonso von dem Ildefonso in Illescas, dem natürlichsten Meisterwerke Grecos, äußerlich so unvorteilhaft wie möglich absticht, möchte man ihn hier eher auf einem dem Vorbild würdigen Niveau finden, als später. Nachher suchte er Greco auf billigerem Wege nahezukommen und wählte ein neues Genre, um die Diskussion auszuschließen. Es wäre lächerlich, ihm vorzuwerfen, daß er die Heiligenbilder aufgab. Aber er verzichtete mit Unrecht auf den Grad von Subjektivität, den er in dem Ildefonso zu erreichen suchte.

Wir führen ein Leben wie Gott in Frankreich. Diese Patios sind der glücklichste Rest des Orients. Wir liegen stundenlang den Abend in dem unseren und sehen in das Dunkelblau. Man wird ganz intim mit dem Himmel. Gestern abend tanzten uns die Töchter der dicken Wirtin die Sevillana vor. Nach dem dritten Male machte Jeanne mit. Das jüngste Töchterchen, zwölf Jahre, sehr niedlich und schon ganz Frau. Drei Käse hoch und frisiert und gepudert, wie es sich gehört. Spezialität der Mittelklassen. Die Kindheit hört bei den Mädchen mit dem zehnten Jahre auf. Sie stolzieren ernsthaft durch die Straßen, wie bei uns die Backfische von sechzehn. Jedes Mädel, auch das ärmste, trägt Blumen im Haar. Spät abends gingen wir auf einen Augenblick in das Café de Novedades zu den Sängern und Tänzern. Moores des Seligen Academy of Music in der Friedrichstraße. Man darf mitsingen. Der Tanz presto, russisch-orientalisch puppenhaft.

Auch eine Otero aus einem Pariser Vorstadt-Tingeltangel. Während sie sang, saßen die Tänzerinnen hinter einem Guckfenster rechts vom Vorhang und gestatteten Einblicke in das Persönlichste ihres Daseins. In dem Guckfenster links saß eine alte Frau und strickte. Das Publikum, ausschließlich Eseltreiber, Bauern, Handwerker der kleinen Viertel, fabelhafte Typen. Eine brave alte Töpfersfrau aus Triana, in einer Ekstase von verschmitzter Seligkeit, rührte während des ganzen Auftritts der Diva ihren Kaffee, ohne das Auge von der Bühne zu lassen. Infolgedessen, da sich ihre Teilnahme in mehr oder weniger vehemente Schwingungen ihres Kaffeelöffels umsetzte, ergoß sich der Inhalt von der Obertasse in die Untertasse. Als die Diva geendet hatte, leerte die Alte die Untertasse in die Obertasse, und als die Tänzerinnen kamen, stand sie wieder auf und rührte weiter, mit derselben verschmitzten Seligkeit in den bronzebraunen Runzeln.

SEVILLA, DEN 13. MAI.

Sevilla ist die Stadt der Gitter und der Gitterempfindungen. Nimmt man das Gitter weg, so sieht vieles recht banal und prosaisch aus. Die Frauen nicht weniger als die Dinge. Aber man gewöhnt sich daran, alles durch ein Netz zu sehen, und macht sich künstliche Gitter, wo die wirklichen fehlen. Der Dom* ist das Monument Sevillas. Wenn man nichts in den Straßen fände, würde der Dom noch übergenug des Zaubers haben, der, bevor man herkommt, an dem Klang »Sevilla« haftet. Dort liegt die Romantik. Wir hatten schon eine Ahnung davon, als wir spät abends mal die Zinnen der ersten Mauer entlang zufällig durch das gezackte Rund des maurischen Tors in den Orangenhof der Kathedrale traten. Die kleinen Bäume schienen in dem leisen Wind Gebete zu stammeln. In unabsehbarer Höhe darüber

* Siehe Anm. S. 49

drohten die mächtigen Bogen der Gotik. Am Tage verlor sich der Zauber. Die Sonne verscheucht die Möglichkeit einer Verbindung zwischen Orient und Okzident und macht die nörgelnde Erkenntnis des Analytikers lebendig: erst kamen die und dann kamen die anderen. Und so denkt man auch bei der Giralda mit den infamen Balkons, die die zierlichen Nischen der Vorgänger brutal zerstören. Dem Inneren des Domes widersteht keine Analyse. Ich bin in den paar Tagen wohl fünfzigmal drin gewesen, jedesmal mit der festen Absicht, ein Papier herauszuholen und mir den Eindruck zu zerlegen. Jedesmal blieb das Notizbuch leer, und ich schwankte hinaus wie betrunken von der Fülle. So ein Pfeiler allein kann einen niederschlagen. Man könnte sich einbilden, daß er allein, kraft seiner unvergleichlichen Würde, regiere. So entsteht er aus der Erde mit seinen mächtigen Rinnen, die Muskeln gleichen, so wächst er in die Höhe, gigantisch, ebensosehr Säule wie Block, und verliert sich in die Kuppel wie in die Ewigkeit. Das Konstruktive daran ist eine Kleinigkeit im Verhältnis zu der Schönheit und so wenig und so viel entscheidend wie der Knochen, der unter dem Fleische eines schönen Antlitzes liegt. Der Nerv dieser Stabilität scheint noch in der Oberfläche des Steines zu zucken. Die Außenwände der Capilla Mayor, als ob sie einen Felsen umschlössen, tragen einen dichten Kreis von Heiligen, viel weniger durchbrochen als die ähnliche Anlage des Doms von Toledo. Ein Ornament, wie es sich allmächtige Herrscher um ihr Heiligtum ausdenken mögen. Das Innere eine Grotte bis zum Himmel. Darin schlummert Sevillas Poesie. Nicht ein Hauch stört die schwingenden Reihen der unzähligen Figuren. Was sie in der Einzelheit darstellen, ist gerade genug, um an dem geheimnisvollen Summen der Grotte teilzunehmen. Die winzig silberne Jungfrau sitzt in der Mitte darin; eine kleine schwärmerische Göttin. Wir waren klüger als in Toledo und blieben vor dem goldenen Gitter stehen, gingen weiter zurück vor das Gitter des Chors, noch weiter vor eines der kleinen beiden goldenen Gitter am hinteren Ende des Einbaus und hatten, während die Messe vor sich ging, das Gefühl, einer heiligen Handlung von unendlicher Bedeutung beizuwohnen. In den Stühlen verharrten die Domherren, ernst und schweigend; sie stützten sich mit großen Gesten auf, um nach dem Tabernakel zu blicken. Von da drang der Blick auf das goldene Gitter des Tors, das den Chor abschließt. Dahinter erhoben sich die goldenen Stäbe mit dem prachtvollen Schmuck des Tors der Kapelle, und darüber ganz in der Höhe prangte als Abschluß die Masse der zwölf Heiligen wie eine goldene Brücke über der Grotte. Auf den hohen Stufen zur Grotte standen in strenger Kreuzform die Priester in Wolken von Weihrauch. Wir hielten den Atem an. Da fing die Grotte auf einmal an zu reden. In ganz tiefen und in ganz hohen Tönen. Die steinernen Heiligen brummten den Baß, während in den Höhen der Grotte fröhliche Vögel winzige zitternde Stimmchen dazu taten. Der ganze Raum schien mitzuschwingen. Er weinte, lachte, flüsterte und schrie. Wir hielten uns mit den Händen aneinander fest. Keiner wagte dem anderen zu sagen, daß es schön sei. Ich fühlte nur, wie Jeanne zitterte, wenn die Orgel die tiefsten Register zog. Das Spiel ging weiter, als längst die Messe aus war, und wir rührten uns nicht von unserem Platz. Es war, als ob die Töne in dem goldenen Netz der Gitter entständen. Schließlich sagte jemand, natürlich Hans, wir müßten noch in die Tabakfabrik. Wir gingen nach vorn, und sahen auf einmal im Chor ein halbes Dutzend Herren sitzen. Musiker aus Madrid, denen der Organist vorspielte. May war schwer enttäuscht. Ich habe nie eine solche Orgel gehört. Sie hat hohe Frauenstimmen, ohne daß man an Nachahmung gemahnt wird.

Murillo belastet das Konto Sevillas. Der große Schinken im Dom, die Reihe im Museum, die sechs im Hospital de la Caridad: in keinem einzigen ein nobler Laut, der auch nur auf den Versuch, sich über das Allerbanalste zu erheben, schließen ließe. Zu dem üblen Luxus der Caridad-Kapelle paßt er am besten. Die bourgeoise Bigotterie hat nie einen treffenderen Interpreten gefunden. Man blickt in seine Bilder wie in schlecht gelüftete Stuben mit deutschen Plüschmöbeln aus dem Jahre siebzig. Das Prestige dieses Mannes ist doch wohl das schlimmste Ergebnis der Verlogenheit unserer Kunstgelehrten. Welche Hekatomben von ungeistiger Begeisterung wurden vor diesen Bildern geopfert. Wie viel Tausenden vernünftiger Menschen wurde dadurch die Möglichkeit genommen, sich edleren Dingen zu erschließen.

Von der Kathedrale in die Zigarrenfabrik. Pompöser Palast aus dem Dixhuitième. Man wundert sich, daß schon vor hundertfünfzig Jahren in diesem Umfang geraucht wurde, und bekommt ordentlich Respekt vor dem Laster. Das Gebäude umfaßt mehr Raum als die Kathedrale und ist dem Volk mindestens ebenso wichtig. In riesigen, schön gewölbten Sälen sitzen Hunderte von Arbeiterinnen. Ich weiß nicht, wer behauptet hat, sie wären schmutzig. Es herrscht peinliche Ordnung und Sauberkeit. Oder nein, nicht peinlich, das gehört traditionell zum Metier. Ordnung und Sauberkeit sind hier natürlich. Manche Frauen haben ihr Jüngstes in der Wiege neben dem niedrigen Arbeitstisch. Am Kopfende jedes Saales ist eine Heiligenfigur wie in Rußland. Es hängen viele Geschichten an den Räumen. Aus dem leisen Geflüster der Arbeiterinnen meint man sie zu hören. Man möchte oft stillstehen. Viele Frauen haben Blumen im Haar. Die Blumen scheinen mitzuflüstern. Unter den Aufseherinnen verwegene Typen. Eine ganz alte mit einem riesigen, ganz haarlosen Schädel.
In den Straßen herumgebummelt. San Salvador sieht von der Rückseite sehr imposant aus mit der schweren Masse von Türmen über den winzigen Häusern. Das Gewirr von Gassen ist auch ein Spitzengewebe. Santa Ana in Triana hat einen zierlichen Altar mit hübschen Bildern von Campana. Die beiden angeputzten heiligen Frauen in der Nische sitzen wie in einer Puppenstube. Es fehlen nur die Blumen im Haar, um sie zu Sevillanerinnen zu machen.
Zurbarán kommt man auch in Sevilla nicht nahe. Unter den vielen Bildern keins, das den Meisterwerken im Norden gleich-

kommt. Sein großer Altar in der Kathedrale bleibt im Dunkel, obwohl ich mir das schwere Gitter der Kapelle morgens und abends öffnen ließ. Die Zurbaráns im Museum von anständiger Langeweile. Es ist etwas darin, was einen lockt, sich mit dem Menschen zu beschäftigen; eine Art spröden Spleens. Er hat eine auswendige Originalität wie manche verschrobene Junggesellen, die immer »Im Gegenteil« sagen, eine prinzipielle Unfreudigkeit, die von vertrockneter Vitalität herrührt. Seine Gestalten sehen oft wie mit Luft gefüllte Puppen in luftleeren Räumen aus.

Greco erscheint in diesem Museum wie ein Fürst im Exil. Der einzige Mensch unter Larven. Wer mag der Maler sein, dem er ein so vollendetes Bild weihte? Wem gehörten diese wunderbaren Hände, die die Pinsel und die Palette halten? Auf der Palette: Zwei Rot, Dunkelblau, Weiß und Ocker. Die Farben Grecos. Abends in Cádiz. Leider zu spät, um das Museum zu sehen. Unser Schiff nach Tanger geht morgen früh. Wir feiern Mays Geburtstag.

TANGER, DEN 15. MAI.

Wirklich ein neuer Erdteil, obwohl der andere drüben in greifbarer Nähe liegt. Adieu, Gitter, Dome, Bilder! Spanien wird uns auf einmal zur Heimat, so wenig ist man hier zu Hause. Alles, was wir die letzten Wochen erlebt haben, liegt kunterbunt durcheinander in einem großen schwarzen Topf, der mit unheimlicher Geschwindigkeit von hundert schwarzen, heulenden Kerlen gedreht wird. Der Lärm! Ohne den Skandal wäre die Sache eine Kleinigkeit, aber dieser Skandal sprengt die Nerven. Er ist vielleicht nicht größer als auf der Puerta del Sol oder auf dem Boulevard des Italiens. Aber hundertmal wirksamer, weil man ihn aufnimmt, aufnehmen möchte. Alles, was man sieht, macht Skandal, auch das, was sich ganz ruhig verhält, das Ruhige macht sogar den größten. Araber, Neger hat man schon

Hunderte gesehen, aber als isolierte Kontrastfarbe vor europäischem Hintergrund. Hier ist man selber der Neger, und die anderen sind bei sich zu Hause. Wir sitzen vor dem Café am kleinen Socco, wie auf einem Schiff, das jeden Augenblick untergehen kann. Jeanne immer zur Abwehr gerüstet, den Sonnenschirm vor sich. May war als junges Mädchen in Tunis. Das gibt ihr Haltung. Sie ist schon beim Meditieren. Ob diese Wilden nicht natürlicher, würdiger, im Grunde edler wären! . . . Na ja, ja, na ja, ja. Diese Wasserträger sind im höchsten Maße dekorativ. Tif! brüllt ein Neger vor uns, tif! tif! – Gegen das Völkergemisch ist eine Weltausstellung das reine Kinderspiel. Wir werden von allen Kerlen, die vorbeikommen, angesehen, neugierig, listig, respektvoll, verächtlich. Dieser Neger mit dem Tif, aufgeputzt wie ein orientalischer Lampenschirm, mit einer unglaublichen Physiognomie, singt oder tift zu einem Instrument, das der antediluvianische Ahne unserer Zither sein könnte. Manchmal reißt er das Maul auf wie ein gähnender Gaul. Schließlich leistet er sich eine Danse du Ventre von hinten. Unter den dünnen Lappen wackelt das Hinterteil in einem mathematischen Rhythmus, der etwas von sich drehenden Mühlsteinen hat. Tif! tif! Da fängt Jeanne an zu lachen, wir lachen mit, das ganze Publikum lacht; die Wasserträger drüben am Brunnen in ihren eisenfarbenen Mänteln haben auf einmal Augen unter ihren Lappen und schauen herüber. Die Straßenjungen wälzen sich. Nur die beiden würdigen Araber auf der Schwelle der winzigen Boutique verziehen nicht das Gesicht. Tif! Tif! Der Bann ist gebrochen. Der Neger streckt die Pfote aus und bekommt sein Kupfer, hundertundfünfzig andere Pfoten, die gleichzeitig kommen, auch. Ein Gewühl von weißem, gelbem, braunem, schwarzem Fleisch. Zwischendurch immer die beiden würdigen Araber in der winzigen Boutique, die nicht die Miene verziehen. Ein paar Esel, mit unzähligen Packs bepackt, werden von dem Schwarm der Kerle, die die Kupfermünzen suchen, umringt und stehen da wie ausgestopfter Blödsinn. Die Treiber brüllen, die Esel brüllen, die Kerle brüllen. Und über dem ganzen wüsten Knäuel die helle Gestalt eines eleganten Europäers auf einem Vollblut, das gelassen durch die Menge schreitet. Glänzend geschnittene Reithosen. Der Wirt des Cafés sagt: Sie sind wohl erst heute angekommen? – Gleich sagt der frechste Lümmel: Wollen Sie Ansichtskarten? Ein Penny. Penny! Penny! Tif! tif! – Der Neger: Wollen Sie in Bazar? Wollen Sie türkisch Café? Wollen Sie das? – Er fletscht die Augen wie ein Menschenfresser. Ein Mulatte: Muschu, geben Sie zehn Centimes. Ein Jude: zehn Pfennig! – Die ganze Bande spricht Deutsch, das heißt jeder spricht drei Worte. Dieselben Worte kommen immer wieder. Der Kerl, der uns einen Harem zeigen will, sagt auf jede Frage: Schön! schön! schön! und grinst, als hätte er Heere von Huris zu vergeben. Da kommen ein paar englische Herren und Damen und setzen sich auch vor das Café. Gleich stürzt der ganze Haufen von uns weg zu den Neuangekommenen. Der Neger tanzt seine Danse du Ventre und schreit Tif. Es wiederholt sich genau dasselbe Schauspiel, das sie uns vorgemacht haben. Wir trinken ruhig unseren Kaffee und fühlen uns, als wären wir seit drei Jahren in Tanger seßhaft.

Schließlich riskieren wir, ganz gelassen zum großen Markt hinaufzugehen und sind mitten im Orient. Hier wird nicht mehr gemimt. Keiner kümmert sich um uns. Man hat das Gefühl, unter buntem Ungeziefer zu spazieren. Eben wird eine Karawane ausgerüstet. Die Kamele schreien und zeigen ihre gräßlichen Mäuler ganz wie der Tif-Neger. Man weiß nicht, ob es Lachen oder Weinen sein soll. Ein riesiger Araber, dem man beide Augen ausgestochen hat, schreit seine Bettelei. Es gibt prachtvolle Kartoffeln. May tippt mich an. Ganz oben vom Berge kommt ein Zug von Leuten in weißen Burnussen langsam und feierlich über den Markt her. Ein schöner Mann, ebenfalls in weißem Hemd, reitet auf einem Eselchen voran. »On dirait Jésus de Nazareth!« sagt May mit großen Augen.

Ich sitze in unserem Hotelzimmerchen über dem blauen Meer. Man lernt hier das Meer schätzen. Ich glaube nicht, daß es hier schöner ist, als irgendwo anders. Ich glaube überhaupt nicht so recht an seine Schönheit. Es ist dem Auge unter gewissen Umständen nur ungemein nützlich oder wirkt mit anderen Dingen zusammen, denen gerade soviel Anteil zufällt. Man braucht es hier, wie man in großen Städten zuweilen einen großen grünen Rasen braucht, auf dem nichts darauf ist. Es ist hier ungemein nützlich. Es wäre hier schön, auch wenn es nichts wie Wasser wäre.

Zu meiner Rechten dehnt sich der gewaltige Halbkreis der Bucht. Von dem gelben Sand des Strandes steigen sanft grüne Hügel hinan. Vor mir in blauem Dunst wellt sich die gebirgige spanische Küste, gerade fern genug, um dem Meer eine schöne Fläche zu lassen. Zur Linken die blauweißen Mauern der Häuser bis zur Zitadelle hinauf. – Sehr behaglich, man ahnt nichts von dem infernalischen Gewimmel der menschlichen Insekten, die dazwischen herumkriechen. Nur Blau und Weiß. Einzeln betrachtet sind die Farben so fatal wie möglich. Das richtige kalte Tünch-Weiß, das richtige getünchte Blau, wie man es in Mägdekammern auf dem Lande hat. Hier in der Masse unter diesem hellblauen Himmel, neben dem tiefblauen Wasser und als Hintergrund für das Weiß, Gelb, Schwarz und Rot der Menschen gewinnen diese kalten Farben eine ganz andere Bedeutung. Es durchschauert einen, wenn man des Abends die enge Gasse hinabreitet und vor so einer blauweißen Mauer die Kutten vermummter Frauen oder den Turban eines dieser prachtvollen Araberköpfe erblickt. Überall haben die Araber ihren rechten Rahmen. Ob sie mit untergeschlagenen Beinen in den unglaublich kleinen Zimmern sitzen, in die man wie in geöffnete Schränke hineinsieht, oder zusammen in einer Ecke stehen, immer still und würdig, oder gelassen auf ihren Maultieren reiten. Auch die vornehmen Juden sehen sehr gut aus. Sie sind eine ganz andere Rasse als die europäischen Juden. Bleich und ganz durchgeistigt, der Teint wie Milch, mit langen Händen und Füßen, fast ohne eines der Merkmale, an die wir bei uns gewöhnt sind. Auch sie sind still und würdig. Den Skandal machen die Schwarzen und die Braunen. Und vielleicht machen auch sie den Skandal nur für die hergereisten Fremden. Übrigens sieht das Schwarz der Neger hier ganz anders aus als bei uns. Es liegt wohl an den vermittelnden Tönen der anderen Rassen.

Wir sind gewöhnlich von zwei dunklen Straßenjungen begleitet. Der eine sagt: »Oui, Moschu« und »Nee, wirklich?« Den hat Jeanne Hannibal getauft. Der andere, hellere – schlank wie ein Rohr, mit Riesenaugen – ist bei all seiner Ungezogenheit von einer Grazie, daß man ihn in seinem Domino für ein verkleidetes Mädchen halten könnte. Der ist Mays Lieblingssklave.

Heute früh sind wir nach Kap Spartel geritten. Per Maulesel, sehr stolz. Tayeb, unser Führer, im wehenden Burnus vorweg. Delacroix' Orientskizzen. Ich, meistens hinten, wurde von den anderen wie ein etwas klappriger Manöver-General behandelt. Erst lange landeinwärts, in einer ununterbrochenen Idylle von Blumen, an Kaktushecken vorbei, die uns überragten. In der Ferne reizende Täler und Hügel. Dann lange Zeit hoch über dem Meere, das hier aus der Küste ein klassisches Gesicht profiliert. Neapel hat nichts Schöneres in der Nähe. Und es ist hier stiller, griechischer, weniger gewollt. Wir hatten unseren Lunch mitgenommen und verzehrten ihn in dem Garten des Leuchtturmwächters unter einem riesigen Feigenbaum. Die Augen aßen das lichte, von der Sonne durchschienene Grün der Blätter, fast gerade so wie wir mit dem Mund die anderen Dinge verzehrten. Es ist viel natürlicher, im Freien zu essen, namentlich in dünnen weißen Kleidern. Etwas Vegetatives à la Renoir war in uns, und die orientalische Nuance, die Tayeb hinzufügte, paßte sehr gut dazu. Er bediente uns mit der Würde des Fliegenwedlers eines Paschas. Zum Dessert waren wir von liebenswürdigen arabischen Notaren aus Tanger eingeladen. Sie hatten auch einen Ausflug hierher gemacht und hockten auf einem Teppich im Gastzimmer des Leuchtturms. Ihr Diener kredenzte uns in kleinen Gläsern traumhaften Pfefferminztee. Der weiße Raum war mit Aloe-Räucherwerk parfümiert, das in einem Kohlenbecken brannte. Wir nickten und lächelten uns zu. Berlin-Alemania-Salem aleikum! Und dann schwiegen wir uns freundschaftlich zusammen aus. Es war sehr lästig, auf Stühlen zu sitzen. Am liebsten hätten wir auch am Boden gehockt. Erst am späten Nachmittag kamen wir zurück. Auf dem großen Socco war das gleiche Leben.

TANGER, DEN 17. MAI.

Tayeb ist intelligent. Er geleitet uns zuverlässig und versteht unsere Interessen wie die seinen. Er ist stiller Beteiligter aller Hotels, aller Cafés, aller Bazare, aller Maulesel; eine Art Pierpont Morgan. Ich kann mir denken, daß später Leute wie er die Macht erhalten, die der Sultan verliert. Dabei kein Dekadent. Er glaubt mit Selbstverständlichkeit an die Zukunft seiner Rasse. Die Franzosen sind kleine Leute. »Franzos hat Kanonen, Araber hat Pferd. Jeder Araber hat Frau, Frau macht Kind, Kind hat Pferd. Franzos nix Kind und nix Pferd. Claro!« – »Und wie wird der Krieg ausgehen?« – »Franzos und Spain wird killed werden.« – »Warum?« – »Weil Koran sagt.« – »Aha!« – Er merkt, daß wir nicht ganz überzeugt sind, und das ist es, was ihm Spaß macht. Es wäre ihm nicht mal recht, wenn wir ihn ernst nähmen. »You cannot glauben das. Europäisch kann nix Koran haben.« – Das sagt er so, als wenn wir keine Beine hätten. – »Araber hat Koran. Koran sagt, daß Araber hundred years ago alles gehabt haben, Spain, Austria, Roma und werden in hundred years alles wieder haben. Claro!« – »Aber, Tayeb, ohne Kanonen?« – »Deutscher Kaiser wird Kanonen geben, surely! Has promised!« – Er hat drei Schritte vor dem Kaiser gestanden. Es ist genau so, als ob es ihm der Kaiser persönlich versprochen hätte. Ich erlaube mir, ihn schüchtern an die Politik zu erinnern, und er sieht mich mitleidig an, wie ich einen ansehe, der mir von der unbefleckten Empfängnis der Mutter Gottes erzählt.

Leider können wir nicht weit über Tanger hinaus. Nur der Weg nach Kap Spartel ist von dürftigen Truppen geschützt. Nach der anderen Seite hin wird man killed. Ich glaube nach der Seite hat Tayeb keine Prozente.

Die Berge von Tetouan locken uns mächtig, und wir erkundigen uns nach genügender Deckung. Zwölf Stunden zu Pferd. May ist ganz und gar dafür. Noch lieber würde sie Kamele benutzen. Das müßte eine immense Sensation sein, auf diese Art die Wüste zu durchmessen. Jeanne behauptet, daß es hier überhaupt keine Wüste gebe. Dagegen habe sie keine Lust, sich killen zu lassen.

Das Café am kleinen Socco ist unser Café de la Paix. Die Wasserträger drüben am Brunnen in den zerlumpten eisenbraunen Kutten behalten am längsten die Fremdheit. Sie tragen das Wasser in schwarzen, schwitzenden Lederbälgen. Das geht den ganzen Tag. Wenn sie am Brunnen stillstehen und die Kutten zusammenstecken, werden sie unheimlich. May ist erbost, daß Hans nicht sogleich losmalt. Hans hat, finde ich, recht, denn es würden jetzt nur Neger und Braune daraus entstehen. Der mit Muscheln bekränzte Neger mit dem Kamelmaul singt: Dai de Perlatif. Wir taufen ihn Père Latif. Abends bei den Jüdinnen im Café Chantant. Eine Art Scheune mit einer hohen Galerie an der einen Wand, auf der sich dunkle Gestalten herumtreiben. Die Jüdinnen sind sehr häßlich. Die hebräischen Lieder klingen wie Totengesänge. Dazu machen sie einen schwerfälligen Bauchtanz.

ALGECIRAS, DEN 19. MAI.

Gestern sind wir herübergefahren bei blauem Himmel und infamer See. Schon die Einschiffung in Tanger war herzbrechend. Jeanne halbtot vor Angst. Einmal entfuhr ihr: Que Dieu nous garde! Da kam gerade eine haushohe Woge auf uns zu. Obwohl mir diese Woge im höchsten Maße peinlich war, konnte ich mich nicht enthalten, über diesen tragischen Ausruf nachzudenken. May, die ihre Bekehrungsversuche immer noch nicht aufgibt, benutzte den Ausruf als Symptom aufkeimender Religiosität und versuchte daran anzuknüpfen, obwohl sie schwer krank war. Nachher behauptete Jeanne, sie habe sich nicht das Mindeste dabei gedacht. Heillose Überfahrt bei strahlender Sonne. Dieser Widerspruch machte die Sache noch weniger erträglich.

Algeciras ist lichte Anmut. Nicht eine Spur von Afrika. Kein Neger, kein Araber, kein Skandal. Wir sind alle herzlich froh. Dieses exotische Ungeziefer war ein wüster Spuk. Meinetwegen malerisch, aber man wurde nie das unangenehme Gefühl auf der Haut los. Und über das Malerische ist noch zu streiten. Es ist viel zu bunt für unsere Augen. Wir brauchen Dinge, die wir in der Palette übertreiben können, sind an Farben gewöhnt, die uns das Durchschauen erlauben. Man kommt in die Gefahr, selber Neger zu werden und sich mit der Freude an dem bunten Tand zu begnügen, der den Sinn von der schöpferischen transformatorischen Tätigkeit ablenkt. Delacroix ist der einzige Orientmaler, weil er einer der europäischsten Menschen war. Er hat all seine Algier-Bilder via Paris geschaffen. Gauguins Europaflucht war eine Phrase. Hätte er sie ernst genommen, wäre der Künstler in ihm gestorben, und manchmal ahnt man in seinen letzten Werken die Gefahr.

Algeciras ist Europa von der angenehmsten Seite, sauber wie alle spanischen Städte. Von weitem könnte man es für ein weißes Städtchen in Österreich-Schlesien nehmen. Schöne Felder, Gärten, gut gepflegte Wege. Orientalisch ist nur die Pracht der Vegetation. Und auch sie unterstreicht das Europäische. Unsere Wiesenblumen, alles Eigentümliche unserer Flora, aber alles zu größter Üppigkeit entfaltet. Dazwischen Lämmerherden, Ziegenherden, prachtvolle Kühe. May erwischt einen gestern geborenen schwarzen Esel, der noch nicht gelernt hat, seinen großen Kopf auf den vier dünnen Stelzen zu tragen, und ist empört, daß Hans nicht zu bewegen ist, dieses ravissante Tierchen für zwei Peseten zu erwerben. Wir gehen nach dem schönen Viadukt der alten Wasserleitung. Die Landschaft ist

119

noch zierlicher als in Tanger. Der Reiz ländlicher Kultur kommt hinzu. Man fühlt sie von Menschen bewohnt, die unsere Freude an ihren Reizen teilen. Drüben im Meer, Gibraltar, dem Nordkap ähnlich, nur noch klotziger und drohender. Auch wenn man nichts von den angenehmen Apparaten, die in den Felsen stecken, wüßte, würde man ihn für eine Festung halten. Dieser Klotz beunruhigt die Szene. Die Masse ist zu ungeschlacht, zu groß und zu schroff in diesem seeartigen Gewässer. Eine runde Wolke schwebt gerade über dem Gipfel wie gesammelter Pulverrauch. Wir steigen einen Hügel hinan zwischen mannshohen Blumen und pflücken riesige Buketts. Man geht auf Teppichen von Rot und Weiß. Oben vom Hügel aus schließt der Klotz im Meer nach der Rechten die Szene ab und wird zu einer natürlichen Kulisse. Die Wolke ist fast verschwunden. Jeanne und May erzählen Geschichten von einer alten Schachtel, die sehr komisch sein soll. Wir bleiben bis zur sinkenden Sonne. Der Klotz wird dunkler. Wie wir nach Hause gehen, steigt er immer drohender auf, während sich auf den Wiesen der Frieden des Abends ausbreitet. Man kann sich ohne Anstrengung vorstellen, daß das dunkle Ungetüm zu einem Feuerspeier werden könnte.

Von unserem Hotel sieht man auf den kleinen Fluß, der sich hier ins Meer ergießt. Er gleicht einem holländischen Kanal. Drüben stehen altmodische Häuser. Wir haben prachtvoll geschlafen. Zum erstenmal seit Cádiz. Auch das Ungetüm im Meer scheint gut geruht zu haben. Es liegt mit der Nase über dem Wasser und blinzelt schläfrig in den grauen Morgendunst. Mit seiner schmalen Zunge reicht es bis zum Kontinent. Ein Riesen-Ameisenbär. Auf der Zunge balanzieren Häuser und Schiffe.

RONDA, DEN 21. MAI.

Weiße Häuschen auf Felsen. Sonne auf Häusern und Felsen. Ich bin der große Mann. Wir kamen zuerst in das von unserem etwas veralteten Baedeker angegebene Hotel. Ein Kasten, den

May »louche« nannte, und der der Reinlichkeit zu entbehren
schien. Ronda ist in Festtrubel, die jährliche Feria; Stierkämpfe,
Viehmarkt. Infolgedessen waren nur noch ein paar höchst
mäßige Zimmer frei. Da erinnerte ich mich, am Bahnhof den
suggestiven Namen eines Hotels gelesen zu haben, der Name
desselben Hotels, in dem wir in Algeciras gewohnt hatten und
das ausgezeichnet war. Kinder, es gibt noch ein anderes Hotel
von fabelhafter Klasse! Der Wirt spitzt die Ohren. Jeanne wie
gewöhnlich Pessimistin. »Du wirst dich wieder mal irren.« May
wie gewöhnlich voll Vertrauen. »Doch, es muß ein anderes
Hotel geben.« Hans schlägt sich auf die Seite Jeannes. Nun,
sagte ich zum Wirt, wir wollten doch mal sehen, ob es nicht ein
anderes Hotel gebe. Finden wir nichts, so kommen wir zurück.
Da sagt das Scheusal: O, bitte, wenn Sie die Zimmer nicht gleich
nehmen, nachher gebe ich Sie Ihnen nicht mehr. – So so, nun
stand es für mich fest; ich lasse mich nicht brutalisieren. May läßt
sich auch nicht brutalisieren. Hans bedenklich. Jeanne rechnet
mit der Aussicht, im Freien schlafen zu müssen. Ein schwerer
Moment. Ich sehe mir den Wirt nochmal an. »Es gibt hier ein
ausgezeichnetes Hotel und Ihr Hotel ist eine elende Spelunke.«
Darauf gehe ich festen Schrittes zum Wagen zurück und nenne
den Namen des Hotels, den ich im Traum oder in Wirklichkeit
am Bahnhof angeschlagen gelesen habe. Ich war in diesem
Moment durchaus darauf gefaßt, die Antwort zu erhalten, daß
ein Hotel dieses Namens in Ronda Phantasie sei. Aber der
Kutscher nickt. Hinter mir stößt der Wirt einen bestialischen
Fluch aus. Ich wie ein Feldherr, May Jungfrau von Orléans. Im
Wagen großer Disput. Hans behauptet, daß ich kein Recht hatte,
den Wirt zu beleidigen, und Jeanne macht uns darauf aufmerksam, daß der Wagen die Stadt verläßt. Vielleicht ist es eine üble
Schnapskneipe für Wegelagerer. Gedrücktes Schweigen. Nur
May ist zuversichtlich. Sie sieht das Hotel wie die Götter auf
dem Regenbogen die Walhalla. Plötzlich macht der Wagen eine
scharfe Wendung und vor uns liegt vor einer großen Einfahrt in
einem englischen Garten ein blitzsauberes, komfortables Land-
haus. Genau dieselbe Klasse wie das Hotel in Algeciras. Nun

wie? – Jeanne hätte fürs Leben gern die prophezeite Schnaps-
bude gefunden. Für May ist das alles ganz selbstverständlich.
Wir lassen uns einen königlichen Tee mit allen Schikanen
servieren auf einer Terrasse, von der man auf die Berge schaut.
So sah Nero auf das brennende Rom.
Der Talkessel geht bis ins Unendliche hinunter. Grüne Hügel
und hohe Berge schließen ihn ein. Die Stadt liegt auf senkrecht
abfallenden Felsen. Man sieht in schwindelnde Tiefen und trinkt
gemütlich dazu Mokka mit vortrefflicher Sahne. Die Oliven-
bäume unten im Tal gleichen winzigen Topfpflanzen. In der
Mitte der Stadt verengt sich das Tal. Schöne Brücken verbinden
die steilen Felsen.
Ein paar stille Tage. An den Père Latif und unser Hotel in Tanger
denken wir wie an die bewegte Vergangenheit eines Balkan-
Fürsten. Man spricht nicht gern davon.
Ronda hat erst vor einigen Jahren, dank englischer Unterneh-
mungslust, Bahnverbindung erhalten. Daher ist es ganz intakt
geblieben. Eine eigene Architektur. Weiße, schwarz vergitterte
Erker, die nicht wie bei uns oben an den Fassaden sitzen,
sondern auf der Erde stehen. Zuweilen unten, rechts und links
von der Haustür, zwei Erker; darüber im ersten Stock kleinere
Erker oder Balkons mit reichem Gitterwerk. Die Verhältnisse
stets von größtem Takt. Das ideale Haus der kleinen Landstadt.
Eine Straße mit solchen weißen Häusern ist unwiderstehlich.
Ähnlich wie in Österreich muß in Spanien das Barock seine
eigene Blüte gehabt haben. Es steckt hinter diesen äußerst
einfachen ländlichen Formen der Impuls einer reichen Stadtkul-
tur. Wir finden hübsche kunstgewerbliche Dinge. Rohgestri-
chene Kupferkessel mit gepunzten Ornamenten aus blanken
Punkten und hübscher alter Schmuck; Gold und Smaragde,
entfernt gewissen nordischen Bauernbehängen ähnlich. Auch
Silber.
Morgens ist immer großes Treiben auf dem Viehmarkt. Nachmittags Corrida. Ein Bekannter aus Sevilla, der hier den Sommer verbringt, zeigt uns manchen reizenden Winkel. Vor der
Kirche spielen ein paar Jungen Stierkampf. Der eine hält sich ein

Brett mit ein paar Hörnern vor das Gesicht, der andere stößt darauf. Der Angreifer, ein hübscher bleicher Junge von zwölf Jahren, ist der Sohn der Leute, bei denen unser Bekannter wohnt.

Buenos, Chico! sagt unser Bekannter.

Aber der Chico hört nicht. Er hält einen Lappen, der die Capa darstellt, und während der gehörnte Junge auf den Lappen losrennt, trifft er ihn mit einem alten Säbel.

Es ist ihm nicht auszutreiben, erzählt unser Bekannter. Die Eltern haben schon alles mögliche versucht. Er hat sogar schon ein Zöpfchen. Als die Eltern es ihm einmal mit Gewalt abschneiden wollten, schwor er, in den Guadalevin zu springen. Im letzten Sommer ist er ausgekniffen, hat sich auf die Puffer des letzten Wagens der Eisenbahn gesetzt und ist ohne einen Pfennig Geld nach Granada gefahren, um Bombita fechten zu sehen.

Nachmittags gehen wir ohne Jeanne zum Stierkampf. Der Chico ist auch da. Er hat eine rote Mütze auf und steht in dem Gang zwischen Zuschauerraum und Arena. Eigentlich stehen da nur die unbeteiligten Stierfechter und Pferdetreiber. Während des Kampfes baumelt er an der Bretterwand der Arena und schaut mit funkelnden Augen zu. Die Corrida ist mäßig, schwache Tiere und bäurische Fechter. Der letzte Stier ist nicht zu bewegen, den Kopf zu bücken, und der Espada verfehlt ihn ein halbes Dutzend mal. Die Leute heulen. Kissen, Flaschen und wer weiß was sonst noch fliegen in die Arena. Plötzlich springt ein kleiner Junge über die Bretter, läuft, geschwind wie ein Wiesel, auf den Stier zu und schwingt seinen blauen Lappen wie eine Capa. Der Stier nimmt ihn auf die Hörner und wirft ihn ein paar Meter in die Höhe, ohne sich weiter zu bemühen. Dieu! schreit May. Eine Sekunde liegt der Junge wie tot. Dann springt er auf und läuft wie ein Wilder aus der Arena heraus. Er wird sofort von den Gendarmen in Empfang genommen, und die Verbandsleute betasten ihn. Es ist ihm nichts passiert. Während sie mit ihm herumhantieren, schaut er mit wahnsinnigen Augen auf den Stier, der jetzt eben endlich den Gnadenstoß erhält.

Auch zur zweiten Fest-Corrida sind wir hingegangen. Aber

Chico fehlte. Vermutlich hat man ihn in den Keller gesperrt. Es war recht ekelhaft. Hinterher hatten wir alle schlechte Laune und saßen auf der Terrasse vor dem himmlischen Panorama der Berge wie borniere Neger.

GRANADA, DEN 22. MAI.

Brav gebrüllt, lieber Thomas! Du übertönst fast die Nachtigallen im Parke der Alhambra. Recht hast Du, ich bin leichtsinnig. Aber nicht, weil ich mich von Velasquez freimache, sondern weil ich mir einbildete, Du Prachtexemplar eines deutschen Professors könntest aus meinen Briefen Gedanken erraten. Gerade so gut könnte ich verlangen, daß Du in Berlin, Lützow-straße, drei Treppen, die Nachtigallen der Alhambra hörtest. Thomas, Mensch, die Nachtigallen! Hast Du überhaupt jemals eine gehört?

Du willst nicht Gedanken, sondern Tatsachen! O, Du Vortreffli-cher, wie kannst Du nur noch mehr Tatsachen verlangen! Mir scheint, daran ist kein Mangel. Umgekehrt, Thomas! Ihr erstickt ja alle in Deutschland an Tatsachen. Ich lese fortwäh-rend, sobald ich eine deutsche Zeitung erwische, von überaus merkwürdigen Tatsachen in der gesegneten Heimat. Sie über-stürzen sich sozusagen, ohne den braven Michel auch nur im mindesten zu inkommodieren. Mehr Gedanken wären nötig, Ideen sozusagen, und Menschen, die imstande sind, darnach zu handeln. Tatsachen, du lieber Gott! ich glaube, die Welt könnte untergehen, ohne Euch von Eurem lächerlichen Mikroskop aufblicken zu machen.

Sehr richtig, ich bin leichtsinnig. Wenn Du wüßtest, wie mir das bekommt, mir nicht den Wanst mit Euren lächerlichen Kompi-lationen vollzuschlagen, und wie gut Euch jener Schwersinn, der unentwegt an allem Unsinn haftet, steht. Ich nenne ihn nicht »Treue« und »Deutsche Zähigkeit« und »Achtung vor des Nächsten Glauben«, sondern ganz anders. Ich finde, er hat gar

124

nichts mit Kunst zu tun, ist in der Kunst nur das Symptom des Leidens, das alle Laster der Nation verschuldet, steckt tief im Unterleib des Volkes, eine Indigestion, die das Temperament gefährdet und jene hartleibige Moral zur Folge hat, die mir verzweifelt unmoralisch vorkommt. Sperr doch die Ohren auf und hör die Nachtigallen. Drüben, sechs Schritte von mir im Grünen sitzt eine, die es besonders gut kann. Ich sehe sie nicht, und Du könntest sie, auch wenn Du dreißig Brillen hättest, ebensowenig sehen, und würdest nicht mal etwas von ihr merken, weil Du partout sehen willst, was man nur hören kann. Gibt es aber mal etwas zu sehen, so willst Du nur hören. Das nennt Ihr die wissenschaftliche Methode. Verkehrte Sinnesempfindung. Und es kommt alles von der bewußten Indigestion her. Es ist vollständig lächerlich, wenn unsereins unternimmt, sie von außen her zu korrigieren mit Büchern über Kunst und dergleichen. Eine gewaltige Purge wäre notwendig, ein Revolutiönchen nicht unserer Anschauung über Velasquez, sondern allen Schauens. Gehe hin und purgiere Dich, Thomas, laß Öl durch Deine Därme fließen, entbrille Dich, entleere Dich all Deiner unerlebten, unverdauten Weisheit. Nachher werden wir gar nicht mehr nötig haben, über so simple Details wie Velasquez Briefe zu wechseln.

GRANADA, DEN 23. MAI.

Lieber Thomas! Wenn die Nachtigallen nicht wären, wenn ich nicht hier in meinem grünen Garten säße, an einer niedrigen roten Mauer, mit den Ulmen des Parkes im Rücken. Wenn der Brunnen an der Mauer meines Gartens nicht so lustig plätscherte, wenn hier nicht alles, was an guten Instinkten in dem letzten Elenden steckt, zur reichen Blüte gediehe, würde ich vielleicht grob werden und Dir bedeuten, daß es für mich Besseres zu tun gibt, als zu versuchen, einen deutschen Kunstprofessor aus den Ketten blödsinniger Vorstellungen zu befreien. Denn Du bist wahrscheinlich nicht zu retten. Wenn Greco selbst zu Dir in die Lützowstraße käme, würdest Du ihn über die Brille weg ansehen und konstatieren, daß er gar nicht da sei, daß er nur in den Köpfen von ein paar Übergeschnappten existiere, als Phantasiegebilde, oder, vielmehr, wie Du zu sagen beliebst, als neueste Modekrankheit.

Das ist Euer vortrefflichstes Argument. Es liegt jemand dreihundert Jahre im Grabe, ohne daß sich eine Katze um ihn kümmert. Ein Riesenkerl, dreihundertmal größer als die Leute, die von ihm herkommen und deren Konterfei in keiner guten Stube fehlt. Bei seinem Begräbnis ist ein Versehen passiert. Der gute Mann hatte sich bei Lebzeiten um keine Behörde bekümmert, und so vergaß die Behörde, den Tod zu registrieren. Und wie man ihn beim großen Reinemachen am Ende des siebzehnten Jahrhunderts übersehen hatte, so übersah man ihn im achtzehnten und neunzehnten. Es ist nichts schwieriger, als später einen solchen Posten in die geordnete Buchführung einzufügen. Das tut man nicht. Die Buchführung hat auch ihre Rechte. Eines Tages buddeln ihn ein paar neugierige Leute aus. Und während sie noch bei der Arbeit sind, schreit Ihr schon: Modekrankheit! – Ja, zum Teufel, wer denn, wo denn, wieso denn? Das ist ja Schwindel! Wollt nicht! Das ist Euer gutes Recht, dafür seid Ihr da, Hüter der geordneten Buchführung. Kein Mensch kann es Euch verdenken, unbezahlt Überstunden zu halten, um die Geschichte in Ordnung zu bringen. Aber nennt wenigstens das Kind mit dem rechten Namen. Wer macht denn diese Mode? Wer kümmert sich um Greco? Mein Freund Cossío etwa, der mit knapper Mühe einen Verleger sechsten Ranges für ein Buch gefunden hat, das erste Buch über den Künstler à la Mode, erschienen vor einigen Monaten? Die Besitzer etwa? Die Nönnchen und Pfaffen, die den größten Teil der Bilder heillos verkommen lassen? Welch vortrefflichen Riecher Ihr für die Psychologie der Mode habt! Dasselbe wurde von Cézanne gesagt, als Vollard vor zehn Jahren anfing. Dasselbe heute von Marées. Natürlich Mode! Gott sei Dank, daß sich Snobs finden, die immer gleich von Anfang an dabei sein

126

wollen. Sonst gäbe es, da sie das Geld haben, überhaupt keinen Anfang. Aber bitte, nicht unverschämt sein, Cossío gehört nicht dazu, ich auch nicht, leider! Ich weiß überhaupt bis heute noch nicht recht, wer dazu gehört. Warum redet Ihr immer nur von den zwei oder drei segensreichen Snobs und tut so, als ob sie eine Herde wären, und nicht von den Millionen unproduktiver Snobs auf Eurer Seite? Thomas, mein Süßer, Du schwindelst. Was meinst Du, wenn ich Dir sagte, daß nur die Faulheit den Fleiß diktiere, mit dem Du Deine Buchführung verteidigst, daß grenzenloser Hochmut aus Deiner Entrüstung über unsere Freveltat spricht, daß Du nicht siehst, weil Du nicht sehen willst, weil Du eben – na ja. Mode ist Velasquez, Mode ist Goya. Sehr dicke Mode. Velasquez noch immerhin highest fashion, très habillé, Goya der Schick der Exklusiven. Cela vous range. Und ich finde es bedauerlich, Professor aller Professoren, daß Sie mir, wo wir von ernsten Dingen reden, mit solchen Herden-argumenten kommen. Im gleichen Satz Deiner Epistel steht, Greco sei Mode und Greco sei meine persönliche Ansicht. Hörst Du den Brunnen plätschern? Ewig dieselbe Melodie. Man sollte Euch doch einmal abstellen.

So, so, mit Wertungen ist Dir nicht gedient! – Thomas, engelhafter Thomas, das ist schlimm genug. Grüße Deine Frau und frage sie mal, ob sie lieber einen seidenen Schal aus Andalusien mitgebracht haben will – es gibt unten in Granada bei einem Händler einen mit vier Rosen, rot, blau und gelb, jede Rose so groß, wie das Vollmondgesicht Deines Ältesten, was er von Dir geerbt hat (verhindere ihn Kunsthistoriker zu werden!) und dick gestickt, so dick wie Deine Winterstrümpfe, aber aus Seide. Jeanne hat sich das Original umgebunden, da ich zögere, ob ich es nicht lieber ihr schenken soll. Nun also, frag' Deine Frau, ob sie, ganz theoretisch gesprochen, lieber diesen Schal möchte oder ein Dutzend kleiner Kartoffeln. Das ist die ganze Geschichte, Du meinst, es kommt nicht darauf an, und ich meine, es kommt nur darauf an. Mir geht die Wertung über alles, sogar über die Buchführung, Deine Stärke. Denn wenn ein Bild nicht gut ist, frage ich den Teufel nach Name und Art. Du meinst, der Wert komme von selbst; zuerst müsse man das und dann müsse man das. Hörst Du das Wässerchen? Eben ist unsere niedliche kleine Bonne hingehuscht und hat den Eimer einen Moment unter den Strahl gehalten. Ich hätte beinahe den Faden verloren. Thomas, der Wert ist alles. Erst kommt der Wert und dann kommt noch einmal der Wert und noch einmal, und dann kommt Eure Buchführung noch lange nicht. Und Du bist überaus im Irrtum, wenn Du meinst, daß er aus einer Art unbefleckter Erkenntnis entspringe. Nichts kommt von selbst. Ich glaube nun mal nicht an solche Geschichten.

Hunderttausend Wälzer, Bücher, Bücherchen, Artikel, Artikelchen sind über die Bilder von Velasquez geschrieben, nicht eins über Velasquez. Man hat ihn immer nur auf sich selbst bezogen. Schließlich ist aber jeder Mensch, selbst Velasquez, selbst Du, mein Thomas, eine relative Potenz. Wie er sich zu den anderen verhält und zu uns, kommt allein in Frage. Das ist überaus interessant. Es ist nicht nur die Hauptsache, sondern alles. Alles andere ist Buchführung, Makulatur. Und von dieser Hauptsache schweigt Ihr, Leuchten der Wissenschaft. Denn wenn Ihr es nicht tätet, brauchte ich Dir jetzt an diesem wunderbaren Sommermorgen, während Jeanne in ihrem hübschen weißen Mullkleid unter den Bäumen jenseits der Mauer liegt, keine Briefe zu schreiben. Jeden Gegenstand Eurer Studien behandelt Ihr so, als seien alle anderen ausgeschieden. Dieselben Redensarten, ob es sich um Rembrandt oder Caspar David Friedrich, den ich hochschätze, handelt. System habt Ihr nur innerhalb Eurer winzigen Zelle, gerade genug, um jeden Zusammenhang der Kunst mit dem Dasein aufzuheben, und erbost Euch über unsereinen, dem die Sache über das saubere Inhaltsverzeichnis hinausgeht. Unser Gärtchen hier wäre lächerliches Gemüse ohne die Bäume jenseits der roten Mauer. Ohne die Nachtigallen würde das Wasser des Brunnens an höchst unpoetische Ergüsse anklingen, denen nicht unähnlich, die des Morgens durch die dünne Wand aus einem Nebenzimmer, wo zwei Bügelbrett-Engländerinnen hausen, in das unsere dringen. Ich weiß nichts von Malern und Bildhauern, nur von starken

Menschen, die aus ihrem Verhältnis zur Welt Sinnbilder gewannen. Es gelang ihnen, Werte zu schaffen, die das Chaos ordnen. Und Ihr Ordnungsmenschen werft alles durcheinander! Das ist ein Unfug der mit dem Nachweis, wann Raffael die Madonna mit dem Piepvogel malte, nicht aufgewogen wird. Laß Deine Jünglinge keine Bilder auswendig lernen, sondern lehre sie, die Bilder zu vergessen. Bringe ihnen bei, warum Murillo ein öder Tropf ist, daß Goya viel gekonnt, wenn er gewollt hätte, daß Velasquez mehr wollte, als er konnte. Zeige ihnen das an den Bildern, und zwar so detailliert wie möglich, mit all dem Biereifer, der Euch für nichtige Dinge gegeben ist. Laß sie das verschiedene Maß des Intellektes, der Selbstzucht, der Kultur erkennen. Zeige ihnen, wo jeder anfing, und wo er aufhörte, den Nutzen für die Entwicklung der Kunst und wie er sich selbst entwickelte. Betrachte die Kunst, wie der Künstler den Gegenstand betrachtet. Überwinde sie, wenn es Dir möglich ist. Zieh das Wesentliche heraus, das Nichtsachliche, die Kraft, die den Jünglingen heute notwendig ist, auch wenn sie nicht Kunsthistoriker werden. Gelingt Dirs, so wirst Du nicht Kunstgeschichte schreiben, sondern von der Menschheit handeln – Thomas, denke Dir, Menschheit! Und alsdann wirst Du Dir ganz von selbst die billige Weisheit, mit der Du jetzt vier Seiten Deines voluminösen Schreibens füllst, abgewöhnen, daß Velasquez nicht mit Greco verglichen werden dürfe, weil der eine Fürstenbilder, der andere Heiligenbilder malte. Thomas, ich sage Dir, es ist so egal, wie der Schnitt der Unaussprechlichen, die Dich, während Du Dich Deiner Prosa hingibst, bekleiden, obwohl ich sicher bin, daß er miserabel ist.

GRANADA, DEN 24. MAI.

Lieber Thomas! Du hast recht, es ist an sich ganz gleichgültig, ob Greco der Erste, Velasquez der Nachfolger war, und ob Velasquez von Greco gelernt hat. Und Du hast mich selten so mißverstanden als diesmal, wenn Du glaubst, ich wollte daraus einen Vorteil für Greco gewinnen. Nur einen Vorteil für uns, eine Erleichterung der Erkenntnis! Die Tatsache hilft Materialisten wie Dir über die Schwierigkeit des Vergleichs hinweg und trägt dazu bei, den blödsinnigen Einwand, daß man die beiden nicht vergleichen dürfe – siehe meinen letzten Brief Folio 4 – zu entkräften. Denn wenn sie sich in ihren Mitteln und Absichten begegnen, dürfte es wohl allenfalls erlaubt sein, ihre Ziele gemeinsam zu betrachten. Du aber weist das ab, und weil Du das tust, glaubst Du mich mit dem Hinweis zu zerschmettern, an Velasquez sei nicht zu rütteln, weil sonst die ganze moderne Kunst zusammenstürze, die ja nach meiner eigenen Meinung an Velasquez hänge. O Du unerbittlicher Thomas! Wie ausgiebig Du mich zitierst. Ich kann Dich nicht nachprüfen, da ich meine gesammelten Werke nicht mit mir führe, aber ich glaube Dir und danke Dir, daß Du zum erstenmal eine meiner Behauptungen zugibst, wenn es auch erst in dem Moment geschieht, wo Du glaubst, ich hätte sie in meiner bekannten Inkonsequenz aufgegeben. Nur nicht so fix, mein Herzchen! Mißtraue meinen Behauptungen, selbst wenn ich sie fallen lasse.

Sag' mal, ist es Dir noch nie passiert, daß Du aus der Entfernung die splendide Pförtnerwohnung eines schönen Landsitzes für das Herrenhaus hieltest! Bist Du zu tadeln, weil Du, angekommen, am Pförtner vorbei zum Hausherrn schreitest? Ist das inkonsequent? – Setze in allen Deinen Zitaten statt Velasquez Greco und Du hast ungefähr dasselbe. Ungefähr insofern, weil viel mehr. Velasquez war mir der Name für eine höchst wirksame Materie; ich nannte so den farbigen Zusammenhang der Teile eines Bildes. Einen Menschen mit seiner Atmosphäre zu geben, so daß Fleisch und Kostüm und die ganze Gestalt mit dem ganzen Raum eins wurden, das schien mir von ihm zum erstenmal in einer hundert Aussichten eröffnenden Weise vollbracht, und das hieß für mich Velasquez. Also die Fortsetzung dessen, was wir Venedig nennen, die Vervielfachung der Variationen der Schule Tizians, die Befreiung von ihrem nach Prunk lüsternen Materialismus, die Steigerung der Körperlichkeit ihrer Sinnbilder zugunsten einer um ebensoviel überzeugenderen wie erhabeneren Wahrscheinlichkeit. Von der Wirksamkeit dessen, was wir uns unter der Technik des Velasquez dachten, bleiben Fragmente übrig. Von dem Ideal malerischer Einheit, das unter seinem Namen ging und zur Standarte der Modernen wurde, nicht das mindeste. Man findet schöne Details auf seinen Bildern, zum Beispiel die Zwergin in den Meninas. Sie sind selten, aber wenn es ihrer Dutzende gäbe, würde das Fragmentarische des Menschen nicht vollkommen. Diese Zwergin könnte vielleicht als Dokument einer neuen Formensprache gelten, die der Malerei ungeahnte Machtmittel gegeben hat. Da ich kein Historiker bin, will ich mal davon absehen, daß nicht Velasquez, sondern Greco diese Formensprache erfand. Ich will so tun, als gäbe es keinen Greco. Wäre das Bild dann um einen Deut besser, hättest Du recht. Aber diese Zwergin, deren Malerei den Instinkt des Amateurs moderner Bilder ergötzt, vergrößert das Heterogene eines Bildes, das geradezu als Exempel der Zusammenhangslosigkeit gelten kann. Je mehr Du Dich der Illusion des in diesem Detail wirksamen Impressionismus hingibst, desto greulicher wirken die Löcher, die Du gleich daneben findest. Löcher, die Du auf keinem Tizian, auf keinem anständigen Bilde eines Quattrocentisten, nicht mal in dem primitiven Mosaik eines vorsintflutlichen Byzantiners findest. Dieselben Löcher in den Spinnerinnen, in den Lanzas. Wo sie fehlen, verschwinden sie in einer fadenscheinigen Materie, die einer rudimentären Untermalung gleicht und deren Dünne in keinem Verhältnis zur erstrebten Charakterisierung des Typs steht. Siehe die Porträts der Zwerge, des Juan de Austria und so weiter. Verstehst Du wohl, Löcher innerhalb eines Gewebes, das gerade der Intensität des Zusammenhangs dienen will. Ich bin kein Historiker und will es nicht sein. Deshalb ist mir höchst gleichgültig, ob des Velasquez Mittel neu oder alt waren. Das würde mich erst interessieren, wenn das Resultat nützlich wäre. Vielleicht bist Du generös genug, die Billigkeit dieses Standpunktes anzuerkennen, woraus Du ersiehst, daß es mit meinem Modernismus nicht so weit her ist. Schließlich kann man Bilder nicht nach dem

Kalender prüfen. Der relative Zusammenhang eines mit ver-hältnismäßig primitiven Mitteln gemalten Interieurs van Eycks steht ungleich höher als ein Velasquez, in dem eine sicher viel differenziertere Anschauung nicht ihre gegebenen Bedingungen erfüllt. Was ich zu seiner Farbe sage? Zu seiner Farbe sage ich, daß es ein Segen wäre, wenn es keine Farbe gäbe, wenn jeder Maler genötigt wäre, Veilchenblau oder Karmesinrot oder Arsenikgrün zu malen, damit die Thomase aufhörten, von den Scherzen der Palette zu phantasieren.

Ich weiß nämlich nicht, was Du unter Farbe verstehst, weil ich ja überhaupt nie weiß, was Du unter den Begriffen verstehst, die Du mir an den Kopf wirfst. Ich bin sicher, Deine Farbe hat mit meiner Farbe so viel gemein, wie meine Tante mit Deinem Jüngsten. Daher möchte ich Dich erst mal hier in unserem Garten neben der roten Mauer haben, damit wir uns ordentlich darüber einigen. Du könntest hier allerlei Farben sehen. Zum Beispiel, das Rot der Mauer und des alten Häuschens findest Du auf keiner Palette. Regen und Sonne haben viele Nuancen von Lachsrosa bis Orange darauf gemalt. Das ließe sich vielleicht mit einigem Geschick reproduzieren. Aber dieses Rot ist nur ein winziger Bestandteil des Bildes. Schon ganz allein die Grün, die dazukommen, sind nicht zu zählen. Da gibt es zunächst die netten grünen Jalusien an den Fenstern. Dann die Grün der Pflanzen des Gärtchens. Warte mal, ich zähle im Überschlag fünfzehn Töne. Unsinn, die fünfzehn sind allein in dem Oran-genbaum unter Jeannes Fenster. Nun nimm den Park jenseits der Mauer hinzu. Da hört das Zählen auf. Du glaubst, die ganze Welt besteht nur aus Grün, so reich ist die Skala. Schwarz bis zum hellsten Grau, und in dem tiefsten Schwarz und in dem hellsten Grau noch immer das Grün. Jedes Blatt ist von den benachbarten verschieden, weil gerade die Sonne schräg auf die Wipfel scheint und das Schwarz mit Diamanten besät, das Grau zu Silber verwandelt. Und dabei sind noch nicht die Rosen und hundert anderen Blumen unseres Gärtchens gerechnet, noch nicht das Zelt, unter dem Dein ergebener Diener sitzt, noch nicht die Hauptsache, das Stück blauen Himmels. Um Dir dieses Beispiel zu geben, brauche ich nicht mal aufzustehen. Alles das findest Du in unserer Pension für sechzig Peseten die Woche. Wie, wenn ich Dich nun zur Alhambra mitnähme und Dich nötigte, auf die Ebene und die Stadt und auf die Schneegipfel der Sierra Nevada zu blicken. Glaubst Du, daß irgend ein gemaltes Bild diese Farben enthalten könnte? Glaubst Du, daß es Bild bliebe, wenn es sie enthielte? Du wirst mir sagen, daß es nicht auf diesen Reichtum ankommt. Sehr richtig! Daß es vielmehr darauf ankommt, die absolute Fülle der Natur durch die konventionelle Farbenfülle der Kunst zu ersetzen, die relativ unbegrenzt ist. Sehr richtig, sehr richtig! Theoretisch ist Dir das sicher so klar wie das Einmaleins, aber ich fürchte, Du versagst in der Praxis. Deine Schwärmerei für die Farbe ist mir verdächtig. Das Rosa des Velasquez geht mit Dir durch wie der Tonschwall eines geschickten Redners mit dem Sinn seiner Hörer, die gar nicht mehr den Worten, sondern nur noch dem Schall zuhören. Du vergißt, daß dies Rosa hundertmal reicher in dem Bändchen im schwarzen Haar unter der Mantille einer sich sonnenden Spanierin zu finden ist, und nimmst das Zeichen für die Natur, die Dir an Deinem Schreibtisch abhanden gekommen ist, freust Dich daran, weil Dir sonst so wenig zur Freude übrig bleibt, bescheidest Dich mit wenigem. Es ist so wenig, daß Du im Grunde gar nicht der Kunst bedürftest, für die ja die Farbe, wie Du weißt, nur ein Zeichen bedeutet.

Sehr schön, wenn einer mit dem Grau und Rosa des Velasquez vollkommene Sinnbilder erzielt. Ich will Dir sogar zugeben, daß bei gleicher Vollkommenheit das Sinnbild in Grau und Rosa mir möglicherweise lieber ist als das in Schwarz und Braun. Möglicherweise, betone ich, denn ich habe noch nie darüber nachgedacht. Weil mir möglicherweise ein schön gekleideter Weiser lieber sein kann als der gleich Kluge, der sich weniger angenehm anzieht. Merke ich aber nur die geringste Differenz in der Weisheit, so verschwindet der Vorteil des Kostüms. Denn dieses kann ich mir dazu denken, so gut, wie er es sich kaufen kann, ja, Du wirst finden, daß alle klugen Menschen, und nicht einmal die Klugen, sondern alle, die in ihrer Art vollkommen sind, Dir nach und nach schöngekleidet erscheinen, auch wenn sie sich immer in derselben abgerissenen Jacke präsentieren. Während umgekehrt ein Schöngekleideter, der Lücken sehen läßt, die nach der Art des Kleides nicht sein dürften, allmählich häßlich wird. Unter diesen Umständen vergrößert die Schönheit des Zierrats den Mangel. Das ist der Fall Velasquez. Das schöne Detail hat ihn getrieben, den Geist des Werkes zu vernachlässigen. Er hing mit gerechtem Entzücken an dem Äußeren seiner Leute. Ich will nicht sagen, daß es nur das Kostüm war, was ihn lockte. Er sah den Typ der Gesichter, ihre Haltung, alles, was wir charakteristisch nennen. Aber alles, was wir charakteristisch nennen, ist, subjektiv gedacht, für den Maler nur Kostüm, etwas Äußerliches. Du schreibst er wäre der größte Bildnismaler gewesen. Hm, vielleicht ist er es gewesen. Findest Du das nicht ungeheuer wenig? Überlege Dir doch mal, wie vielen Großen Du gerecht wirst, wenn Du sie so nennst, und wie viele Kleine unter denen sind, die wie Velasquez über dem Bildnis das Bild vergessen haben. Ich glaube, alles Schlimme, was man über Velasquez sagen kann, liegt in der Tatsache, daß er nur Bildnismaler war.

GRANADA, DEN 25. MAI.

Ja, lieber Thomas, das ist richtig, ich habe mir ganz etwas anderes unter Velasquez vorgestellt. Es ist auch möglich, daß Du, als Du in Madrid warst, nicht enttäuscht wurdest, weil Dir das, was mir vorschwebte, fremd war, und Du verstehst mich nicht, weil es Dir fremd geblieben ist. Und Du hast recht, viel mehr recht, als Du glaubst, daß meine frühere Vorstellung phantastisch war. Ich erwartete etwas, das es nicht geben kann. Nur dies muß ich zu meinen Gunsten vorbringen, einen Rembrandt, einen Heroen in der Richtung Rembrandts habe ich nie erwartet. Es kam mir nie in den Sinn, daß ich einen weltumspannenden Schöpfer, dem alles gelingt, was er anfaßt, sehen würde.

134

Daß Velasquez' enge Beziehung zur Natur den Komplex seiner Erscheinungen von vornherein irgendwie begrenzen mußte, etwa wie bei Manet oder Courbet, war mir durchaus klar. Mein Lieber, gerade danach sehnte ich mich, nach dem Maximum auf dem Wege Manets. Ich hoffte, die Norm einer ganz gelassenen Kunst kennen zu lernen. Das Unwandelbare sicherer Erkenntnis, eine Schöpfung, die sich stets im gleichen Abstand von der Natur bewegt und sich deshalb vollkommen ausspricht. Nichts von dem das Maß zerstörenden Genie eines Michelangelo, nichts von dem Überschäumenden eines Rubens, nichts von der bohrenden Tragik der Insichgekehrten. Wenn irgendeiner, mußte Velasquez jenen vollkommenen Ausgleich zwischen Wollen und Können bringen, an dessen Mangel die Kunst krankt, seitdem sie Sklave der Persönlichkeit geworden ist. Die wundervolle Zuversicht, daß es eine Realisierung unserer der Natur gewärtigen Sehnsucht gebe – Realisierung ohne Kompromiß. Du irrst, Greco war ihm nicht bei mir im Wege. Im Gegenteil. Diese Velasquez-Fata morgana hielt mich sogar von Greco zurück. Was ich von dem Griechen wußte, verhieß mir wieder einen der Ungestümen von der dämonischen Art, die mit den Großen der ganzen neueren Zeit untrennbar verbunden scheint. Gerade das wollte ich nicht in meinem Wahn, selbst wenn es das Erstaunlichste wäre. Ein unpersönliches Genie wollte ich, eins, das aus reinem Instinkt bestand, unabhängig von der Tradition und gleichzeitig jeder Zoll von höchster Sittlichkeit durchdrungen. Nie habe ich vor der Ankunft im Prado an einen anderen als Velasquez gedacht – merke es Dir, Thomas! – und als ich das erste Mal den Prado betrat, ging ich steifen Schritts an den Grecos vorüber, obwohl mir der erste Blick einen neuen Menschen verriet. Ich wollte das nicht, nichts, was mit Rubens, Delacroix, Cézanne zusammenhing, nichts, was mit Temperament, mit halsbrecherischem Kampf erreicht wurde. Wollte den einzigen Menschen unserer Ära sehen, der ohne Nervenzuckungen zum Ziel gelangte. Nun weiß ich, daß der Velasquez meiner Träume ein unrealisierbares Hirngespinst war, daß die Existenz eines von den Schulden der Zeit unbelasteten Genies nicht gedacht werden kann, daß in unseren Zeiten immer nur aus dem Gegensatz zur Masse das große Kunstwerk entsteht, daß die Vorstellung einer großen Persönlichkeit, die sich in lediglich konventionellen Handlungen äußert, ein Nonsens sein muß, daß wir immer nur Kämpfer, immer nur Grecos, nie Velasquez' haben können. Und das bekümmert mich nicht, ich freue mich darüber. Es war Atavismus, was mich zu dem Idol trieb. Wir hätten nicht unsere einzigen Freuden, wenn die Velasquez' möglich wären. Du wirfst mir meine grimmige Selbstenttäuschung vor. Mein Lieber, so denkt immer nur das Mißtrauen in unserer Epoche. Der Schmerz hat nicht acht Tage gedauert. Gibt es einen größeren Sieg unserer Zeit, als daß in dem Moment, wo Velasquez, ein Wert, dessen Norm in Wirklichkeit die größte Anomalie gewesen wäre, in den Hintergrund tritt, ein Greco sichtbar wird, ein Mensch, der nicht den bestehenden Velasquez, sondern den gedachten hundertmal übertrifft, nicht die Reihe der Manet, sondern die der Rembrandt vergrößert? Was verliere ich? Der Verlust des Velasquez wäre Gewinn, selbst wenn Greco nicht wäre. Er bleibt eine Fundgrube von Erkenntnissen, deren Wert nicht durch die Einsicht, daß ihr Resultat zuletzt gegen ihn selbst entscheidet, geschmälert werden kann. Er liefert das Vorbild eines Äußersten von Talent, dem das Genie versagt blieb, zeigt einen Kulturquerschnitt, von dem man alles ablesen kann, was einen Maler von einem großen Künstler scheidet. Ist das nicht genug und stärkt es uns nicht, daß unsere Vorstellung von Künstlerkraft und Künstlergesittung über ihn hinausgeht, daß nicht einer der Großen des neunzehnten Jahrhunderts die Gebrechen zeigt, die ihn zu Falle brachten? Nein, er ist nicht der Ahne unserer Kunst, sondern eine schnell degenerierte Nebenlinie. Der Ahne ist Greco. Und, dessen sei versichert, die Ahnenschaft eines idealen Spaniers könnte uns nie wie dieser Grieche bereichern. Alles, was man sich vernünftigerweise unter Velasquez denken konnte, steckt als Teil in Greco. Immer habe ich mich, als ich das letzte Mal in Rom war, gefragt, an wen mich der Innocenz erinnerte. Ich kann heute nicht sagen, daß mir Greco vorschwebte, obwohl gerade kurz vorher der Kopf des Kardinals, der dann zu Kahn ging, von Bode★ abgelehnt worden war. Ich glaube es nicht mal, weiß nur, daß mich eine unbestimmte Erinnerung beunruhigte, während ich früher das Bild wie ein Evangelium hingenommen habe. Vor der Venus in London ging es mir noch sonderbarer. Sehr schön, alles Mögliche und dahinter ein Aber, das man nicht deuten konnte. Ein geheimer Mißton in der Bewunderung dieses graziösen Gliederspiels, fast ein Mißtrauen, das vor Werken, die vielleicht viel weniger die Bewunderung herausforderten, ausblieb. Ich gestand es mir nicht ein. Ein Zweifel an Velasquez wäre mir wie eine Ketzerei an der Kunst selbst erschienen. Diese Unruhe konnte die Folge der Unkenntnis des übrigen Werkes sein, wie ja überhaupt für jeden, der nicht in Spanien war, der Hinweis auf den Prado die Diskussion ausschließt. Ein paar Monate darauf, es war vor zwei Jahren, traf ich Berenson in Florenz, und wir stritten uns einen guten Nachmittag weidlich über Velasquez und Rembrandt. Ich gestand ihm, daß ich in dem Spanier nicht annähernd eine Potenz vom Schlage Rembrandts zu sehen vermöchte. Wie es immer bei solchen Diskussionen geschieht, gingen wir beide viel weiter, als wir wollten. Berenson★★ stellte Velasquez weit über Rembrandt, und das reizte mich, ihn einen Meister zweiten Ranges zu nennen. Nachher ärgerte ich mich wie gewöhnlich und hätte am liebsten Berenson eine Abbitte geschickt, weil ich, bei all meiner Verehrung Rembrandts, nicht im entferntesten respektlos gegen Velasquez sein wollte. Damals hatte es Berenson leicht, die Farbe gegen Rembrandt auszuspielen. Es ging ihm ähnlich wie Dir. Er pries die Farbe des Spaniers, während ich das Farbige Rembrandts höher stellte, das nicht der Palette bedarf. Bei Greco wäre die Diskussion einfacher. Was Greco im Gegenstand nicht mit Velasquez gemein hat, kann jenseits bleiben. Er hat Bildnisse gemalt wie Velasquez, auf genau derselben Basis,

★ *Wilhelm von Bode* (1845–1929), Kunsthistoriker; gründet 1904 das Kaiser-Friedrich-Museum in Berlin. (Anm. d. Verl.)
★★ *Bernard Berenson* (1865–1959), amerikan. Kunsthistoriker, hervorragender Kenner der ital. QuattroCento-Malerei. (Anm. d. Verl.)

also »farbige« Bildnisse im Gegensatz zu dem, was die Leute, die Rembrandt nicht kennen, braune Sauce nennen. Er hat die feurigsten roten Lacke, wie sie nicht leuchtender bei den Venezianern vorkommen, die prächtigsten Violett und Blau, Orange und so weiter. Seine Palette ist ebenso reich wie die des Nachfolgers. So hindert nichts, das abzuwägen, was beide mit dem gleichen Mittel erreicht haben. Irgendein Bildnis von Velasquez sieht neben dem Covarrubias wie gemalt aus. Verstehst Du, was ich meine? Gemalt, abgemalt von etwas anderem, vom Äußeren genommen. Natürlich vom Äußeren, sagst Du, von was denn sonst? Und Berenson meinte damals, das sei eben seine Stärke, daß er auf das Seelenlesen verzichtet habe. Ich meine aber, man kann das Fehlende sehr wohl bezeichnen, ohne sich auf das vage Gebiet der Interpretation, wo die Seelenleserei in Frage kommt, zu begeben. Die Anschauung des Velasquez wirkt äußerlich, weil die Farbe äußerlich bleibt. Sie schildert nur, sie handelt nicht, ist lediglich das Echo einer Existenz, wird nicht zum eigenen Dasein. Seine Rosa, seine Grau, seine Blau stellen Gesichter, Mäntel, Haarbüsche, Schärpen und so weiter dar. Das erreichen sie außerordentlich treffend. Wir wissen sofort, was gemeint ist, und da die mit diesen Dingen geschmückten Menschen äußerst vorteilhaft plaziert sind, ist immer ein angenehmer Eindruck gesichert. Man kann sich immer vorstellen, daß sie so waren; folglich also auch ein wahrscheinlicher Eindruck; sogar daß sie so gesehen werden sollten; also noch dazu ein kultureller Eindruck. Aber denke nach, Thomas, ob das für einen großen Meister langt. Was findet der, dem alle diese Menschen und Dinge gleichgültig sind, der Velasquez kennen lernen möchte? Meinst Du nicht auch, daß die Farbe noch eine andere mehr subjektive Aufgabe zu erfüllen hat? Daß das Bild als noch so geschickte und wahrscheinliche Reproduktion ein kleines Machwerk bleibt? Daß alle diese Zwecke viel zu gering sind, nicht nur für Velasquez, sondern für jeden Künstler? Willst Du aber von dem Bilde mehr haben, willst Du jenen eigenen Organismus der Farben kennen lernen, der sich und uns von dem Objekt befreit, für den das Objekt nur die Brücke ist zu reicheren, an keinen engen Zweck gebundenen Empfindungen, so versagt Velasquez. Man hat immer wieder nur den Haarbusch, die Schärpe, das Gesicht vor Augen. Das ermüdet auf die Dauer und scheidet schließlich selbst den geringen Zweck als unerfüllbar aus, den man vorher erfüllt glaubte. Sind das wirklich Menschen? Es ist etwas Unbewegliches in allen seinen Figuren, selbst in seinen besten, und zwar gerade, weil sie auf den ersten Blick außerordentlich bewegt scheinen. Die Posen sind mit so feinem Takt für das Natürliche gewählt, daß man die Menschen für Natur nehmen könnte. Und es soll schon passiert sein, daß sie dafür genommen wurden, daß einer in den Saal der Meninas hineinlief, weil er sich einbildete, mit der Prinzessin reden zu können. Deshalb soll man eine Brüstung vor das Bild gebaut haben. Ein Naturalist vom derbsten Kaliber, dessen niedrige Stufe bis dahin nur noch nicht erkannt wurde, weil seine Natur so gewählt ist. Modern nur, weil er einer Erfindung der Neuzeit vorgriff und sie sofort besser exploitierte als alle Photographen, die seit ihm gekommen sind. Im übrigen ein Akademiker, wie so viele Naturalisten. Und zwar, das ist komisch genug, Akademiker der braunen Sauce. Was man mit Unrecht Rembrandt vorwirft, trifft auf Velasquez zu. Er malte immer nur braun. Ich meine hier nicht das leere Braun seiner Hintergründe. Seine farbigsten Effekte wirken braun. Die Blau und Rosa vibrieren so wenig, daß sie verhältnismäßig schmutzig werden, das heißt, genau das Gegenteil des gesuchten Eindrucks erreichen. Und sie vibrieren nicht, weil der Mensch, als er malte, selbst nicht vibrierte, sondern kalt blieb, kälter als Ingres oder David je gewesen sind. Er dachte immer an den Eindruck des Spontanen, aber wie ein Spekulant, ohne sich spontan geben zu können. Er gab sich einen Ruck, wie manche Furchtsamen, die im Moment, wo man glaubt, daß sie wider alles Erwarten einmal losbrechen, maskenhaft starr werden. So ein Ruck steckt in dem Philipp IV. zu Pferde oder in dem Gaul des Baltasar Carlos, oder in dem Olivares. Die Erstarrung hat diese Reiter ewig an eine Stelle gebannt.

Die Borrachos* sind gelungen, weil er damals noch zu jung war, um sich zu verstellen. Er scheint mir in allen diesen schulhaften Frühbildern, denen das Konventionelle italienischer Herkunft deutlich aufgeprägt ist, viel freier als später, als er seine Geste gefunden hatte. Auch in den Borrachos ist er starr in der Pose, aber diese Starre wird durch die volle Farbe fast zu einer stilistischen Wirkung erhoben. Man könnte sich beinahe denken, daß sie beabsichtigt war, so monumental erscheinen neben den Spätwerken diese wenig geschätzten Küchenstücke. Meinetwegen eine recht primitive Verwendung der Farbe. Behält man das Resultat im Auge, so steht sie höher als die Experimente des gefeierten Koloristen.

Neben diesem Unfertigen sollst Du Greco sehen, wie da das Violett der Palette im Bilde noch viel violetter wird, wie die Rot noch brennender, die Weiß, die gar nicht mal rein sind, leuchtend werden. Weil der Impuls des Malers in jedem Teil und Teilchen darinnen ist wie die Sonne auf jedem Blättchen des Gartens. Nimm dieses Leuchten nicht für einen dekorativen Effekt, den man mit dem Hinweis, daß Greco geschickter als der andere war, erklären könnte. Das Leuchten kommt von dem Dasein des Menschen in seiner Farbe her, von seiner Schöpferkraft, die aus dem Gegenstand des Bildes ein neues Dasein jenseits der Wirklichkeit zaubert. Es ist die Sprache, die der Starrheit des anderen abgeht, der Laut des Unsichtbaren. Hörst Du die Nachtigall?

Auch auf der Auferstehung Grecos im Prado, von der ich Dir schon erzählt habe, gibt es Helme, Haarbüsche, Schärpen und Degen. Du solltest sie mal ohne jede Rücksicht auf den Rest mit den gleichen Dingen des anderen vergleichen und beobachten, wie diese Details, selbst wenn sie aus ihrer Umgebung gelöst werden, unverhältnismäßig wahrscheinlicher aussehen. Denke an den Kartonpanzer auf dem Juan de Austria oder an die Rüstung Philipps IV. Du wirst nie den Gedanken los, daß es sich um Imitation handelt. Nun haben solche Stücke in den Bildern

---

* »Los Borrachos« (Die Trinker), Frühwerk von Velasquez. (Anm. d. Verl.)

Grecos nicht annähernd die Bedeutung der gleichen Stücke auf den Repräsentationsporträts des Velasquez. Sie sind zufällig da, niemand braucht sich bei ihnen etwas zu denken. Und leben trotzdem, leben still für sich hin, von demselben Odem getroffen, der die Leiber beseelt, der in jedem Winkel des Bildes zittert. Dieses Zittern suchen wir, Rhythmus, Symbol des Lebens. Keine Noblesse der Pose, keine Charaktere, keine Farbe. Alles das sind Nebensachen, Versatzstücke, gut, wenn das andre da ist, ohne das belanglos wie abgeschossene Raketen. Sicher war Greco ein Kolorist sondergleichen, unvergleichlich geschickter als Velasquez; sicher gab er Charaktere, unendlich stärker als die stummen Puppen des anderen. Seine Posen gleichen denen des Velasquez wie Göttergebärden Höflingsmanieren. Und doch, mein Lieber, könnte ich auf das alles leichten Herzens verzichten. Die Palette wird bei ihm in letzter Instanz so unwesentlich wie bei Rembrandt, die Charaktere seiner Leute dienen schließlich nur, um seinen Charakter zu zeigen, und von den Gebärden bleibt nur die Erschütterung der Luft, die sie bewegten, übrig. Aber der Genius, das Unsichtbare, der Odem, den ein Gott irdischen Dingen einblies, steht greifbar vor Dir. Hörst Du die Nachtigall? – Thomas, Thomas, was gäbe ich darum, wenn ich Dir die Göttlichkeit dieses Menschen zeigen könnte! Ich meine oft, es müßte besser mit uns werden, nicht nur in der Kunst, sondern überall, auch im politischen Dasein, wenn jeder verstände, was in solchen Menschen steckt.

GRANADA, DEN 26. MAI.

Diese Deine letzte Epistel hat mich in Staunen gesetzt. Greco erscheint Dir also als einer jener tragischen, unter Umständen genialen Desequilibrierten, Velasquez dagegen als das vollendete Ebenmaß. Thomas, wo hast Du das her? Ich meine nicht das Genie »unter Umständen«, sondern den Desequilibrierten und den famosen Gegensatz zu dem vollendeten Ebenmaß.

Sage, wer gab Dir das ein? Von Greco sahst Du bisher mit Bewußtsein zwei oder drei Bilder, das hast Du mir zugegeben. Hast Du etwa Justi gelesen? Doch, das würdest Du selbst in einem Briefe nicht unterlassen, in einer Fußnote zu erwähnen. Du hast es geahnt. O, Du einziger! Deine Ahnung grenzt ans Fabelhafte.

Dafür habt Ihr Instinkt. Weißt Du, daß ihn einer Deiner berühmtesten Kollegen für pathologisch erklärt hat? Du fühlst etwas Warmes in Dir rinnen, stolz erhebst Du das bemooste Haupt, daß Du Dich mit einem anderen begegnetest, ohne ihn gelesen zu haben. Das gibt Dir Mut, Du hast es Dir gleich gedacht. Thomas, Thomas, es stecken noch Hügelchen in Deinem Schädel, die ich Dir mit einem kleinen, süßen, blanken Hämmerchen eintreiben möchte. Erführest Du nun noch, daß Greco dem Rotwein huldigte, wäre der Mann fertig.

Es ist aber nicht so. Wir wissen nichts von ihm, absolut nichts. Cossío hat nicht das leiseste Dokument für eine spannende Lebensgeschichte gefunden. Nur, daß er sich aus Venedig Musikanten kommen und sich vorspielen ließ. Nun ja, bedenklich, aber nicht entscheidend. Sonst nichts! Allah sei gepriesen! Wir haben nur seine Bilder, in genügender Anzahl, sehr viel mehr als von Velasquez. Wenn Du erlaubst, halten wir uns an sie und von diesen, bitte, zunächst nicht an die Kleinigkeiten, die zufällig in Deinen Gesichtskreis verschlagen werden, sondern an die dreißig Hauptwerke. Hast Du die, dann die anderen, bis auf den kleinsten Fetzen, der heute noch in irgendeinem Kloster als Lampenteller dient. Alsdann wird Dir ohne Biographie das Leben dieses Menschen aufgehen. Du wirst ein stetes Aufsteigen zu immer kühneren Gebilden, zu immer strengerer Selbstzucht, zu immer reineren Abstraktionen erkennen. Wirst einen Menschen kennen lernen, in dem sich lichtester Intellekt – ein Intellekt, der alles vorausnahm, das unsere moderne Farbenlehre beschäftigt – mit der durstigsten Seele verband und der Ordnung zu halten wußte. Einen Phantasten, dem alles einfiel, und der sich getrost zu den Realisten rechnen durfte. Einen Unabhängigen, der sich im Spanien der Inquisition Existenz und

Achtung erwarb. Einen Mann, der möglicherweise größeren Mannesmut bewies, als irgendein Feldherr seiner Epoche. Folglich – ein tragisch Desequilibrierter.

Ich habe nicht mehr viel Zeit. Wir wollen zu unseren Zigeunern auf dem Sacro Monte, wo die kleine Amaya den Brauttanz tanzen wird. Ich glaube, es wäre für Dich besser, ihr zuzusehen, als meine Briefe zu lesen. Schließlich ist meine ganze Mühe umsonst, wenn Du nicht sehen kannst, und ich weiß nicht mal, ob Du willst.

Versuche, Dir Velasquez ebenso anzusehen wie Greco, ebenso jenseits aller Biographie. Laß alle stimmungsvollen Daten weg und halte Dich an die Bilder. Versuche aus dem Saal des Prado, wo Du alles bequem beisammen hast, ebenso das Werden des Menschen zu konstruieren, wie es Dir mit mehr Umständen bei Greco gelingt. Nimm die frühen Sachen, zum Beispiel die Borrachos und die kleinen Landschaften aus der Villa d'Este, die nicht so gut wie gute Corots, aber immer schon recht reizend sind. Das ist ein Anfang. Nun sieh, wie es weiterging. Vergleiche die Gesittung des Borrachos, das stille Leben dieser Landschaften mit den späteren Bildern. Sieh Dir die Entwicklung von den Borrachos zu den Lanzas an, ob das wirklich eine Entwicklung der Form ist, die Du in dem Frühbild bemerkst, oder ob da nicht etwa andere Elemente, die dem Frühbild fehlen, hinzugekommen sind, die das Formale unbeteiligt lassen. Versuche, ob Du von den Lanzas einen Fortschritt zu den Meninas und von den Meninas einen Fortschritt zu den Hilanderas herausbringst, oder ob nicht etwa zugunsten von hübschen Details die Haltung des Ganzen immer mehr verloren geht und der Trieb nach malerischer Realisierung, der die Werke des Debuts auszeichnet, geradezu schrittweise von einer immer oberflächlicheren Dekoration verdrängt wird. Überlege Dir, daß das groteske Bild mit den beiden Heiligen vor dem Felsen und die noch schlimmere Krönung der Jungfrau nicht etwa Erstlingswerke sind, sondern aus der letzten Zeit des Malers stammen, und ob in ihnen nicht so etwas wie ein offener Bankrott zum Vorschein kommt. Und dann prüfe die Qualität des Hofmalers. Lies es nicht im Justi nach, sondern halte Dich an die Bildnisse. Blieb er wirklich innerlich frei an dem Hofe Philipps? Hat sich nicht auch an ihm die Muse gerächt, die er zäumen mußte? Natürlich nicht so kraß wie bei seinen englischen Nachkommen, den Porträt-Manufacturers des 18. Jahrhunderts, und nicht so platt wie bei den Hofmalern unserer Tage. Vielleicht war er sich nicht mal der Fessel bewußt. Denn man kann ihn weder im gewohnten Sinn servil nennen, noch hat er je als Sklave gegolten. Doch gibt es Fesseln vielerlei Art. Wir sehen bei uns so manchen, den die Abhängigkeit nicht um die stolze Haltung bringt, der im geheimen das Joch trägt, das sein Sein und Handeln bestimmt. Er hatte sich ein Schema zurecht gemacht, das man vortrefflich fand und wie eine geniale Eingebung betrachtete. Es war ein ganz persönliches Schema. Niemand zweifelte an dem Stolz des Erfinders; vielleicht nicht mal der König, sein Herr. Nur er selbst wußte es besser. Ihm genügte die angestaunte Selbstigkeit nicht. Dafür war er zu klug, zu nahe der großen Kunst, die er wie kein anderer schätzte. Dafür sah er zu deutlich in Bruchstücken, die ihm der Moment schenkte, wohin er hätte gelangen müssen. Dafür erkannte er zu gut, wie es der andere in Toledo gemacht hatte, dieser Verrückte, über dessen Bilder die Leute vor Lachen barsten. Er lachte nicht mit. Sein düsteres Gesicht wurde steinern, wenn auf Greco die Rede kam, und die Menschen wunderten sich, daß er die Werke des Griechen aus der Verborgenheit in den Escorial brachte. Hätten sie geahnt, wie klein er sich neben dem anderen fühlte, wie sehnsüchtig es ihn oft vom Hof weg nach der stillen Stadt mit den hohen Brücken zog, wo der andere gemalt hatte! Wie er ihn bewunderte, diesen Herrlichen mit der freien Seele, diesen Meister von Gottes Gnaden, wie er ihn liebte, er, der für alle Welt kalt war! Und wie er ihn haßte! Er hat ihn mit aller Inbrunst gehaßt, er hätte ihn vielleicht morden wollen, diesen Toten, dem niemand die Unsterblichkeit rauben konnte, diesen Fremdling aus unbekanntem Lande, der alles das verachtet hatte, was ihn, den Gefeierten, groß machte, diesen Schatten, der nur für ihn, den Wissenden, Dasein besaß und der ihn wie ein gestaltgewordenes Gewissen peinigte. Er lachte nicht mit, wenn sich die anderen über Pachecos Berichte amüsierten. Er lachte überhaupt nie, war immer gleichmütig, stolz und gelassen wie in seinen Bildern und liebte es, allein zu sein. Und dann, wenn die Stunde kam, konnte es geschehen, daß dieser Mensch mit der stolzen Maske erzitterte und sich vor Greco wie vor einem Gotte in den Staub warf.

Seit dem Papstbildnis, in dem es ihm einmal gelungen war, den Abgrund zwischen sich und Greco zu verringern, hielt er sich mit Gewalt von ihm fern. Er konnte es nicht über sich gewinnen, einem anderen die Schönheit zu danken, die sich seinem eigenen Willen verschloß, und malte Dinge, die sich im Motiv so weit wie möglich von denen Grecos entfernten. Aber dachte immer an ihn wie der Verbannte an die Heimat, unfähig zu verhindern, daß die Erinnerung an ihn unter seinen Händen zu Farbe wurde, zu einem blassen Schimmer jener überirdischen Pracht. Und ganz zuletzt, am Ende einer an Ehren überreichen Laufbahn, packt es ihn nochmal unwiderstehlich, mit der wahnsinnigen Liebe des Greises. Er will nicht gehen, ohne den letzten, größten Versuch, sich dem andern zu nähern, sollte er auch dabei alles, seine ganze Laufbahn, aufs Spiel setzen. Da malt er diese grecohaften, ganz mißlungenen religiösen Bilder und bricht zusammen.

Sag' mal Thomas, sahst Du je im Leben eines anderen Künstlers Ähnliches? meinetwegen nimm nur das äußerliche Faktum dieser Entwicklung. Wer von beiden war wohl mehr im Gleichgewicht und wer die tragischere Erscheinung? Mir scheint, diese Tragik veredelt Velasquez, und sein Ausgleiten am Schluß verschönert die Starrheit der Maske.

GRANADA, DEN 26. MAI NACHMITTAGS.

L. Th. Dein Ausweg aus der Enge des Vergleichs ist überaus bequem. Jedem leuchtet der Gegensatz zwischen Krieg und Frieden, warm und kalt, Dämon und Engel ein. Man sollte das berühmte Wort von dem Ersatz der Begriffe durch Worte modifizieren. Nichts deckt den Mangel besser als das Sinnbild. Dein Ausweg wird noch vielen dienen. Auch Cossío trotz seines ehrlichen Enthusiasmus meint, Velasquez habe das Ponderierte für sich. Mit diesem Gemeinplatz köpft man das Problem genau an der Stelle, wo das größte Interesse beginnt. Aus ganz demselben latenten Grunde könnte man van Dyck oder noch geringere Rubensepigonen über Rubens stellen. Denn es kann nur das Barock Grecos sein, was zu solchen Irrtümern verleitet. Verzeiht man doch auch Delacroix nicht die Beweglichkeit der Hände und Beine seiner Gestalten. Bei Michelangelo hat man sich schon daran gewöhnt. Thomas, nimmst Du etwa für das höhere Gleichmaß, daß Velasquez' Leute ruhiger stehen und sitzen oder sich womöglich garnicht bewegen?

Dabei fällt mir unser gemeinsamer Freund Max Benz ein. Der hat auch so etwas Ponderiertes. Er versteht, etwas mit vollendeter Ruhe zu sagen. Kurz vor meiner Abreise speisten wir mit Charles Simon zusammen. Simon kam auf die Franzosen zu sprechen. Er hatte gerade die Korrespondenz Taines gelesen und schwärmte für die Zeit des zweiten Kaiserreichs. Plötzlich sagte Benz: »Die Franzosen sind eine Schweinenation.« Er sagte das fabelhaft. In dem Sch von Schwein hörte man die drei Konsonanten, und die Nation war dreisilbig. Es war direkt ein Vergnügen, und ich hätte ihn gern gebeten, es nochmal zu sagen. Es war so kristallklar und dabei so ungekünstelt wie sein Plastron mit zwei Perlen als Hemdenknöpfen und dem weißen Schlips. Da Simon mit den Beinen wackelte und sehr rot wurde, wollte ich vermitteln und sagte: »Nu, nu, wieso?« Das war sehr blöde, und es klang auch danach. Es war nicht im mindesten imstande, den Eindruck der Benzschen Worte zu lindern. Im Gegenteil, es gab sozusagen Benz eine Bestätigung. Und die Dame des Hauses sah Benz an wie alle Damen aller Häuser Benz anzusehen pflegen. Da Simon wie ein Krebs wurde, sagte ich noch was Ähnliches, wie man, wenn die Tinte einen großen gewölbten Klecks auf die Tischplatte gemacht hat, Kanälchen zieht, damit sie ablaufen kann. Ich sagte, man könne unmöglich und so weiter. Zum Beispiel die Französische Revolution, Flaubert und Poussin und Clémenceau. Max Benz aß, wie er nur zu essen vermag, mit Betonung aller Silben, und sein klares Auge zuckte nicht unter der Flut meiner Worte. Er erzählte der Dame des Hauses von einem Fisch, den man ausschließlich im Titikakasee fängt und der wie Rosinen schmeckt. Und schließlich drehte er sich zu mir um und sagte: »Weil es einem modernen Geschäftsmann unmöglich ist, bei geschäftlichen Konferenzen mit ihnen die wesentlichen Punkte mit der Geschwindigkeit zu erledigen, die dem modernen Geschäftsgebaren angemessen ist.« Wie er das sagte, mein Lieber, in einem beschleunigten Parademarsch, der alle Vorteile des pathetischen Ausdrucks mit dem Reiz fließender Konversation vereinte, da war ich fertig, nicht nur in den Augen der Dame des Hauses, die Max Benz zu verstehen gaben, daß sie jeden Augenblick bereit sei, mit ihm zu Bett zu gehen, nicht nur in den Augen des Hausherrn, die etwas freundlich Väterliches hatten, nein, auch in meinen eigenen. Die Neuheit dieses mit vollkommener Gelassenheit dargelegten Gesichtspunktes machte mich vollkommen schlapp. Ich glaubte Max Benz, wie ich ihm noch nie geglaubt hatte, und freute mich, als er mir nachher eine Zigarette schenkte. Was aber das Tollste ist, Charles Simon, der warme Freund der Franzosen, von dem ich einen Moment einen Eklat gefürchtet hatte, wurde an dem Abend der intimste Freund Benzens. So wirksam war das Ponderierte der Vortragsweise. Und siehst Du, Thomas, trotzdem hat Max Benz vielleicht doch nicht recht. Zum mindesten läßt sich manches gegen seinen neuen Standpunkt vorbringen. Aber er hatte das Talent, mit seinem weitgehenden Urteil gewisse, gewissermaßen latente Möglichkeiten in vollendeter Weise zu formulieren. Wenn dieser Mensch, wie kaum zu zweifeln steht, Minister wird, wird er einen immensen Einfluß gewinnen.

Ich meine, so sollte man sich auch auf unserem Gebiet vor der Suggestion einer äußerlichen Ponderiertheit hüten, die unter Umständen ja die größte Unponderiertheit verdecken könnte. Was aber das Barock Grecos anlangt, so könnte man daran erkennen, daß der Unabhängige keineswegs das Kleid seiner Zeit verleugnet. Ehrlich gestanden, verehre ich diesen Kompromiß, der den Maler freiließ, ebenso wie ich ihn bei Delacroix und jedem großen Menschen verehre, der das relative Recht der Tradition ohne Schaden für den Kern seines Wesens zu respektieren vermag. Nichts steht großen Leuten besser als diese Duldsamkeit. Und sieh mal näher zu, wie sich Greco des Barocks zu seinem Vorteil bedient, wieviel leichter seine überirdischen Eingebungen, mit dem Hauch dieses uns vertrauten Stils bekleidet, zu uns gelangen. Auch Rembrandt verleugnet nicht diesen Anspruch. Und ich wüßte kaum einen, der ihm nicht Rechnung trägt – außer Velasquez. Velasquez bedurfte nicht dieser zarten Fessel. Ist er deshalb freier, oder war er nur deshalb ihrer ledig, weil er in festeren Banden schmachtete?

Jeanne, Hans und May stehen um mich herum und machen infame Witze. Sie wollen schon wieder auf den Sacro Monte zu den Zigeunern. Unter den Zigeunermädchen ist eine Kleine von zwölf Jahren. Hans malt sie. Sie ist nicht sehr hübsch, wenigstens durchaus nicht nach den Begriffen von spanischer Mädchenschönheit, mit denen man herkommt. Aber sie hat Rhythmus. O, Thomas, wenn ich Dir das, was sie hat, mit der Ponderiertheit, die Max Benz besitzt, mitteilen könnte. Es ist im Grunde das, was Max Benz an den Franzosen und Du an Greco übersiehst und was überhaupt wohl bei vielen Gelegenheiten übersehen wird.

GRANADA, DEN 27. MAI.

Wir saßen gerade in der Höhle bei den Zigeunern, da brachte mir der Briefbote einen deutschen Brief. Es hat etwas sehr Merkwürdiges, wenn man in der Höhle auf dem Sacro Monte etwas von draußen erhält. Noch dazu, einen Brief von Mama. Und natürlich, wie könnte es anders sein? Über Velasquez. Und höchst merkwürdig, bei aller rührenden Liebe, eine Spitze aus

148

derselben Gegend. Sie müsse sich nun doch wundern, daß man eine Reise wegen Velasquez unternehme und dann einfach den Gegenstand der Fahrt in eine Versenkung verschwinden lasse.

Und dann, ohne jede Verbindung: »Ihr Künstler habt doch eine ganz eigenartige Auffassung Eurer Pflichten!«

Wo sie nur das »Eigenartige« her hat? Das Wort hat sie früher nicht gekannt. Und diese Erwiderung auf eine sachliche Bemerkung mit einer Epistel über Pflichten? Ich glaube, dies ist das zweite Mal, daß sie mir von meinen Pflichten redet. Das erste Mal, vor zwanzig Jahren, handelte es sich um eine Mädelgeschichte.

Wenn man das nur als Zeichen ernsthaften Interesses nehmen könnte! Mama interessiert sich aber gar nicht für Velasquez. Michelangelo ist ihr alles. Sie ist in Rom nicht mal zu Doria gegangen. Aber sie hat ein Gefühl für gewisse Pflichten und sie hält es für ihre Pflicht, mich an die meine zu erinnern, zum ersten Mal seit der Mädelgeschichte. Und dabei eine kluge, aufgeklärte Frau, die mir begeisterte Briefe nach Paris schrieb, als dort der Kulturkampf losging. Sie wollte Zola eine Wurstkiste schicken.

Ich glaube, es ist vielmehr ein Zeichen des Mangels an jedem ernsthaften Interesse; eine Art von Ungeduld: laß uns doch zufrieden! Jeanne merkte, daß etwas los war, und ich log ihr vor, einen Brief von Korn, Müller & Co. erhalten zu haben. Manchmal schämt man sich seiner eigenen Mutter. Der Tanz war mir gründlich verdorben, obwohl die Chiquita niedlich wie selten war. Nachher zankte ich mich auch noch mit Hans.

So ein Maler hat auch seine Ideen. Ich zeigte ihm die Briefe von Thomas und dachte, er würde platzen. »Gott«, meinte er »schließlich ist es ja eine individuelle Empfindungssache. Beweisen kann man es nicht.«

Das ist auch so eine Redensart. Und das sagt ein Maler, den es angeht, der die Geschichte mit erlebt und behauptet, mit dem Erlebnis, wer weiß was, gewonnen zu haben. Der Fall ist ihm so klar, wie mir selber. Er ist vollkommen allein darauf gekommen. Ich habe ihm in Madrid nicht ein Wort davon gesagt, bis er davon anfing, und er ging in der ersten Zeit womöglich noch weiter als ich. Lieber Hans, wäre es nur individuelle Empfindungssache, würde ich Dir raten, Deine Kopie, an der Du noch vier Wochen zu schustern hast, aufzugeben und statt dessen beim Père Latif Bauchtanz von hinten zu lernen. Selbstverständlich kann man es beweisen, haarscharf sogar. Nur muß man sich nicht die Beweismöglichkeit mit solchen infamen Gemeinplätzen abschneiden.

Nach einer Weile sagte er, es sei doch merkwürdig, daß so und soviel Menschen, die schließlich nicht dümmer seien als wir, ganz anders dächten.

Bist Du sicher, daß sie anders denken? Sie denken vielleicht überhaupt nicht, geben sich vielleicht nur der famosen individuellen Empfindung hin, die mir höchst vegetativer Art erscheint, machen es so wie daheim unsere Leute mit der Politik, über die sie auch nur von acht bis zehn Uhr abends schwafeln, weil der übrige Teil des Tages mit ernsteren Pflichten besetzt ist. Sie denken vielleicht nur daran, wenn sie sich auf einem gewissen Örtchen befinden. Ich habe anders gedacht, Du hast anders gedacht, Schönchen auch, die fünf oder sechs Bekannten, die wir im Prado trafen, auch. Ungefähr allen Menschen, denen wir hier begegneten, ging es mit Velasquez wie uns. Man brauchte nur anzutippen, so schnappten sie ein. Es genügte, sie zu beruhigen, daß sie sich nicht lächerlich machten, daß überhaupt die Möglichkeit eines Zweifels vorlag. Hätten wir sie nicht gerade im Prado selbst, sondern eine Stunde später getroffen, so wäre ihr Urteil möglicherweise anders geworden, namentlich, wenn wir das unsere gesagt hätten. Bei Max Benz genügt bekanntlich, daß man einen Künstler entschieden tadelt oder lobt, um ihn zum noch entschiedeneren entgegengesetzten Urteil zu bringen. Und so geht es vielen. Aber viele, unendlich viele erleben, wenn sie im unmittelbaren Bereich des Künstlers stehen, den psychologischen Moment. Er ist lang oder kurz, aber fast immer vorhanden. Die Beziehung zum gewohnten Dasein, die Fessel ihrer Vorurteile haben sie mit dem Regenschirm in der Garderobe abgegeben. Sie laufen frischen Muts, noch ungeschwächt von der Galerieatmosphäre zu ihrem Meister. Und da kommt in jedem, der nicht ganz verhunzt ist, ein Moment der Freiheit. Einen Augenblick regen sie sich, ganz aus dem Innern heraus, nicht weil sie es so gelernt haben, sondern weil sie es fühlen, energisch für oder gegen den Künstler. So habe ich ihn mir gedacht, so habe ich ihn mir nicht gedacht. Da ist der Ansatz selbständiger Empfindung, sicher bei jedem Menschen zunächst ganz ungenügend zur Urteilsbildung. Aber aus diesem Ansatz könnte etwas Positives hervorgehen, wenn man stille bliebe, wenn man das, was draußen ist, draußen ließe, wenn man mit sich und mit dem Gegenstand der Betrachtung nur ein wenig menschlich, ein wenig vernünftig umgehen wollte.

Hans hatte nicht zugehört. Er wollte mich auf den Sacro Monte mithaben, weil er nicht gern allein geht. Schließlich meinte er, das Beste wäre wohl, die Sache gehen zu lassen, wie sie geht, und die Leute seien mit Velasquez wahrscheinlich glücklicher als mit Greco. Und als ich ihm antwortete, daß ich das ziemlich stupide fände, gab er mir recht und sagte nichts weiter, weil er an seine kleine Zigeunerin dachte.

Die Künstler sind die schlimmsten Banausen. In jedem anderen Beruf sind die Berufsleute die natürlichen Förderer der Laienanschauung. Die Künstler kümmern sich nicht im mindesten darum. Und es wird behauptet, daß man ihnen nicht mal unbedingt zumuten dürfe, anders zu werden, weil viele, die sehr vernünftige Dinge über Kunst sagen, als Künstler Stümper sind. Es scheint fast, als ob eine Art Kuhidylle zur rechten Schöpfung gehöre. Bei uns wenigstens. Das war früher anders. Wenn einer Lionardo gesagt hätte, Kunst sei eine persönliche Empfindungssache! Wir sind durch unsere Traktätchen nicht sonderlich gefördert, und das hat seine Gründe. Was Leute wie Lionardo über ihre Kunst sagten, hat den Zeitgenossen nicht geringe Mittel an die Hand gegeben, ihnen nahe zu kommen. In Frankreich ist es auch heute noch anders. Wenn der gute Hans, dem Delacroix fatal ist, das Tagebuch Delacroix' im Kopfe hätte, würde er anders zu dem Mann stehen. Mir scheint der animalische Abscheu unserer Künstler vor energischer Denktätigkeit typisch für unsere verrottete Epoche. Empfinden möchten sie, aber nur nicht denken. Denken ist unpersönlich und von Übel, empfinden ist persönlich. Ein echt neudeutsches Axiom. Daher der Stallgeruch, den ich in keiner Ausstellung moderner Deutschen aus der Nase bekomme.

GRANADA, DEN 27. MAI.

Bis jetzt haben wir uns von fast keiner bedeutenderen Station unserer Reise leichten Herzens getrennt. Der erste schwere Abschied war der von unserem Schiff, dann Coimbra, dann Toledo, Algeciras, Ronda. Verhältnismäßig am leichtesten haben wir uns von Sevilla getrennt. Man kann nicht immer in einem Dom leben. Und ich habe in Sevilla nirgends anders sein mögen. Ohne den Dom wäre Sevilla vielleicht schöner. Am schwersten wird uns der Abschied von hier werden. Nun, wir bleiben noch eine Weile.

Ich habe bisher nie geglaubt, daß man ein Stück Erde seiner Schönheit wegen lieben könne. Schließlich kann eine Landschaft alle nur erdenklichen Reize haben, und man würde doch alles andere, nur nicht drei Tage darin wohnen wollen. Zum Beispiel könnte ich nie in einer unbebauten Landschaft existieren, auch nicht in einem Paradies. Meinetwegen ohne alles Großstädtische. Jeanne müßte immerhin einen Coiffeur haben. Meinetwegen sogar ohne Kunst, aber man müßte wenigstens Häuser sehen. In Granada liegt die Schönheit auch in dem, was die Menschen der Natur hinzugefügt haben. Ich meine natürlich die Alhambra. Die Stadt ist nur da, um von der Alhambra oder von einem der anderen Hügel aus gesehen zu werden, und damit man im Park das Gefühl haben kann, daß da irgendwo in der Nähe eine Stadt ist.

Heute fürchteten wir einen Tag zu verlieren. Es regnete den ganzen Morgen. Wir konnten zum erstenmal nicht im Garten essen, und Hans mußte seine Landschaft aufgeben. Am späten

Nachmittag machten wir unseren Spaziergang nach dem Kirchhof. Das ist immer unser Weg des Abends. Man sieht die Alhambra nicht von hier und hat dafür den weitesten Blick über Tal, Stadt und Berge. Kaum waren wir auf dem höchsten Punkt jenseits der Gräber, so trat ein Stück der untergehenden Sonne aus den grauen Wolken hervor. Mit einem Male war das dunstige Grau zu prangender Farbe geworden. Die Berge, die dem Kirchhof als Hintergrund dienen, hatte man zum Greifen nahe. Jeanne meinte, ein Courbet. Der zirkushafte Abschluß erinnerte an das Begräbnis von Ornans, nur die Farbe war härter; stählerne Blaus und eisenartige Rots, die der Regen gewaschen hatte. Vom Regen war nur noch die Reinheit in der Luft. Als wir uns wieder der Sonne zuwandten, standen wir sprachlos. Die enorme rote Scheibe hatte alle Wolken geschmolzen und nun lag die ganze Ebene wie flüssiges Email da. Granada und alles, was dazu gehört, war verschwunden. Es war geschmolzen wie vorher die Wolken. Etwas Überweltliches stand, schwamm, zitterte an derselben Stelle und war ganz still inmitten einer ungeheuerlichen Verschwendung von Gold und anderen feurig glitzernden Materien. Man unterschied große Flächen von klarstem Smaragd, daneben kilometerweise Rubin, daneben rauschende Felder von Saphir. Die Steine nenne ich nicht, um die Farbe zu nennen. Es waren buchstäblich Edelsteinmaterien, ein Meer von aufgelösten Juwelen, die noch in diesem flüssigen Zustand ihre Farbe und ihre Art ungemischt bewahrten. Daraus stieg rechts eine violette Masse empor. Ein Gebirge, aber allen Vorstellungen von Bergen fremd, ohne jede Gemeinschaft mit dem harten Stein in unserer Nähe. Gewaltig und dabei ganz aufgelöst in Dunst, daß man hindurchzusehen meinte; der kristallene Rauch über den flüssigen Kristallen, gasiger noch als die rosa Wolken. Die bildeten ein neues Gebirge, das eine ganz bekannte Form hatte, es war eine steile, zinnenreiche Burg. May flüsterte ganz leise: »Alhambra«, und obwohl wir es kaum gehört hatten, zitterte in uns allen der Name ungesprochen nach, so deutlich war das Zeichen. Wir hätten nicht die Zeit gehabt, Alhambra zu sagen. So schnell verschwand sie. Die

Burg war zur Wolke, das Meer zur Ebene, die violetten Massen zu Bergen geworden, und jeder suchte in den Augen des ihm zunächststehenden, ob er geträumt oder den Verstand verloren hatte.

Die Natur hatte den Takt eines übermenschlichen Genies. Sie brachte als einzigen Abschluß, den man nach diesem Zauber ertragen konnte, das Weiß und Schwarz des Abends. Auf dem Heimweg schlugen zwei Nachtigallen neben uns. Die Töne hatten auch etwas mit dem anderen zu tun. Wir kamen lange nach neun Uhr zu Tisch. Unser gutmütiger Wirt schimpfte, was sehr sonderbar war. Sein alter, knurriger Vater, der gewöhnlich im großen Stuhl neben der Tür sitzt, stand mitten im Zimmer, schlug die Kastagnetten und sang dazu.

GRANADA, DEN 28. MAI.

Granada würde uns sicher nicht so gut gefallen, wenn die Menschen nicht wären. Ich rede nicht von denen in der Stadt, sondern von denen bei uns oben. Sicher entsprechen sie nicht den Märchengestalten, die man sich als Bewohner der Alhambra denkt. Aber auch die Alhambra ist ganz anders, als ich sie mir dachte. Man hat vorher immer die Gedichte im Sinne und meint, sie sei so, wie sie eigentlich garnicht sein könnte. Dann findet man nichts von dem Gespinst des Dichters, aber etwas, das noch viel besser ist, einen Platz zum Dichten. Zwischen dem Palaste Karls V. und der Alcazaba liegt ein freies, großes Plateau. Es geht am einen Ende auf das Tal, das man tief unter sich sieht, am anderen in den Park. Des Sonntags nachmittags spazieren hier die Schüler der beiden Priesterseminare. Die einen tragen schwarze Mäntel mit lichtblauen Aufschlägen, die anderen schwarze mit Scharlachrot. Auf dem Kopf haben sie das kleine schwarze Barett. Sie hocken an dem hübschen Brunnen zusammen oder auf der Mauer nach Granada zu oder schauen oben von der Mauer der Alcazaba auf den Platz. Andere Jungen spielen

Diavolo, aber sie gehören nicht zum Seminar. Diese Staffage paßt nun so gut zu dem Platz, daß ich mir garnicht denken kann, daß die Mauren, die früheren Besitzer, hier besser aussehen könnten. Ich muß sogar sagen, daß mir die exotische Staffage von Herzen zuwider wäre. In der Woche ist der Platz gewöhnlich leer, und das paßt auch vortrefflich dazu. Auch unter den Ulmen des Parkes kann man stundenlang allein sitzen. Vor der letzten Biegung in die Alhambra hat sich Karl V. eine Tränke für seine Pferde bauen lassen; ein hübsch verziertes Brunnenrelief, das sehr angenehm die Böschung bekleidet. Hier begegnet mir zuweilen ein Priester. Ich freue mich jedesmal, wenn ich ihn treffe, obwohl wir uns nicht mal ansehen, wenn wir aneinander vorbeigehen.

May und Jeanne haben sich die Säle der Alhambra angesehen. Ich habe eine solche Angst vor den Kachelgeschichten, daß ich mich nicht entschließen kann, hineinzugehen.

Die einzige Beziehung zu der gedachten Alhambra findet man bei den Zigeunern. Worin sie besteht, ist nicht zu erklären. Vielleicht nur eine Einbildung. Sie haben etwas von dem stolzen Umriß des Berges mit der gewaltigen Veste, haben das Liebliche, das man oben zwischen den Häusern, Bäumen und Burgmauern findet, die märchenhafte Mischung von Ernst und Kinderei. Es ist schon ein Zigeunertanz, wenn ich des Morgens mit Hans von der Alhambra ins Tal gehe. In einem fort ändert sich das Bild. Erst durch die Gänge der Burg an den Gärten vorbei, dann den steilen Steinweg an den hohen Bergwänden hinunter, wo mit jedem Schritt die weißen Häuser drüben mehr und mehr aufsteigen. Dann über den Darro, ein tiefes, leeres Bett, eine Ruine von Fluß, mit hohen, schmalen Brücken, die wie morsche Brüstungen versunkener Dome schlummern. Hier gibt es schattige Plätze. Da möchte man immer ein Weilchen stehen bleiben. Aber da ist der gerade Weg zum Sacro Monte. Wieder nur ein kurzes Stück, dann kommt schon die Biegung zu den weißen Höhlen unter den Kaktusstauden. Wenn ich denke, was mir am ersten Tag diese Höhlen waren und was sie mir jetzt sind! Man tanzt unwillkürlich. Hansens kleine schwarze Lucia

steht schon immer vor der Höhle und winkt. Sie ist die Schwester meiner blonden Maria. Die seine, die meine – in aller Ehrbarkeit. Diese Mädchen sind die ersten weiblichen Geschöpfe, auf die Jeanne und May nicht eifersüchtig werden. Bis jetzt wenigstens nicht. Die Lucie ist noch zu jung, aber meine blonde Marie wäre reif zur Liebe. Es ist auch sicher nicht die Moral, die sie zurückhält. Man hört in der Höhle allerlei lose Dinge, die auf keine übermäßige Moral schließen lassen. Gestern sagte Maria, um mich zu foppen, von der fünfjährigen Chiquita, für die ich eine Schwäche habe, sie sei ein ganz gehöriges Hühnchen und habe schon ein Kind gehabt. Vater und Mutter bestätigen die Behauptung nachdrücklich, und die Chiquita stritt es ab wie eine Frau, die schon eins gehabt hat. Moral haben sie nicht für fünf Centimos, und der Öldruck mit der Jungfrau ist nur zur Dekoration da. Aber Jeanne und May erweisen sich diesmal ausnahmsweise doch als gute Psychologen, wenn sie uns unbekümmert allein in der Höhle lassen und mit den Mädchen gute Freundschaft halten. Wir schwärmen noch zuviel. Und wir sind nicht allein. Der Tanz ist bei uns. Auch die Marie ist sicher noch ganz unschuldig, sonst würde sie nicht so raffiniert die Amoureuse tanzen. Ich kann mir denken, daß die Mädchen hier besser vor dem Straucheln bewahrt bleiben als in einem französischen Nonnenkloster. Kein Exzeß könnte ihnen die Wollust des Tanzes ersetzen. Und da sie Künstler sind, löst ihre Wollust nur unser platonisches Gefallen aus. Ich will Graf Sassen schreiben, ob er sie nicht kommen lassen will. Sie werden sicher außerhalb ihrer Höhle verlieren. Aber was werden wir nicht außerhalb Granadas verlieren!
Wirklich, die Aussicht, einmal zurück zu müssen, ist ein dunkler Punkt unseres Daseins. Es ist lächerlich, daß man immer wieder daran denkt, da wir noch fast fünf Monate vor uns haben. Aber ich habe das Gefühl, daß es viel zu wenig ist. Bis jetzt weiß ich von Spanien nur, daß es nicht bei Berlin liegt. Und die Freude darüber läßt mich zu keiner anderen Erkenntnis kommen. Zuweilen nicht mal zu einem rechten Genuß. Diese fürchterliche Bedürfnisanstalt da oben hat die Eigenschaft, den Menschen

genußunfähig zu machen. Wir fühlen schon die drei Jahre, die wir dort leben. Man verkalkt von außen. Die Seereise war ein Glück. Wären wir gleich nach Granada gekommen, hätten wir nichts gefunden. Man muß nach Berlin eine Quarantäne durchmachen.

GRANADA, DEN 28. MAI.

Lieber Graf! Sie beauftragten mich, als ich mich von Ihnen verabschiedete, Ihnen etwas aus Spanien mitzubringen. Erinnern Sie sich noch unseres Gesprächs in Paris, ich glaube, es war 1899, als wir uns bei den spanischen Tänzern trafen? Mein Gott, das ist nun auch schon wieder bald zehn Jahre her. Der arme Lautrec war auch bei uns und wurde ganz närrisch über die Verrenkungen der wüsten Kerle, und ich habe noch das Tischtuch des Restaurants, das er nach unserem gemütlichen Souper mit den drolligen Zeichnungen bedeckte.

Sie meinten damals, es müsse im Lande selbst noch viel reichere Typen spanischer Tänzer geben. Ich habe in Sevilla und Umgebung vergeblich darnach gesucht und glaube, daß die Leute, die wir damals sahen, seltene Spezialisten waren. Man tanzt überall im Süden und recht angenehm. Die Anlage ist der des Franzosen für die Malerei und der des Deutschen für den Skat ähnlich. Man tanzt hier besser als wo anders. Aber aus dieser ethnologischen Eigentümlichkeit können Gourmets wie Sie keinen Vorteil gewinnen. Von dem Angenehmen dieses Durchschnitts bis zur künstlerischen Leistung, die unseren Ansprüchen an die Konzentration der Geste, die sich sehen läßt, zu genügen vermag, ist ein weiter Weg. Die Oteros sind hier so selten, wie die Duses in Italien. Ich weiß nicht mal, ob sie hier entstehen, wenn schon feststeht, daß sie hier geboren werden. Es trifft das Gegenteil dessen auf sie zu, was wir bei Champagnerweinen, die in Deutschland gefüllt werden, bemerken. Das Individuelle einer Tortajada oder einer Otero hat sich wohl nur auf den Schaubüh-

157

nen europäischer Weltstädte entwickelt. Es gibt in Spanien sicher mehrere Oteros, aber sie sind Abkömmlinge unserer, nicht der spanischen Schönheit, der, wie ich weiß, auch Sie die Treue über die Jahre hinaus halten. Also belanglose Nachahmungen der Provinz. Alles, was wir bis dahin in Spanien in dem Genre gesehen haben, ist provinzial.

Hier, wo ich des öfteren an Sie denke, weil es kaum einen Ort gibt, an dem ich lieber Ihnen zuhören würde, bin ich nahe daran, eines Besseren belehrt zu werden. Hier realisiert sich nahezu das Märchen von einer an einen Breitegrad gebundenen Vollkommenheit, an das wir Vielreisenden unserer Zeit so schwer zu glauben vermögen. Daß das gerade in Granada geschieht, hat nicht wenig dazu beigetragen, meine Vermutung, hier sei Spaniens Paradies, zu stärken. Unter den Zigeunern Granadas grassiert Genialität für den Tanz. Nicht Talent, sondern Genie. Ich weiß, daß diese Zeile so unwahrscheinlich klingt, als wenn ich Ihnen meldete, daß die Alhambra von einem Tal von Gold und Edelsteinen umgeben sei. Aber, da Sie mir zuweilen Beweise Ihres Vertrauens gegeben haben, wage ich auf Ihre Duldsamkeit zu hoffen. Sehr förderlich war sicher die Existenz dieses Völkchens in einem anderen Volk, das den bekannten Anlagen des Zigeuners für den Rhythmus besondere Züchtung gewährte. Die Zigeuner Granadas bewohnen schon seit mehreren hundert Jahren die pittoresken Erdhöhlen eines Berges an der Grenze der Stadt und haben mit dem herumziehenden Volk unserer Zone, dessen Sprache sie nicht verstehen, auch wenn sie manche seiner Gewohnheiten teilen, nur noch sehr wenig gemein. Sie reden unter sich Spanisch und zuweilen eine Art Platt, ich glaube, eine Verstümmelung des andalusischen Dialektes. Die Rasse hat sich stark mit spanischem Blut gemischt, so stark, daß der mongolische Gesichtsschnitt oft bis auf ein Minimum verschwindet. Trotzdem unterscheidet man sie sofort von den Spaniern und zwar als höhere Gattung. Der Ausdruck ist viel differenzierter. Die Kinder sehen, auch wenn sie Lumpen tragen, neben spanischen Kindern wie Prinzen und Prinzessinnen aus. Es ist unmöglich, Ihnen die Delikatesse ihrer

Bewegungen zu schildern. Ich habe mich hier fast zu der Annahme bewogen gefühlt, daß Betteln adelt.

Die tanzenden Zigeuner gruppieren sich um ihren Capitano, Pepe Amaya, der 1900 mit einer Anzahl seiner Stammesgenossen auf der Pariser Weltausstellung tanzte. Da Ihnen so selten etwas entgeht, könnten Sie glücklicher als ich gewesen sein, der die Leute damals nicht gesehen hat. Aber, dem Tanze geneigt, wie wir damals beide waren, hätten Sie mir sicher davon etwas erzählt. Lieber Graf, seitdem hat wohl auch Ihre Lust ein wenig nachgelassen. Ich glaubte fast, als ich mich die letzten Jahre nicht zu den Sternen entflammen konnte, die das ein wenig unwählerische Berlin zu seinen Lieblingen erkor, es liege an meinen Jahren, die, soweit sie in Berlin verbracht sind, doppelt zählen, und habe Sie, lieber Sassen, zuweilen auf der gleichen Reflexion ertappt. Trösten Sie sich, lieber Freund! Auch der Tanz, obwohl nicht der hohen Gattung von Künsten angehörend, deren Idealen man mit wachsendem Alter immer näher kommt, erschließt reine Freuden jenseits der schlimmen Grenzen. Die Truppe – Sie lächeln. Ich sprach von einer grassierenden Genialität, und nun rede ich von einer Truppe. Doch dieser Ausdruck klingt mir genau so fremd wie Ihnen. Es handelt sich um keinerlei feste Berufsgemeinschaft und um nichts weniger als um die zusammengedrillte Bande von Individuen, die sich vereint vor anderen sehen lassen. Hinter die Autorität des Capitanos, die nicht gering ist, bin ich noch nicht gekommen. Sie ist jedenfalls alles andere als die des Tanzmeisters. Ich habe konstatieren können, daß die Zusammensetzung des Ensembles keineswegs feststeht. Heute tanzen die, morgen andere. Ich habe, obwohl ich manchen langen Tag bei den Leuten verbringe, nie eine Probe miterlebt, und als ich mich erkundigte, wann die Kinder, unter denen sich fünfjährige finden, lernen, wurde ich ausgelacht. Natürlich hat der Capitano seine Lieblinge, wie auch wir unsere Lieblinge haben, die wir gern immer wieder sehen. Die Gabe aber scheint allen Mädchen des Stammes eigentümlich.

Diese Mädchen sind Künstler. Sie lächeln wieder. Was Sie sagen wollen, weiß ich nur zu gut. Aber trauen Sie mir bitte nicht zu, daß ich wagen könnte, Ihre kostbare Muße mit Nachrichten von Tändeleien moderner Art auszufüllen, deren mangelhafter Inhalt nur von dem artistischen Rahmen Relief erhält. Wir haben beide, Schulter an Schulter, den Reizen des Fräulein Duncan mannhaft zu widerstehen gewußt, und Sie werden mir den Argwohn ersparen, ich könnte hier unten vergessen, welche Ehrenpflichten mir diese Waffenbrüderschaft auferlegt. Die Kunst dieser Mädchen, Kinder und Frauen ist ganz unartistisch. Der Ruf unserer literarischen Künsteleien ist noch nicht in die weißen Höhlen des Sacro Monte gedrungen und er würde an dem primitiven Sinn ihrer Bewohner ohnmächtig zerschellen. Ich gäbe viel darum, wenn ich Ihnen sagen könnte, worin der außerordentliche Unterschied zwischen diesem Tanz und den Tänzen des Nordens besteht. Aber wenn ich das wirklich erreichte, bliebe noch übrig, dieser negativen Feststellung das Positive der Neuheit hinzufügen, das ja doch wohl allein Sie zu dem Entschluß bestimmen könnte, den ich mit werbender Feder in Ihnen wecken möchte. Ich würde mich an das Zigeunerhafte der Tänzerinnen halten, um in Ihrem allen Andeutungen so leicht zugänglichen Geiste eine meinen Plänen günstige Vorstellung zu erwecken, wenn ich nicht gerade diese ungemein regsame Zugänglichkeit fürchtete. Bei Zigeunern können Sie nicht anders, sobald ich auf künstlerische Vorstellungen anspiele, als an Zigeunermusik denken. Und da Sie, dank der klassischen Zügelung Ihrer schönen Begierden, diese Art von Musik, selbst wenn sie von einem Virtuosen wie Liszt interpretiert wird, nicht zulassen – und ich bringe es nicht fertig, Sie dafür zu tadeln – würden Sie meinen Lieblingen unrecht tun. Unsere Zigeunerinnen würden zu den nur zu rauschenden Klangwellen der Ungarn nicht tanzen können. Sie würden diese allzusehr an der Oberfläche haftende Leidenschaft nicht mögen. Ich weiß nicht, ob sie dafür zu viel oder zu wenig Leidenschaft besitzen. Ich würde an das, was Ihre reiche Erfahrung an spanischen Tänzen besitzt, anknüpfen und dann sicher weniger in Gefahr kommen. Aber es ist die Frage, ob nicht gerade die relative Ähnlichkeit dieser Erscheinungen Ihnen die Erfassung der Eigenart unserer Tänzerinnen erschwert. Die Otero und die anderen ihresgleichen, ich denke auch an die nicht in Spanien geborenen und zumal an eine, die uns einst – lieber Graf, wie lange ist das her! – gleich teuer war, die tapfere Duclerc, alle diese Spanierinnen mimen, indem sie tanzen. Der Tanz ist ihnen nur die Erleichterung, nicht die Grundlage ihrer Darstellung. Sie geben etwas, was nicht ausschließlich des Tanzes bedarf. In ihnen äußert sich derselbe Niedergang unserer Kunst, den wir in der Malerei und in der Musik so oft bemerken; eine Verwischung der Kunstgrenzen, die ich genial nennen würde, wenn Sie mich nicht so oft darauf aufmerksam gemacht hätten, daß das Barbarische nicht diesen Titel verdiene. Wohl finde ich die Verwirrung der klassischen Begriffe von Tanz, die die Oteros verschulden, wertvoller als alle Restaurierungsversuche gräzisierender Engländerinnen, weil es immer noch besser scheint, daß sich jemand, der etwas zu sagen hat, auf eine ihm gelegene Art äußert, auch wenn daraus keine abgeschlossene Form entsteht, als wenn sich ein anderer dreht und wendet, ohne etwas zu sagen, auch wenn die Wendung an gute Vorbilder anklingt. Das Fragment kann einer zukünftigen Form förderlich werden, die unverstandene Nachahmung ist belanglos. Sie werden mir recht geben, wenn ich die kultivierte Form einer Duncan sogar roher als die einer Otero nenne. Erlauben Sie mir einen Augenblick, diesen höchst unbescheidenen Diskurs fortzusetzen. Während ich Eulen nach Athen trage, komme ich unbemerkt meiner stillen Absicht näher. Neben der Häßlichkeit einer Duncan, die keinen Vorteil aus ihrer Häßlichkeit gewinnt, scheint mir die Ruth St. Denis ein Typ von gleich unvorteilhafter Schönheit. Ihre Schönheit bleibt ein Faktum jenseits ihrer Kunst. Sie nimmt mit geringerem Takt als die Otero entlegenere Motive und tanzt dazu. Die Gattung der Loie Fuller trägt einen anderen fremden Faktor in die Kunst. Wir verehren sie beide, aber sicher nicht das, was man an einer Tänzerin verehren sollte. Ihre schönen Farbenspiele setzen den Mechanismus des Kaleidoskop und der elektrischen Beleuchtung an die Stelle gestaltender

Körperlichkeit. Auch wenn man von ihrer schwächsten Seite, der englischen Sentimentalität, abstrahieren könnte, bliebe ein Rest. Ihre Anstrengung zielt allenfalls auf die Darstellung eines tanzenden Schmetterlings, dessen Leib aus Flügeln bestehen möchte. Verschwände wirklich aus dem Spiel das sanfte Gesicht der Miß, immer eine höchst fatale Zutat, so bliebe ein rhythmisches Farbenmuster übrig. Das heißt, die bescheidenen Grenzen des Tanzes nicht ausdehnen, sondern ungebührlich verengen. Sie ahnen, wohin ich will. Meine Leute sind Tänzer, wirkliche Tänzer. Vielleicht macht mich die Fülle der vielgestalteten Irrtümer unserer modernen Schaubühne genügsamer, als Ihr Berichterstatter sein dürfte. Vielleicht wirken sie nur so außerordentlich auf mich, weil sie sich vor den Fehlern der anderen hüten, und die Einsicht, daß sie innerhalb der Grenzen ihrer Kunst bleiben, spiegelt mir positive Werke vor. Profitiert ja doch auch heute im Zeitalter geräuschvoller Musik ein harmloses Talent, dem es einfällt, einfach zu sein, von dem Ungewohnten seiner Einfalt und wird erst später als schlechterdings einfältig erkannt. Es könnte auch sein, daß das Lokal ihnen zustatten kommt, diese Natur, die uns so menschlich scheint, daß die geringste Gebärde als ihre Sprache ausgelegt werden kann; daß sie es im Grunde also nicht anders als die Tänzer der Schaubühne machen, die sich eines großen Apparates für kleine Zwecke bedienen. Sie wären dann immerhin von genialem Raffinement. Mir aber erscheinen sie einfach, von jener natürlichen Einfachheit, die sich nicht zu beschränken braucht. Das Leben gleitet in ihnen zum Tanz wie in einem großen Künstler zur Abstraktion seiner Empfindung. Und ich meine, diese Natur, die ihnen zu Hilfe kommt, könnte Geringeren leicht gefährlich werden. Ist es nicht doch sehr schwer, einer gegebenen Natur die passende Gebärde zu erfinden, die uns nicht banal, nicht überflüssig, nicht übertreibend erscheint? Ist es überhaupt möglich, sie zu erkünsteln, wenn sie nicht von der Empfindung geschaffen wird? Und für die Natur dieser Zigeuner spricht ihr Reichtum. Ich sah sie oft und fand sie stets neu, obwohl die Tänze die gleichen waren. Kein Zigeuner tanzt wie der andere.

Nur die Umrisse der Figuren stehen fest. Es sind die bekannten spanischen Nationaltänze maurischer Herkunft; Sevillana, Morrongo, Fandango usw. Sie werden von den Spaniern mit dem spießbürgerlichen Konventionalismus vorgetragen, den wir von der französischen Tanzstunde unserer Mütter kennen, wenn sie die Contredanse lernten. Ein wenig runder und gefälliger, natürlich. Diese Zigeuner machen eine lebendige Sprache daraus. Nichts würde weniger ihre Art treffen, als wenn ich sagte, daß sie sich über den Konventionalismus hinwegsetzten und etwa zu einem gegebenen Schema freie Variationen erfinden. Das ist durchaus nicht der Fall. Ihre Tänze sind so konventionell wie möglich. Nie zielt ihre Empfindung dahin, eine pikante Dissonanz gegen den Rhythmus zu suchen. Ich kann auch nicht sagen, daß sie die Tradition erneuen. Man hat vielmehr das Gefühl, daß sie sie besser besitzen, daß sie der Urform der Tradition näher sind. Manchmal erscheinen sie mir den Mauren verwandt, die diese Tänze aus einer Traumwelt erfanden. Sie vermögen tanzend zu träumen, und ihr Tanz entzieht dem Traum den erotischen Inhalt. Ihre Liebestänze sind ganz ungeschlechtlich. Sie rühren von der Liebe her, aber dehnen sich in reichere Welten der Sinnlichkeit aus, wo die Gebärde die spezifisch erotische Bedeutung einbüßt. Das ist der Unterschied zwischen ihnen und den verzückt zappelnden spanischen Tänzern, die den armen Lautrec berauschten. Deren Kunst war eigentlich nur Natur, die Zuckung des menschlichen Tiers, deren Höhepunkt in krampfartige Zustände ausartet. Die Kunst macht erst Lautrec daraus, trotzdem er gerade das Krampfartige übertrieb, weil er aus der Übertreibung den Rhythmus gewann, den das Vorbild versagte. Das Anreizende an den Modellen war nur die Einsicht, daß sich aus den greulichen Verrenkungen der Burschen neue Ornamente zusammensetzen ließen, weil uns die Genesis der Kunst zu vertraut ist und weil wir in solchen Momenten nicht mit den Augen des genießenden Kenners, sondern mit denen des suchenden Künstlers betrachten. Nun verzichten auch die Zigeuner nicht auf jedes psychologische Element. Aber sie wählen, während sich Lautrecs Burschen überließen. Sie wählen das, was der konventionellen Rundheit des Tanzes gerade genug Eckigkeit zuführt, um uns das Runde als Überwindung plastisch zu zeigen. Dieser Ausgleich macht hundert Erfindungen möglich und notwendig. Ihre Originalität schreckt nicht, weil wir den Zweck zu verfolgen vermögen. Da die Hauptdarsteller kleine Mädchen sind, gewinnt das Spiel noch an Verschwiegenheit. Wenn ich Ihnen meine letzten Gedanken verraten soll, möchte ich sagen, daß mir diese in Höhlen tanzenden Kleinen nicht exotisch, sondern im äußersten Maße europäisch erscheinen. Sie spielen, wie man im achtzehnten Jahrhundert zu spielen wußte, und erinnern doch nicht an das Dixhuitième. Es ist nicht zu verwegen, an die ungarische Seite Haydns, selbst an Mozart zu denken, wenn auch nicht an Mozarts Musik. Aus dem merkwürdigen Umstand, daß ihre uns vertraute Gesittung aus einer uns fremden Sitte entspringt, gewinnen wir vielleicht ihren süßesten Reiz.

Ich glaube, Sie wissen jetzt schon meinen Plan. Die Gräfin, der ich Jeannes und meine zärtlichsten Empfindungen zu Füßen lege, schenkt mir immer zu Jeannes Geburtstag einen Mozartabend des Klingler-Quartetts. Sie wissen, was uns dieses Geschenk ist und daß uns nichts auf dieser Welt eine Änderung so schöner Gewohnheit wünschen lassen könnte. Wie, wenn Sie, kluger Finder so vieler Freuden, einen anderen Freudentag erfänden, an dem uns diese Kinder in Berlin erfreuen könnten! Sie werden mich einen Unzufriedenen schelten. Aber gerade, daß mich die Gegenwart mit Bangen für die Zukunft füllt, wird Ihnen melden, wie sehr sie uns beglückt! Und ich denke, sie wird uns länger dauern, wenn Sie, lieber Graf, daran teilnehmen.

An den unregelmäßig gewölbten Kalkwänden hängen Messing-
schüsseln und anderer blitzender Kram. Ein paar Fliegen krie-
chen darauf herum. Auch auf dem Öldruck der Madonna. Das
Licht kommt nur zur Tür herein. Es ist blendend weiß. Ich sitze
auf dem breiten Bett des hintersten Raumes und schaue in das
Licht, wie in einen weißglühenden Schmelzofen meiner fernen
Heimat. Am Boden hockt Maria und sieht mir zu. Die anderen
räkeln sich in der vorderen Kammer und zwitschern leise und
schläfrig. Hinter mir liegt die Großmutter des Kapitäns und
stöhnt leise. Sie ist immer krank, wenn nicht getanzt wird. Alle
zehn Minuten tippt sie mich leise an, dann gebe ich ihr eine neue
Zigarette. Wenn ich nicht in das Weiß sehe, schaue ich in das
grünliche Blau der Augen Marias. Sie schließt sie manchmal bis
auf einen ganz kleinen Spalt, und dann meine ich, auf dem
ganzen Körper einen leisen Druck zu spüren und blinzele auch.
Sie träumt. Ich denke an die polnische Kutscherstube. Den
Abend war großer Ball bei den Eltern. Es waren an die vierzig
Wagen im Hof, darunter zwei vierspännige. Auf mich hatte
niemand achtgegeben, und ich war seit vielen Wochen zum
erstenmal wieder in die Kutscherstube geschlichen. Es roch so
gut nach Pferden, Tabak und Schnaps. Die vielen Männer
dampften und qualmten. Niemand sah uns, Maruschka und
mich, hinten auf dem Bett der Kammer. Unser Stephan erzählte
den anderen Reitergeschichten aus dem Kriege, und dann
sangen sie polnische Lieder. Der Lorenz von den Winzeks, von
dem ich damals der Maruschka gesagt hatte, daß er nie mehr auf
den Hof kommen würde, oder ich würde die Hunde auf ihn
hetzen, war auch dabei. Sie hatten schon viel getrunken. Je toller
es wurde, desto enger rückten Maruschka und ich zusammen.
Klang der Baß des alten Heinrich von Forstmeisters, so drückten
wir uns. Wie sehnten wir uns nach dem Baß! Wenn sie leiser
sprachen oder gar mal eine Pause eintrat, so zitterten wir wie
losgelöste Atome und glaubten, zerspringen zu müssen. Brach
dann der Sturm los wie gewöhnlich nach einer Pause, dann

flogen wir nur so zusammen und waren wie von einer Zauber-
luft gefüllt, so daß sich unsere Glieder wie von selbst bewegten.
Dabei sagten wir laut unsere Namen, so daß es uns schauderte.
Das Toben kam gewöhnlich, wenn Stephan gesprochen hatte.
Er war der Kapitän der anderen. Wir lauerten darauf atemlos
und duckten uns immer kurz vorher wie zum Sprunge. Schließlich flogen wir richtig über den Pferdestall, die Remise und das
Herrenhaus, über die Schornsteine, sogar über den höchsten,
durch den man in den feurigen Mittelpunkt der Erde sehen
konnte. Dann über die lange Reihe der Koksöfen, wo der heiße
Koks unter dem Wasser dampfte. Die Hochöfen zischten große
giftige Flammen nach uns und brüllten uns nach in einem
donnerähnlichen Baß. Über das Walzwerk. Die weißen Schlan-
gen schnellten durch die Walzen. Die nackten Menschen tanzten
wie Gespenster dazwischen. Niemand sah nach uns, und der
Lärm verschluckte alles, was wir sagten und dachten. Wir
konnten ganz laut unsere Namen rufen, wir sangen unsere
Namen. Maruschka! Maruschka! Dann kam das feurige Gebläse
der großen Stahlbirnen. Wir flogen mitten in den sprühenden
Strahl hinein und wurden im Nu in den Himmel geblasen.
Vorn stand plötzlich etwas Dunkles, und der Kapitän sagte wie
gewöhnlich zu den Fremden, dies sei das Chambre à coucher. Es
war mir unangenehm. Die Großmutter hinter mir tippte mich
zitternd an, und ich reichte ihr eine Zigarette und bekam dabei
selber das Zittern. Die Engländerin sagte ein englisches Wort,
das sie immer sagen, und ihr Mann, ein blonder Rüpel, nickte.
Er sah in dem Licht aus, als hätte er Fleisch ohne Haut unter der
hellen Jacke. Dann handeln sie. Einen zweispännigen Wagen
haben sie vor der Tür und einen Führer und einen Polizisten.
Aber für den großen Tanz knickern sie um einen Piaster. Und
sind fünf Menschen. Sie haben sich zusammengetan, weil es da
für den einzelnen billiger kommt. Der Kapitän sagt ihnen, was
er jedem sagt. Er würde ihnen zuliebe eine Ausnahme machen
und es für dreißig Peseten tun.
All right!
Hinter mir die Alte zittert. Maria sieht stumpf zur Erde. Der

Kapitän läßt die Gitarrenspieler holen und unterdessen bittet er die Gäste, Platz zu nehmen. Der Engländer und die Engländerin schütteln den Kopf. Die Berliner sagen etwas und lachen. Sie wollen lieber draußen warten. Nun also! Der Kapitän versteht schon. Er versteht das so gut wie ich, aber sieht mich nicht mal an, wie ich ihm Feuer gebe. Ein großer, kühner Kerl, der Kapitän. Auf den kann man sich verlassen.

Nun beginnt es. Sie reden nicht mehr ihre Märchensprache, sie ziehen nicht mehr von Land zu Land, sie stehlen nicht mehr die Kinder, aber sie tanzen. Die Chiquita ist daran und Marias jüngere Schwester, die den Mann macht. Es geht gut. Die Chiquita hat ihr verschlafenes Gesicht. Dann sieht sie vierjährig aus. Nächstens hat sie Geburtstag! Dann wird man ihr neue Schuhe schenken. Man kann sehen, wie sie sich den Schlaf aus den Gliedern tanzt. Erst torkelt sie herum, die Beine wie die Beine einer neugeborenen Eselin, die Händchen vor den Augen, die fest geschlossen sind wie bei neugeborenen Katzen. Manchmal sieht sie wie eine Maus aus. Wir nennen ihren Tanz den ersten Tanz der Tiere. Die Rufe des Kapitäns und der anderen machen sie wach. Chiquita! Chiquita! He, he Chiquita! Langsam straffen sich ihre winzigen Glieder. Das junge Tier weicht dem jungen Menschen. Manchmal glaubt man, sie hätte schon alles hinter sich. Sie sieht greisenhaft aus, wenn sie die Augen öffnet. Das kindliche Knixen ist nur so zum Schein. Es steckt etwas ganz anderes dahinter. Chiquita! He, Chiquita! Ich möchte wohl wissen, was dahintersteckt. Aber nun ist sie fertig. Sie setzt sich auf ihr Stühlchen. Wie eine Schnecke sitzt sie da. Die Engländer sehen wie Idioten aus. Wenn sie verständen, was der Kapitän ihnen sagt! Er tanzt nicht. Dafür sind sie ihm nicht gut genug. Aller Ausdruck liegt in den Kastagnetten. Die Gitarren begleiten. Er steht gewaltig da, einen Fuß wie zum Angriff vorgestellt, die Fechterhände erhoben. In dem straffen Antlitz spielen die Sehnen des ganzen Körpers. Es ist, als risse er die grellen Töne von dem Stein ab und werfe sie den Fremden ins Gesicht. Er schaut sie nicht an. Die Blicke gehen starr nach drüben, nach den Felsen. Maria neben mir zittert. Auch sie blickt hin. Alle blicken hin. Da drüben liegt die Alhambra. Sie waren dabei, als die Mauren dort oben herrschten. Von ihren Erdhöhlen sahen sie die weißen Zelter die bunte Pracht in die Burg tragen. Und durften nicht hinein. Sie sahen Boabdil fliehen. Er kam des Nachts mit seiner Mutter in die Höhle und bat um Obdach. Den nächsten Tag war er König. Zehn Jahre später gab er das Schloß der Väter auf. Sie sahen die Katholischen Könige das Dunkel über die Alhambra breiten und durften nicht hinein, und sie erlebten die neue Pracht des Kaisers. Mit heimlicher Freude sahen sie, wie unter den Nachfolgern der Stein zu Ruinen wurde. Die Kastagnetten knattern wie Gewehrfeuer. Wenn ein Zigeuner nicht die Zündschnur der Franzosen durchgeschnitten hätte, wäre nichts mehr da. Was jetzt noch da ist, wissen nur die Zigeuner. Nun sind sie es nur noch, die von der alten Größe wissen. Wir, die nie hineindurften, wir, die Verachteten, denen ihr eure Piaster hinwerft, die Bettler, die ihr anbettelt! – Der Kapitän schlägt die Kastagnetten zusammen. Das schreiende Holz möchte die Höhle sprengen. Wir, die Verachteten, die nie hineindürfen! – Hinter mir regt sichs. Ich denke, das Bett versinkt in die Tiefe. Ein schwerer Panther gleitet an uns vorbei. Maria duckt sich, so tief sie kann, ich sitze wie gelähmt. Der englische Rüpel wird um einen Schein blässer. Einen Moment ist Ruhe. Liebe kleine Maruschka. Sobald die Alte tanzt, verliert sich das Ungeheuerliche. Auch ihr Alter. Sie ist so sehr und so wenig alt, wie die Kleinste jung ist. Nur ihr Tanz ist das Alter. Und man vergißt, daß man niemals eine Greisin tanzen sah. Man hätte sie sehen müssen. Wenn wir alle Grade des Lebens durchschauten, würden wir solche Greisinnen sehen. Wie ein Schiff wiegt sie sich, gewaltig in den Wogen der Töne, hebt sich hoch, immer höher als die höchste Woge, ohne Anstrengung. Senkt sich tief, gefällig wie alte Leute. Sie müßte wohl eigentlich des Anstandes wegen gebrechlich sein, deshalb ist sie gebrechlich. Eine Ehrfurcht erfaßt mich. Damals, als ich, ich weiß nicht mehr wo, der Fürstin – wie hieß sie noch? – vor einem hohen Fenster die Hand küßte. Nein, es war mein alter Lehrer. Oder neulich vor dem Totenbette.

Der Kapitän ist bei ihr. Jetzt naht sich, was in der Pracht des stählernen Körpers drohte. Es ist kein Gehen, kein Tanzen. Er umkreist sie, ein Kreisen von Muskeln. Er ist, was noch vom Raubtier im Menschen steckt. So werben Tiger um das Weibchen. Die Sprünge gehen haarscharf an ihr vorbei, mit der Exaktheit des Kolbens einer Maschine. Eine einzige Berührung müßte zum Mord werden. Der Alten Würde wird Majestät. Sie lächelt unter der drohenden Pracht der stählernen Glieder. Jetzt läuft die Chiquita zu ihr. Die Urenkelin wird die Partnerin der Alten. Das zweite Paar machen Lola und die Frau des Kapitäns. Ein drittes, ein viertes. Der Kapitän nimmt die Zimbel. Nun heißt es, Achtung! Es ist, als ob die Musik unten aus dem Tale käme. Sie tanzen den Tanz der geraubten Braut. Maria bleibt bei mir. Sie hat Kastagnetten an den Fingern und klappert manchmal ganz willkürlich damit, wie zur Übung. Sie ist vielleicht doch nur ein ganz dummes Geschöpf. Etwas Stumpfsinniges liegt in ihrem Blick, das sich, wenn ich sie anschaue, zu einem freundlichen Danklächeln verzieht, wie wenn ich ihr Schokolade bringe. Ich schaue nicht mehr hin, verstimmt, beinahe beleidigt, und nun merke ich, wie sich etwas zwischen dem Tanz und ihr vorbereitet. Man sieht es nur an den langen, zitternden Wimpern. Das Lächeln ist immer noch blöde. Das ist für mich. Aber dahinter dehnt sich etwas Lebendiges, das sich sehnt, das ganz fern von mir ist, vor dem ich wieder diese alberne Scheu empfinde. Maruschka, Maria! – Goldener Staub ist in dem breiten Lichtstrahl vom Freien zu uns. Sie haben den Vorhang ganz von der Tür weggezogen. Maria ist in Gold gebadet. Sie sitzt ganz still, aber ich sehe sie schon lange nicht mehr sitzen, ich weiß nicht, wie sie sich hält. Der Kopf ist ganz in den Nacken geworfen, Nase und Mund scheinen eins. So lächeln auf Bildern Grecos die Engel in der Nähe des Nimbus. Sie atmet das Gold, während ich es kaum noch ertragen kann. Und dabei sitzt sie in Wirklichkeit ganz still, mit demselben blöden Lächeln, alles andere habe ich dazu getan. Nun merke ich es endlich. Ich drücke mich mit meiner Häßlichkeit in die Ecke. Sie rückt ins Licht, ich weiß nicht, wie es geschieht. Jetzt sitzt sie auf dem Bett wie eine Nackte zum Bade. Der gewölbte Raum strahlt von Licht. Sie scheint selbst zu Licht geworden. Die Schellen der Zimbeln wirbeln ihr lockendes Jauchzen. Sie wandelt, schwebt in dem Strahl, neigt sich nach rechts und nach links und gießt das Gold von ihrem Haupt nach allen Seiten. Dann geht sie durch die Weizenfelder, eine lächelnde Erntegöttin. Die schweren Ähren streifen ihre Wangen. Sie lacht und hebt sich auf die Fußspitzen. Laßt mich, ich muß weiter! – Schneller schreitet sie durch die wogenden Halme. Man sieht sie schon nicht mehr deutlich. Kleid und das blonde Haar scheinen zu Ähren geworden. Plötzlich ein brutaler Mannesschrei. Maria! Rauh und häßlich, aber das, was kommen mußte. Es ist mir wirklich so, als hätte ich selbst geschrien. Noch einer. Sie steht still. Noch einer. Sie fängt an zu zittern. Nun schlagen alle die Kastagnetten, Zimbeln und Gitarren. Sie windet sich unter den Schlägen und Schreien und lächelt dabei. Nun verstehe ich das Lächeln. Ihre Lenden biegen sich wie junge Birken im Sturm. Da tanzt sie.

GRANADA, DEN 30. MAI.

Heute zum erstenmal im Dom, weil es in der Nähe des Doms ausländische Zeitungen geben sollte, was sich als Irrtum erwies. Er ist öde und reizlos wie die Bilder Canos, die darin hängen. Leidlich eine Holzgruppe mit der heiligen Anna von Cano. Der Greco ist ein mäßiges Schulbild. Die Riberas des Jesusaltars recht matt. Wem, bevor er nach Spanien kommt, noch Illusionen über Ribera geblieben sind, der wird sie gründlich los. Im Prado kann man zwischen dem Riberasaal und dem Murillosaal schwanken, wo die Luft drückender ist. Ich glaube, es gibt nichts Freudloseres als Riberas Materialismus.
Die Capilla Real mit dem italienisierenden Marmorsarkophage könnte sich ein Trödler als Renommierraum eingerichtet haben. Gegenüber in dem pomphaften Palast, in dem einst die Katholi-

schen Könige residierten, kann man jetzt preiswerte Chambres garnies haben. Das mutet italienisch an. Aber man ist doch nie in Italien. Die Menschen sind besser. Nur die Zigeuner betteln. Und sie sind die stolzesten Spanier.

Jeanne läßt sich das bescheidene Geburtshaus ihres Abgotts, der Frau des dritten Napoleon, zeigen. Daß die Kaiserin hier geboren wurde, gibt Jeanne hundert neue Beweise. Sie findet ein Dutzend verkleideter Enkelinnen ihrer einzigen Kaiserin und baut eine ganze Geschichte auf diese Herkunft auf. Getragene, ausnehmend konziliante Stimmung. Die Casa de los Tiros, ein massiver Bau mit kuriosen Rittergestalten; im Grunde recht barbarisch, hier in der weichen Luft, oder, weil wir im Schwärmen sind, wer weiß wie traumhaft. Gute Architektur gibt es in Granada nicht. Es wäre ein Wunder, wenn es anders wäre. Die Natur ist viel zu reich dazu. Es geht ihr mit der Architektur wie den Franzosen mit dem Theater. Als ich Guitry* mal eine Moralpredigt über seine miserablen Stücke hielt, antwortete er mir, er brauche keine guten. Gute brauche man nur, wo man schlechte Schauspieler habe. Die Natur spielt hierzu gut.

GRANADA, DEN 1. JUNI.

Wir haben einen Tag von Herzen animalisch verbracht. May wollte durchaus Berge in der Nähe sehen. Folglich machten wir den Ausflug nach Guéjar. Zuerst per Wagen nach Pinos, einem kleinen malerischen Dorfe, auf dessen Brücke wir eine nicht weniger malerische Gruppe bildeten, weil die bestellten Esel ungesattelt waren und die Sättel, ich weiß nicht von woher, erst herbeigeholt werden mußten. Das dauerte eine gute Stunde, während der wir von den Eingeborenen genau betrachtet wurden. Natürlich genierte es niemanden von uns, und May fand

* *Sacha Guitry* (1885–1957), französ. Dramatiker, Schauspieler und Regisseur. (Anm. d. Verl.)

die Leute sehr reizend und pittoresk. Eine alte irre Frau kreischte in einem fort über Jeannes Reithut. Der Ritt oberhalb des tiefen Geniltals war sehr hübsch. Die Landschaft kommt mir erst jetzt zum Bewußtsein, wo ich sie nicht mehr vor mir habe. Während des Ritts hatte man Mühe, sich an die sehr selbständig erzogenen Esel zu gewöhnen, die eine eigentümliche Neigung haben, immer an dem äußersten Rande des Abgrunds zu spazieren. Schlägt man sie, so gehn sie auch mal ein paar Schritte den Abhang hinunter, ohne jede Rücksicht auf das, was sich auf ihrem Rücken befindet. Sie fallen nie. Hans hatte seine Lucia mitgenommen. Zu Beginn, als wir ein Dorf passierten, fragte sie ein vorübergehender Zigeuner, ob sie freiwillig bei uns im Wagen säße oder gestohlen sei. Nachher saß sie vor Hans auf seinem Esel. Es war für sie ein Festtag. Die Berge kamen uns näher. Es ist doch eine recht kümmerliche Sehnsucht, die den Menschen zu Höhendifferenzen nötigt.

Den reinsten Genuß hat May. Ihr Sattel ist mit einem Holzgeländer versehen. Sie sitzt darin wie auf einem Stühlchen. An das Holz hat sie Hut und Jacke und alle möglichen interessanten Kräuter und Blumen, auch einige Kaktusblätter hervorragenden Formats, gebunden. Sie trägt keine Handschuhe und hat die Ärmel ihres Musselinkleidchens hinaufgeschoben, um der Sonne möglichst viel Oberfläche zu bieten. Man weiß nicht, für was das gut sein kann. Während des Ritts hat sie fast immer den enormen Krimstecher ihres Gatten vor den Augen. Sie ist gegen Schwindel und alle Art Witze ganz unempfindlich. Die Natur hat ihr mehr zu sagen. Jeanne hatte den landesüblichen Sitz zwischen zwei Tragkörben gewählt und thronte unter einem enormen Sonnenschirm von knallroter Seide. Einmal glitt sie sanft nach hinten abwärts, weil sie eingeschlafen war.

Die hübschen Metallarbeiten und die Schmucksachen aus Gold und Smaragden, die wir als Rondas Sonderheit betrachteten, finden sich hier in großer Anzahl und gehören ganz Granada. Der Darro ist goldhaltig, und Granada hat zahlreiche Kupferminen. Die ländlichen Silberarbeiten erinnern an oberbayerische Formen. Die Schmucksachen Rondas haben den Vorzug, noch intakte Smaragde zu tragen. Hier brechen die Händler die Steine aus und schicken sie nach Paris. Ein paar Tage war ein Araber aus Oran in unserer Pension. Er trug sein buntes Kostüm, saß damit in unserem Garten, promenierte damit unter den Ulmen. Ich habe ihn sogar einmal in dem Kostüm auf ein gewisses Örtchen gehen sehen, ein ganz ungeheuerlicher Eindruck. Er sah verwegen aus, wenn man ihm im Park begegnete, noch verwegener auf dem Platz der Alhambra. Bis mir gestern May empört zu verstehen gab, daß er und seinesgleichen die einzigen legitimen Bewohner der Alhambra seien.

Die liebenswürdigste Seite des Maurentums steckt im Generalife. Man kann sich trotz der Verstümmelung der Anlage ein deutliches Bild von der Sinnesart der Menschen machen, die in solchem Rosengärtchen residierten. Es waren Gartenmenschen. Nicht so leicht ist es, sich die Menschen selbst darin zu denken. Wohl, was sie anhatten, Turbane, wallende Talare, Schleier. Aber schließlich steckten doch auch Körper darunter. So ein paar majestätische Araber mit den voluminösen Schädeln, wie wir deren des öfteren in Tanger sahen, und wahrscheinlich waren sie hier noch umfangreicher, mußten gleich das ganze Gärtchen füllen. Es paßt zu ihrer Märchenart, daß sie nicht das geringste Gefühl für Verhältnisse besaßen. Aber ob es nicht gerade dieser Mangel an Gefühl für Verhältnisse war, der ihren

Niedergang verschuldete. Die Überlieferung von der politischen Macht, von der planvollen Kultur, die die Araber über Granada verbreiteten, scheint mir immer weniger glaubhaft, obwohl daran kaum zu rütteln sein dürfte. Wir können uns ebensowenig eine verzweigte Organisation maurischer Art vorstellen, wie ich mir eine maurische Architektur denken kann. Ich habe nie so wie in der Alhambra gefühlt, daß wir Waldmenschen, Schattenmenschen, Stadtmenschen sind, im Gegensatz zu den Wüstenmenschen, Lichtmenschen des Orients. Vielleicht liegt es nur an den schönen Ulmen, daß wir uns hier zu Hause fühlen. Ein nordischer Wald ist tausendmal schöner als alle Tropen.

Wir müssen bald fort, sonst erwischt uns doch noch in Valencia oder sonstwo die Hitze, an die man hier ganz vergißt. Hans und May gehen nicht mit an die Ostküste. Sie wollen die Zeit lieber in Granada bleiben und erst wieder in Madrid zu uns stoßen. Hans behauptet, es wäre verrückt, von hier wegzugehen, und Jeanne hat nicht die mindeste Lust dazu. Ich auch nicht. Ich finde es nur zu lächerlich, daß wir auf unserer ganzen Reise bisher noch nicht in Spanien gewesen sind. Ich meine so, daß man sich wirklich in Spanien fühlt. Dazu sind wir doch schließlich hergekommen. Und dann klingen die Namen der Küste so schön: Almería, Cartagena, Alicante, Valencia, Valencia, zumal Valencia.

Hans malt ein großes Bild mit Zigeunern. Bin neugierig, ob er es trifft. Die Schönheit der Modelle ist gefährlich. Er könnte sie treffen oder doch ein ganz schlechtes Bild machen. Er ist so verliebt in die Kleinen, daß ich mich frage, ob er sich freimachen kann, um an Stelle der Schönheit, die er genießt, eine andere, die wir genießen können, zu setzen. Momentan denkt er noch gar nicht an Kunst, will nur festhalten. Bleibt er dabei, so werden ihm seine Leute ein Schnippchen schlagen. Die Rot und Orange der Kleider stehen sehr reizend zu dem gepuderten Gelb der Gesichter, aber bedeuten für die Schönheit der Natur einen winzigen Bruchteil und können im Bild zu belangloser Buntheit führen. Die Malerei ist eigentlich nichts als die Überwindung der Farbe mit Farbe. Die moderne Manier, jeden Strich unmittelbar nach der Natur zu malen, erschwert das Exempel. Je reizvoller das Vorbild ist, desto energischer sollte man sich zwingen, es auswendig zu treffen.

GRANADA, DEN 4. JUNI.

Szene zwischen Hans und May. Hans hat sich eine leichte Kolik zugezogen, und da ihn sein Zustand an der Arbeit hindert, schimpft er auf den Süden, die Sonne, das Öl und die menschlichen Reste am Wege nach dem Sacro Monte. Darauf May: Quand on a désiré un voyage à ce point, quand on a eu des impressions pareilles, quand l'air vous semble une caresse de Dieu, on oublie toutes ces beautés pour quelques malheureuses caquettes au bord de la route! – Hans grunzt etwas, das wir nicht recht verstehen. May blickt ins Weite. Encore hier soir quand je voyais la ville endormie à mes pieds... Langes Sinnen. Dans le silence ce beau cri d'âne... Wildes Gelächter. May hat ihren roten Kopf. Oui, c'est vrai, sagt sie außer sich, ça dépend par quelle âme passe ce cri d'âne!
O May, May, Valencia wird trostlos sein.

GRANADA, DEN 4. JUNI.

Lieber Thomas! Schönen Dank für Dein liebreizendes Briefchen. Thomas, es kommt immer darauf an, par quelle âme passe le cri d'âne! Denke darüber nach, es ist tief und enthält den Schlüssel aller Deiner Leiden. Nun kommst Du wieder mit Dingen, die seit vier Wochen oder seit viertausend Jahren vorbei sind. Nein, nein, nein, zu hochgespannte Erwartungen gibt es nicht, wenn man nicht etwa verlangt, ein Bild solle Windmühlen treiben. (Apropos, tust Du das nicht zuweilen?) Dein

175

Einwand, ich hätte mir die Enttäuschung selbst zuzuschreiben, stellt Velasquez als etwas Eßbares, als einen vergnügten Abend oder dergleichen hin. Entschuldige, ich fühle mich durchaus nicht benachteiligt. Reserviere mir Dein Mitleid für einen Beinbruch oder für meine Ernennung zum Professor. Ich finde auch »diese« Sehnsucht nach Velasquez durchaus nicht »geradezu unbegreiflich!« Tu doch nicht so! Diese Sehnsucht wird von sehr erheblichen Menschen geteilt und ist keineswegs eine Privatsache. Sie ehrt uns, mein Teurer! Du findest das Sehnen nach Ruhe heute auf jedem Felde und zwar überall hart neben den Symptomen unserer Unruhe. Frag Richard Dehmel, frag Hofmannsthal und die bleichen Jünglinge seines Gefolges, frag die Musiker, die von Wagner loskommen möchten, frag van de Velde und die Architekten. Tragisch nennst Du das Sehnen. Wie salbungsvoll, Thomas! Es sieht vielleicht manchmal so aus. Scharen von Edlen sind hinter der Ruhe her, wie Balzac's Balthasar hinter dem Absolu, opfern ihr Vernunft, Talent und Courage, werden fromm, gehen ins Kloster, werfen sich dem Teufelskram des Archaismus in die Arme, dem Stumpfsinn. Laß die Salbung! Es sieht nur so aus. Im Grunde sind es tragische Dummköpfe und Schlappschwänze; traurige, nicht tragische Gestalten, Leute, die nicht sehen können. Die sehnen sich nach Ruhe, wie der erschöpfte Tagelöhner. Die meine ich nicht. Die beschränkte Einsicht in das ewig Bedingte unserer Bestimmungen kann einmal wilde Hoffnungen hervorbringen. Da denkt sich einer einen aus, der so reich wie Dostojewski dächte und so klar wie Goethe spräche, einen Beweglichen vom Schlage Rodins, der das Monumentale des Rhamses erränge, einen Chopin von der Strenge Bachs und so weiter. Bedauernswert ist der, den die betrogene Hoffnung trügt. Der andere lacht sich ins Fäustchen und freut sich. Unser Zielen wäre billig, wenn wir damit die Ruhe bezahlen könnten. Und ich gewänne nicht unsterbliche Verdienste um Deine verluderte Seele, wenn ich je aufhören würde, in Dich hineinzupredigen, ohne zu wissen, daß ich doch nie von Dir, vertracktem alten Knaster, je eine vernünftige Antwort erhalten würde. Adieu, ich muß packen.

Gestern haben wir richtig gepackt, und abends haben wir richtig wieder ausgepackt. Heute haben wir wieder gepackt und werden heute abend wieder auspacken. Es geht überhaupt kein Zug mehr nach Almería. Es geht nur einer morgens in der Früh. Das gibt uns die angenehme Veranlassung, zum drittenmal Abschied von unseren Zigeunern zu nehmen. Heute kam jemand, um unsere Zimmer zu nehmen. Der Alte des Wirts wies sie mit Grandezza ab.

Höchst merkwürdig sind die dicken Türme der Alhambra. Von außen so festungsmäßig und drohend wie möglich, kaum ein Fenster, die Mauern scheinen durch und durch zu gehen. Ich wäre nie auf die Idee gekommen, daß man da hineinkönnte. Heute waren wir drin. Der Eindruck ist urkomisch. Die niedlichen Haremsgemächer. Die Ornamentik wenn möglich noch spielerischer als sonst, übrigens in diesen kleinen Räumen leichter erträglich. Die Türme waren offenbar nur dazu da, um den Dämchen Kühlung zu schaffen. Ich bin sicher, sie haben mit Bonbons geschossen.

Das einzige Stück Architektur hier oben ist der Palast Karls V. Der Rundhof hat große Noblesse. Trotzdem denkt man nie an ihn. Wenn es der schönste Renaissancepalast der Welt wäre, würde er hier nur ein vornehmes Hotel sein. Man konstatiert mit einer gewissen Befriedigung, daß er nicht fertig ist. Denn die Dachkuppeln hätten womöglich den Umriß der Alhambra gestört.

Ein Glück, daß es regnete, sonst wären wir immer noch nicht weggekommen. Aber der Regen verdarb die Fahrt durch die Sierra. Das Tal von Guadix sieht phantastisch aus. Die Felsen sind versteinerte Ritterburgen und Reitermassen. Nun sind wir also glücklich in Almería. Dergleichen geschieht wie von selbst. Das Schiff nach Cartagena geht erst übermorgen. Almería werden wir also kennenlernen. Bis jetzt sieht es nach gar nichts aus. Der bekannte breite und lange Paseo zum Meer, den man überall findet mit schreienden Stiefelwichsern und Spießern. Er ist, was man bei uns die Kaiserstraße nennt, zuweilen auch die Wilhelmstraße. Er unterscheidet sich von unseren Provinzstraßen dadurch, daß er ins Meer läuft. Schon eine ganze Weile vor dem Ende sieht man, wo die Geschichte aufhört. Da unten ist es übrigens nicht gut zu gehen. Erstens hört es da eben auf, und zweitens ist es heiß. Man bratet, je näher man an das Wasser kommt. Ein Grammophon ist auch da. Eine Schmiere, die heute und morgen Vorstellungen gibt, hat ein gewisses Leben nach Almería gebracht. Überall steht angeschlagen »Raffles«, in großen Buchstaben. In dem Theatercafé sitzen die Komödianten und sind auch bald mit Almería fertig. Zwei weibliche Mitglieder der Truppe fahren fortwährend den Paseo auf und ab, um Stimmung für das Allgemeine und das Besondere zu machen. Auch andere Leute fahren auf und ab in mehr oder weniger üppigen Wagen. Es ist der Korso. Schließlich machen wir es geradeso. Nach dem zehntenmal wird Jeanne schlechter Laune.

ALMERIA, DEN 7. JUNI.

Almería – es klingt so wunderbar. Dieser Paseo sieht genau so aus, als sei er die letzte Straße von Europa, die dort, ein wenig weiter unten, ins Meer läuft. Jenseits des Paseo hört Europa auf. Was da kommt, ist nicht recht zu sagen, ein fatales Zwischending zwischen Orient und Europa. Ich habe beinahe Sehnsucht nach Tanger. Die Häuser dieses Gebietes haben oft nur die Tür als einzige Öffnung und gleichen nachgemachten Zigeunerhöhlen. Zigeuner wohnen auch hier, am Bergabhang, sehr malerisch. Vielleicht gibt es sogar eine Lucia und Maria. Unser Hotelzimmer hat auch eine Öffnung, die Tür auf den Balkon.

Man ertappt sich auf der Tendenz, diese Öffnung zu vermeiden und möglichst nach hinten zu gehen, in den Alkoven, wo das Bett steht, weil es dort am dunkelsten ist. Wie ich Jeanne gegen Abend vorschlage, einen Spaziergang auf die Berge zu machen – schließlich, man kann doch nicht wissen – oder zu dem maurischen Kastell – wer weiß! – sieht sie mich an, als ob ich krank wäre. Sie ist schon ganz von der Lethargie des Südens ergriffen, deren Gegenstück man auch im höheren Norden, jenseits von Tromsö, findet und zu der wohl alle Frauen mehr oder weniger hinneigen. Allein habe ich keine Lust. So träumen wir. Das Grammophon schweigt nur, wenn wir im Speisesaal sitzen. Die Mahlzeiten sind das Ereignis des Tages. Wir träumen ein Stückchen frischer Butter und sind schwermütig. Das ewige Gebimmel der Ziegen geht auf die Nerven. Außerdem ist die Milch dieser Tiere ungenießbar.

Es gibt noch einen zweiten Korso. Das ist der für die Intellektuellen, die natürlich nur ganz miserable Wagen haben oder zu Fuß gehen. Man fährt an den Hafen und geht auf den steinernen Hafenvorbau, und dann ist man da. Es ist ein ganz kleiner Platz über dem Meer. Man steht an dem steinernen Geländer und sieht sich um. Das Meer glüht nicht mehr und ist beinahe Wasser geworden. Ein Dampfer aus Hull ladet Erz. Zum Pfingstvergnügen haben sich die Arbeiter das Grammophon an Bord kommen lassen. Wir auf dem Lande profitieren davon. Heute abend sollte der Dampfer nach Cartagena kommen. Er kommt vielleicht in acht Tagen. Um per Bahn nach Cartagena zu gelangen, muß man ungefähr nach Granada zurückfahren. Dagegen liegt ein Dampfer nach Oran vor Anker. Es ist neun Uhr, also gehen wir zu Bett.

Lieber Mynheer! Nun sind Sie wieder in Ihrem süßen Berlin, und das bißchen Spanien ist von Ihnen geglitten wie eine im Grunde lästige Hülle. Sie sind wieder Sie, der Unentwegte, und freuen sich, mit den gewohnten Tatsachen Ihres ersprießlichen Daseins zu rechnen. Jetzt nehmen Sie gerade mit Madame den Tee, prüfen das geröstete Brot in dem silbernen Toaststand, blinzeln schläfrig die Marmelade an und die Butterkugeln auf dem Kristallteller und freuen sich der dicken Sahne. Und dabei kräuselt sich Ihre entbartete Lippe, Sie denken an uns. Thomar, Leiria, Velasquez, Greco, ja, ja! – Noch ein bißchen Sahne! Sie wissen genau in diesem Augenblick, daß ich an Sie denke. Und das ist Ihnen behaglich, es gehört zu Ihrem Tee wie der Toast und die Marmelade und der Plumcake. Wüßten Sie gar, daß ich Sie vermisse, so würde Ihr Behagen vollkommen sein. Und dabei müßte ich Ihnen erzählen, was Sie alles versäumt haben, so ausführlich wie möglich. Nichts eignet sich Ihrem Dasein besser als die Lektüre angenehmer Dinge, die Sie nicht selbst erlebt haben. Und wenn es das Paradies wäre, nur nicht selber hingehen! – Wissen Sie vielleicht, Mynheer, daß diese Unentwegtheit, deren verhältnismäßig sympathisches Symptom ich in Ihrem Dasein erblicke, der Krebsschaden unserer ganzen Kultur ist! Das Nichterlebenwollen liegt wie eine Wolke auf Ihresgleichen. Ganz Deutschland sitzt in einem bequem gepolsterten Sessel und sieht zu. Die Arbeit ist nur eine Leibesbewegung, auch wenn sie intellektueller Art ist. Die Angst vor der Geste trübt sogar heute den unverwüstlichen Idealismus Frankreichs. Aber wenn Leute, die hundertmal die Kastanien für andere geholt haben, neue Brandwunden scheuen, wenn gealterte Philosophen, im Besitze ihrer Erfahrung, schließlich die Nichtigkeit der Tat zu erkennen meinen, wenn eine Kultur, der nichts verschlossen geblieben ist, einmal beschließt, kurze Zeit vom Verrat zu leben, an dem sich seit zwei Jahrhunderten alle Nationen der Welt mästen, ist das ein wenig anders, als wenn wir phlegmatisch abrüsten und uns einbilden, auf unserer Kultur sitzen zu dürfen. Stehen Sie doch mal auf und betrachten Sie das Luftkissen.

Sie denken nicht daran. In diesem Moment aufstehen, in dem selbstverständlich einzigen Moment des Tages, wo Sie sich das Recht auf Ruhe sauer erworben haben. Eben haben Sie die weiße dicke Sahne in den schwarzen Tee gegossen. Sie wissen, was solche Sahne für starken englischen Tee bedeutet, trauriger Giftmischer; Sie! Und nun legen Sie noch so ein rundes Kügelchen auf den gerösteten Teig... Thomar, Leiria! Selbst wenn jetzt da im Nebenzimmer der schönste Cézanne erschiene, würden Sie nicht aufstehen. Lasse bitten, einen Moment zu warten! Die Sahne in dem Schwarz, das sich jetzt langsam zu sämigem Braun verklärt, ist auch eine hübsche Farbe. Wissen Sie was, Mynheer? Der Prolet, der Jahre lang darbt, um sich den Schinken eines namenlosen Schmierers zu kaufen, ist ein wesentlich besserer Freund der Musen. Fragen Sie sich ernsthaft, ob Sie fähig wären, um den schönsten Cézanne zu erhalten, dreimal bei Kempinski zu essen oder ob Sie dem schönsten Degas zuliebe einen Hut von Wertheim tragen würden? Daß Sie es nicht vermöchten, legen Sie sich als Stärke aus und nennen es Harmonie. Sie können verzichten. Sie sind stark. O, Mynheer, Mynheer! Vanitas vanitatum! Ist die Sahne wirklich so gut, wirklich? Nehmen Sie doch Ziegenmilch, leche de cabra!

Ich möchte wohl wissen, was Goethe zu Greco gesagt hätte. Der damals gestorbene Goethe hätte ihn wohl nicht gemocht; der heute noch lebende würde ihn hochhalten. Ich denke oft an sein »Offenbar Geheimnis«:

> Sie haben dich, heiliger Hafis,
> Die mystische Zunge genannt
> Und haben, die Wortgelehrten,
> Den Wert des Worts nicht erkannt.

> Mystisch heißest Du ihnen,
> Weil sie Närrisches bei dir denken
> Und ihren unlautern Wein
> In Deinem Namen verschenken.

> Du aber bist mystisch rein,
> Weil sie dich nicht verstehn,
> Da du, ohne fromm zu sein, selig bist!
> Das wollen sie dir nicht zugestehn.

ALMERIA, DEN 8. JUNI.

Wenn man nur ein Stückchen frischer Butter hätte, in Eis gekühlt, weiß und hart! Oder ein vernünftiges Buch, oder ein starkes Erlebnis. Den gestrigen Tag verbrachten wir mit einer Nummer der Petite Gironde vom Januar, die ein Geschäftsreisender aus Bordeaux hier gelassen hat. Ich las nochmal die Briefe von Thomas und fand sie ölig wie alles andere. In dieser Stadt von fünfzigtausend Einwohnern gibt es außer zwei Zeitungskiosken keine Buchhandlung. Das wäre was für Carnegie. Eine einzige Bibliothek in Almería wäre mehr wert als alle Bibliotheken in Schottland. Oder eine anständige Butterhandlung. Oder, wie gesagt, ein starkes Erlebnis. Dieses gelbe Zeug, das die Leute hier Butter nennen, ist schon Sauce, bevor es auf das Zimmer kommt. Selbstverständlich brauchen Leute, die sich intellektuell auszuleben vermögen, keine Butter. Aber ich vermag das eben nicht, und Jeanne auch nicht, es ist uns zu langweilig. Es kommt natürlich alles von dem Ölgeruch her. Er steckt in allem, in unsern Kleidern, in jeder Schublade, am tollsten in der frischen Luft. Es ist alles Öl, was man ißt, trinkt, sieht und denkt. Man kann nichts dagegen machen. Kölnisches Wasser wird einfach Kölnisches Öl. Man muß darin geboren sein. Es ist sehr leicht möglich, daß das Öl den Eingeborenen als Präservativ dient, ohne das sie schweren Krankheiten heimfallen oder den Verstand verlieren würden. Auf den Nichteingeborenen muß es notwendig entgegengesetzt wirken. Ich könnte viel eher in Karbol oder in Petroleum mariniert sein. Das sind starke Gerüche, sie fordern Widerspruch, Kampf. Öl ist kein Geruch, sondern eine Atmosphäre, ein Zustand. Er war auch schon in Granada. Vielleicht vermag uns später dieser Geruch angenehme Erinnerungen vielerlei Art zurückzurufen, und dafür ist es nötig, daß wir ihn jetzt durchmachen. Jeanne findet das kindisch. Ich reiße mich los und steige nun doch zum Maurenkastell hinauf. Es ist außerordentlich interessant und heiß. Man überblickt das ganze Meer. Nicht die Spur eines Dampfers. Und das Meer ist ein enormes kochendes Ölbad.

Wie ich zurückkomme, schlägt Jeanne vor, nach Oran zu fahren. Oran sei französisch. – »So so, und was sollen wir dort?« – »Ach, ich meinte nur, wir brauchen ja nicht, wenn du nicht willst.« – »Nein, nein«, sage ich vorsichtig, »ich will ja durchaus nicht nein sagen, ich bin sogar bereit, hinzufahren, sobald du einen Zweck zu erkennen gibst, denn man fährt schließlich vierundzwanzig Stunden.« – »Zwanzig Stunden.« – Sieh! Sieh! – sie hat sich erkundigt, sie ist hinuntergegangen, vielleicht sogar an den Hafen, höchst merkwürdig. Ich tue so, als merke ich garnichts. – In Oran gebe es ein gutes französisches Hotel! – »Schon möglich!« – Der Kapitän habe es gesagt. – Sieh mal an! In mir dämmert eine Ahnung, und ich sage ihr auf den Kopf zu:

»Du bist reif, Mynheer zu heiraten!« Sie setzt ihr Trotzgesicht auf und antwortet nicht. Es ist auch nicht nötig, ich weiß, was sie nach Oran zieht: Das Stückchen Butter. Sollte man es für möglich halten! – Aber ich kann mir nicht helfen, die Idee hat etwas Bestrickendes. Oran ist französisch, die Franzosen sind Luxusmenschen. Ich sehe ein himmlisches Hotel vor mir wie in Fontainebleau. Alles im einfachsten Louis XVI., weiße Tüllgardinen, alte würdige Kellner. Das Stückchen Butter wäre etwas Selbstverständliches. Einmal aus dem Öldunst heraus, und wäre es auch nur eine halbe Stunde, und müßte man deshalb nach Afrika fahren! – Aber nun kommt in Jeanne wie gewöhnlich nach einem kühnen glücklichen Einfall die Reflexion. Hin und her seien es vierzig Stunden Seefahrt. – »Aber das Meer ist wie ein Ententeich.« – »Das kennt man!« – Frauen sind immer Don Quichote und Sancho Pansa in einer Person. Ich proponiere zur Probe eine Segelpartie; ungefähr das Dümmste, auf das ich fallen konnte. Wir chartern ein wundervolles Boot. Bei der absoluten Windstille brauchen wir eine Stunde, um aus dem Hafen herauszukommen. Auch draußen nicht die Spur von Wind. Aber das Boot schaukelt. Jeanne behauptet, es sei schlimmer als im Golf von Biscaya. Wir erleben einen wundervollen Sonnenuntergang zwischen den Fischerbooten. Die Stadt mit den mächtigen Kastellen und den festungshaften Bergen sieht pompös aus. Jeanne muß sich hinlegen. Der kleine nackte Junge unseres Fischers ist auch seekrank. Oran wird aufgegeben.

ALMERIA, DEN 9. JUNI.

Der Dampfer ist da und fährt schon heute abend, spätestens morgen. Er ladet Öl.

Diese Nacht wird bleiben. Als wir auf das Schiff kamen, fanden wir die ganze Schmiere, die ihre Rafflesvorstellungen in Cartagena fortzusetzen gedenkt. Es ist übrigens keine Schmiere niederster Sorte. Der Theaterdirektor, der die Alten spielt, und der erste Liebhaber ermangeln nicht einer gewissen eleganten Allüre. Die Naive hat eine beneidenswerte Taille und sehr niedliche Grübchen, war aber ganz heiser. Ein halbes Dutzend junger Leute verschiedenen Grades. Zwei von ihnen waren sternhagelbetrunken. Die ersten Betrunkenen Spaniens. Sie erinnerten an deutsche Studenten und machten einen Höllenlärm. Der erste Liebhaber war davon höchst peinlich berührt. Er hatte einen Diener bei sich, Antonio. Das heißt, es war wohl der Theaterdiener, aber der Liebhaber hatte ihn sich auf Grund des Gewohnheitsrechtes zum besonderen Dienst abgerichtet. Es mußte irgend etwas am Nachmittag passiert sein. Die beiden Betrunkenen waren in großer Aufregung, und auch unter den übrigen Schauspielern gab sich eine gewisse Bewegung zu erkennen. Am Lande hielt ein ganz leidlicher Selbstkutschierer. Ein eleganter junger Mensch rief dann und wann ein paar Worte zu dem Liebhaber herüber. Es hatte etwas Beunruhigendes. Das wäre alles schön und gut gewesen, wenn die Fülle von Passagieren nicht unser vorgemerktes Anrecht auf die einzige zweischläfrige Kabine in Frage gestellt hätte. Drüben verließ der Dampfer nach Oran leicht und gefällig den Hafen, während bei uns vor Öltonnen, Korkbündeln und Schauspielern nicht zu treten war. Jeanne hatte mit dem Kapitän unterhandelt und kam, rot vor Erregung, auf Deck. Ces acteurs ont pris notre cabine! – Im Ton einer Duchesse des achtzehnten Jahrhunderts, für die Schauspieler und Dienstboten auf einer Stufe rangieren. Ich versuchte das Lächeln des Philosophen und war gleichzeitig sehr geniert. Gerade löste sich das Schiff vom Lande, und in diesem Moment entstand am Ufer ein Riesenskandal. Ich vermutete, es wäre die Lösung der merkwürdig gespannten Stimmung. Es war aber nur der Kutscher, der die zweiten Kräfte der Truppe zum Hafen gefahren hatte und offenbar nicht bezahlt worden war. Er überschüttete alle Raffles mit unerhörten Schimpfworten. Die beiden Betrunkenen glaubten, es würde ihnen ein Hoch ausgebracht oder man raubte ihnen die Geliebte, benahmen sich wie rasend, und der eine von ihnen trat mir wiederholt auf den Fuß. Der Hauptliebhaber sah kalt zum Ufer hinüber und suchte jede Gemeinschaft mit den Durchgängern abzulehnen. Aber der Kutscher behandelte gerade ihn am schlimmsten und schrie ihm Dinge zu, die allen, die Spanisch verstanden, das Blut ins Gesicht trieben. Es war höchst peinlich, da der Dampfer sich nur ganz langsam entfernte. Plötzlich rief der Liebhaber: Antonio! – Im selben Augenblick war der Diener bei ihm. Der Liebhaber nahm seinen großen Panama ab, reichte ihn dem Diener, empfing dafür eine Reisemütze und setzte sie sich auf. Die Geste war ein Signal. Im selben Augenblick stürzte der eine der Betrunkenen vor, schwankte einmal vor dem Liebhaber hin und her und wollte sich dann mit einem Sprung über Bord stürzen. Zum Glück hielt man ihn. Es war ein unglaublicher Knäuel von Menschen. Auch die Naive war irgendwie darin verwickelt. Der Betrunkene hatte Riesenkräfte und machte den Leuten viel zu schaffen. Er versuchte immer wieder über Bord zu kommen und schrie wie rasend. Unterdessen stand der andere Betrunkene in unserer Nähe und murmelte in einem fort: Es un espectáculo hermoso! in einer Betonung, die den Zuhörer veranlaßte, nach einem tieferen Sinn dieser Worte zu suchen. Er benahm sich übrigens weit gefaßter und war mehr traurig als tobsüchtig. Nach einer Weile zog er sich an das äußerste Ende des Schiffes hinter das Steuerrad zurück und lehnte sich an die Fahnenstange und schlief ein. Der Kopf wackelte an der Stange, als wäre er mit dem Hals daran befestigt. Um zehn Uhr wurde Jeanne müde, und ich brachte sie hinunter. Der ihr zugewiesene Platz war bei der Naiven und drei ihrer Kolleginnen. Fünf Betten in einer mäßig geräumigen Kiste. Jeanne hatte ein Unterbett. Die Decke war so nahe darüber, daß man sich nur mit Mühe dazwischen schieben konnte. Vorher mußte das Kätzchen der Naiven entfernt werden. Außerdem übernachteten noch zwei Papageien und das Hündchen der Souffleuse in derselben Kabine. Ich hatte kein Bett mehr bekommen. Der Gedanke, die Nacht unter dem Sternenhimmel zuzubringen, wäre für mich nicht schrecklich gewesen, wenn man nur Platz gehabt hätte. Aber wo mal ein Plätzchen, das man sich gegen den merkbaren Wind einrichten konnte, frei wurde, konnte man sicher sein, daß jemand von der zweiten Klasse gerade hinspuckte. Auch ein großer Teil der ersten Klasse spuckte. Mir war das vorher gar nicht so aufgefallen, und es ist möglich, daß tatsächlich die Menschen, sobald wir das Land aus dem Auge verloren hatten, stärker spuckten. Die Spanier spucken, wie wir So! oder Aha! sagen, aber unterhalten sich unter Umständen auch ganz allein auf diese Weise. Der Spanier kann sich stundenlang damit die Zeit vertreiben. Unten sah der Salon infolge der Gesten des Betrunkenen so unsauber aus, daß man unmöglich bleiben konnte. Es war übrigens bei aller Wüstheit ein netter Kerl. Man hatte ihn auf ein Sofa gelegt, zwei Matrosen hielten ihn fest. Den einen streichelte er zärtlich und sagte ihm, daß er seinen Liebesdienst mit Peseten belohnen würde. Ich wurde den Eindruck nicht los, daß sich am Tage etwas Besonderes mit all diesen Menschen zugetragen hatte. Nun, so ging ich wieder hinauf, nahm mir ein Klappstühlchen und setzte mich hin. In meiner Nähe saß der Liebhaber, der auch vorzog, die Nacht auf Deck zu verbringen. Am Ende des Schiffes hockten mehrere Schauspieler. Ich merkte, daß sie von dem Liebhaber sprachen. Zuweilen sah mich der Liebhaber an. Ich glaubte eine Bitte in seinen Blicken zu lesen. In seinem Wesen war etwas von geheimem Kummer. Er tat kein Auge zu. Ich wartete bis gegen zwei Uhr. Dann hob sich ein scharfer Wind und ich wurde seekrank.

Die Einfahrt in den Hafen von Cartagena ist sehr schön. Man kann sich die weite Bucht hinter den pompösen Bergen ganz gut als Szene antiker Seekämpfe denken. Sobald man angekommen ist, verschwindet jede historische Suggestion. Andere Empfindungen beglückten uns. Wir fanden ein Hotel mit Badezimmer.

Diese Provinzstädte gleichen sich wie ein Ei dem andern. Auf der belebtesten Straße in der Mitte regelmäßig der Klub, mit dem Pomp unserer Postgebäude. Er dient den Mitgliedern als Hintergrund. Sie sitzen den ganzen Tag davor auf der Straße. Die Nichtmitglieder sitzen vor den Cafés. Der wohlhabendere Teil der Bevölkerung, der nicht vor dem Klub oder vor den Cafés sitzt, läßt sich rasieren oder die Stiefel wichsen. Der ärmere Teil rasiert und wichst. In jeder Stadt wird Raffles gegeben. Wir reisen stets mit der Truppe und gehören bereits dazu.

Die Prozessionsfiguren in der Ermita de Jesús* von Salzillo sind geschickter Naturalismus ohne jede künstlerische Empfindung. Ich weiß nicht, wer mir davon vorgeschwärmt hatte. Der Unterschied mit Wachsfiguren beruht nur auf der Perfektion der Nachahmung und einem infamen Verständnis für religiöse Suggestionen populärer Art.

Gestern abend hierher. Entzückende Fahrt. Alle Berge Spaniens haben die große Linie. Die Formen sind runder, weniger gebrochen. Es fehlt fast ganz das Gezackte, das einem die Schweiz auf die Dauer fatal macht. Ich fühle mich in der Schweiz immer nur in Zürich und in Basel wohl. Interlaken und Grindelwald sind mir greulich. Und es ist mir so, als ob das Gebirge hier trotz geringerer Ausdehnung reichere Pläne zeige. Natürlich hilft die Luft.

Die Ankunft unter den Palmen von Elche bei schönem Vollmond hatte Stimmung. Man ging wie auf einem Theater. Das riesige ausgetrocknete Flußbett lag in gespenstigem Grau. Zwi-

---

* Salzillo-Museum. (Anm. d. Verl.)

schen den ganz maurischen Hütten und Häusern und den unzähligen Palmen spielte das Silber des Mondlichtes.

Bei Tage sieht man, daß es sehr viel Palmen sind. Die Menge imponiert unserer Gewohnheit, Palmen immer nur in Gewächshäusern zu finden oder unter der Büste des Kaisers. In den Palmenalleen denkt man an die Moschee von Cordoba. Aus solchen Strahlenbündeln mögen die Araber ihre Formen gewonnen haben. Das unorganisch Phantastische des Modells kommt in der Kunst wieder, der Mangel an Masse trotz allem Reichtum an dekorativen Effekten. Zwanzig Eichen geben einen Wald. In Elche gibt es hundertzwanzigtausend Palmen, aber von einem Wald ist dabei keine Rede. Der Name Palmenwald ist ein Contradictio in adjecto. Man kann auch nicht sagen Kohlrübenwald oder Kartoffelwald. Wald wird immer nur aus Bäumen gemacht, und die Palme gleicht eher einem umgekippten Regenschirm als einem Baume. Kurios ist der Anblick von oben, wir gingen auf eine Art Aussichtsturm. Man glaubte, auf wild zerschaufeltes Gras zu blicken.

Unter den Palmen fiel mir die Geschichte meiner kleinen Nichte ein. Ihr Vater, mein Vetter, ist pensionierter Major, ein stiller Schwärmer, dem die Gattin, eine resolute Ostpreußin, den Hang zur Philosophie vorwirft. Klärchen, meine Nichte, ist jetzt zehn Jahre und hat alle Schwärmerei des Vaters. Ihr Vater und sie lieben sich abgöttisch. Beider höchste Wonne war, eine Palme zu besitzen. Nach schweren Kämpfen mit meiner Cousine wurde vorige Weihnachten die Erwerbung eines besonders schönen Exemplares der Chamaerops humilis durchgesetzt. Mein Vetter hatte mit Klärchen vorher die ganze Literatur über Palmenpflege durchstudiert, die Bewässerung und Düngung des Bodens erwogen, und sie waren sicher reif, in Elche als Züchter aufzutreten. Kurz nach dem Ereignis war ich als Gast bei ihnen. Die Palme stand in Klärchens Zimmer und war Gegenstand zärtlichster Hingabe. Mein Zimmer lag daneben. Eines Morgens hörte ich Klärchen mit dem Topfe wirtschaften. Sie stellt mit großer Anstrengung die Pflanze vom Tisch auf die Erde. Ich will hinein, aber sie hat das Zimmer verschlossen. Bin doch neugierig, denke ich, was sie macht, und verhalte mich ruhig. Eine ganze Weile wird mit der Palme hantiert; es ist mir so, als ob sie die Erde ausbuddele. Dann einen Augenblick Stille und dann höre ich auf einmal ihre ernste, tiefe Kinderstimme: Liebe Palme, du sollst eine wunderschöne Palme werden. Lieber Gott, hilf, daß meine Palme wunderschön und groß wird, ja, lieber Gott? – Ich sage nichts. Am nächsten Morgen wiederholt sich dieselbe Szene. Wieder wird gebuddelt. Wieder ist die Tür verschlossen. Klärchen bittet den lieben Gott, doch ja recht schnell für die Palme zu sorgen. – Aber die Palme wird von Tag zu Tag kränker. Mein Vetter läßt den Kopf hängen, er versteht es nicht. Klärchen tröstet ihn. Der liebe Gott wird die Palme nicht verlassen. Binnen kurzem wird die Palme die schönste Palme der ganzen Erde sein. Meine Cousine kann schon nicht mehr davon reden hören. Sie hat es gleich gewußt: Palmen in Ostpreußen! Sie hat es immer vorher gewußt. Aber Friedrich muß ja seinen Willen haben, wie er jedesmal seinen Willen haben muß. Das Schlimme dabei ist nur, daß sich Klärchen die dumme Pflanze so sehr zu Herzen nimmt, daß sie noch zu guter Letzt krank wird. – Ich suche sie zu trösten, und Fritz, mein Vetter meint, Klärchen sei nie so gesund gewesen, und daß das Schicksal der Palme sie psychisch affektiere, sei durchaus gerechtfertigt. – Alles Psychische und Affektierte ist meiner Cousine in der Seele zuwider. Mit der größten Bestimmtheit behauptet sie, Klärchen sei nicht in Ordnung, und zwar nicht psychisch, sondern höchst physisch. – Mein Vetter fällt aus den Wolken. Klärchen nicht in Ordnung – er fühlt die ganze Schwere des Vorwurfs, wenn er sich auch unmittelbar keine Schuld beizumessen weiß. – Seit fünf Tagen, behauptet meine Cousine. Nicht nur nicht in Ordnung, sondern überhaupt nicht. Sie als Mutter muß es wohl wissen!

O, sagt mein Vetter, überhaupt nicht? Er hat, bevor er den Rock des Königs anzog, Medizin studiert.

Mißtrauen in ihre mütterlichen Eigenschaften nimmt meine Cousine krumm. Es kommt zu einer Szene, und meinem Vetter wird wieder mal der vorzeitige Abschied vorgeworfen.

Am nächsten Tage ist, wie meine Cousine sagt, wieder nichts. Aus Klärchen ist nichts herauszubringen. Sie klagt nicht, der Puls ist normal, sie hat sogar annähernd guten Appetit. Übrigens liegt die Palme in den letzten Zügen. Das ganze Haus ist in Aufregung. Mein Vetter redet von einem Phänomen und will zum Arzt in die Stadt fahren. Bei dem nächsten Gebet höre ich deutlich, daß es das letzte ist, das der Palme zuteil wird. Klärchen stellt dem lieben Gott die Kabinettfrage. Sie betet noch einmal mit voller Inbrunst, ihr tiefes Stimmchen klingt so gepreßt. Lieber Gott, wenn du jetzt nicht bald meiner Palme hilfst – sie fängt an zu schluchzen. Ich gucke durchs Schlüsselloch und da entdecke ich des Phänomens Lösung, die sowohl das Absterben der geliebten Pflanze als auch die scheinbare Funktionsstörung meiner Nichte vollkommen erklärt. Klärchen hatte die botanischen Darlegungen über die Düngung der Palmenerde zu persönlich genommen.

ALICANTE, DEN 13. JUNI.

Die Natur sieht zuweilen maniert aus wie schlechte Malerei. Sie sieht so aus. Es wäre natürlich Dummheit, zu sagen, sie sei so. Es gab in dem gestrigen Sonnenuntergang fatale Momente. Das Meer spielte in ganz hellgrünen, fast weißgrünen Tönen, verblüffend ähnlich einem Signacschen Bilde aus Saint Tropez. Auch die Bewegung der winzigen glitzernden Wolken erinnerte daran. Sie war gerade stark genug, um das Grau wie einen geschliffenen Stein von allen Seiten zu zeigen. Dann kamen die unteren Luftschichten orange und lila. Ein Dampfer fuhr gerade aus dem Hafen hinaus. Der Rauch war zuerst störendes Schwarz. Er verschmutzte das Bild. Manet hätte das Schwarz stärker genommen und damit dem Bilde geholfen. Als der Dampfer ferner war, ging der Rauch in die Farbenskala über, er verstärkte das Violett. Das war alles sehr schön. Aber über diesem äußerst bewegten Farbenspiel kam der viel zu hohe

Himmel mit dem ganz tonlosen Blau. Es wäre noch angegangen, wenn man nicht so viel davon gesehen hätte. Und als Gipfel des Häßlichen schwebte der weiße Mond darin. Nur gerade Mond, nichts anderes, beziehungslos wie die runde, von hinten beleuchtete Scheibe der Nachtdekoration eines Vorstadttheaters. Nachher kam ein Moment vollkommener Harmonie. Die Farben hatten sich in unmeßbaren Dosen über den ganzen Himmel verteilt. Vom Weiß des Mondes bis zum Pechschwarz der Schiffe lief eine ununterbrochene Welle. Das Blau in der Luft und das im Wasser waren, wo sie sich berührten, kaum zu unterscheiden. Hielt man aber fernere Strecken gegeneinander, so waren es Kontraste.

Daß Maler wie Signac keinen Abend malen, ist nicht merkwürdig. Das starke Licht ihrer Bilder täuscht über die Grenzen der Methode. Ihre sicheren Harmonien geben eine bessere Welt. Der schrankenlosen Natur stellen sie bewußten Organismus entgegen, und da sie innerhalb einer aufs äußerste abgetönten Fläche immer noch die stärksten Kontraste besitzen, erreichen sie die Illusion eines zu Farbe gewordenen Sonnenlichtes. Ihr Wesen ist, Vorhandenes zu ordnen und aus dem Zuviel das Störende auszuscheiden. Schwieriger ist es die Natur zu geben, wenn sie selber Künstler wird wie an solchen Abenden, wenn sie von ihrer unermeßlichen Kraft nur das sehen läßt, was gerade genügt, die Farben zu verbinden.

VALENCIA, DEN 15. JUNI.

Bei Valencia denkt man an Orangengärten, an schön geschmückte Frauen, an prangende Farben. Man denkt sich ein phantastisches Gemisch von Orient und Mittelalter und hat eine Geschichte im Kopf, bei der viel gelacht und zuletzt ein bißchen mit dem Messer gekitzelt wird. Valencia ist in Wirklichkeit unsagbar häßlich, eigentlich die erste schlechterdings häßliche Stadt Spaniens. Die am wenigsten spanische, die wir bisher sahen. Das moderne Italien hat abgefärbt, das Italien, dem Berlin im Traume erschien, der Modern Style, die Pest Europas. Man denkt fast mit Sehnsucht an den stillen Stumpfsinn Cartagenas, Murcias, und selbst Almería bekommt einen Nimbus. Die Städte im Süden haben den Reiz von Dörfern. Sie sind nie vorlaut, alles Künstliche fehlt ihnen, sie sind kaum Architektur, so sehr werden sie von ihrer Lage in der Natur bestimmt. Valencia könnte beinahe Breslau heißen, es gibt so etwas wie eine Ohlauerstraße. Der unmelodische, mechanische Skandal unserer Großstädte, hinter dem sich das geboren Unstädtische deutscher Straßen verbirgt, der Skandal und die Beweglichkeit, die wir für Leben nehmen. Wenn es einmal aufhörte, würde man sich einbilden, in scheußlichen Katakomben zu wohnen. Neben diesen paar pseudo-großstädtischen Straßen ein undurchdringlicher Haufen zeitloser Gassen. Die wenigen Reste des alten Valencia stehen fremd darin. Die prachtvollen Tore, zumal die Torres de Serranos, die Seidenbörse an dem Mercado und der famose Miguelete sind schon zu Kuriositäten geworden. Die Seidenbörse entspricht noch am meisten der von zuhause mitgebrachten Vorstellung von Valencia. Einzig, wie sich der spielerische Süden die Gotik biegsam zu machen wußte, ohne sie zu verderben. Man meint, die Sonne dehne die Formen, die sich bei uns finsterer zusammenziehen. Auch der alte Teil der Kathedrale, das Aposteltor mit dem Kuppelturm darüber, hat diese lichtere Gotik. Das Innere verbrecherisch verdorben. Nur die finstere, massive Sala Capitular Antigua zeugt von der alten Schönheit: ein Stück sagenschwangeres Mittelalter.

Die Stadt bedrückt uns, obgleich die Hitze erträglich bleibt. Das Auge hat sich an den freien Ausblick gewöhnt. In den Küstenstädten des Südens hatte man fast zu viel Ausblick. In Granada machte einen das Strömende der Blicke zu einem zweiten Menschen. Überall in Spanien fühlt man sich frei. In Toledo schien die Enge der Gassen nur die Elastizität zu steigern, mit der man ins Freie schnellte. Valencia ist trübe und eng. Ein Glück, daß man die Alameda hat, die Allee am Turia. Aber sie ist viel zu breit, sie hat etwas von amerikanischem Größenwahnsinn.

Heute sind wir nach dem Hafen von Grao gefahren. Um dorthin zu kommen, muß man eine Schmutzgegend passieren, die noch östlicher als Breslau liegen könnte. Vom Meer erhält man keinen rechten Eindruck. Es ist nur Wasser.

May hat den richtigen Instinkt. Sie fragt an, ob wir wieder mal zum Stiergefecht waren. Und die Karte kam in dem Moment, als wir vom Zirkus heimkehrten. In Städten wie Valencia gehe ich selbstverständlich zu allen Stiergefechten. Wenn ich wüßte, wo es Hahnenkämpfe gibt, würde ich auch dahin gehen. Nun bin ich nur neugierig, ob Hans und May nicht in Granada zu den Stiergefechten laufen. Nächstens werden dort die Fiestas sein, die Plakate sind an allen Säulen. Wir haben die Entschuldigung, daß es hier sehr häßlich ist. Sie hätten vielleicht die Entschuldigung, daß es ihnen in Granada zu schön ist, um nicht mal nach dem Häßlichen als Abwechslung zu verlangen. Die heutige Schlächterei überstieg übrigens alles Dagewesene. Von den drei Matadoren, die sechs Stiere umzubringen hatten, brauchte jeder ein halbes Dutzend Stöße, bis es glücklich gelang. Der letzte sogar neun. Und als er ihn beim neunten Male glücklich zu Boden streckte, wurde doch noch geklatscht.

VALENCIA, DEN 16. JUNI.

Der Abschied des Franz von Borgia, von Goya, in der Kathedrale ist ohne jedes Interesse. Sehr viel besser Goyas Bildnisse im Museum. Den Bayeu* mag die matte, weichliche Malerei charakterisiert haben. Der Witz wäre, einen matten Menschen mit starker Malerei zu geben. Der Esteva** wirkt überzeugend. Schlimm das große Damenbildnis zwischen beiden. Die Frau soll auf einem Baumstamm sitzen. In Wirklichkeit liegen ihre

* *Francisco Bayeu* (1734–1795). Span. Maler, Schwager Goyas. (Anm. d. Verl.)
** *Agustín Esteve* (1753–1820). Span. Maler und Freund Goyas. (Anm. d. Verl.)

194

Kleider darauf. Der Körper ist ganz wo anders, wenn er überhaupt existiert.

Die Schule von Valencia hat in Valencia gemalt. Sonst ist wenig darüber zu sagen. Die hübschen Tafeln des Hauptaltars der Kathedrale sind ganz italienisch. Ribalta und Macip machen zuweilen den Versuch zur Eigenheit, zumal Ribalta, in dem man mit einigem guten Willen den Lehrer Riberas erkennt. Juanes und Espinosa unerträglich banal. Man läuft immer wieder zu den Goyas, wie in der Stadt zur Alameda. In besserer Umgebung würde man wählerischer sein. Das wahre Museum Valencias sind die beiden Zimmer des Rektors des Colegio del Patriarca. Freilich keine Spanier. Sehr schöne Roger van der Weyden. Der Franziskus Grecos gibt nichts Neues, und man konnte in der dunklen Ecke nicht erkennen, ob er eigenhändig ist. Vor der wunderbaren Hirtenanbetung geht es einem wie vor den meisten Grecos. Im ersten Augenblick beunruhigt das ungewohnte Szenarium des gewohnten Motivs. Die Tradition legt die Aktion in die Hirten und schreibt den Hauptbeteiligten stille Beschaulichkeit vor. Die Hirten kommen zu Besuch. Sie wollen das Wunder sehen. Und das Wunder, das Wunderkind ist von erfreuten Eltern umgeben, die gern zeigen, was das Glück ihnen gebracht hat. Je nach dem Breitegrad kann eine Nuance von Melancholie das Ahnungsvermögen der bescheidenen Zimmerleute verraten. Immer spielen sie, zumal der Vater, die ganz passiven Rollen bürgerlicher Eltern, die nur dazu da sind, das ihnen widerfahrene Wunder bereitwillig sehen zu lassen. Greco macht es umgekehrt. Um das strahlende Kind stehen und knien die Menschen, die Eltern so gut wie die Kinder. Joseph und Maria sind von dem Wunder genau so betroffen wie die Hinzugekommenen. Und das Betroffensein wird nicht durch die Gesten, sondern den Reflex des heiligen Lichtes geschildert. Die Schauenden gleichen düster flackernden Fackeln, die sich an dem Leuchten des Kindes entzündeten. Diese Gemeinsamkeit bezeugt stärker das Mysterium, als es die gewohnte genrehafte Episode vermag. Der Maler macht sich unabhängig von dem konkreten Wunder, indem er es mit seinen Mitteln organisiert.

So wunderbar sieht jede nächtliche Gruppe um ein Licht in ihrer Mitte aus. Die Gesten nehmen ganz von selbst das zauberhaft Verzückte an; das hat man hundertmal beobachtet. Nun ist das Licht hier ein gleißendes Leinen mit einem Kindchen darauf. Das ist im Grunde etwas viel Geringeres als der wunderbare Anblick der Gesten. Das Kind in dieser dunklen Lichternacht kennen wir. Es gibt nur ein einziges. Dieser Gedanke genügt, um aus dem wunderbaren Anblick das Wunder zu machen.

SAGUNT, DEN 17. JUNI.

Einer von den Tagen, die man aufheben müßte wie guten Wein, weil sie mit der Zeit immer besser werden. Jeanne klagte über die Hitze, und ich ärgerte mich über den Träger, der Pferde versprochen hatte und nicht wiederkam. Wir sprachen auf dem ganzen Wege von nichts anderem. Jeanne hätte es übelgenommen, und ich hätte auch auf nichts anderes geantwortet. Ich brummelte vor mich hin, während wir gemächlich zu den Ruinen hinaufstiegen, und nach und nach wurde mir das grämliche Brummeln angenehm. Es war in Wirklichkeit sehr gut, daß wir zu Fuß gingen, nicht auf schlechtgesattelten Pferden ritten, es war gar nicht heiß, sondern eine wunderbar balsamische, dünne Luft, deren Wärme uns fächelte. Es gehörte aber dazu, daß ich brummelte und Jeanne ein grämliches Gesicht machte. Sie war zu schlank, zu hübsch, um nicht so ein Gesicht zu machen. Und wenn ich nicht gebrummelt hätte, wäre die Natur nicht so still und so stolz gewesen, hätten wir nicht das göttliche Behagen gespürt, das unter unserer schlechten Laune wuchs wie eine Schnecke im Gehäuse. Die erste Etappe war das römische Theater. Nun, es war mal ein römisches Theater. Es lag am richtigen Punkt, wo man so wie so gern mal haltgemacht hätte. Ein wenig weiter unten wäre es ein altes Gerümpel gewesen. Hier dachten wir an Pompeji. Weißt du noch, die Dicke? fragte Jeanne. Sie hatte nicht ein Wort von Pompeji gesagt, schließlich kennen wir hundert dicke Damen. Ich nickte und brummte. Die Dicke wollte damals immer die Vomitorien sehen. Wir hatten sie angesteckt, und sie war vielleicht zum ersten Male in ihrem Leben unanständig, was ihr das Aussehen einer aufgeblasenen Truthenne gab. Sie hatte eine geheime Lust, sich die betrunkenen Wänste der Pompejaner über den steinernen Rinnen vorzustellen. Da sie eine Engländerin war und man ihr gesagt hatte, was Vomitorium bedeutet, sprach sie es nie aus, sondern machte, wenn sie es sagen wollte, so eine klimpernde Bewegung mit den dicken Fingerchen, die, ich weiß nicht, warum, so sprechend ausdrückte, was sie sagen wollte. Alles das gab Thomas, der mit uns war und nicht verstand, worüber wir uns in einem fort amüsierten, eine unsichere Haltung. Er wollte uns Pompeji archäologisch erklären und während er sprach, klimperten wir alle hinter seinem Rücken mit den Fingern, und manchmal wurde die Dicke so rot, daß sie zu platzen drohte. Das verhaltene Lachen fühlten wir heute noch. Es zupfte an meiner schlechten Laune und an Jeannes grämlichem Gesicht, beinahe hätte ich laut losgelacht. Ich brummte aber nur, jetzt müßten wir endlich weitergehen.

Die Höhe krönt ein kilometerlanger Kranz von Mauern. Man sieht von dem Riesenplateau aufs Meer. Mauern aller Art, phönizische, iberische, römische bis zu den eilig hingeputzten der Franzosen Napoleons. Es war eine Wonne, dem Führer zuzuhören, der auf eine stille, gemächliche Art von Hannibal erzählte. Die Erinnerung an die Völker, die sich zweitausend Jahre lang um die Höhe schlugen, war urbehaglich. Jeanne ließ sich auf das genaueste die Sache mit dem Sturmbock und der Phalarica erklären. Es war nicht ganz klar, was der Mann sagte, aber angenehm zu hören. Nachher saßen wir auf dem Bahnhofe, wo man uns ein vortreffliches Mahl bereitete. Die Züge fuhren langsam vorbei und gehörten mit zur Idylle.

Lieber Loris! Sie werden nicht erstaunter sein, diesen Brief von mir aus Sagunt zu erhalten, als ich es war, als man mir Ihre Karte aus Delphi gab. Die Ansichtskarte ist doch eine segensreiche Erfindung. Das Bildchen mit dem Theater Delphis erinnert ein wenig an die Stelle, wo wir gerade hausen. Auch ich sitze auf fast klassischem Boden, wenn auch fern von dem kastalischen Quell Ihres Parnasses. Ich kritzele diese Zeilen im Schatten römischer Mauern, nicht weit von dem Amphitheater Sagunts, das mit dem Ihren mindestens die Zerfallenheit gemein hat. Das ist ein gutes Postament, um mit Ihnen zu plaudern. Der Ort ist würdig, ich möchte mich Ihnen näher fühlen, so nahe das barbarische Sagunt der Stelle kommen kann, wo Oedipus das Orakel befragte. Der Blick auf die antike Bühne gibt mir Mut, Berlin ist weit, der Ort verlangt die Geste. Loris, ich habe Ihnen viel abzubitten. Ich habe Ihnen oft nicht die Wahrheit gesagt. Ich habe mich vielleicht auch nur selbst belogen, wenn ich Ihnen etwas Angenehmes sagte. Vielleicht war es Ihnen gar nicht angenehm. Vielleicht hörten Sie aus meiner Zustimmung viel mehr das Gegenteil heraus, als ich zu verschweigen hatte. Loris, ich habe Sie zuweilen gehaßt, gerade dann, wenn Sie fröhlich zu mir hereinkamen und über den krummen Rücken lachten, der da am Schreibtisch ächzte, gerade wenn ich Ihnen sagte, wie wohl mir Ihre Unterbrechung tat. Sie störten mich. Ich saß in meinen Geschichten und quälte mich mit Lust und Wonne und meinte, das müsse so sein, und jedesmal, wenn Sie bei mir gewesen waren, konnte ich nicht mehr gut weiter. Ich habe Ihnen oft zugehört mit herzlich lächelnder Miene, während mir zumute war wie den Jakobinern, die im Tempel die vornehmen Gefangenen bewachten und zuhörten, wie die sich am Vorabend ihrer Hinrichtung von feinen Dingen unterhielten. Eine Mischung von allen möglichen unlieblichen Instinkten. Einmal sprachen Sie über den Dichter, Sie, der Dichter über sich selbst. Es schien mir wie das freche Manifest einer längst abgesetzten Kaste. Was mich am meisten daran empörte, war mein Gefallen an Ihrem Wort. Im Getümmel der Straße, in den hundert banalen Gesprächen mit den anderen und bei der Arbeit hatte ich Ihre Worte in den Ohren. Nicht Ihre Gedanken. Mit denen wurde ich schon fertig, so gut wie die Jakobiner mit den Köpfen ihrer Gefangenen. Aber Ihre Worte. Es war mir manchmal, als hätten Sie alle die Worte, die ich im Schweiße meines Angesichts suchte, für sich genommen, für sich und Ihresgleichen. Ich beneidete Sie darum, wie die Schergen ihre Gefangenen um die schönen Kleider und um noch etwas, um die Fähigkeit, sie zu tragen. Ich beneidete Sie, daß Sie von hier bis dort reden können, ohne zu strauchen, während ich mir auf demselben Wege hundert blaue Flecke hole und, was das Schlimme ist, trotz alledem viel weniger sage, als ich sagen möchte. Waren die Leute in den schönen Kleidern, die in dem groben Karren zur Maschine gefahren wurden, komisch oder waren es die anderen, die um den Karren tanzten? Ich tröstete mich damit, daß Sie eben ein Dichter sind, während ich doch nicht gut meine Sachen anders als in Prosa schreiben kann. Soll ich vielleicht mein Buch über die Vorgänger der Impressionisten in freie Rhythmen fassen? Jemand hat gesagt, wenn Goethe heute wiederkäme, würde er einen lenkbaren Luftballon oder ein Serum statt Gedichten erfinden. Ich glaube, es war Herr Dubois-Reymond oder ein anderer dieser modernen Heiligen. In den nächsten hundert Jahren würde Goethe vielleicht eine Art Bankdirektor werden im Genre unseres gemeinsamen Freundes Benz, der schon ganz geschwollen ist von überwundenen Atavismen. Man könnte auch einmal die Geschichte umdrehen und fragen, was wohl so ein Benz im Zeitalter Goethes gewesen sein mag. Es ist manchmal ganz gut, Ferien zu haben und in barbarische Länder zu reisen, wo die Ruinen, die bei uns von modernen Postgebäuden verdrängt sind, noch als Gerümpel daliegen. Ich kann mir denken, daß Sie gern in solchen Ländern sind. Nun also, heute brachte mich ein ganz primitiver Gedanke zu Ihnen. Er wäre mir gekommen, auch wenn ich nicht Ihre Karte aus Delphi erhalten hätte. Wir hatten einen wunderschönen Tag. Unter der Maske gleichgültiger Reiselaune gingen uns tausend angenehme Dinge durch den Kopf, die alle einen gewissen oder vielmehr ganz ungewissen Zusammenhang unter sich und mit Sagunt hatten. Es war so schön, daß ich den naiven Wunsch hatte, den Tag festzuhalten, um mich später in Berlin daran zu erinnern. Nicht dieses oder jenes Objekt. Dafür gibt es ja die Photographie und tausend andere moderne Dinge. Aber das Gewisse oder Ungewisse zwischen den Objekten. Ich fiel natürlich auf die Schreiberei. Schließlich, warum sollte ich nicht mal zu meinem Pläsier schreiben! Einen Satz wollte ich, einen einfachen Satz, der klipp und klar das gab, was ich hier tagelang, monatelang, jahrelang empfinden würde. Sehen Sie, Loris, das konnte ich nicht. Ich setzte mich richtig hin, zwischen die Ruinen des Theaters, an einen ungemein behaglichen Platz. Es ging nicht. Es wurde gleich zu spezifisch, zu sehr gegen oder für die Antike, die gar nichts mit der Sache zu tun hatte. Dann stieg ich hinauf auf das Plateau, wo früher die Burg stand und es heute noch viel schöner ist als früher. Da war es mir zu luftig. Es kam nur ein lächerliches Gekrächz heraus, Gedankenstriche zwischen Worten, dermaßen common place, daß man es hätte drucken lassen können, oder unleserlich. Ein Satz, ein einziger vollkommener Satz! Schließlich nicht die Welt. Man kann weniger bescheiden sein. Die Griechen sollen ganze Dramen so geschrieben haben. Aber, sehen Sie, Loris, jetzt kommt wieder die Geschichte: taten sie es wirklich? Drückten sie ihre Gedanken so vollkommen aus, wie wir es möchten? Kommen wir wirklich von ihren Dramen zu ihnen, zu den Menschen, die eines Tages am Berge saßen und etwas dachten, das sie gern für sich festhalten wollten? Oder dekorierten sie etwa nur ihre Szene, die heut in Ruinen liegt? Kommen wir etwa von ihren Dramen nur zu einer »Kunst«? Sind ihre Dramen nicht auch schon Ruinen? Lockt Sie zum Beispiel nicht etwa gerade dieser Zustand, neue Gedichte damit zu versuchen?

Loris, das ist der Punkt. Ich sitze hier auf einer Ruine, und Sie sitzen auf einer anderen. Ich werde in der Literatur nie die Empfindung los, daß wir, jeder in seiner Art, nur dafür da sind, den Besten unserer Zeit genug zu tun. Und ich denke nicht mal daran, daß das in einer Epoche der Benz nichts Unüberwindliches darstellt. Ich habe einen teuflischen Argwohn. Möglicherweise kommt er nur von dem anmutigen Ruinengefühl dieses Nachmittags her. Aber ich habe ihn auch schon mal in Weimar gespürt. Ist Ihnen nie aufgefallen, daß die Werke der bildenden Kunst dauerhafter sind? Es ist mir ganz unmöglich, an die Grenze eines Phidias zu gelangen. Ich bedarf, um ihm, wie man es nennt, gerecht zu werden, nicht einer der Abstraktionen, zu denen mich stets jedes Dichterwerk gleichen Datums nötigt. Ich brauche ihm überhaupt nicht gerecht zu werden. Er schafft sich selbst Gerechtigkeit. Man kann nicht um ihn herum. Kein Teilchen ist an ihm veraltet, kein Teilchen wird jemals veralten. Wir akzeptieren seine Absicht als die unsere, und die Erfüllung segnet uns jeden Tag aufs neue. Bei allen großen Meistern ist das so, und sogar bei manchen kleineren. Wir machen der Verwegensten Absicht zur unseren, sehen mit ihren Augen Dinge, die längst entschwunden sind, sehen sie wie Ereignisse von heute. Wenn uns ein Ziel von der Zeit abhängig erscheint und wir uns darüber hinwegzusetzen vermögen, wenn es nicht so realisiert ist, daß wir es heute nicht besser zu realisieren vermöchten, haben wir es nicht mit den absolut Regierenden zu tun. Die, die wir historisch nennen müssen, gehören nicht dazu. Gerade in den Großen aber ist die Entwicklungsgeschichte lebendig.

Kann man von großen Dichtern das gleiche sagen? Sie wissen, wie ich über Flaubert denke, und halten es nicht wie Rudi für ein Verbrechen gegen Goethe, ihn den größten Prosaisten unserer Zeit zu nennen. Ich glaube, es gab keinen vollendeteren Künstler des Wortes, es hat niemand differenzierter von der mit Wörtern zu gebenden Kunst gedacht. Der alte Duret erzählte mir vorigen Sommer eine amüsante Geschichte. Er trifft einmal Turgenjew bei Flaubert, Turgenjew hat gerade einen Brief an einen Verleger zu schreiben, tut das, während die anderen dabei sind, und sucht bei einer Stelle nach einem Wort für »freudig« oder dergleichen. »Kann man wohl joyeux sagen?« fragt er Flaubert. – »Das kommt darauf an,« meint der Gefragte. »Gib mal her.« –

Turgenjew reicht ihm die Epistel und zeigt ihm die Stelle. Flaubert liest sie durch und nach einer Weile nimmt er den Brief und geht damit in sein Arbeitszimmer. Die beiden bleiben allein und erzählen sich Geschichten. Es vergehen zwei Stunden. Schließlich sehen sie nach Flaubert. Der sitzt an seinem Schreibtisch. »Hör mal,« sagt er, »joyeux geht nicht, ich werde das richtige Wort finden, aber du mußt mir das Ding bis morgen hier lassen.«

Mit einem unerhörten Aufwand erreicht Flaubert die Einordnung des sinnfälligsten Ausdrucks in den Rhythmus des Satzes. Der Empfindlichkeit seines Künstlertums sind alle Zufälle verdächtig. Die Natur ist ihm nicht natürlich genug, und er macht hundert Umwege zu ihr. Seine Prosa läuft wie klares Wasser über geschliffene Kristalle. Aber manchmal scheint es mir, als sei das Wasser künstlich getrieben, ja, als komme es Flaubert darauf an, das Artifizielle des Antriebs sehen zu lassen, wie um zu erweisen, daß menschliche Energie eine Wüste zum blühenden Garten zu verwandeln vermag. Ist die Tentation de St. Antoine nicht von einem Antonius der Wüste geschaffen?

Gewiß, ich brauche nur eine Seite, wo es auch sei, in der Madame Bovary aufzuschlagen, um der Illusion des Lebens zu verfallen. Oder verfalle ich nur dem unwiderstehlichen Amateurgelüst an der Aufbietung des Künstlers, der das Unmögliche tut, um den rechten Ton zu halten, um das verwirrend komplizierte Uhrwerk der Handlung in der den tausend Rädern und Rädchen gemäßen Bewegung zu halten, ohne die Kunst merken zu lassen? Denke ich an den Zweck der Aufbietung oder berauscht mich die Aufbietung selbst? Werde ich selbst Teil des Mechanismus oder bleibe ich wirklich darüber? Nein, wenn ich ihn lese, fühle ich die Kunst, ich weiß ja, wie alles zusammenhängt, ich habe es schon zu oft gelesen, um nicht genau zu wissen, daß das, was hier geschieht, dort zum weiteren Geschehnis treiben muß. Aber wenn man mal, wie ich hier in diesem Augenblick zwischen kühlen Ruinen, nicht die Möglichkeit hat, zu dem Apparat, ich meine zu dem Buch, zu greifen und nachzusehen, da können einem Zweifel kommen.

Eins steht fest, Flaubert ist seines Stoffes so sehr Herr geworden, daß ihm nie die Zeit das kleinste Stück davon entreißen wird. Er wird nie altmodisch werden. Empfindungen, Gewohnheiten, Trachten werden altmodisch, nicht das dunkle unpersönliche Wesen, das sie entstehen läßt, Flauberts Held. Es gibt keinen Zweiten, von dem man das mit gleichem Recht, in gleichem Umfang sagen kann. Doch hat er über seine Kunst die Achseln gezuckt. Man fühlt es in allem, was er darüber schrieb, und fühlt es in seinen Werken selbst. Es gehört zu seiner Kunst, daß wir es nachfühlen. Er haßte seine Kunst und fürchtete sich vor ihr. Die Salambo ist nichts anderes als die Flucht vor der Dichtung. Deshalb plagte er sich mit den tausend Details historischer Forschung mit dem Fleisch des Sitzgelehrten, er, Flaubert. Hier draußen kommen mir solche Dinge ganz phänomenal vor. Schließlich hat er sein Leben lang nichts anderes gemacht, als seine Kunst zu verbergen. In die Bewunderung dieser Selbstzucht ohnegleichen mischt sich die Einsicht, daß es ihm nicht nur gelang, seine Kunst zu verbergen, sondern daß sich der Mensch verbarg, um nicht zu sagen, kleiner machte. Seine Dichtung hat nur ganz oberflächliche Teile des Künstlers erschöpft, war unfähig, ihn auszulösen. Mir scheint, er hat die adäquate Form nur da gefunden, wo er sie nicht suchte, in seinen Briefen. Da ahnt man, was der Mensch ohne seine Kunst, fast hätte ich gesagt ohne seinen Spleen, vermochte. Sie haben mich mal gefragt, was ich von zeitgenössischer Literatur am höchsten stelle. Daß ich Ihnen diese Briefe nennen konnte, scheint mir heute ein wahres Rätsel. Das Drollige ist, daß ich sie Ihnen heute wieder nennen würde. Man kann nun doch wohl nicht gut konstruieren, daß Flaubert als Briefschreiber unbewußt größerer Künstler war als in seinen Romanen. Die Briefe sind ja keine Kunst, sie sind der ungesuchte Ausdruck von Empfindung, und Empfindungen vergehen, werden altmodisch, wenn sie nicht in künstlerischen Formen stecken. Oder wäre es anders? Könnte etwa die Empfindung eines bedeutenden Menschen wichtiger sein als die Form der Übertragung? Aber dann, Loris, dann – ach, ich hätte Sie jetzt gern hier. Diese Ruinen geben allerlei dumme Gedanken. Es ist nicht nur das Äußere, was sie zerstört. Auch im Innern werden sie morsch. Ihre Mauern sinken in gleichem Maße in sich zusammen, als sie das fruchtbare Unkraut überschwemmt. Eigentlich ein melancholischer Anblick. Diese Flucht vor der Kunst gleicht aufs Haar der modernen Flucht vor der Liebe und ist vielleicht dasselbe. Man findet beide nirgends so unverhohlen als bei den Franzosen, der künstlerischsten und der liebereichsten Nation. Auch an ihrer Malerei nagt der Wurm Flaubertscher Selbsttäuschung. Wer malt noch in Frankreich? oder, was dasselbe ist, wer malt nicht? Wer schreibt noch oder wer schreibt nicht? Flaubert war der beste Franzose. Sein Schicksal ist das Memento mori einer Kultur, von der wir leben. Zu dem barbarischen Strom, der von außen her immer größere Massen fruchtbaren Interesses von ihr wegschwemmt, gesellt sich der Wurm im Innern, der die Widerstände durchbohrt.

Darum schreckt mich's, daß auch Sie jetzt in Delphi auf Ruinen sitzen. Was tun Sie dort, Sie, der Glückliche, der es noch wagt, glücklicher als wir, die nur noch gewesene Freuden suchen! Sie sind einer der letzten Starken, Sie dichten, die Worte strömen Ihnen zu, noch nagt an Ihnen nicht der Wurm. Und wenn ich Sie deshalb zuweilen neidvoll zu hassen meine wie der wüste Jakobiner seinen vornehmen Gefangenen, glauben Sie mir, es gehört im Grunde nur Ihr Glück dazu, um meinen Haß in Anbetung zu verwandeln.

TARRAGONA, DEN 19. JUNI.

Dieses Datum habe ich am neunzehnten Juni in Tarragona niedergeschrieben nach einer wundervollen Wagenfahrt durch das Tal zwischen den Bergen, an dem römischen Aquädukt vorbei, der seine zweistöckigen Bogen majestätisch zwischen die Hügel spannt, nach vielen Stunden auf einem anderen Hügel über dem Meer, nach einem fast heiligen Gottesdienst zwischen den von Zyklopen errichteten Säulen der alten Kathedrale, nach einer Prozession, bei der wir hinter verschiedenen, zehn Meter hohen ausgestopften Puppen herschritten; ich hinter einem unmäßig vergrößerten Perser, der eigentlich gar nicht aus Persien, sondern aus Kieferstädtl stammte und infolge irgendeines Naturereignisses so groß geworden war; Jeanne hinter einer Riesendame, die einem plastisch gewordenen Riesenzigarrendeckelbild glich und von einem Manne getragen wurde, der in ihren Unterröcken steckte. Unten sahen seine Stiefel und ein Stückchen Hose hervor. Die Stiefel spazierten immer ein wenig nach links, während sich der Körper der Riesendame immer ein wenig nach rechts drehte. Dazu nickte sie mit dem Kopfe und mit dem Hinterteil wie eine deutsche Jungfrau auf der Promenade. Diese Riesenpuppen sind keine Spezialität Tarragonas, sondern werden überall in Spanien bei Prozessionen bestimmter Art gezeigt. Welcher Art, wollte ich gerade untersuchen, als mir ein Weinchen aus Tarragona vorgesetzt wurde, das Leuten, die etwas untersuchen wollen, nicht zu empfehlen ist. Jeanne machte mir schwere Vorwürfe, und ich behauptete, sie sei die nickende Riesendame.

BARCELONA, DEN 21. JUNI.

Barcelona hat sich die Boulevards zum Muster genommen, wie Madrid die stilleren Teile von Paris. Auf der Rambla wimmelt es von ziemlich gräßlichen Menschen, die vielerlei Geschäfte treiben. Gestern ist Langhans angekommen. Er wird einige Wochen mit uns reisen. Sizilien hat ihm gut getan. Er hat fleißig gemalt, spielt besser Billard und hat sich auch eine politische Überzeugung angeeignet. Natürlich wollte er sofort ein Stiergefecht sehen. Daß es in dieser modernen Geschäftsstadt einen Stierzirkus gebe, war einigermaßen unwahrscheinlich. Unser Wirt verwies uns gekränkt unseren Zweifel. Barcelona besitzt sogar zwei Arenen, und wir würden heute nachmittag die edelsten Herren von der Zunft in Tätigkeit sehen. Der Spektakel übertraf alle Erwartungen. Der erste Stier war wie gewöhnlich ländlicher Idylle geneigter als dem Kampfe und zog sich vor jeder Capa zurück. Die Sonne blieb in den bedenklich grauen Wolken, und nach den ersten Gängen fing es an zu regnen. Der Regen dämpfte noch mehr den Mut des Tieres und die Lust der Angreifer. Das Publikum tobte. Da der Stier auch auf Feuer-werk-Banderillas nicht reagierte, verlangte das Volk einen neuen Stier und geriet, als man ihm nicht sofort den Willen tat, in wahre Raserei. Man begann zuerst, als Worte nicht mehr halfen, die Stierkämpfer mit Zigarrenstummeln und faulen Orangen zu traktieren und ging dann zu festen Gegenständen über. Flaschen und ganze Bretter flogen in die Arena. Schließ-lich sprangen ein paar Dutzend Kerle aus dem Publikum über die Brüstung und hopsten vor dem Stier herum. Sie sahen wie Wilde aus. Es kam zu Szenen, die denen der Tauromachie Goyas immerhin verwandt waren. Als man schließlich von unten anfing, die Präsidentenloge mit Steinen zu bearbeiten, sah sich der Präsident genötigt, den Kampf zu unterbrechen. Der Torea-dor und seine Capeadores verließen die Arena. Der Regen hatte ihre bunten Kleider übel zugerichtet. Schutzleute trieben die Ruhestörer fort. Schließlich blieb nur noch der schwarze Stier mit den rauchenden Speeren im Nacken allein in der Arena unter strömendem Regen. Zahme Ochsen, die neben ihm wie Kälber aussahen, wurden in die Arena gelassen, und mit ihnen trabte er vergnügt in den Stall. Er hatte sich von allen Beteiligten am klügsten benommen. Da der Regen stärker wurde, wurde die Fortsetzung des Kampfes auf den nächsten Feiertag, das heißt morgen, verschoben.

BARCELONA, DEN 22. JUNI.

Mit dem Schriftsteller Utrillo gebummelt. In der Kathedrale fühlt man sich anfangs wie in einem Tunnel. Langhans fiel mit seinen langen Beinen über kniende Beter. Langsam gewöhnt

man sich an das Dunkel. Der bräunlich gefleckte Stein beginnt in dem Schwarz zu leuchten, die Formen dehnen sich. Prachtvolle Strenge. Die frühe Kirche St. Maria noch ernster. Die katalanische Gotik der guten Zeit hat nicht das spielerische des übrigen Spaniens. Sie verzichtet auf jeden Schmuck und sucht die Schönheit nur in der Reinheit der Linie. Zuweilen wird man an englische Gotik erinnert. Die Altstadt hat wunderbare Winkel. In der Calle Moncada noch viele alte Höfe mit gotischen und Renaissance-Motiven. Utrillo führt uns in der Nähe in ein Haus, zwischen dessen Mauern man vor kurzem das große Fragment eines römischen Tempels gefunden hat. Zwischen kleinen Stuben und schmalen Treppen wachsen plötzlich drei richtige römische Säulen wie gewaltige Bäume. Im Rathaus, das von außen so banal wie möglich aussieht, ein schöner gotischer Saal. Der alte Justizpalast hat einen famosen spätgotischen Hof mit phantastischen Details. Auch einzelne Teile des zerfallenen königlichen Palastes sehr wirksam. In der sogenannten königlichen Kapelle hat man ein kleines Museum eingerichtet. Dort ein frühes Altarbild, das an französische Primitive erinnert.
Nachmittags den Maler Riquer besucht. Er wohnt neben der Kathedrale im obersten Stockwerk eines alten Hauses. Man ist im Atelier auf gleicher Höhe mit den famosen Wasserspeiern der Kathedrale, die wie wilde Bestien hereinschauen. Auf dem Dach des Hauses Umblick auf das alte Barcelona. Von der Rambla und dem ganzen modernen Trödel ist nichts zu sehen. Riquer ist eifriger Sammler. Sehr schöne Einbände und ein paar glänzende Zeichnungen Goyas zu den Caprichos und der Tauromachie, die bestätigen, was mir schon bei den Prado-Zeichnungen auffiel. Die Radierung zerstört alle Feinheiten des ersten Entwurfs, zumal allen Reichtum der Materie, und läßt nur das phantastische Motiv übrig. Goya ist zuweilen im ersten Entwurf erstaunlich genial. Ein paar Striche des weichen Rötels suggerieren tolle Steigerungen des Daseins. Man sieht die vor Schreck und Wut gereckten Glieder zittern. Der plumpe Umriß der Radierung macht daraus groteske Verzerrungen unwahrscheinlicher Körper, die nicht leben und nicht tot sind.

In einem recht guten Restaurant als Gast eines Großkaufmanns von Barcelona, an den ich empfohlen war, gefrühstückt. Ein für mich neuer Typ Spaniens. »Sie wissen doch,« sagt er in geläufigem Deutsch, »daß wir hier keine Spanier sein wollen. Wir sind Katalanen. Nun, das Volk übertreibt den Unterschied. Ich stehe auf dem Standpunkt, ubi bene. Immerhin, mit dem Kastilianer mag ich natürlich auch nichts zu tun haben.« Er redete über das südliche und westliche Spanien wie ein Mailänder über die Neapolitaner. Eine ganz andere Rasse. Dick, dumm, faul und gottesfürchtig, ohne Bedürfnisse, ohne politischen Instinkt und – er sei sicher nicht hypermoralisch – vollkommen verwahrlost. – So, meine ich, finde also hier der Satz vom Zug der Kultur von Osten nach Westen eine Widerlegung. Übrigens scheine mir doch Madrid über eine große Kultur zu verfügen. – Er hat ein gesundes Lachen. In Madrid gibt es viele Häuser, und natürlich wohnt ja auch der König in Madrid. In Madrid gibt es viel Nichtstuer. Das einzige, was sie verstehen ist, die Noce zu machen, la grande noce, wie man in Paris sagt. Kultur gebe es überhaupt nur in Katalonien, obwohl er natürlich jeder Art von Lokalpatriotismus fernstehe. – Die Sole könnte man nicht besser bei Prunier haben. Ich erkläre ihm, daß ich Barcelona überhaupt sehr lebendig finde, ein halbes Paris. Damit mache ich ihm aber durchaus kein Vergnügen. Er gehört zu den Menschen, die Frankreich als das Unglück Spaniens betrachten. An dem französischen Regime gehe Spanien zugrunde. Das heißt Kastilien und der Rest, nicht Katalonien, das gehört nicht dazu. Die Pfaffen, die Rentnerwirtschaft, der Mangel an jeder Industrie. Ob ich bis Barcelona schon einen Schornstein gesehen hätte? – Man bringt eine vortreffliche Ente. Die Rentnerwirtschaft ruiniere Frankreich. Es gehe langsam, weil eben viel Geld da sei. Ein Volk ohne zunehmende Industrie müsse an Kultur abnehmen. (Es ist ein Satz, dem man anhört, daß er ihn schon oft gesagt hat.) Es gebe nur ein Land, das sich Leute wie er zum Vorbild nähmen: Deutschland. Wir stoßen an. Barcelona muß und wird ein zweites Berlin werden. Und dann müssen sie einen Mann bekommen wie den Kaiser. Er hat Berlin vor dem Kaiser gekannt. Wie sieht es jetzt aus! was ist da geschaffen worden! nur, weil die Leute nicht auf dem Gelde sitzen, sondern arbeiten. In Berlin arbeitet man, solange man kann, das ist Kultur. In Barcelona beginnt man auch, so zu denken. Wenn es möglich wäre, würde sich Katalonien zu Deutschland schlagen. Er ist kein Lokalpatriot, aber die Katalanen wissen, was Geld heißt. Sie haben es von den Deutschen gelernt. Er geht noch jedes Jahr nach Berlin. Vor zwei Monaten ist er das letztemal dagewesen. Er wohnt immer im Kaiserhof. Überhaupt, der Kaiser. – Ich bin ganz beschämt und frage ihn schließlich, ob er meinen Freund Benz kenne. Er kennt nicht Benz, aber er kennt einen Bruder Benzens. Nun werden wir dicke Freunde. Beim Käse stoßen wir auf die Kultur Kataloniens an. Deutschland in der Welt voran, und dann kommt gleich Katalonien. Er hat als Kommis in einer Spritfabrik angefangen mit zehn Duros den Monat. Jetzt besitzt er – nun, das gehöre nicht hierher, er sei kein Renommist. Wenn ich Sekt trinke, kann ich nicht den Mund halten, namentlich nicht mittags. Das mit der Kultur ging mir im Kopfe herum. Kultur, meine ich – Er unterbricht mich, das sei keine Frage. Sie seien noch lange nicht so weit, an deutsche Kultur sei noch nicht zu denken. Das könne man aber billigerweise auch nicht verlangen. – Aber ich meine diese Kultur gar nicht, sage ich ihm, diese sozusagen Industriekultur. Er wird eifrig. Ja, das habe er sich schon gedacht, daß ich Agrarier sei. Er wollte auch durchaus nichts gegen die Agrarkultur sagen. Nur in Spanien sei mit der Agrarkultur nichts anzufangen. Das habe Kastilien und der Rest genügend bewiesen. Hier bei den reichen Bodenschätzen gebe es nur die Industriekultur. Übrigens, ob ich vielleicht glaube, daß Deutschland mit der Landwirtschaft allein groß geworden wäre. Er erlaubt sich natürlich kein Urteil, aber es scheint ihm doch ganz lächerlich, zu behaupten, daß Deutschland ohne die Industriekultur zur Größe gelangt wäre. Schließlich einigen wir uns, obwohl ich eigentlich etwas gegen ihn habe. Wir trinken auf die Agrarkultur, auf die Industriekultur, auf Wilhelm II. und auf den Bruder Benzens. Er fuhr mich in seinem Auto nach Hause. Zum Glück war Jeanne beim Coiffeur.

Das Museum ist provisorisch im kleinen Palast des Parkes untergebracht. Ein paar sehr schöne romanische und gotische Skulpturen und katalanische Altarbilder. Der Petrus Grecos kann echt sein (unten links bezeichnet). Das Fleisch entsteht aus dem bekannten roten Lack und den orangenen und bläulichen Tönen der Bekleidung. Die Draperie des Hintergrundes vertieft das Orange. Das andere dem Greco zugeschriebene Bild (La Oración del Huerto) hat nicht das geringste mit dem Meister zu tun.

Wir machen einen Ausflug nach Villanueva y Geltrú und Sitges, um die Grecos zu sehen, und fanden in Sitges, in dem Museum des Malers Rusiñol, drei recht zweifelhafte Bilder. Die heilige Katharina mit dem Rad mag noch am ersten von der Hand Grecos stammen, ist aber ganz abgescheuert und übermalt. Dem Fleisch fehlt alle Frische. Überraschend ist die Sammlung von Türklopfern, Schlössern und anderen Eisenarbeiten. Manche Renaissanceschlösser sind so gediegen gearbeitet wie alte japanische Stichblätter. Das Haus liegt entzückend, hart über dem Meer. Wir verbrachten den halben Nachmittag in dem weichen gelben Sand des Strandes. Langhans erzählte Ateliergeschichten.

Sehr interessant die Verkündigung Grecos in Villanueva. Gehört zu den großen Bildern des Prado; wenn auch nicht so vollkommen. Die Maria wirkt etwas schwach, und die Engelsköpfe scheinen unfertig, obwohl Greco sie sicher so wenig wie möglich von den umgebenden Wolken unterscheiden wollte. Er mag an Raffaels Sixtina gedacht haben. Auch hier wieder die ganz klare Logik der Farbendisposition. Das Blau des Kleides der Maria wird zu dem Grau der Wolken mit den Engelköpfen. Der Mittelpunkt orange. Davor die weiße Taube. Der Engel grün über orange. Dasselbe Grün in dem merkwürdigen flammenden Bäumchen, mit dem Greco der Legende in seiner Weise entgegenkommt. Er sagt sich mit Recht, daß solche Dinge gar nicht unwahrscheinlich genug gegeben werden können. In der prachtvollen Gruppe der musizierenden Engel im Himmel, dem schönsten Stück des Bildes, tritt Braun zu dem Orange.

BARCELONA, DEN 25. JUNI.

Barcelona ist ein Gemisch von sublimen und grotesk häßlichen Dingen. Der Blick von Tibidabo auf die Berge und Täler, auf den gewaltigen Klotz des Montserrat und, auf der anderen Seite, auf die Stadt ist unvergeßlich. Wir fuhren abends hinaus, um die Johannisfeuer zu sehen. Die Berge waren in dem grauen Dunst nur durch die pünktchenhaften Feuer zu unterscheiden. Unten lag die Stadt, ein riesiger Bahnhof mit Millionen Lichtern. Dazwischen flammten die roten Feuer. Die ganze Stadt war auf dem Berge, und jeden Augenblick kamen noch Hunderte von Menschen dazu. Man konnte sich einbilden, daß in dieser Nacht Barcelona nur von Lichtern bewohnt war. Gegen Mitternacht fuhren wir hinunter zu dem Volksfest im Park Güell*. Park klingt harmlos und friedlich. Man denkt an stille Alleen mit graziösen Frauen und weißgekleideten Babys, womöglich sogar an grüne Bäume. Diesen Gedanken muß man im Parke Güell fahren lassen. Ich weiß nicht, ob der Name im Spanischen angenehmer klingt als für nordeuropäische Ohren. Die Idee Utrillos, uns nach Mitternacht, wenn Bourgeois' wie wir längst im Bette liegen, in den Park zu führen, hatte schon an sich etwas Bedenkliches. Noch dazu in einen Park Güell. Die letzte Silbe bestreitet alles, was die erste versprechen könnte. Ich stellte mir

* *Park Güell*, von Antonio Gaudí (1852–1926) entworfen. (Anm. d. Verl.)

unwillkürlich etwas Absonderliches vor. Glücklicherweise, denn ich glaube, ganz ohne Vorbereitung kann einen zu nachtschlafender Zeit hier der Schlag treffen. Die Fahrt dauerte eine Ewigkeit. Barcelona ist über Nacht groß geworden und beherrscht noch nicht die Menschenmassen. Jeden Augenblick riß oder schmolz irgendein Draht der Elektrischen, und die zum Bersten überfüllten Wagen standen festgekeilt zwischen Menschen, Droschken und Automobilen. Utrillo vertrieb uns die Zeit mit Kommentaren. Er sprach wie ein echter Spanier unaufhaltsam. Es scheint, daß die Menschen hier erst in der Nacht aufwachen, wenn wir schlafen gehen. Am Tage war er eher wortkarg gewesen. Ob der Wagen stand oder fuhr, ob wir auf dem holprigen Weg zum Park hinauf zusammen waren oder von einem Knäuel Menschen auseinandergerissen wurden, er erzählte immer weiter, von Katalonien und seiner Sonderstellung in Spanien, vom Sozialismus und Volkserziehung, von Rusiñol und Zuloaga, und begrüßte dabei jeden Augenblick Bekannte, sprach mit ihnen und mit uns Spanisch, Französisch, Katalanisch, sogar Deutsch. Langhans, der immer ein wenig zur Vertrottelung neigt, fing an, Englisch zu reden. Schließlich erreichten wir, es mochte zwei Uhr sein, eine Art Grotte, oder vielmehr eine Art Tempel, oder ein Riesenkarussell, das sich aber nicht bewegte. Säulen, die ungeheuren Elefantenzähnen oder Walfischbärten oder ins Unendliche vergrößerten Upmans glichen, trugen es. Von da führte ein Weg neben schwindelnden Abhängen, die mit Totenköpfen oder was weiß ich gesäumt waren, zu einem Plateau, das sich beim näheren Zusehen als schwebender Garten herausstellte und das Dach des Tempels war, in dem wir vorher gewesen waren. Dann kamen wir an einen kilometergroßen Blumentisch, auf dem statt Blumen dichtgedrängte Menschen standen. Daneben war wieder so ein Blumentisch und so fort, ich weiß nicht wie viele. Die monströsen Dinger schienen in der Luft zu schweben, und die Menschen darin hatten keine Ahnung von der drohenden Gefahr. Übrigens fehlte uns die Zeit, darüber nachzudenken, denn im Handumdrehen hatten wir wieder ein Gebäude von unbegreiflichen Formen vor uns, halb indischer Palast, halb Hundehütte, aus Fayence oder Glas oder Seifenblasen. Utrillo erzählte gelassen von Katalonien, als ob wir vernünftig irgendwo zusammensäßen. Ich aber nahm alle Kraft zusammen, blieb stehen und faßte das mir zunächst liegende Detail, einen Spucknapf oder ein Monument, energisch ins Auge. Es war richtig Fayence, und in den Formen erkannte ich ohne Mühe Anklänge an Horta und Guimard. Die Erinnerung an ein Haus, das ich Tags zuvor auf der Gracia gesehen hatte, kam mir zu Hilfe. Ich befand mich nicht im Trans, sondern in einer modernen Architektur. O wie habe ich in diesem Moment Horta und Guimard, Endell und Obrist und wie die Übeltäter sonst noch heißen, alles, was ich je gegen sie gedacht habe, abgebeten. Sie erscheinen alle wie friedliche Klassizisten neben den Einfällen dieses Ungeheuers von Barcelona. Utrillo erzählte, der Mann würde auch eine Kathedrale bauen und habe viele andere Aufträge. Es beständen zwei Parteien in Barcelona, die eine gegen ihn, die andere für ihn. Es sei ein Mensch von großer Energie, und er würde es noch weit bringen. Mittlerweile waren wir wieder an einen großen Platz gekommen, der vermutlich in Wirklichkeit nur ein Regenschirm war. Auf dem Platze tanzten hunderte von Menschen die Sardana. Es war aber in Wirklichkeit gar kein richtiger Platz. Um hölzerne Pfeiler, auf denen Plakate mit rätselhaften Inschriften befestigt waren, bewegten sich Kreise, die immer aus acht oder zehn Menschen bestanden. Es gab mindestens fünfzig solcher Kreise. Die Bewegung kam dadurch zustande, daß zuweilen das eine oder das andere Glied der Kette ein wenig hüpfte. Manchmal hüpften auch zwei oder drei. Es sah aus, als wären es gar keine richtigen Menschen, sondern Puppen, die an Fäden hingen, oder Klavierhämmer. Dazu spielte eine Musik mit Blasebälgen, unsäglich traurig. Langhans gluckste, er hatte die Augen weit aufgerissen, seine langen Beine schlotterten. Es waren gar keine richtigen Beine. Utrillo erklärte, die Sardana wäre aus dem nördlichen Katalonien importiert worden, wo sie von den Fischern getanzt würde, und sei, sozusagen, ein mathematischer Tanz. Die Tänzer müßten genau abzählen, wenn sie hüpfen müßten, der Rhythmus regle sich nach folgendem System...

Da packte mich die Angst. Ich gab Langhans einen Stoß, faßte Jeanne und rannte, was ich konnte.

ZARAGOZA, DEN 26. JUNI.

Das sehr zweifelhafte Wetter hat uns veranlaßt, die Balearen aufzugeben. Wir freuen uns, nicht wieder nach Barcelona zu müssen, und deshalb behagt uns Zaragoza vielleicht besser, als es verdient. Die Ausstellung verschönt nicht die Stadt. Die Hotels behandeln einen wie die Pariser zur Weltausstellung, und die Bauten der Ausstellung sind im selben Verhältnis infam wie die Pariser von neunzehnhundert. Auch das allermeiste, was darin zu sehen ist. Sehr schön in der Retrospektive eine Verkündigung im Besitz eines Arztes Roman Vicente, die hier Memling heißt und aus der Nähe Gerhard Davids sein dürfte, und ein Elfenbeinkasten, ein Wunderwerk arabischer Arbeit aus der Maurenzeit Spaniens. Für diese Verwendung eignete sich die arabische Schmuckkunst vortrefflich. Sehr schöne Wandteppiche. Namentlich eine figurenreiche Kreuzigung aus dem Besitz der Kathedrale und zwei Gobelins des fünfzehnten Jahrhunderts aus dem Besitz des Königs, in ganz verblichenen goldenen Tönen mit weißen, herrlich profilierten Köpfen. Auch ein paar schöne Rüstungen aus der Armeria. Eine Menge Bilder Goyas. Banale Skizzen zu den noch banaleren Plafonddekorationen der Kathedrale Virgen del Pilar; ein leidliches frühes Selbstbildnis, im Besitz des Señor Ena, das etwa wie ein Fantin Latour wirkt. Der Herzog von San Carlos recht überladen in der Art der Königsbilder. Von Goyas Marquis von San Adrián hatte man mir Wunderdinge erzählt. Ich fand einen guten Winterhalter, der in der deutschen Jahrhundertausstellung in Berlin kaum besonders aufgefallen wäre. Die gelben Hosen, die weiße Weste, der schwarze Rock sind mit Delikatesse gegeben, und das

214

Gesicht paßt dazu. Aber unter einem vollkommenen Bildnis stellt man sich doch etwas anderes vor.

Unter jedem Niveau die Modernen. Sorolla, Rusiñol und Zuloaga sind die Führer.

ZARAGOZA, DEN 27. JUNI.

Die Kathedrale, La Seo, sieht von außen nach nichts aus und ist im Innern sehr nobel, und die andere Kathedrale, die Virgen del Pilar, verspricht mit ihren Azulejos-Kuppeln Wunderdinge und ist im Innern geschmacklos wie der Berliner Dom. In dem Franziskanerkloster S. Katharina ein sehr schönes Dreiflügelbild mit drei Heiligen, entfernt an Grünewald erinnernd, aber spanisch, datiert 1454.

In beträchtlicher Hitze nach dem Karthäuserkloster Aula Dei gefahren, etwa zehn Kilometer nördlich von Zaragoza. Das Kloster lag bis vor wenigen Jahren in Ruinen. Als sich Frankreich der Mönche entledigte, kamen die Weißröcke hierher und bauten im Handumdrehen das Kloster wieder auf. Jetzt sitzen sie darin, als ob sie schon hundert Jahre hier wären. Der gefällige Frater zeigte uns die Räume. Wir mußten in mindestens zehn Kapellen. Kapellen für die Priester, für die Mönche, für die dienenden Brüder und die Patres; Kapellen für morgens, mittags und abends, für die Festtage und für die gewöhnlichen Tage. Und dabei alle gleich nüchtern, freudlos. Mir kam der Bau wie eine Art Fabrik vor, eine Gebetfabrik, und man sah sich unwillkürlich nach einer Dampfanlage oder dergleichen um. Übrigens, wenn der liebe Gott auch nur einen Funken Geschmack besitzt, werden ihm die Gebete aus diesen Kapellen nicht angenehm sein. Selten sah ich so infame Heiligenbilder. Sie waren im Dutzend gemalt und ergänzten den Fabrikcharakter des ganzen Lokals.

Auch die Goyas in der kleinen Kirche, wegen denen wir hingefahren waren. Das Leben der Jungfrau und des Heilands im

Galopp gemalt. Die Geschwindigkeit hat den Bildern einen dekorativen Anstrich gegeben. Aber es ist mehr Anstreicherei als Dekoration.

MADRID, DEN 29. JUNI.

Die Fahrt von Zaragoza hierher führt an wundervollen Gebirgszügen vorbei. Wir passierten ein Nest Épila, etwa fünfzig Kilometer von Zaragoza; ein hellgrauer Hügel mit hellgrauen Häusern. Langhans war nur mit Mühe zu bewegen, die Fahrt fortzusetzen. Das Reisen mit Malern hat seine Schattenseiten. Man ist keinen Tag sicher, nicht im Stich gelassen zu werden. Hans schreibt von Granada melancholische Briefe. Er ist jetzt gerade so weit, das Bild mit den Zigeunern von vorne anzufangen und hat keine Ahnung, wann er fertig werden wird. Wir werden uns wohl erst in Berlin wiedersehen.

MADRID, DEN 30. JUNI.

Gestern abend hatte uns Kersting zum Diner in die Parisiana, das Arménonville Madrids, eingeladen. K. ist Großindustrieller – Blei- und Kupferminen – wohnt seit zwanzig Jahren hier und führt ein großes Haus. Es war eine Menge hübscher Damen da, die Toiletten sichtlich nach Pariser Zuschnitt, aber ein wenig für die Provinz gearbeitet. Kersting hat großes Vertrauen auf Spaniens Zukunft. Die Finanzen sind nicht schlechter als die unsrigen, und das Land besitzt ungemessene Reichtümer. Von den Erzfeldern werden bisher zwei pro Mille exploitiert. Im übrigen bestätigt es, was mir der Katalane in Barcelona sagte. Die spanischen Kaufleute und Industriellen arbeiten auf den kleinen Rentner. Ein Vermögen von zweihundertfünfzigtausend Peseten ist der meisten Ziel. Ich freute mich, meine neulich avortierten Kulturideen zum besten zu geben, und trat mit Macht für das Rentnersystem ein. Die Damen waren alle meiner Meinung.

MADRID, DEN 1. JULI.

Beim Herzog von Alba. Das Schloß, in einem schönen Park, hat großen Stil und ist tadellos gehalten. Halb englisch, halb französisch. Gute Livree. Der Herzog jung, elegant, frisch, ohne jede Pose, mit einem Anflug englischer Allüre, die dem Spaniertum etwas ungemein Pikantes gibt. Während er uns guten Tag sagte, ging sein Hauspriester durchs Zimmer und verbeugte sich bis an die Erde. Der Herzog nickte ihm nachlässig zu. Auch das paßte zum Dekor. Wir gingen durch ein paar Dutzend fürstlicher Räume, sahen den Kopf der Minerva – die erste Antike auf unserer Reise –, den unerwartet guten Murillo (Bildnis seines Sohnes, des Priesters), eine sehr merkwürdige Kreuzabnahme, die Rembrandt genannt wird und von einem kleinen Maler stammt, in dem der Anblick Rembrandts einen kurzen Augenblick von Genie entzündete. Schließlich die berühmten Goyas. Die Herzogin mit dem Hündchen ist recht matt, wie alle Bildnisse dieser Art. Die rote Schärpe auf dem weißen Kleid vermag die Flauheit nicht zu überwinden. Die Pose wirkt puppenhaft. Aber in dieser unter dem Leben bleibenden Darstellung verbirgt sich ein unbeabsichtigter kulturgeschichtlicher Beitrag. Man ahnt das artifizielle Dasein dieser den Künsten und den Künstlern zugeneigten Schönen. Alles ist künstlich an ihr, selbst das über die Maßen drollige Hündchen, das den Spleen der Herrin weiterträgt. Es steckt etwas von Hogarth darin. Nur fehlt das siegreiche Bewußtsein Hogarths. Ich glaube an keine Satire Goyas, nicht mal in der Familie Karls IV., und Loga hat sicher recht, die Ähnlichkeit der Maria Luisa mit manchen Hexen für unbeabsichtigt zu erklären. Auch die Verwandtschaft der Herzogin mit der Maja ist ungewollt entstanden. Unbeabsichtigt, aber nicht zufällig. Goya war ein reiches Instrument, das er seiner Epoche zur Benutzung überließ, einer von den Schauspielern, die nicht denken, was sie spielen. Er gehörte zu seiner Epoche.

Zuletzt führte uns der Herzog in das Zimmer mit den Reliquien seines großen Ahnen. Wir sahen das Bildnis von Tizian und das von W. Key. Eine echte Don Quichote-Physiognomie. Selbst Tizian, der sich hier mit einer dem greisen Selbstbildnis ähnlichen dünnen Materie behilft, hat das Karikaturhafte nicht ganz vermieden. An den Wänden kostbare Gobelins mit den Schlachten Albas. Ich konnte nicht umhin, dem Enkel ein paar naheliegende Worte über das Zimmer zu sagen. »C'est mon petit cabinet de travail«, antwortete er charmant.

Das dem Velasquez zugeschriebene Bildnis der Prinzessin, das Beruete nicht für echt hält, hat etwas Gläsernes in der Malerei und erreicht jedenfalls nicht das Wiener Bild.

Lieber Hans! Machen Sie schleunigst Ihre Zigeuner fertig und kommen Sie! Es gibt hier immer noch beträchtliche Dinge. Vega zeigte mir gestern bei einem Conte de Roda einen vor kurzem wiederentdeckten Greco: musizierende Engel. Ein breiter Fries mit sechs großen Figuren. Cossío meint, er gehöre über die phantastische Apokalypse, die Zuloaga besitzt und die wir bei Schulte gesehen haben, und es sei vielleicht darunter noch ein Stück gewesen. Ich glaube nicht recht daran. Aber so viel steht fest, daß Greco alles Unfaßbare der Metaphysik zu greifen verstand: Ungefähr das einzig sicher verbriefte Detail seiner Biographie ist seine fanatische Liebe zur Musik. Das Bild bestätigt diese Passion. Es besteht aus Rhythmen seiner gewohnten Farben – Rosa, Grün, Grau und Blau – die man, so albern es klingt, Musik nennen möchte. Die Farben schwingen wie Töne, und die Körper schwingen mit. Ich weiß nicht, ob Sie verstehen, wie ich es meine. Michelangelo ließ Körper schwingen. Greco bringt es fertig, seine in faltenreiche Gewänder gehüllten Engel durch die Wucht seiner Bewegung und den Reichtum seiner Harmonien in Abstraktionen zu verwandeln, die der Deutbarkeit so weiten Umfang lassen wie die gebundenen Töne der Musik und doch immer noch Engel sind, ja, die Vorstellung, die wir uns von solchen Wesen machen, ins Unendliche steigern. Das schwebte zuweilen Cézanne vor. Aber Cézanne verlor auf den Höhen seiner Abstraktionen das Gefühl für die Notwendigkeit ihrer sinnfälligen Bedeutung. Seine Gestalten sind schließlich kaum noch Engel oder Menschen. In seiner Einsamkeit ersann er Töne, die nur ihm selbst ihre Bedeutung offenbaren, eine Zeichensprache ohne Schlüssel. Ich stehe immer wieder vor Greco wie vor dem größten Wunder der Welt, weil er die geheimsten Enttäuschungen unserer Größten erriet und parierte.

Seit gestern sind im Prado die vier Toledo-Bilder Grecos auf kurze Zeit ausgestellt, die drei Bildnisse, die Sie kennen, und der Plan Toledos, den Sie noch nicht gesehen haben. Hoffentlich kommen Sie noch früh genug. Die Bilder sollen demnächst nach Toledo geschickt werden. Auf dem Plan hat er links eine allegorische Figur in Goldgelb, rechts einen bekleideten jungen Menschen, der das Papier hält, in grünlichen Tönen, improvisiert. Man denkt an gewisse dekorative Barockfiguren Cézannes. In den Wolken spaziert eine himmlische Gruppe von unglaublicher Süße. Und die Zeichnung der Stadt ist höchst korrekt, sowohl im Aufriß wie im Plan, mit Nummern und sauberem Text. Unter den Bildnissen bleibt der Covarrubias immer noch primus omnium. Langhans hat sich sofort daran gemacht, ihn zu kopieren, und behauptet, es ginge von selber. Er machte sich den roten Grund und malte sofort darauflos, und zwar, wie es Greco wahrscheinlich gemacht hat, ohne jede Vorzeichnung. Ich halte es doch für ausgeschlossen, daß Greco diese späten Bildnisse vorher auf der Leinwand modelliert hat. Sie entstanden von innen heraus, ganz wie die Bildnisse Manets aus einem Gewebe von Pinselstrichen, das er dann mehr oder weniger zudeckte, gleichsam mit Epidermis überzog. Daher die unglaubliche Frische, das Pulsierende der Flächen.

Wer weiß, ob nicht auch manches große Bild so entstanden ist; zum Beispiel die Kreuzigung im Prado. Der Wurf in der

Kreuzigung ist von vornherein so innig mit der Farbe verquickt, daß man nicht weiß, was eine neutrale Zeichnung hätte vorzeichnen sollen. Und trotzdem ist das mathematische Gefüge der Komposition bei keinem Bilde deutlicher als hier. Wenn Sie alle Köpfe verbinden, erhalten Sie eine annähernd korrekte Ellipse.

Das Kreuz bildet ihre Achse. Sie wird durch den linken Rand der Schrifttafel (sehr fein! viel besser als wenn die Mitte der Schrifttafel die Mitte des Kopfes träfe!) durch die Mittellinie des Körpers und am untersten Ende durch die Hand der Maria Magdalena bestimmt und trifft die Mitte des Bildes. Die kurze Tangente oben bildet der Querbalken des Kreuzes. Die Verbindung der Hände des Christus mit den Köpfen Josephs und der Maria gibt die Längstangenten. Kurios, wie? Viel genauer haben auch die Primitiven nicht konstruiert. Bin nicht sicher, ob er es vollkommen bewußt tat oder diese Mathematik lediglich im Gefühl hatte. Die Ellipse scheint sein Lieblingsmotiv gewesen zu sein. In der Auferstehung und in der Taufe und im Espolio in Toledo ist sie mehr oder weniger deutlich. In der Jungfrau mit den Heiligen der Capilla de San José in Toledo bilden nicht nur die Köpfe dieselbe Form, sondern die Umrisse der Körper, und die entscheidenden Bewegungen der Glieder unterstreichen die Ellipse so energisch, daß man kaum noch an der Bewußtheit der Absicht zweifeln kann. Diese Dinge sind den Heutigen entweder zu fremd oder zu bewußt. Entweder stilisiert man à la Maurice Denis oder Hodler, oder man begnügt sich mit dem Stilleben-Effekt des Beau Morceau. Leute wie Bonnard, die das Gefühl für Stil im Instinkt besitzen, sind im Aussterben, und selbst bis Bonnard verdünnt die mimosenhafte Angst, für einen Parti pris-Maler zu gelten, immer mehr die natürliche Gabe.

Grecos Zeit profitierte von der jahrhundertelangen Übung der malenden Konstrukteure, die vorhergingen. Und Greco selbst der Outsider, mehr als alle anderen, weil er, vielleicht gerade weil er fremd war, stärker als die anderen die Wohltat empfand. Jeder konnte auf die ellipsenförmige Anordnung der Kreuzigung fallen, die dem italienischen Schema nahesteht. Ein Wunder ist, wie die Köpfe, die das Schema tragen, gleichzeitig zu Empfindungsträgern werden, wie die Willkür des momentanen Impulses in dem Engel, den das Mysterium mit magnetischer Kraft an das Kreuz heftet, wie die Verzücktheit der Maria Magdalena, die im Schauer erstarrt, den Rhythmus durch ihren Widerstand fördern, wie die scheinbar nur der Konvenienz dienenden Gestalten Josephs und der Maria jede das psychische Moment individuell ergänzen. Diese Maria zumal mit dem von höchster Not verkleinerten, gleichsam ausgelaugten Antlitz, der Typus der überzarten Frau, die zuviel gelitten hat. Man kann neun oder zehn Kopflängen messen und dürfte nicht eine entbehren. Von der krausen Wurzelverschlingung des Kreuzes wird der Blick magisch beiden Gestalten entlang in die Höhe getrieben zu dem im Dämmerlicht leuchtenden gekreuzigten Fleisch. Das ganze Bild ist in Nacht getaucht, in dieses wolkenschwere, geheimnisvolle Grünblau. Man kann es sich über die ganze Erde verbreitet denken. An dem Platz, wo das Kreuz steht, wurde es von den heiligen Gestalten erleuchtet. Es widerstand nicht der Pracht dieser Gruppe, gab sie freiwillig frei, konnte nicht anders, weil seine Materie und die des heiligen Fleisches eins sind, weil dieselbe Macht, die das Dunkel hervorbringt, dieses Leuchten gebar. Der Christ ist aus allem gemalt, was unter ihm und um ihn ist. Das Blau seiner Schatten steckt so gut in der Luft wie in den Gewändern der Frauen. Geradeso das Orange, das im Fleische leuchtet und als dunklerer Ton dem Kreuze die Teilnahme sichert. Geradeso das Rot oder die Rots. Sie gehen von leuchtender Erdbeerfarbe zu gesättigtem Bordeaux in dem Engel links, und etwas vertieft im Unterkleid der Jungfrau, ganz hell in dem Überwurf des Johannes. Und sind das Blut in dem bleichen Leichnam. Haben Sie sich mal die Farbe des Bluts angesehen, das aus den Wunden tropft, von den Engeln aufgefangen? Manchmal glaubt man, es sei ein Leuchten von Rubin, und wenn man näher hinsieht, ist es überhaupt keine Farbe, nur ein Leuchten, ein paar Lichtkristalle. In diesem winzigen Detail steckt der ganze Greco.

Ich glaube, mir ist doch die Kreuzigung lieber als die Himmelfahrt und Ihnen wird es vielleicht geradeso gehen. Die Himmelfahrt, sicher das kühnste Werk, das an artistischen Reizen reichste, ein Bravourstück der Verkürzung, voll von modernen Suggestionen, das Zeugnis eines einzigen Temperamentes. In der viel einfacheren Kreuzigung haben wir des Menschen reinste Tat. Er übertrifft darin den Künstler, der sich nie genug tun konnte, und setzt sich ein Denkmal, das, schlicht wie ein großes Monument, allen Blicken zugänglich werden kann.

Ich mache mir den Spaß, Ihnen eine Photographie des Christus von Velasquez und des Goyaschen Christus mitzusenden. Wenn ich mir denke, daß es Menschen gibt, die das akademische Machwerk des Velasquez vorziehen, und wenn sie das tun, keinen Grund haben, nicht auch die gepolsterte Nudel Goyas zu verehren!

Passen Sie mal auf, wenn wir unserem lieben Thomas die drei Photos zeigen, wird er sagen: »Ja, auf religiösem Gebiet ist Greco vielleicht stärker.« Glauben Sie nicht, daß er das sagen wird? Ich bin sicher, ich höre ihn förmlich.

Als ob die Lust an niederen Illusionen eines Heilands bedürfe, um gerichtet zu werden! Aber Sie können eher Ihre Zigeunerinnen zu deutschen Hausfrauen verwandeln, bis man erreicht, einem Thomas die simpelsten Begriffe beizubringen. Er hat mir Briefe zum Radschlagen geschrieben und sich bereits dreimal von mir losgesagt, fängt aber immer wieder an, wie ein Gelegenheitssäufer.

Ich glaube, man kann nur Rembrandt neben Grecos Kreuzigung ertragen, und es ist ein Jammer, daß der Prado nur die traurige Artemisia besitzt, die geradeso gut von einem anderen sein könnte. Man hat hier wirklich Sehnsucht nach ihm, möchte neben diesem Mitbewerber um den höchsten Ruhm die Stärke seiner Gestalten erproben. Wahrscheinlich würde man die beiden, trotzdem sie sich in der gleichen Sphäre bewegen, trotz der Identität vieler Motive, nicht vergleichen können. Wie man auch aus dem Vergleich Rubens' und Rembrandts nichts Ersprießliches gewinnt. Cézannes Unterscheidung zwischen

Modeler und Moduler, die auch auf Rembrandt und Greco anzuwenden wäre, streift eben doch nur die Form, nicht den Inhalt und ist mehr geistreich als erschöpfend. Man wird vielleicht Greco am gerechtesten, wenn man ihn den Schwächeren nennt, der seine Schwäche so vollkommen organisierte wie Rembrandt seine Stärke. Dann scheidet die Wucht Rembrandts, die der verzweigten Farbendifferenziertheit Grecos nicht bedurfte, wie etwas Gegenständliches aus, und man bewundert den gleichen Grad individueller Vervollkommnung.

MADRID, DEN 2. JULI.

Lieber Hans! Mein Eindruck im Velasquez-Saal war noch viel schlimmer als vor zwei Monaten, und ich hatte ihn nicht anders erwartet. Die Geschwindigkeit, mit der Werke, deren Ungültigkeit erkannt, jeden Nimbus verlieren, ist, glaube ich, geradeso groß, wenn nicht noch größer, als das Tempo des Wachstums legitimer Bewunderung. Es bleibt nicht ein Häufchen Asche von all der mitgebrachten Bewunderung übrig, nicht mal die Empörung, die ich jedesmal aufs neue vor manchen Bildern Goyas spüre. Ich finde sogar Velasquez' Geschicklichkeit ohne jedes Interesse. Man erkennt sie an, wie die belanglose Bestätigung eines vollkommen gleichgültigen Menschen, den man zufällig getroffen hat und nie wiedersehen wird, und der wie jedermann auf höfliche Behandlung Anspruch erhebt. Ich hatte Langhans nichts gesagt. Er reagierte mit der Fixigkeit eines Klappmechanismus. Na, denn nicht! Und guckte mich dann mit der mitleidigen Unverfrorenheit an, mit der diese zukunftsichere Generation unsereinen immer anblickt. Ich tat erstaunt und ließ mich bekehren. Er konstatierte, daß Manet »denn doch etwas besser« sei, und ich erfuhr daraus, außer seiner Meinung über Velasquez, daß diese Jünglinge geneigt sind, Manet auch schon zum alten Eisen zu werfen. Vor zwei Jahren schrieb mir mal Erhard, der gerade hier war, ich sollte nur mal nach Madrid kommen, da würde ich mir Manet schon abgewöhnen, und tat so, als hätte Manet Goya ganz einfach bestohlen. Ich weiß eigentlich wirklich nicht, was die beiden gemein haben sollten. Die Erschießungsszene Goyas mag Manet auf das Motiv seiner Hinrichtung des Kaisers Maximilian gebracht haben. Sie ist besser als hundert andere Goyas, und ohne den Lichttrick mit der gelben Laterne wäre sie ein Meisterwerk ihrer Art. Aber die Art liegt immer unter Manets Niveau; sowie der beste Turner unter Constable bleibt. Ich bin auch wieder im Keller bei den Goyas gewesen. Man kann den Horror gegen die Delirium-Atmosphäre überwinden und glänzende Dinge finden. Er war sicher viel stärker als Manet und hatte wahrscheinlich mehr Talent. Ich trage ihm auch nicht mal den Mangel an Kultur nach. Sondern die infame Widerstandslosigkeit eben gegen sein Talent, gegen jeden Einfall. Auch Manet war von großen Gefahren bedroht. Es steckte ein Akademiker und ein Süßmaler in ihm. Wie ist er damit fertig geworden!

MADRID, DEN 2. JULI.

Mit Langhans beim Stiergefecht. Bombita, Gallito und Manolete. Wir saßen unten in der dritten Reihe, und Langhans war außer sich vor Vergnügen. Keine Spur von Entrüstung. Nicht mal über die Pferdemetzgerei. Nur muß man zugeben, daß der Tag so günstig wie möglich war. Die beiden ersten Stiere, enorme Tiere, erschwerten den Leuten das Geschäft, und Bombita, der zierlichste der Toreros, war glänzend disponiert. Er nahm den zweiten Stier sofort nach dem Eintritt mit der Capa auf und ließ ihn rechts und links vorbei, fast ohne sich von der Stelle zu rühren. Die Stöße der Bestie gingen haarscharf an ihm vorbei. Manchmal schien er sich zwischen den enormen Hörnern zu winden. Dieses Gegenspiel von ganz geschmeidigen und wüst eckigen Bewegungen war fabelhaft. Das Pferd des ersten Picadors nahm der Stier samt dem Kerl auf die Hörner und warf es über die Brüstung. Der Reiter fiel wie ein Klotz zwischen die Schutzleute. Beim letzten Stier riskierte Gallito zehnmal seine Haut. Er glaubte den Stier tödlich getroffen zu haben und blieb mit der bekannten Grandezza vor ihm stehen. Der Stier geht auf ihn los. Gallito bleibt immer noch stehen im Glauben, das Tier werde niederbrechen. Dabei stürzt er und der Stier auf ihn drauf. Gleich darauf steht er heil, ohne jede Verletzung, wie durch ein Wunder gerettet. Und dann geht die Geschichte noch mal los. Er stößt und fehlt wieder, obwohl der Degen bis zum Griff im Rumpf steckt. Der Stier schlenkert mit dem Kopf hin und her. Gallito steht zwischen ihm und der Barriere und hält sich die Bestie mit der Capa vom Leibe, aber kann, da sie schwer verletzt ist, Seitenbewegungen nicht mehr genau berechnen. Dabei kapriziert er sich auf den Gehirnstoß. Wir standen atemlos. Das Leben des Menschen war nicht fünf Centimos wert. Schließlich trifft er, und das Vieh fällt genau vor ihm nieder. Heute steht in den Zeitungen, das Gefecht wäre schlecht gewesen, und Gallito habe wie ein Pennäler gearbeitet. Der Teufel soll sich auskennen.

MADRID, DEN 3. JULI.

Gestern abend mit den beiden Kerstings in der Casa de Campo. Halb Park, halb Steppe, typisch spanisch, von riesigen Dimensionen. Tausende von wilden Kaninchen. Wir fuhren stundenlang darin herum und sahen die Sonne in der Sierra Guadarrama untergehen. Die Urteile über den König sind lächerlich verschieden. K. hält ihn für intelligent. Aber während ich mir einbildete, der König mache sich nichts aus der Gefahr, behauptet K., er sei in fortwährender Angst. Lange Diskussion, ob das für oder gegen seine Intelligenz spricht.
Kerstings sind Naturschwärmer. Mit der Kunst haben sie bisher nur wenig Fühlung, und sie gestehen es mit wohltuender Offenheit ein. Ihr Hauptvergnügen ist, am Abend nach der

Arbeit in die Casa de Campo zu reiten. Solchen Menschen erfüllt die Natur alle ästhetischen Ansprüche, weil sie ihnen nach dem Grau des Bureaus und dem anstrengenden Mechanismus ihrer Tätigkeit Farben gewährt. Lediglich der Unterschied zwischen ihrer Arbeit und der Natur gibt ihnen die Vorstellung der Schönheit. Der Sonnenuntergang ist für sie das schönste Gemälde, und sie sahen mich mit unverhohlenem Staunen an, so etwa wie ein künstliches Wesen, als ich meinte, mir sei das Gemälde lieber. Aber eine gemalte Sonne kann doch nicht schöner sein als die wirkliche!

So meinte ich es nicht, aber ich hatte Mühe, ihnen zu sagen, wie ich es meinte. Es ist niederdrückend, wie schwer es fällt, einem Menschen, der verstehen möchte, in simplen Worten die allereinfachsten Dinge der Kunstwelt zu erklären. Man steht vor der Terminologie wie vor einem Berge. Der andere erwartet fixe Aufklärung, von der Klarheit seiner gewohnten kaufmännischen oder wissenschaftlichen Fragen. Und man stottert zusammenhangloses Zeug, vage Behauptungen, von denen ihm nicht einmal der Sinn klar wird und deren geringster Beweis stundenlange Auseinandersetzungen erfordert. Doch sind Menschen wie die Kerstings noch am ersten geeignet, zu verstehen. Sie haben sich mit scharfem Verstand und eiserner Arbeit aus dem Nichts emporgearbeitet und begreifen, daß auch zum Verständnis der Kunst intellektuelle Arbeit gehört. Nur, wie ihnen den Aufwand zumuten? Sie wollen ja gar nicht die Sache als Beruf betreiben, nur genießen. Und zeigt man ihnen die grausame Fiktion, so springen sie ab. Sie empfinden, sie fühlen irgend etwas vor Kunstwerken, und dieses Gefühl tut ihnen wohl. Folglich, schließen sie, verstehen sie genug davon für ihre bescheidenen Bedürfnisse. Wollten sie mehr wissen, so dürften sie morgen nicht ins Bureau gehen, übermorgen vermutlich auch nicht, und was würde daraus werden!

Im Grunde gewährt ihnen der Sonnenuntergang in der Casa de Campo alles, was sie von der Kunst erwarten, und es fragt sich, ob es nicht besser wäre, wenn sie nichts anderes versuchten, weil der Versuch nur die Klarheit ihrer Lebensführung trüben kann.

Umgekehrt unterschätzen wir vielleicht die Natur. Es ist merkwürdig, wie unendlich gering die Ausbeute meiner Reise an Natureindrücken ist im Vergleich zu dem Erlebnis Greco. Ich genieße die Natur immer nur, solange ich sie vor Augen habe. Es bleibt mir nichts außer einem nahezu animalischen Behagen zurück, sicher dem Gefühl ähnlich, das die Kerstings vor Bildern, die ihnen gefallen, empfinden. Man ißt vergleichsweise die Natur. Sie gehört zu unserem Wohlbefinden, wie die Nahrung. Man muß sie zuweilen haben. Aber es wäre mir ein schlechterdings entsetzlicher Gedanke, hätte ich auf dieser Reise nichts außer ihr. Ich müßte krank sein oder vollkommen erschöpft, um auch nur vierzehn Tage lang ohne Beschäftigung nichts als Natur zu genießen, und würde lieber, glaube ich, vier Wochen lang in meinem Berliner Arbeitszimmer bleiben. Ich könnte hundertmal oder tausendmal, ja, eine vollkommen unbeschränkte Anzahl von Malen den kleinen Fleck im Prado mit den paar Grecos betrachten und würde mich nahezu jedesmal irgendwie gesteigert fühlen, während derselbe Fleck in der Natur, wenn ich ihn ohne Nebenabsicht besuche, mir nach dem zweiten Male langweilig wird. Den Dichtern, denen an gewissen Stellen der Natur die Muse besonders hold ist, geht es im Grunde nicht anders. Die Lieblingsstelle ist schließlich auch nur ein bequemer Stuhl zum Arbeiten. Dem Maler aber ist sie Modell. Sobald man aus der Natur etwas gewinnen will, kann man es natürlich Jahre lang auf einem Kartoffelfeld aushalten. Wir verabredeten mit den Kerstings ein Rendezvous im Prado. Übermorgen um zwölf in ihrer Mittagspause. Bin neugierig, was herauskommt. Velasquez erscheint ihnen als non plus ultra. Jetzt ärgere ich mich über die Verabredung. Sie werden mir höchstens nachher nicht mehr so gut gefallen wie heute, namentlich, wenn sie mir recht geben. Die Klasse dieser Leute ist doch wohl das Beste, was Deutschland besitzt. Wenn ich mit tüchtigen deutschen Kaufleuten und Industriellen – ich meine nicht Benz, sondern die richtigen – zusammen bin, habe ich immer das Gefühl, in einer uneinnehmbaren Festung zu sitzen.

Monsieur Sillery ist wieder da, der Mann, der damals mit Schönchen hier war und die Räubergeschichten von sich gab. Jeanne erzählt ihm, daß sie von Spanien sehr enttäuscht sei. Es seien uns weder alte Königsgräber noch Gobelins aus dem Besitze Karls V. angeboten worden, und wir hätten keinen Mordanfall erlebt. Nicht einmal das Portemonnaie habe man uns weggenommen. Einen Revolver hätten wir uns bis heute auch nicht gekauft.

Wir hätten Glück gehabt, meinte er, und das sei bei einer so liebenswürdigen Frau kein Wunder.

Gar nicht! meint Jeanne. Sie hätte hundertmal vorgezogen, eine dieser wunderbaren Gruselgeschichten zu erleben. Ob er nicht noch ein paar wisse. Sie sammle alle Volksmärchen, namentlich die blutigen, bei denen einem so recht übel werde und so weiter.

Übrigens darf man Monsieur Sillery nicht unrecht tun. Er ist wie May aus Marseille, und, ein bißchen weniger dick aufgetragen, erzählten uns eine Menge Bekannte ungeheuerliche Dinge über Spanien. Bernburg prophezeite uns, daß wir unsere Koffer nicht heil über die Grenze bringen würden. Man dürfe weder eine goldene Uhr noch Schmuck mitnehmen und müsse womöglich, wenn man ausginge, einen von Deutschland mitgebrachten Diener im Zimmer lassen. Ein anderer warnte vor dem Südexpreß, der etwas langsamer fahre als eine Berliner Droschke und in dem man von den Schaffnern betäubt und dann bis aufs Hemd ausgezogen würde. Die Hotels seien Räuberhöhlen, schmutzig wie Kloaken und teurer als Ritz oder Carlton. In den Restaurants bekomme man die süße Speise mit Knoblauch. Die Leute auf der Straße, die zufällig keine Taschendiebe seien, wären grob wie Eskimos. Die mildesten Warner prophezeiten uns, in den kleinen Städten des Südens von Wanzen aufgefressen zu werden. Jeanne hat kiloweise Insektenpulver mitgenommen. Ein Paket hat mir mehrere hundert Zigaretten unbrauchbar gemacht, die ich glücklich gepascht hatte.

Weder Hansens noch wir haben jemals die Zimmer oder auch nur die Koffer verschlossen. Jeanne hat die Eigentümlichkeit, ihre Börse auf jedem nur erdenklichen Ort liegen zu lassen. Nie haben wir die geringste Kleinigkeit vermißt. Wir haben in allen Städten durchweg genügende Hotels eines unseren Moneten entsprechenden Ranges gefunden und wissen bisher nicht, wie eine Wanze aussieht. An die Ölkocherei muß man sich gewöhnen, wie an die Kalbshaxen in München und die Gemüse in London. Das Material ist fast immer ausgezeichnet, und jede Mahlzeit selbst in dem kleinsten Nest enthält mindestens zwei Platten für einen europäischen Magen. Wir werden ein paar spanische Ragouts in unser Berliner Hauswesen einführen. Die Leute sind zurückhaltend, aber im Vergleich zu dem dienenden Gesinde in Londoner Hotels ersten Ranges Perlen der Höflichkeit. Mir ist des Italieners Lustigkeit lieber, wenn ich auf acht Tage in Italien bin. Auf die Dauer findet man sich besser mit der Diskretion des Spaniers ab. Man reist langsam, und die deutschen D-Wagen sind angenehmer. Dafür bleibt man von dem deutschen Commis-Voyageur verschont und fährt wesentlich billiger. Ich habe für Jeanne und mich neuntausend Kilometer für sechshundertdreiundzwanzig Pesetas gekauft, für die wir neun Monate Zeit haben. Zweiter Klasse würde dasselbe vierhundertundfünfundachtzig, dritter zweihundertundsiebenundsiebzig kosten. Ich habe den Eindruck, daß man sicherer reist als in Deutschland oder in Frankreich. Nicht gerade infolge der beiden dekorativen Gendarmen, die jeden Zug begleiten, sondern weil der Eisenbahndiebstahl noch nicht zu den Sitten des Landes gehört. Die Landbevölkerung ist gutmütig und zum Rauben und Morden viel zu faul. Die Kerstings reiten des Nachts von einer Bleigrube zur anderen ohne jeden Schutz und fühlen sich, behaupten sie, sicherer als auf dem Boulevard Montmartre zur gleichen Stunde.

Die Existenz der Schauerlegenden über Spanien disqualifiziert ein wenig den kosmopolitischen Zug unserer Zeit. Es muß doch noch immer sehr weit von hier nach Nordeuropa sein, wenn dort solche Dinge geglaubt werden können.

Bei Cossío den klugen Architekten Velasquez, den Restaurator der Moschee von Córdoba, getroffen. Er behauptet, in einer Kuppel seiner Moschee die Anfänge der analytischen Konstruktion der Gotik gefunden zu haben. Wenn es wahr ist, eine kuriose Ironie der Geschichte! – Großer Streit für und gegen das Restaurieren. In Spanien haben die Anhänger bessere Argumente für sich als bei uns. Was würde Cossío, der sich gegen jede Restaurierung fanatisch sträubt, zu unseren Verstümmelungen sagen! – Wo der Restaurator wie in Córdoba alte Verunstaltungen zu entfernen hat, ist er kein Fälscher, sondern ein guter Chirurg, und das Bedenken, daß anstatt des Alten das Neue gesetzt wird, kommt gegen den Vorteil nicht auf.

Man kann Velasquez nicht geschickt als Maler nennen. Er war es nur als Arrangeur. Ein Meister im Modellstehen. Die Prinzen, Prinzessinnen und der König stehen oder sitzen immer höchst wirkungsvoll vor dem Hintergrund. Und er wußte seine Leute zu wählen. Die Zwerge müssen sehr merkwürdig gewesen sein. Juan de Austria und die beiden, die für den Äsop und den Menippus standen, waren Typen, um die sich auch heute alle modellsüchtigen Musensöhne reißen würden. Man meint, sie schon einmal an der spanischen Treppe in Rom oder auf dem Place Pigalle gesehen zu haben. Sie sind auch im Bilde nichts als Modelle und Charakterköpfe, nicht gemalt, sondern kostümiert, ohne jeden Geist erfaßt, zuweilen – so der sogenannte Primo mit dem Buch (was für ein Wunder denkt man sich nach der Photographie dieses Bildes!) oder der Don Sebastián, mit einer Liederlichkeit hingewichst, daß man sich nicht eines gewissen Respektes vor der Mache der Boldini und Sargent erwehren kann. Der Juan de Austria steht auf hölzernen Stökken, nicht auf Beinen. Es ist keine Karikatur des Narren, sondern eine auf die Malerei der Vorbilder des Autors. Welche ungeheure Ungerechtigkeit, solche durch nichts aufgewogenen Symptome der Unfähigkeit zu übersehen und einem Renoir oder Cézanne die systematische Vernachlässigung unwesentlicher Details anzurechnen. Gerade unter Berufung auf Velasquez! Hundertmal liest man, der sei doch wahrhaftig kein Akademiker gewesen, habe in vollkommener Freiheit geschaffen, und doch erkenne man jedes Detail. Wohl, man erkennt es. Und wenn die Kunst nur ein mnemotechnisches Mittel ist, um das Erkennen interessanter Typen zu erleichtern, mag Velasquez der Größte sein. Mir beweist gerade das Eingehen auf solche belanglosen Zwecke sein Akademikertum. Er war immer Akademiker, nicht nur damals, als er die in ihrer Art vollkommenen Borrachos malte, nicht nur in der unerträglichen Schmiede oder in dem Mars, der ohne den berühmten Namen keines Blickes gewürdigt würde; auch da, wo er sich scheinbar freier gab, wie in den Lanzas oder in den Meninas und den Spinnerinnen, in seinen Hauptwerken. Die Freiheit ist nur die Unabhängigkeit vom alten Repräsentationsbild. Dafür wird ein neues geschaffen, um Bilder zu präsentieren; eine sehr viel reichere Methode, voll von Abwechslungen, aber für das schöpferische Leben der Kunst unwesentlich wie irgendeine Akademikerschablone. Auch Tizian malte Repräsentationsbilder. Auch er ist nicht immer den Gefahren seines Prunkgewerbes entgangen. Unter der Masse seiner Wunderwerke gibt es – selbst im Prado – recht mäßige Dinge. Seine Art trieb ihn, ein Repräsentant für viele zu sein. Wir lieben ihn deshalb wie einen Fürsten. Aber diese Rolle schmälerte notwendig den sicheren Künstlerinstinkt, den man in jedem Strich der ungleich größeren Persönlichkeit eines Tintoretto bewundert. Selbst die beiden Bildnisse Karls und Philipps, die den roten Kardinal Raffaels einrahmen, lassen eine Spur von Unbefriedigung zurück. Wir bleiben den Menschen in diesen Königen fern. Mancher leidet vielleicht nicht darunter, weil ihrem Rang diese Ferne angemessen erscheint. Karl V., Philipp II.! Er schaut zu ihnen auf, wie jemand, der durch irgendeinen Zufall zwei wirkliche Könige zu sehen bekommt, möchte nicht mal näher hinsehen aus angeborener Diskretion und vielleicht aus Furcht, andernfalls vor die Tür gewiesen zu werden, und ermüdet langsam ein wenig bei dieser unbeteiligten Betrachtung. Ein anderer zweifelt. Ihn dünkt, daß Tizian womöglich selbst nicht näher als bis zu den Kleidern zuschauen wollte oder durfte. Dagegen wehren wir uns heute, heute mehr als je. Wir hassen Könige, die sich nur besser anziehen als andere Sterbliche. Wir glauben nicht mehr an die Kleider und beklagen die Leute, die daran geglaubt haben, beklagen zumal den Künstler, der sich vom Kleid hinreißen ließ. Deshalb tritt hier Tizian, der so oft in anderen Bildern, sogar in anderen von denselben Fürsten, den königlichen Anstand jenseits des Kleides zu treffen wußte, hinter Raffael zurück. Der Kardinal, das schönste Männerbildnis Raffaels, ist von einem Menschen geschaffen, der auch die Pracht zu schätzen wußte, aber darüberstand. Seine Schönheit stammt von einer geistigeren Macht. Dieses seidige Moiré-Rot des Ornats, das noch unter der Lupe den Reichtum behalten würde, scheint nur dazu da, um den Blick auf das Antlitz zu leiten. Neben der Reinheit dieses Profils verschwindet alles Materielle. Eine sehr ungünstige Nachbarschaft für die beiden Königsbilder, aber ungemein lehrreich. Sie wirken saucig. Und das liegt nicht an der Farbe. Nicht die Helligkeit des Kardinals entscheidet gegen das Tizianische Braun. Sie gibt dem Raffael nur einen zufälligen Vorteil, der auf die Dauer nicht standhalten würde. Man kann auch nicht die Verschiedenheiten der Systeme gegeneinander ausspielen. Wir sind eher geneigt, der malerischen Behandlung Tizians, der uns näher steht, den Vorzug vor Raffaels Modellierung einzuräumen, und tun das ohne Reserve, sobald es sich um den Vergleich der Madonnenbilder Raffaels im Prado mit anderen Gemälden Tizians im Prado handelt, die ein unendlich reicheres Menschentum verraten. Der Kardinal steht höher, weil er in seiner Art vollendeter ist als die beiden Königsbilder in der ihren. Tizians Form ist nicht mit diesem äußersten Streben nach dem Letzten herausgearbeitet, das den Kardinal wie ein höheres Wesen erscheinen läßt. Das Mittel Raffaels mag diskutabel sein. Es verschwindet in dem ideal erfüllten Zweck. Die Anschauung eines wunderbaren Menschen steht dahinter. Sie erreicht ein so erhabenes Symbol der Vergeistigung, daß unsere gewohnten Handhaben der Analyse – Modellierung und Malerei – scheinbar zu wesenlosen technischen Begriffen werden. Scheinbar! Denn in Wirklichkeit bestätigt sie die Tatsache, daß Raffael hier mit seinem spröden Material malerischer als der Venezianer wurde.

Nicht alle Tizians des Prado werden von diesem Raffael verdunkelt. Nicht das Bacchanal, nicht der Marchese del Vasto, nicht die Fecundidad. Nur die Ungleichheit des Meisters läßt ihn in dem einen Fall geringer erscheinen. Auch die Maria Medici des Rubens besteht ohne Schwanken neben dem Kardinal. Der Hinweis auf die Idealität des Raffaelschen Typs vermag unserer Bewunderung des strahlenden Lebens dieser Frau nichts zu rauben, und man würde der Natur vorwerfen, natürlich zu sein, wollte man hier von Materialismus sprechen. Die Bilder stehen sich wie Fürsten verschiedener Reiche gegenüber. Denkt man sich die Maria Medici zwischen die beiden Königsbilder, so würde Tizian, der im Prado so oft seinen Nachfolger übertrifft, kaum besser bestehen. Gerade daß man Tizian und Rubens hier auf verwandten Wegen findet, erleichtert die Kritik. Man würde in den Königen vergeblich eine Darstellung des Männlichen suchen, die der Kunst gewachsen wäre, mit der Rubens in seiner Fürstin das Weibliche zu fassen gewußt hat.

Tizian wurde Velasquez gefährlich. Die stolze Allüre des Venezianers, die in Spanien seit den Zeiten Karls V. noch an Nimbus gewonnen hatte, lockte ihn wie den König, seinen Herrn, der Ruhm des Vorfahren, der Franz I. gefangen genommen hatte, verführte. Er versuchte, den Schwächling, dem nie ein Sieg gelang, mit gleich imposanter Würde zu schmücken, fand wirklich ein Geschmeide, das, von weitem gesehen, dem Pomp des andern nahe kommt. Nun fehlt dem Geschmeide das rechte Objekt. Vielleicht rächte sich die Untreue des Historikers an dem Maler. Tizians großes Reiterbild Karls V. sieht neben dem

Reiterbild Philipps IV. von Velasquez wie ein König neben einem einen König mimenden Schauspieler aus. Da schweigen alle Einwände gegen Tizians Imperatorenkunst. Er verschmäht hier absichtlich und mit Recht, uns Einzelheiten von dem Menschentum in dem Fürsten zu melden, aber gibt einen Fürsten, an dem nicht zu mäkeln ist, jeder Zoll ein König. Er dachte nicht an die Schönheit des Prunkes. Der Prunk gehört dazu, wie der Reiter zu dem Roß, wie das Roß zu der Landschaft. Wir haben uns gestern in der Armería die Rüstung angesehen, die Tizian für das Reiterbild benutzt hat. Getreu bis in die goldenen Linien des Ornaments auf dem Eisen. Und diese Sachlichkeit läßt die Erfindung Tizians ins Unermeßliche wachsen. Das Bild hat mit dem gleißenden Trutzstück der königlichen Waffenkammer nicht mehr gemein als der Gedanke des Königs, der die Rüstung trug, mit dem Eisen, das ihn schützte. Das ungebärdige Metall, das nur das Gesicht frei läßt, wird Wachs unter den Händen des Meisters. Es umhüllt den Körper wie ein durchsichtiges Gewand. Wie sitzt der Mann im Sattel! Das etwas abgebrauchte Epitheton, das man auf den Araber anzuwenden pflegt, vom Zusammenwachsen des Reiters mit dem Pferde, erhält neue Bedeutung bei einem Reiter, der in Eisen gehüllt ist. Der gepanzerte Arm mit der Faust und der Lanze ist nicht Metall, sondern Nerv. Im nächsten Moment kann er sich heben. Und diese Vitalität, die selbst ohne das fabelhafte Antlitz bestände, die von der Bewegung des Pferdes ebensoviel erhält, wie sie ihr gibt, beseelt geheimnisvoll den Prunk, durchströmt die wundervollen Töne des Rots der Schabracke auf dem Dunkel des Rappen, gibt dem Ganzen einen neuen, weit über die Repräsentation hinausreichenden Wert: Dieses Geschöpf, nicht der große Fürst, von dessen Taten wir wissen, sondern das Geschöpf Tizians lebt heute noch. Und die nachträgliche Einsicht, daß es mit Karl V. identisch ist, durchströmt die Geschichte seiner Taten mit neuem Leben.

Tizian erreicht das Resultat mit wesentlich kompositionellen Mitteln. So groß der Zauber der Farbe sein mag, nicht sie trägt die entscheidende Wirkung. Und das kann bei einem Bilde dieses Formates auch gar nicht anders sein. Um die Größe zu bewältigen, bedurfte es vor allem einer sicheren Konstruktion. Es galt, die Gruppe so wirksam wie möglich in den Raum zu stellen. Der scharfe Schnitt des Gesichtes mußte der Profilstellung großen Vorteil zuführen. Das Genie Tizians besteht darin, sich von diesem gegebenen Vorteil nicht verleiten zu lassen, der leicht zu dem Schattenriß statt zur vollen Körperlichkeit führen konnte. Er läßt den Kopf ein wenig schräg gestellt und gewinnt dadurch für den Rumpf den Reichtum von Plänen. Man sieht beide Arme. Durch die Schrägstellung wird der vordere Arm vollkommen, fast ohne Verkürzung, artikuliert und wächst zu der mächtigen Stütze, die gleichzeitig den schmalen Oberkörper und den Sitz verbreitert. Wo der Körper aufsitzt, entwickelt er infolgedessen eine sehr breite Masse, die den mit dem Bilde unzertrennlichen Eindruck der Stabilität hervorruft. Nun saß die gewaltige Gestalt. Aber es handelte sich darum, sie vorwärts zu bewegen. Das wurde um so schwieriger, je mehr die Schräge hervortrat. Die Aufgabe fiel auf natürlichste Weise dem Pferde zu. Daher wird hier das Profil viel stärker betont. Der Hals ist lang. Die Beine greifen hintereinander aus. Die Lanze unterstreicht noch das Profil und gibt dem Körper den entscheidendsten Anteil an der Bewegung. (Man braucht sie sich nur zuzuhalten, um ihn zu erkennen.) Nun kam der Maler. Seine Aufgabe beschränkte sich fast auf die Verteilung von Hell und Dunkel und ergänzte wiederum die Konstruktion. Seine Sorge war, die Löcher in den vielen Plänen des Körpers zu vermeiden, denn sie mußten den Eindruck der Masse schmälern. Daher steht die ganze Gruppe so vor der dunklen Fläche der Landschaft, daß nur der jenseitige Teil des Reiters, der sich in einer ununterbrochenen Linie profiliert, und der Hals des Pferdes mit dem Kopf gegen die Luft kommen! Den Körper des Kaisers setzt nach links die Baumgruppe fort, und zwar in einer sehr schönen und dabei ganz natürlichen Arabeske, hinauf bis in den Rahmen, wodurch der Landschaft die Teilnahme an der Gruppe gesichert wird. Die Masse des Pferdes bleibt dunkel. Die Farbe bereichert die Beziehungen der Massen. Das Fleisch des Gesichtes nähert sich dem Silber der belichteten Stellung der Rüstung. In dem reichen Braun des Laubes bereitet sich das Gold der Einfassungen vor. Die roten Töne der Decke und der Federbüsche klingen in den schwach rosa gefärbten Helligkeiten des Himmels nach, dessen dunkle Wolken das bläuliche Grau der Rüstung wiederholen.

MADRID, DEN 8. JULI.

Der Prado ist sicher nicht die reichste Galerie, aber man kann in keiner anderen so viel sehen. Er mangelt nicht der kostbarsten Werke. Aber die Genüsse gehen noch über die Freude am einzelnen Werk hinaus. Der Prado ist viel mehr eine Privatsammlung als ein Museum. Man spürt die persönliche Auswahl, die Leute passen zusammen. Und er ist deshalb vielleicht die beste Galerie, mindestens die nützlichste. Für die Geschichte vieler großer Meister – ich meine die Entwicklungsgeschichte ihrer Werte – ein Pantheon von Dokumenten.

So für Tizian. Für die Lebensgeschichte Tizians, die nach seinem Tode begann, für das Weiterleben Tizians in anderen. Aus aller Herren Länder zogen sie zu der Quelle und tranken Kraft. Aus Italien, Griechenland, aus Antwerpen, Frankreich und Spanien. Nimmt man Rembrandt aus, so wurden alle Meister, die die Welt als größte verehrt, von Tizian getroffen. Und es fragt sich, ob man nötig hat, diese Ausnahme zu machen, ob nicht auch Rembrandt dem Meister, der sich mit Giorgione in den Ruhm teilt, das Licht entdeckt zu haben, verpflichtet ist. Von dem Marchese del Vasto zur Nachtwache ist der Weg nicht lang. Aber Rembrandt fehlt nahezu im Prado. Die anderen sind vollzählig da. Tintoretto, Greco, Rubens, Poussin, Velasquez, jeder mit seinen Meisterwerken. Sie halten im Prado ihren Familientag, um dem Stammvater zu danken, der den Ehrenplatz einnimmt. Velasquez sitzt ganz unten allein, wo man nicht mehr erkennt, ob es überhaupt noch dieselbe Tafel ist. Der Blick des Meisters hat ihn fortgewiesen. Es genügt, die Lauterkeit des Verhältnisses aller anderen zu Tizian mit der lediglich nachahmenden Art des Spaniers zu vergleichen. Er spielt die Rolle van Dycks mit noch geringerem Erfolge.

Tizian paßt zu der Stellung, die ihm die Geschichte zugewiesen hat! Er ist einfacher, derber als seine großen Nachfolger. Sie übertreffen ihn alle durch Verfeinerung der Gaben. Aber er hat die unverwüstliche Gesundheit, die beste Bürgschaft für eine Reihe von Enkeln. Viele von ihnen haben mehr Genie. Der gesunde Menschenverstand des Patriarchen reicht nicht in die abgrundtiefen Gründe Tintorettos, und für Grecos Mystik hatte er keine Organe. Rubens' strotzende Fruchtbarkeit war nicht in ihm. Aber er übertrifft sie alle durch die derbe Kraft seiner Natur. Nur ein Koloß konnte die Kolosse des Prometheus und Sisyphus oder diese Margarete mit dem Drachen erfinden. Er übt sich mit den Massen Michelangelos und bleibt in seinen kühnsten Gebilden gedrungener, ruhiger als der Meister der Sixtina. Keiner wurde weniger von dem Barock getroffen. Wenn er sich ihm mal überläßt, wie in der banalen Apotheose Karls V., spielt er nur, mit der Souveränität eines Menschen, der sich Kompromisse erlauben kann, weil sie ihn nicht entkräften, und schüttelt es beim nächsten Male ab, wie einen lästigen Mantel. Unerreicht bleibt die Stabilität seiner Gestalten. An den beiden Pendants, Karl V. und Philipp V., hat ihn offenbar das Kostüm mehr als alles andre gereizt, und aus den Kostümbildern sind Standbilder geworden. Das war's, was Marées, den kleinen Deutschen mit dem Riesengehirn, der die Gefahren der modernen Kunst erkannte, an Tizian reizte. Von dieser Standhaftigkeit tizianischer Körper hoffte er Heilung unserer Gebrechen. Der erste Gedanke vor Tizians Adam und Eva geht zu dem kühnen Schöpfer der Hesperiden, der vielleicht aus diesem Bilde die Kraft gewann, Velasquez zu widerstehen, der ihn nach Madrid gelockt hatte. Eine Blasphemie ohnegleichen, daß man gewagt hat, der öffentlichen Scham oder besser, der öffentlichen Schamlosigkeit zuliebe, die schönste der beiden nackten Gestalten, denen ohnehin die Restauration geschadet hat, mit dem grotesken Blattwerk zu verhüllen und dadurch das Monumentale der mächtigen Körper zu stören. Villegas meint, die Übermalung stamme aus dem achtzehnten Jahrhundert. Andere behaupten, sie sei jüngeren Datums. Ich sah eine Photographie, die um achtzehnhundertundsechzig gemacht worden ist und bereits die Übermalung zeigt. Vermutlich ist Goyas keusche Epoche dafür verantwortlich.

Das Statische Tizians hat sich vor Marées keiner der vielen Nachfolger des Großen zum Ziele genommen. Und das ist ganz natürlich. Die Form mußte in dem vielhundertjährigen Ringen um die Freiheit erst aufgelöst werden, bevor die Zeit für eine neue Synthese reif war.

Rubens gibt sich in seiner Kopie nach dem Tizian in seiner ganzen naiven Gesprächigkeit. Die Ruhe der beiden Sünder geht über seine Begriffe. Wie kann man bei der wichtigsten Handlung der Weltgeschichte den Mund halten! Adam beugt sich vor, um der Genossin alle Chancen des Ungehorsams darzulegen, den er von Herzen wünscht, und der Papagei, der zu dem Paar dazugekommen ist, charakterisiert ungewollt die geschwätzige Muse des Meisters. Der Vergleich der beiden Werke entscheidet ohne weiteres gegen Rubens. Er hat die große Silhouette Tizians zerstört, ohne mit der Vermenschlichung Adams sonderlichen Ersatz zu geben. So einfache Motive waren nichts für ihn, wenn er sich nicht wie in den drei Grazien mit einem Stilleben von Fleisch begnügen konnte, sondern handeln mußte. Selbst an dem Parisurteil findet sein Temperament keinen genügenden Anhalt. Das Echo der Hymne von Fleischtönen in der einzigen Landschaft ist zu schön, als daß man ihm die gewagten Posen der drei Koketten vorwerfen könnte, aber es steckt doch nicht der ganze Rubens in dem herrlichen Bild. Die gewaltige Eberjagd, auf die er sicher nicht ein Zehntel der Sorgfalt verwandte, enthält mehr von seinem eigentlichen Wesen. Er brauchte Bewegung wie die Zeit, in der er lebte. Deshalb gelang ihm mit der Kopie der »Entführung der Europa« Tizians schon viel besser, die Übertragung zu rechtfertigen. Die Farbe ist noch ein wenig zu flau. Sie steckt in dem

Bostoner Vorbild, das ich nur aus einer Photographie kenne, sicher viel mehr im Ton als in der Palette. Der Rhythmus des Flamen ist schwerfälliger. Rubens schafft mit seiner Materie Widerstände. Aber diese bereichern, nachdem sie gehemmt haben. Die unnachahmliche Komposition Tizians dient einer neuen blühenden Vegetation als Beet. Rubens' Pinsel schafft das Fleisch, das von Tizian zur Arabeske geformt wird. Was wir an Anmut verlieren, gewinnen wir an Leben.

Schade, daß der Prado nicht auch noch die schönste Rubenssche Übertragung Tizians besitzt, die Kopie nach der Fecundidad des Prado. Als ich sie vor einigen Jahren im Stockholmer Museum sah, fiel es mir schwer, zu glauben, daß dieser Bach von sprudelnden Kindern, der schon im Motiv als typischer Rubens erscheint, einem anderen Werke nachgemacht sein könnte. Und noch jetzt, wenn ich vor dem Tizian stehe, möchte ich daran zweifeln. Wie muß das fleischfressende Herz des Flamen gelacht haben, als er das Bild erblickte. Er sah es an, wie große Künstler die Natur ansehen, und fing es von vorne an. Er fing da an, wo Tizian aufhörte. Die Fecundidad des Prado ist ein sehr schönes Motiv, aber es schreit förmlich nach einer Interpretation, die Tizian versagt war. Es soll mir beileibe nicht einfallen, an der glücklichen Erfindung Tizians zu mäkeln. Dieses Kribbeln von hundert Arabesken, die Putten sind, gehört zu dem Lieblichsten, das je ein Künstler erdacht hat, und die noble Enthaltsamkeit Tizians, die lichte Sauberkeit, mit der er die Melodie instrumentierte, schwellt unser Herz vor Dankbarkeit. Nur, dieser Rubens macht uns selbst mit zu Kindern, die mit den anderen herumtollen. Er verhundertfacht das Heer von kleinen Menschentieren. Es scheint durch die ganze Welt zu fluten, nicht wie eine Arabeske, nicht wie wohlgesetzte Musik, sondern wie ein Heer von Fruchtkeimen, das im Frühling über die Erde geht. Was man nicht in den vielen Körpern sieht, was zwischen ihnen steckt, diese Luft, dieser Fluß von Leben, das Licht, ist das Hinreißende. Und selbst dann noch bleibt man Tizian dankbar. Aus der Seele des anderen heraus dankt man ihm für dieses einzige Motiv, das die Wüstheit des Flämen zur Mäßigung nötigt, wie starke Ufer, zwischen denen sich das Element ergießt.

Ein gutes Schicksal führte Rubens Tizian zu. Noch in dem herrlichen Spätwerk des Prado, dem Zug der Nymphen und Satyren, wird die atemlose Hast des Unersättlichen von einem Hauch tizianischer Legenden gelindert.

Tintoretto ist Rubens so fremd wie möglich, und doch stehen sich die beiden im Grunde näher als Tintoretto und sein Meister. Die Ähnlichkeit der beiden Venezianer ist rein physiologischer Art, auf das Kostüm, allenfalls auf technische Fragen beschränkt. Und sie hebt die phänomenale Verschiedenheit der Seelen dieser beiden Menschen erst recht hervor. Tintoretto ist in solchem Umfang Seele, daß man glauben möchte, seine Impulse seien Tizian ganz fremd gewesen. Der Begriff von Persönlichkeit wechselt von dem einen zum andern wie Tag und Nacht. Selten zeigt die Folge zweier Generationen so verheerende Differenzen. Sie müssen sich aufrichtig gehaßt haben, mit dem uralten Haß des genialen Sohnes gegen den genialen Vater, der legitim ist wie die Liebe zur Mutter. Schon in den Bildnissen scheiden sie sich, obwohl diese Gattung noch am meisten dem Gesetz der Schule gehorcht. Der Jüngere denkt nicht an den Stand seiner Dargestellten. Er spielt den Sozialisten gegen den aristokratischen Meister. Die Sachlichkeit, die der Alte auf das Kostüm verwandte, konzentriert sich hier auf die Physiognomie. Der Prado hat keine ganz maßgebenden Porträts Tintorettos. Freilich werden die Ansprüche in dieser Bildnisgalerie par excellence ins Phantastische gesteigert. Der Anstand des Maltesers Tizians, der zwischen den Tintorettos hängt, überwindet spielend die proletarischen Nachbarn. Nur der Mann mit der goldenen Halskette zeigt die neuen Möglichkeiten des Jüngers, die in so manchem Bildnis der Galerien des Nordens und Italiens glänzend realisiert wurden. Anders aber wird das Verhältnis, wenn man in den Saal des oberen Stockwerks tritt, wo die Friesskizzen, die Frauenbildnisse und die anderen Tintorettos hängen. Man fühlt einen neuen Pulsschlag, ein bis dahin ungehörtes Tempo. Aus der übernommenen Komposition werden unzählige neue Formen gewonnen. Tizian ist ein gelassen aufsteigender Berg, dessen Masse immer größer wird. Tintoretto hat den Berg geöffnet, läßt uns hineinschauen in das Innere, wo phantastische Dinge geschehen. Da glänzt es von allen möglichen Metallen, in Adern jeder Stärke, von tausend Windungen. Ein unübersehbares Gewirr von Linien. Im Anfang steht man verwirrt. Aber der Zauberer weiß Ordnung zu halten. Selbst bei dem krausesten Spiel der Formen kommt einem nicht die Furcht, er könne daneben treffen. Der Takt des Tollkühnen ist oft sicherer als die schwere Wucht Tizians. Und dann etwas: man kommt von Tizian zu Tintoretto wie vom Dunkel ins Helle. Das will mehr sagen als einen Unterschied der Paletten. Tintoretto ist lichtere Anschauung, höhere Subjektivität, größere Freiheit des Empfindens. Er macht ganz neue Gefühlsmomente wirksam. Die starke Dosis Ironie, die seine erhabensten Eingebungen begleitet, steht uns näher als das Pathos. Man weiß nicht, ob die »Wäscherinnen« Ernst oder Spaß sind, nur, daß man sie nie anders haben möchte.

Er hatte eine Art, Männer zu malen, und eine andere, Frauen darzustellen. Der Menschenkenner, der mit seinen Männerköpfen ähnlich wie Greco die geistige Elite seines Landes verewigte, begriff, daß vor der Schönheit der Venezianerin die Psychologie des Mannes versagt. Man sieht aus den Bildern heraus, wie er zu den Frauen stand. Die rundlichen Formen der jungen Schönen mit der Blume haben etwas Puppenhaftes, das später Renoir in seinen Frauen wiedersah. Wie sich der fast halslose Kopf rundet, so kräuselt sich das Haar und wölbt sich die respektable Fülle der Brust. Dieselbe Rundlichkeit steckt in der Haltung der Hand, die den Rosenzweig balanciert, und füllte wohl das ganze Dasein dieser von seelischen Strapazen glücklich verschonten Donna. In dem Frauenbildnis mit der entblößten Brust erreicht die hier

mit hauchartiger Zartheit rundende Modellierung den Ideal-
typus.

Einer der vielen Typen Tintorettos. Niemand war reicher an
Gestalten. Selbst Rubens übertrifft ihn nicht an Fülle der Ein-
fälle. Die Motive lagen vor ihm wie köstliche Gerichte, denen er
nur den Deckel abzuheben brauchte. Der Prado hat drei Fassun-
gen des Holofernes, von denen keine der anderen gleicht. Die
schönste ist die größte, ein Wunder der Komposition und der
Farbe. Judith kniet mit einem Bein auf dem Lager des Assyrers
und hält die Hände erhoben, in der einen das Haupt, das die
Dienerin stützt. Die gespreizte Stellung und die Verlängerung
der Beinrichtung in dem toten Körper läßt den Leichnam wie ein
Stück von ihr erscheinen. Dadurch wird der Szene jedes Grauen
genommen und der Historie eine Auslegung von wunderbarer
Tiefe gegeben. Der Übergang des Gelbs des Rockes in den
Fleischton bestätigt die mystische Verbindung der beiden. Die
Kissen, die das Gelb des Körpers unterbrechen, sind in demselben durchsichtigen bläulichen Weißgrau, aus dem der feine Stoff
der Ärmel und des Tuches links auf dem Tisch gewebt ist. Die
silbrigen Töne enthalten in feinster Dosis das prachtvolle Blau
des Mieders der jugendlichen Heldin. Auch die Dienerin,
kompositionell durch ihre das Haupt stützende Bewegung mit
der Gruppe verbunden, ist in dieselben, nur etwas mehr über-
schatteten Farben gekleidet. Diese Abwechslung von Gelb, Blau
und Grau trägt die Melodie des Bildes. Das Rot ist die sonore
Begleitung. Der Körper blutet kaum. Aber um ihn herum sinkt
alles in dunkelflutendes Rot; das Lager, die unzähligen Falten des
Vorhanges hinter der Gruppe, die Zelte im Hintergrund mit den
schlafenden Kriegern und Pferden, gleich im Dunkel glänzenden Juwelen. Das ganze Bild ist in nächtliches Rot getaucht.
Man erlebt keinen Mord, keine Greueltat, sondern erblickt die
Vorstellungswelt der phantastischen Mädchenseele, die das
Wagnis ersann.

Die Friesskizzen sind leichteste Lyrik. Die Szene zwischen
Judith und Holofernes wird zu einem Rokokobildchen. Die
Laune regiert. Schon allein wegen des köstlichen lachsrosa

Lichtes auf dem dunklen Oliv des Vorhanges möchte man das Bildchen nicht missen. Man ist weit von Giorgione und Tizian. Wohl findet ein kundiges Auge in manchen Tizians die Prophezeiung der Farbenwunder des Jüngeren, zum Beispiel in dem herabschwebenden Engel der »Infantenweihe Philipps II.« oder in dem silbrigen Wasser der Allegorie »Spanien als Schützer der Kirche«. Aber es würde heute wohl niemand auf diese Prophezeiungen achten, wenn sie nicht so reich erfüllt worden wären. Das Farbenschema, in das Tizian sein Motiv übertrug, war nicht das Entscheidende seiner Erfindung. Er zog aus Gegebenem die rechte Konsequenz. Seine Erfindung lag in der Gestaltung des Raumes mit den Massen des Bildes, in der Architektur der Volumen. Daher erscheint zum Beispiel Tintorettos Taufe dem Vorgänger verhältnismäßig nahe. Welch ein Bild! Es ist fast unheimlich, zu denken, daß einem Menschen solche Heiligkeit in die Hand gegeben war.

Ein sehr einfaches Motiv in ungemein einfacher, fast armer Farbenharmonie: Blond, braun, blau und ein wenig Rosa. Die Entscheidung liegt weniger in der Farbe als in dem nuancenreichen Parallelismus der Körper, den die Landschaft ergänzt. Das aus den Konturen der Körper gewonnene Spiel ist nur ein Bruchteil der Wirkung. Die reichen Flächen der Körper spielen miteinander wie in der vollendeten Gruppe eines Bildhauers. Nichts ist zufällig an dem Bilde. Nicht das Wasser der silbrigen Quelle, deren Terrassen die Abstufungen der Gruppe wiederholen, nicht die kleinen Pflanzen im Vordergrund, die dasselbe Motiv in einer anderen Materie, einer anderen Tonart, fortsetzen, nicht der Felsen der linken Seite, der dem Körper des Johannes ein Gegengewicht schafft, nicht der köstliche Ausschnitt der Landschaft im Hintergrund, die die horizontalen Fäden des Netzes webt. Und alles Berechnete verschwindet in der wallenden Empfindung der unendlich rührenden Gesten, der Anmut dieses Täufers und der Demut dieses Täuflings. Das Heilige der Handlung identifiziert sich mit ihrer Schönheit. Man hat in kaum einem anderen Bilde so leibhaftig vor Augen, was Tintoretto mit Greco verbindet. Man wird nie ergründen, was der eine faktisch von dem anderen genommen hat. Im Anfang glaubte ich, es ohne weiteres zu sehen. Es diente mir nie zu einer kritischen Feststellung, dafür war es selbst im ersten Augenblick zu wenig bestimmt. Die Ähnlichkeit von Tintorettos »Paradies« mit gewissen Formen Grecos reduziert sich auf eine so grobsinnliche Beziehung, daß man sie für nichts rechnen kann. Sie ist kaum mehr als die gemeinsame Teilnahme der beiden Künstler an dem Barock Venedigs. Technisch haben sie nichts gemein. Die Analyse der Formen gibt merkwürdigerweise ein ganz ähnliches Resultat wie der Vergleich Tintorettos mit Tizian. Tizian erscheint fast unfarbig neben Tintoretto, Tintoretto fast unfarbig neben Greco. Die Mittel, die uns spezifisch malerischer Art erscheinen, befinden sich bei Tintoretto, sobald man an Greco denkt, auf ganz primitivem Niveau. Er bleibt in seinen reifsten Tafelbildern, wie dieser Taufe, der Modellierung treu, teilt die Aufgabe nach dem alten Prinzip in Form und Farbe. Sein Ziel ist ein bereichertes Bildhauerideal. Wohl fügt die Farbe dem Werke unendliche Reize hinzu, aber sie entsteht nachher. Sie fände keinen Platz, wenn nicht die Zeichnung, das System von Linien, die bei den Hauptsachen als scharfe Konturen auftreten, ihr das Bett bereitet hätte.

Ein Zeichner, der gleichzeitig ein glänzender Kolorist war, entwarf Tintorettos Bild. Kein Maler im Sinne Rembrandts und der Modernen, am wenigsten im Sinne Grecos. Nur die Anfänge Grecos, zum Beispiel die »Trinität« im Prado, zeigen noch den Dualismus der alten Schule. Je reifer er wird, desto mehr verschwindet der Dualismus. Langhans hat jetzt eine Verkleinerung der Grecoschen Taufe gemalt. Obwohl sie noch nicht zur reifsten Periode gehört, war es nicht möglich, nach einer Vorzeichnung zu arbeiten. Die wichtigsten Teile des Bildes hätten so vieler Punkte und Linien bedurft, daß man sich nie mehr zurechtgefunden hätte. Bei den Bildern aus der letzten Zeit ist vollends jede Vorzeichnung ausgeschlossen. Modellierung, Kontur, Farbe und Licht fließen in ein unteilbares Element zusammen. Derselbe Strich, der zur Komposition beiträgt, läßt die Farbe entstehen. Es gibt keine Details. Die Einzelheiten sind

Verdichtungen verschiedenen Grades einer und derselben Substanz, dieser zauberhaften Harmonie von Blau, Orange, Grün und Weiß. So stehen sich die Formen des Ausdrucks Tintorettos und Grecos so fremd gegenüber wie die Sprache Racines der Flaubertschen Prosa. Trotzdem bleibt die Verwandtschaft offensichtlich. Gerade in beider Darstellungen der Taufe, deren Formen so verschieden sind, springt sie in die Augen. Eine Verwandtschaft der Empfindung. Greco hat nie die Taufe Tintorettos gesehen. Und die Frage, ob er sie gesehen haben könnte, bleibt ganz außerhalb des Vergleichs der beiden. Die Verwandtschaft ist viel intensiver als die Ähnlichkeit, die einer direkten Beeinflussung entspringen könnte. Die Gesten gleichen sich so wenig wie die technischen Mittel. Aber das hinter den Gesten Ruhende ist bei beiden das gleiche: diese freie Frömmigkeit, der keine Vorschrift befehlen konnte, jenseits des päpstlichen Klischees Raffaels; diese Einfalt, die nie ihre Würde einbüßt, diese unendliche Würde. Die Kindlichkeit der Naiven des Quattrocento erhält daneben einen Anflug von Knabentum, von unausgedachter Anschauung, die mit dem Göttlichen spielt, weil sie es nicht ganz aufnimmt. Unsere nordischen Meister allein vermochten so intensiv zu empfinden. In einem Mantegna – in dem Tod Mariä des Prado zum Beispiel – brachte das nordische Element gleich aufrichtige Regungen hervor. Denkt man sich aber einen wirklichen nordischen Meister neben die beiden Bilder der Taufe, so fühlt man sich von einem kalten Hauch getroffen. Es fehlt die ins Weite strebende, strömende Weltliebe, die dem klassischen Boden eigen ist, die blühende Sinnlichkeit, die in der Taufe Tintorettos die Inbrunst menschlicher macht. Greco ist der inbrünstigere der beiden. Der geschundene Leib seines Täufers hat nicht die weichen runden Formen des anderen Johannes. Die Heiligkeit des Berufes hat ihn ausgesogen. Das Fleischliche des Christus scheint mit der Bewegung zu entfliehen, mit der er das netzende Wasser empfängt. Aber diese das Physische aufreibende Inbrunst ist nicht der Inhalt des Werkes. Greco steht höher. Er objektiviert sie. Sie ist eine Dissonanz von hinreißender Gewalt, aber wird von der noch viel mächtigeren Symphonie der Farben gelöst. Wohl sind die Glieder fast von Fleisch entblößt, aber überreich an Farbe. Sie nehmen Teil an dem Rhythmus der Wogen von bläulichem Orange, die das ganze Bild erfüllen, und man meint, daß ihre Armut an fleischlicher Körperlichkeit das Farbige steigere und gleichsam zu überirdischer Fülle verwandelt würde. Noch merkwürdiger als in Tintoretto wirkt in Greco die Subjektivität des Menschen auf die Umbildung der Legende. Er bringt es fertig, über den ergreifenden Akt einen Kinderhimmel zu türmen, mit Gottvater Großpapa obenan, von hundert Engeln umgeben, so wie man sich als kleiner Junge am ersten Weihnachtsfeiertag morgens im Bett die Sache denkt. Das Geheimnis seiner Mystik ist, daß sie zum Märchen wird, das Geheimnis seines Märchens, daß es in Mystik endet. Ich weiß nicht, was mich im Typus der Engel an manche Mädchengesichter Tintorettos erinnert. Sicher ist es nicht der Schnitt der Gesichter. Diese schmalen Ovale mit den keck zum Himmel ragenden Spitznasen gibt es nicht in Tintorettos Bildern. Sind sie überhaupt außerhalb der Bilder Grecos denkbar? Sie leben nur in seiner Welt, in seiner Atmosphäre, in seinen Farben, und würden zu lächerlichen Karikaturen, wollte man sie ihrem Boden entreißen. Man vermöchte es nicht, da immer ein Stück Himmel daran hängen bliebe. Sobald er seinen Himmel hatte, wuchsen die Engel von selbst wie Blätter am Baume. Doch komme ich nicht von dem Gedanken los. Vielleicht ist es nur ihr Lächeln, nicht das des einzelnen Gesichtes, sondern das Lächeln ihres Reigens, was an Tintoretto erinnert. Etwas, das man süß nennen möchte, weil es die Augen schlürfen, etwas von der Süße, die in der Mörderin Judith blüht, von deren Händen gut zu sterben war. Glimmt nicht auch in den Augen der Engel, und manchmal könnte man glauben selbst hinter der griechischen Stirn der Madonna Grecos im Prado, ein Funke jener mädchenhaften Mordlust?

Wer von beiden war der größere? Der Streit, wer von Velasquez und Greco der größere ist, kommt mir zuweilen recht kindlich vor. Man ist bei solchen Diskussionen in der angenehmen Lage, denen, die nicht in Madrid waren, als übergeschnappter Ketzer zu gelten, und denen, die da waren, Wahrheiten zu sagen, die morgen spottbillig sein werden. Die Entscheidung zwischen Greco und Tintoretto könnte eher reizen, ganz gleichgültig, ob man zu einem Resultat gelangt oder nicht. Die mit solchen Untersuchungen notwendig verbundene Ausbuchtung unserer mürben Vorstellungen wäre sichererer Gewinn als die Lösung des Problems.

Tintoretto war nicht nur der Schöpfer seiner Judith, seiner Susanne, seines Täufers. Er war außerdem aus Venedig und von der Lust seiner Zeit und der Notwendigkeit seines Berufes getrieben, große Flächen zu schmücken. Man schätzt ihn mit Recht als größten Dekorateur Venedigs. Wer ihn liebt, möchte ihm vielleicht solchen Ruhm schmälern. Das Lob entspricht nicht dem Umfang dieses Menschen, auch wenn es noch hundertmal gerechtfertigter wäre. Der Dekorateur war weniger wert als der andere Teil seines Wesens. Er überwindet spielend jede Fläche, zuweilen gar zu geschwind. Man denkt gar nicht mehr an den Gegenstand des Bildes, sondern verliert unter dem Eindruck der krausen Linien überhaupt die Möglichkeit irgendeiner Deutung. Ist die schöne Seeschlacht im Prado wirklich eine Schlacht? Mir ist es erst eingefallen, als ich den Katalog zur Hand nahm. Ich sah das Bild bis dahin nicht viel anders an als den famosen Gonzagazyklus in Schleißheim, wie einen Teppich oder eine kostbar gewirkte Tapete. Und dann dachte ich an die schönen Gobelins des Doms von Zaragoza und wurde unschlüssig, ob wirklich eines großen Künstlers Ehrgeiz an der Konkurrenz mit dem gewebten Bilde Genüge finden würde. Gewiß ist es ein Teil seiner Aufgabe, das Schlachtengetümmel zu überwinden, den physiologischen Eindruck, daß dort das Blut spritzt und Menschen verrecken, auf einen anderen Plan zu versetzen. Gewiß muß des Lebens Durcheinander in wohlgeordnete Maschen hinein. Aber trotzdem möchte man etwas anderes als den Ersatz für einen Teppich vor sich sehen. Ein nicht nur geordnetes, sondern gesteigertes Dasein.

Man würde übertreiben, wollte man die Dekorationsstücke

Tintorettos nur für Dekorationen nehmen. Er steht fast immer hoch über der Genügsamkeit eines Veronese. Doch verstimmt den Verehrer Tintorettos, daß es überhaupt Beziehungen zwischen den beiden gibt, daß der Blick in den Saal des Prado, wo beider Bilder vereint sind, nicht mit vollkommener Sicherheit und jedesmal den Unterschied erkennt, daß der Unterschied nicht immer so wesentlich ist, wie der zwischen der Judith und dem »Weg zur Tugend«. Daß es oft nur das Talent ist, das Tintoretto über den anderen erhebt, der angeborene Reichtum des Artisten, der alles, was er anfaßte, auf seine Art ergriff, nicht das Genie des Menschen, das die Art Veroneses als unzureichendes Ziel für seine Art zurückwies. Greco hat sich zu keiner Nützlichkeit hergegeben. Die Geschmeidigkeit der Dekorateure Venedigs verwandte er ausschließlich zum Schmuck seiner Gestalten, zur Verklärung seiner Vision. Es gibt nichts Dekoratives von ihm, das nicht gleichzeitig eine ganz innerliche Folge gesteigerter Anschauung wäre. Während die ornamentalen Gebilde Tintorettos mehr aus einer Verdünnung des Persönlichen hervorgehen und uns, mögen sie noch so reizend sein, nie die Höhepunkte seines Genius ersetzen, entsteht Grecos unteilbare Schönheit immer aus einer Konzentration seiner Persönlichkeit. Wir mögen sie dekorativ nennen. Nie ist das Dekorative eine Sonderheit, eine Schönheit dekorativer Art, im Gegensatz zu einer Schönheit anderer Art, die wir ebenfalls in ihm finden. Es gehört zu ihm wie die krause Linie des Berggipfels, die den Horizont schmückt, zu der Masse des Berges: eine Eigenschaft des Organismus. Das köstliche Spiel der hundert Figuren des Paradieses verhüllt nicht ganz die Maschen des Gewebes, und wir dürfen nicht zu nahe herantreten, um nicht das Malerische als primitives Linienwerk zu entdecken. Das Auge badet sich in dem Schmelz Grecoscher Details. Die Farbe ist da am reichsten, wo die Form am einfachsten erscheint. Der Vereinfachung gelingt die Verewigung. Solches Geschehen wird mit dem zweideutigen, heute fast schändenden Beiwort Dekorativ nicht gerecht bezeichnet. Wir können es immer nur monumental nennen.

In dem letzten Saal des oberen Stockwerkes, für den der Reisende nur noch den letzten Rest von Bildungsenthusiasmus, der im Begriff ist, stille Wut zu werden, übrig hat, und den er nur noch den beiden hübschen Parkszenen Watteaus zuliebe betritt, hängt ein Dutzend Bilder von Poussin. Es ist hier immer hübsch still. Wenn nicht gerade der Aufseher, ein Mastodon aus konzentriertem Öl, das hier der Auflösung durch Einwirkung der Sonne entgegengeht, seinen gelben Rüssel hereinsteckt, bleibt man ungestört. Nur am ersten Tage kam ein deutsches Paar in den Saal. Sie wie eine Fregatte in vollen Segeln, brachte einen erquickenden Luftzug in den Backofen, schlug mir zweimal die Zipfel ihres fertiggekauften Staubmantels um die Ohren, nahm die Lorgnette vor die Augen, so wie man eine Kanone abprotzt, blickte in die Höhe auf das Bacchanal, machte ah! wobei ihr Allerwertester in ein gewisses Zucken geriet, drehte sich um, schlug mir nochmal den Staubmantel um die Ohren und sagte: »Philipp, sieh mal Toussin«. Philipp, in maßlos schlechter Laune, brummte: »Nu, wenn schon!« warf einen Blick auf die Bilder des Saals, dann einen wesentlich längeren auf meine friedlich auf einen Stuhl gekauerte Gestalt und dachte unverkennbar: Auch ein Vergnügen! – Aber die lustige Gattin ließ nicht locker. »Sieh mal nach!« befahl sie, »hat sicher ein Kreuz!« Er, stöhnend, aber lammfromm: »Wie soll er denn heißen?« – »Toussin, du weißt doch, der berühmte Nicolas Toussin.« Sie ist schon sehr ungeduldig. – Er sieht nach, wie er zu Hause im Hauptbuch nach einem faulen Posten sucht. Unterdessen fächelt sie mich von hinten mit dem Staubmantel. Endlich hat ers: »Saal C, Französische Maler, Nr. 2042, Nicolas Poussin – ist gar nicht Toussin, ein Kreuz hat er auch nicht.« – »Ach was, muß verdruckt sein, es ist ein ganz charakteristischer Toussin.« – Aber er bleibt hartnäckig. »Nee, verdruckt kann es gar nicht sein, hier steht es nochmal. Und auf dem Schild steht auch nicht Toussin, sondern mit dem P.« – Dabei schaut er sie über die Brille an und dann durch die Brille mich mit einem

Blick, als wäre ich nicht nur ein Deutscher, sondern sein Schwager. – Sie hat sich überzeugt. »Ja, es ist richtig, aber es gibt auch einen Toussin!« – Sagts, schlägt mir den Staubmantel um die Ohren und segelt hinaus. Er sah ihr nach, warf mir dann einen Blick zu wie vorhin, nur sehr viel deutlicher und über die Brille, und folgte ihr langsam. – Das waren die einzigen Menschen während reichlich zwanzig Malen, die ich in dem Saal war. Mir ist der Raum einer der liebsten des Prado, obwohl ich keineswegs das Einseitige dieser Wahl verkenne. Ich gehe auch nie gleich des Morgens hin, sondern zuletzt, wenn ich ein wenig müde werde. Und das verbessert nicht die Logik meines Wahlvermögens. Denn es ist ein müder Saal, keineswegs geeignet, erschlaffte Lebensgeister zu erfrischen. Die armen Claudes, die den Poussins Gesellschaft leisten, sind müde Bilder, blind von dem Staub der Jahrhunderte, der nicht mal sicher erkennen läßt, ob sie alle mit Recht ihren Namen tragen. Und auch die Poussins gleichen Ruinen; traurige Exempel sorgloser Verwaltung durch Leute, die auch hier Konservatoren heißen. Die Farben sind verblichen, und grobe Restaurationen haben hier und da den Zusammenhang gestört. Stellen, die der Künstler belichtet wollte, hat ein schmutziger Firnis in Schatten verwandelt, andere haben, von ihrer ursprünglichen Epidermis entblößt, pralles Licht erhalten. Der miserable Platz, den man ihnen gegönnt hat, schädigt sie noch mehr. Aber es ist mit adligen Werken wie mit adligen Menschen. Die Misere kann immer nur Bruchteile von ihnen zerstören, wenn sie überhaupt etwas übrig läßt. Ein mäßiges Bild mag nur unter günstigen Bedingungen den Schein seines Wertes bewahren. Ein vollendetes wirkt noch, wenn es durch Löcher entstellt ist. Es ist, als gäbe die Kraft des Genius, der es erfand, noch nach Hunderten von Jahren den zerstückelten Teilen die Gabe, sich wieder zusammenzufinden. Unsere Einbildung mag zuweilen den Werken in Ruinen gehorsamer sein, als wenn sie sich im vollen Besitz ihrer Schönheit zeigen.

Unter den großen, die Tizian folgten, ging Poussin den Weg des Einsamen. Alle anderen lösten die Form auf, die der Meister hinterließ, indem sie die Fläche bereicherten. Tintoretto belebt den Umriß und die Farbe, Greco und Rubens bereicherten die Materie. Sie erschlossen sich dabei unübersehbare Strecken des Reichtums von Darstellungsmöglichkeiten. Ihr Weg ist Eroberung, aber es fehlt neben den Trophäen nicht an rauchenden Trümmern. Die Seele Poussins, des Freundes der Stille, hatte keinen Raum für Eroberungsgelüste. Es war Frieden in ihr. Die Kunst bot sich ihm nicht wie der Hebel, mit dem ein Michelangelo die Welt umstürzte, sondern wie ein Fest, wie der Parnaß, den er gemalt hat, dem die Menschen alle lichten Eigenschaften der Menschheit zutragen, um die Harmonie zu feiern. Wie alle Fürsten, denen nur an Segnungen des Friedens liegt, fehlt ihm das scharfe Relief. Er erscheint von weitem unpersönlich, und das verzeiht die Welt der Kunst noch schwerer als andere. Doch wurde er seinerzeit von den Erleuchteten seiner Epoche hoch geschätzt, und vielleicht gibt es keine Zeit, die mehr Grund hat, sich ihm zu nähern als unsere zur Persönlichkeit entbrannte Epoche, die in ihrer Begeisterung gern vergißt, nach dem Wert persönlicher Leistungen zu fragen. Je mehr Menschen auf die Welt kommen, desto gleichförmiger wird die Menschheit, desto geiler aufs Absonderliche. Oft richtet sich das Streben nur noch auf die Seltenheit des Falls. Persönlichkeit war Goya. Die Mannigfaltigkeit der Offenbarung ging ihm über die Tiefe. An Unruhe kommt keiner ihm gleich. Doch wie kahl erscheint er, wenn man der verwirrenden Unruhe seiner Vielseitigkeit widersteht und aus der Masse das Wesentliche aussucht! Und was wäre aus diesem Riesentalent geworden, wenn es mehr Stetigkeit, mehr Ruhe besessen hätte, wenn es ihm eingefallen wäre, seine Persönlichkeit auf weniger persönliche Art zu bestätigen!

Man darf unseren großen Eroberern nicht den Tort antun, ihre Rastlosigkeit mit Goyas Unruhe zu verwechseln, denn sie waren, wie sie sein mußten, und ihrer sturmartigen Erscheinung liegt klare Bewußtheit zugrunde. Ihre Selbstzucht ist um so größer. Doch liegt es in ihrer Art wie in der Art des Stroms, der über die Ufer tritt und unfruchtbares Gelände befruchtet, daß ihr Anblick erst zittern macht, bevor wir ihren Segen erkennen, daß unsere Seele erst der dahingeschwemmten verlorenen Erde gleicht, bevor sie sich zu neuem Eiland sammelt. Unsere Kunst ähnelt immer weniger dem von Poussin geträumten Parnasse. Es ist, als habe er die Sturmflut kommen gesehen und seine ganze Seele eingesetzt, der Welt ein letztes leuchtendes Bild des Friedens zu zeigen. Er hat der Tradition, die vor ihm da war, nichts genommen, nur zugefügt. Wenn es im Vergleich zu Greco und Rubens wenig erscheint, vergessen wir nicht, wie zart seine Gebärde sein mußte, um nicht als Eingriff zu gelten.

Während alle anderen Nachfolger Tizians stürmisch vorwärts-schritten, wandte Poussin die Augen zurück zu dem ehrwürdi-gen Heiligtum, aus dessen Ruinen das Neue entstanden war. Keine Spekulation trieb ihn, keine Theorie. Er liebte die Antike. Er fand in ihr, was Michelangelo entgangen war und was der beschaulichen Seele des Lyrikers die Flügel löste: die Idylle. Oder vielmehr, er trug die Idylle, und zwar seine eigene, in die Antike hinein. Die Nuance ist wichtig. Sie bestimmt den positiven Drang seines Eklektizismus zum Unterschied von vielen anderen Klassizisten dreier Jahrhunderte, die nichts zu geben hatten, die nur der Nutzen der Antike nach Italien trieb. Poussin liebte die Antike, aber war frei von aller Verliebtheit in bestimmte Formen ihrer Welt. Seine Lyrik war stärker als die Sehnsucht des Liebhabers, stark genug, sich die Illusion einer Antike zu bilden, der die wirkliche nur als Anreger diente. Er ersetzte nicht wie die unklassischen Klassizisten die fehlenden Glieder der Fragmente, sondern erfand eine Welt, die antiken Geistes voll war. Und diese Welt ist nicht griechisch oder römisch, sondern gehört zu uns, in die Ära, die mit Tizian und den anderen großen Geistern beginnt. Sie ist zu reich, um sich mit Bildhauerformen zu begnügen, zu weit, um die Illusion des Raums entbehren zu können, zu voll von Geheimnissen, als daß sie des gestaltenreichen Unterschieds zwischen Schatten und Licht zu entraten vermöchte. Sie ist so modern, daß ein Corot im Schatten ihrer Bäume geboren wurde.

Und doch reicht sie in unserer Vorstellung bis zu den Alten. Der getreue Kopist der Aldobrandinischen Hochzeit griff zuweilen zu primitiven Mitteln, um sich der Einfachheit der Alten zu nähern. Der Parnaß im Prado gleicht in vielen Details einer antiken Freske. So scheinen die Augen der vielen Gestalten wie auf den Fresken gemalt. Doch wäre man nicht wenig erstaunt, wenn man wirklich das Bild in den Saal der Fresken nach Neapel brächte. Das Primitive würde sich dann immer erst als ein relativer Begriff im Vergleich zu reicheren Werken Poussins ergeben, ohne den Unterschied zwischen dem Handwerkertum der Alten und der Malerei Poussins sonderlich zu verringern. Man würde diesen relieflosen Auftrag als ein mit vollem Bewußtsein gewähltes Mittel erkennen, um der erlauchten Versammlung den allein möglichen Grad von Realität zu geben. Vielleicht ist der Takt größer als die Kunst. Doch war dem Bilde, das im Lebenswerke Poussins den bescheidenen Platz einer Improvisation einnimmt, nichts nötiger als diese Gabe. Sie genügt, um diesen Parnaß weit über den sehr viel berühmteren des Vatikans zu stellen, den Poussin nicht ohne Nutzen betrachtet hat. Raffael hat mehr aufgeboten, um weniger zu erreichen. Die Sucht, wahrscheinlicher zu sein, gibt seiner Illusion geringere Realität. Poussin kommt auf einem Umweg der Natur näher, ohne das notwendig Ungreifbare des Motivs zu verkennen. Raffael, der sich nicht weniger zur Antike hingezogen fühlte, übertrug die Freske auf eine viel zu wenig naive Anschauung, die sich um so entschiedener von den alten Vorbildern trennt, als sie sich derselben Technik, der Freske, bedient. Er perfektioniert nur eine Methode, nicht die Zwecke. Poussin bleibt der Antike näher. Man mag darin nur ein besseres Erfassen eines Vorbildes sehen. Schon die Tatsache, daß wir keine Differenz zu seinen Ungunsten zwischen diesem Parnaß und einer antiken Freske bemerken, spricht für den positiven Kern seiner Gelehrigkeit. Er raubte der luftigen Leichtheit der Motive, die Raffael beschwerte, nicht nur nichts, sondern vergrößerte sie mit seinen unvergleichlichen Tönen.
So ist seine Rolle auch Tizian gegenüber. Er macht den Venezia-

ner durchsichtig, daß man durch Tizians Bilder hindurch die Antike wieder erblickt. Es ist nicht leicht, ihm, ohne zu schwanken, neben Tizians Bacchanal treu zu bleiben. Es wäre auch dann noch schwer, wenn das Poussinsche Bacchanal im besseren Zustand und am besseren Platz wäre. Tizian ist in allen Bildern dieser Art unwiderstehlich. Man jubelt jedesmal aufs neue vor dem Londoner Bilde mit der Ariadne. In der trübseligen Londoner Nebelstimmung, die alle melancholischen Gedanken weckt, fühlt man sich plötzlich von einem jungen Menschen mit blitzenden Augen angeguckt. Unsinn! komm heraus! Mit einer Stimme, daß man muß, in der hundert unvorhergesehene gute Nachrichten stecken, daß plötzlich alles, was vorher ganz verfahren war, ins schönste Geleise kommt und man die alten, gravitätischen Beine förmlich zappeln fühlt, um mitzutun. Dann läuft man hinaus auf die Straße mit der phantastischen Vorstellung, die Sonne müsse doch auch hier mal scheinen, schaut sich die Leute an, mit der noch phantastischeren Hoffnung, einen Freund, oder einen, der es werden könnte, zu finden, nickt den braven Policemen in den dicken Hüten und langen Röcken wie richtigen Menschen zu, stürzt in einen Keller mit künstlichem Licht und glaubt sich im Himmel und ißt und trinkt den entsetzlichen Londoner Fraß wie Nektar und Ambrosia. London müßte hundert Tizians haben, an jeder Straßenecke einen oder zwei, dann wäre es auszuhalten. Bei einer solchen Gelegenheit bin ich mal nach Dulwich gekommen, und als ich mich genug unter beinahe grünen Bäumen und beinahe blauem Himmel herumgetollt hatte mit einer Engländerin, die ich beinahe verleitet hätte, ging ich als treues Gewohnheitstier in die Dulwicher Galerie und sah die Bilder Poussins. Sie gefielen mir nie so gut wie an dem Tage, ich hätte etwas anderes nicht sehen wollen, und es war sicher der blitzende Junge daran schuld und alles, was folgte. Es gehörte meine Müdigkeit dazu, die Ausscheidung gröberer Sinne. Seit dem Tage kenne ich die beste Zeit Poussins. Es ist nichts für die Morgenstunde des Genusses. Die frische Phantasie wird immer Tizian vorziehen. Ihr behagt die derbere Realität, die in einem Blick übersehbare Schönheit der Komposition, in der sich Vitalität und Grazie das Gleichgewicht halten. Sie bekränzt das Erschaute mit den Blumen ungeschwächter Einbildungskraft. So denkt man sich ein Bacchanal, mit einem in süßer Erwartung hingestreckten Frauenleib, in dem der Schlaf die Üppigkeit des Erlebten fortsetzt, mit tanzenden und gelagerten Paaren, alle voll der Süßigkeiten des Augenblicks, überschäumend vor Lust und nur von der vollendeten Kurve des Komponisten gebändigt.

Ich gestehe, mir ist der Poussin lieber. Ich habe es im Anfang für meine Vorliebe für Nachmittagsstunden genommen, für eine Geschmacksfrage, über die nicht zu diskutieren wäre. Habe mir vorgehalten, es sei unrecht, aus einem Unterschied der Motive einen Unterschied der Werte zu folgern, um so weniger recht, als Poussin nach Tizian kam und offenbar den Vorgänger benutzt hat. Aber ich will auch nur bedingungsweise den einen über den anderen stellen, nämlich nicht Poussin über Tizian, sondern das Bacchanal des einen über das des anderen, wobei zu bedenken ist, daß das eine Bild für Tizian einen Tropfen im Meer bedeutet, das Bacchanal des anderen dagegen Poussins Genius nahezu erschöpft.

Es ist nicht der Unterschied zwischen Morgen und Abend, sondern zwischen Kraft und Kultur. Und ich möchte unter Kultur nichts Schwächeres verstehen, nichts, was im entferntesten dem gefälligen Pflaster gleicht, mit dem man heute eines Künstlers Blößen zu bedecken pflegt. Ich meine die Weisheit eines ganz klaren und harmonischen Menschen im Gegensatz zur strotzenden Stärke des siegreichen Barbaren. Barbar ist ein starkes Wort für die Umsicht eines Tizian, der den Rhythmus dieses Bacchanals erfand. Aber ich weiß kein anderes. Alle unsere Bezeichnungen sind relative Begriffe, die immer eines Gegenbegriffs bedürfen, um verstanden zu werden. Tintoretto ist die Vornehmheit und Würde selbst, wenn man Tiepolo als Gegensatz nimmt, und erhält selbst einen Anflug des Tiepolohaften, wenn man ihn Giorgione gegenüberstellt. Und Tiepolos schauerlichste Entgleisungen sind immer noch nobler als gewisse Goyas. Die Bewegung im Bacchanal Tizians erscheint gewaltsamer, einer primitiveren Sphäre angehörend als Poussins stille Wirkung. Nicht die Kraft triumphiert in Tizian, sondern die Einfachheit des Motivs, die der Deutung sofort die unverkennbare Richtung vorschreibt. Sein Bacchanal ist nur Orgie, sinnliche Lust. Es gibt eine Gemeinsamkeit zwischen dieser Sinnlichkeit und dem Toben des Rubensschen Bauerntanzes. Nur benehmen sich die Menschen in dem Bacchanal graziöser, sie haben gebildetere Formen als die flämischen Betrunkenen, die sich ganz ihrer Bestialität überlassen und als Tiere ihre Schönheit wieder erlangen. Der Trieb zu jener Bildung kommt von der Antike her. Da haben sie's gelernt, so wie man in Brüssel den Geschmack der Pariser lernt. Es bleibt ein nordischer, harter Akzent zurück. Er kann gerade dem neuen Idiom einen Reiz geben, der dem Berliner, der noch schlechter Französisch spricht, behagt, weil langsamer gesprochen, viel leichter verständlich als das fließende Idiom der Pariserin. Einem feineren Ohr entgeht nicht, selbst an dem vollendeten Belgier, eine Diskrepanz zwischen Form und Inhalt, und sie stört ihn, auch wenn er sie nicht ohne weiteres lächerlich findet wie der boshafte Belgierhasser Mirbeau*. Diese Leute, sagt er sich, müßten eigentlich anders reden, durchaus nicht französisch, sondern so wie die Bauern von Rubens. Sie können dieses Bauernhafte nicht ganz vergessen machen – und es wäre schade, wenn es ihnen gelänge – und dazu paßt nicht die Sprache Bossuets und der Pompadour.

Es ist etwas Nordisches an dem Tizian, etwas Unantikes. Die Empfindung, die darin mit Recht einen Nachteil, eine Störung der Harmonie erblickt, ruht in den feinsten Fältchen der Seele. Sie wehrt sich gegen das Fortissimo der Szene, gegen den Naturalismus dieser Körperlichkeit. Das Plastische der Gruppen scheint ihr zu simpel. Die Empfindung durchläuft zu schnell die angeschlagene Skala. Ein echter Venezianer hat das gemalt, man freut sich über die Aufrichtigkeit einer Persönlichkeit, die ihre Herkunft nicht verschweigt. Aber diese Anerkennung

---

* *Octave Mirbeau* (1848–1917). Französ. sozialkritischer Schriftsteller. (Anm. d. Verl.)

5   *El Greco, Der hl. Sebastian. Madrid, Museo del Prado*

6   *El Greco, Das Martyrium des hl. Mauritius. Escorial*

beschwichtigt nicht, was wir daran neben dem anderen Bilde entbehren. Poussin kommt aus einer größeren Welt. Sie ist größer als Venedig. Nicht weil Rom, Poussins zweite Vaterstadt, größer als die Lagunenstadt ist. Der Geist des Poussinschen Bildes geht weit über Rom und Italien hinaus. Er färbt sich nicht mit dem grellen Lokalton der römischen Antike. Nie sah Rom das zierliche Spiel solcher Reigen. Das Cäsarengepränge verbannte die holde Einfalt selbstloser Hymnen an die Natur. So, meint man, haben die Götter Griechenlands ihre Orgien gefeiert. Doch ist das Bild so frei von jeder Nachahmung griechischen Wesens wie der Tizian. Die Illusion wird von keiner archäologischen Floskel getrübt. Die Weichheit dieser Körper enthält der Vasenbilder zarte Linien, aber sie besteht nicht daraus. Sie enthält sie, wie der Urenkel die Züge des Ahnen, vermischt mit anderen, wiederbringt und noch verschwiegener. Verschwiegener und deutlicher zugleich. Poussin ist kein Abflauen der Schönheit, die zweitausend Jahre vor ihm die Welt beglückte. Ein seltenes Schicksal vereinte mit diesem Geist, der sich der Begehrlichkeit seiner Epoche zu erwehren wußte, einen einzigen Maler, dem alle Geheimnisse seiner, den Griechen fremden Kunst erschlossen waren. Der Ausgleich zwischen beiden gibt seiner Kunst die Überlegenheit des Klassikers über den Venezianer. Sein Bacchanal vermeidet alle Höhepunkte. Es ist nicht die Episode eines wilden Tages, sondern die Norm gewordene Glückseligkeit. Man begreift, daß Poussin nichts anderes als diese Norm erfinden konnte, während Tizians Episode nur ein Tag seines hundertjährigen Daseins ist. Es war keine Erfindung, sondern ein Ausschnitt seiner Vorstellungen. So wie diese glückseligen Geschöpfe lebten, so lebte Poussin. Damit meine ich nicht, daß ihn immer zauberische Gestalten umgaukelten. Er war kein Phantast, ich stelle ihn mir im Gegenteil als klugen Welt- und Menschenkenner vor. Man weiß, daß er den Dienst der Muse wie eine höhere Mathematik betrieb. Er wünschte der Kunst die Reinheit der Abstraktion zurückzugeben, die sie in den Zeiten der Antike besessen hatte. Sie sollte von keinem realen Vorgang erschüttert werden, sollte

Spiel bleiben und allein mit der Vollkommenheit ihrer heiteren Einfalt den Ernst ihrer Schöpfung dartun.

So dachten und denken alle großen Künstler, und denen, die nicht diesem Gedanken folgten, blieb immer das Größte versagt. Nur brauchte jeder von Tizian bis zu den heutigen die Realität unserer Weltanschauung, um sich darüber in die immaterielle Sphäre reinen Formenspiels zu erheben. Deshalb erscheint Poussin manchem klein, weil ihm die Antike zur zweiten Natur wurde. Deshalb erscheint er mir groß. Er hat die Welt seiner Träume zu einer schier undurchdringlichen Illusion verdichtet, ähnlich wie Flaubert in seinem St. Antoine, und ist doch der starke Realist geblieben, ein echtes Kind der Rasse, die alle Völker an Klarheit des Geistes übertrifft, der Ahne Delacroix', Ingres', Corots, Renoirs.

Der Reichtum beruht nicht auf der Anzahl der Figuren allein, die den Rhythmus in alle Tonarten weitertragen. Irgendeine Gestalt mit irgendeiner des Bacchanals Tizians verglichen, zeigt reichere Formen, trotzdem sich keine in der Pose so exponiert wie die Hauptgestalten des anderen. In der ruhenden Bacchantin Tizians bereitet sich schon die Flachheit der Olympia vor. In ihrer Plastizität steckt eine gewisse Leere, bei der man den Reichtum des Farbigen späterer Epochen vermißt. Poussin treibt die Modellierung viel weiter. Es entstehen hundert Details, wo in Tizian nur glatte Fläche bemerkt wird. Und trotzdem diese viel weitere Ferne von dem Irdischen. Es ist, als ob er mit Luft modelliere und mit Sonnenstrahlen Farbe gäbe. Auf der »Apotheose Davids« verleiht nur das Licht dem Schwert und den Teilen der Rüstung die ungeheure Wahrscheinlichkeit. (Armer Velasquez!) – Er erreicht in solchen Details die Natürlichkeit der Irrealitäten Grecos. Mir scheint Poussin mit größerem Recht den Titel eines großen Koloristen zu verdienen als Tizian, den man nur unter diesem Namen kennt, während die Größe seines Wesens im Grunde auf ganz anderem Gebiet liegt. Wohl erscheint Poussin auf den ersten Blick einfarbig, so wie im ersten Augenblick alle seine Gestalten eine einzige Form zu sein scheinen. So wollte es die Antike. Dadurch entsteht die vollendete Ruhe des Bildes. Er hätte sich am liebsten mit einer einzigen Farbe begnügt, mit diesem merkwürdigen Kupfer-Rosa, das auf allen Bildern des Prado, auf allen in Paris und in Chantilly, in London und Dulwich wiederkehrt. Das Opfer Noahs ist fast nur in dieser Farbe gemalt. Das Gelb scheint nur dazu da, um die ins Unendliche gehende Abstufung des Rosa zu tragen. Er gewinnt mehr daraus als Tizian aus einem halben Dutzend Farben. Und er nimmt nur das Blau und das Gelb und Weiß dazu, wenn es ihm gelingt, diese Zutaten ebenso zu bereichern wie seine Lieblingsfarbe. Auf dem David ist nicht das Weiß des Tuches, das über den Armen des krönenden Engels hängt, entscheidend, so prachtvoll es zu dem weichen Fleisch und dem Blau der Gewandung steht, sondern die Weiße in dem Weiß, dieser jeden Tag zunehmende Reichtum von Tönen. Der David wird immer kostbarer, je öfter man ihn sieht. Er ist ganz aus den Abstufungen des Grau und Kupferrot gebaut, die rechts vor der grünlichen, grauen Wand das wunderbar durchleuchtete Stilleben mit dem Kopfe Goliaths hervorbringen. Das Kupfer-rot ist am dunkelsten in den Stoffen, die den David umgeben. Ein Schein davon fällt auf sein Fleisch und, noch feiner verflüch-tigt, auf das kühlere Fleisch des Engels, in dessen Flügeln beide Farben miteinander kämpfen. In den Putten wird der kupferröt-liche Ton wieder wärmer, in der Landschaft geht er in die gelben Helligkeiten über, die mit den grauen Wolken abwechseln. Dadurch entsteht die unnachahmliche Atmosphäre, dieses Hin-einwachsen der Gegenstände in ihre Körperlichkeit. Es liegt nicht nur an der Verteilung der Farbe. In dem Bacchanal begnügt er sich nicht mit dem genialen Parallelismus des Gelb, das das ganze Bild durchleuchtet, sondern gewinnt aus dem Hauptstück, dem Stoff auf dem Wagen in der Mitte, ein funkelndes Juwel, das den Neo-Impressionisten ihr Geheimnis vorwegnimmt. Ganz so wird das Blau degradiert bis in die tiefe Pracht des Berges im Hintergrund, des gespenstischen Zeugen für die Wahrheit des Ganzen. Und trotzdem würde man nichts von Poussin sagen, wenn man seine Farben bestimmte. So wenig wie von Greco. Tizian, der viel ärmer an Farbe war, scheint sich viel mehr darum bemüht zu haben. Auch diese Geläufigkeit des Mittels liegt im Wesen der Antike.

Ich denke oft, daß es Poussin ähnlich erging wie Greco, daß ihm die Eroberung der geheimsten Schätze Roms nur deshalb gelang, weil er als Fremder hinkam, mit der Unteilbarkeit einer nur auf sich selbst gestellten Persönlichkeit. Es gibt manches Verwandte in den beiden Menschen. Die Grenzen der Antike Poussins werden nicht an Tizian erkannt, sondern an Greco, dem geborenen Griechen.

MADRID, DEN 13. JULI.

Ich habe oft gar nicht das Gefühl, in Spanien zu sein. Manchmal kommt mir die ganze Reise wie eine Fiktion vor. Ich bin ein Stückchen in Deutschland, ein Stückchen in London, in Petersburg und weiß Gott, wo sonst noch. Das heißt in den Bildern, die dort hängen und die mir lieb sind. Je mehr ich hier bin, desto mehr bin ich dort. Ich reise nicht in Spanien, sondern in Tizian, Rubens, Greco, Tintoretto, Poussin; in Menschen, die viel größer und merkwürdiger sind als das größte und merkwürdigste Spanien. Diese Menschen sind Weltteile, während so ein Land wie Spanien allenfalls von hier bis da reicht. Ich frage mich, was Leute hier suchen und finden, die nicht den Spuren großer Menschen nachgehen.

MADRID, DEN 14. JULI.

Gestern bin ich natürlich wieder beim Stiergefecht gewesen. Das Dutzend ist voll, und es ist keine Frage, daß es nicht das letztemal war. In den zwölf Stiergefechten, denen ich beigewohnt habe, bin ich jedesmal ein Stückchen mehr heruntergekommen. Zuerst waren uns die Logen noch zu nahe. Vorigen

Mittwoch in Tetuan – man bedient sich dort billiger Pferde, die schon, kurz bevor sie der Stier berührt, zusammenklappen – saßen Langhans und ich auf der dritten Reihe. Heute waren wir glücklich auf der untersten Bank, wo man bei einiger Chance ein paar Blutspritzer abbekommen kann. Gaona, der junge Mexikaner, trat zum zweitenmal auf. Vorigen Sonntag hatte er sein Debut und einen beispiellosen Erfolg. Er spielte mit den Stieren wie mit kleinen Hundchen und traf jeden beim ersten Stich zu Tode. Heute sollte sich entscheiden, ob er Glück hatte oder wirklich das Wunderkind ist. Die ganze Creme des Stiersports, die sich übrigens, wie ich jetzt immer mehr erfahre, auch heute noch zum Teil aus der geistigen Elite des Landes rekrutiert, war zur Stelle. Drei Schritte von uns saß der Dichter der spanischen »Elektra«. Der ältere Kersting, der mit uns war, zeigte uns alle möglichen Koryphäen der Gesellschaft. Und ich konnte beobachten, daß sie nicht aus Snobismus herkamen. Nach dem ersten Stier applaudierten Gelehrte und Künstler wie rasend, und als nachher der Präsident zögerte, den etwas milden vierten Stier aus der Arena zu weisen, waren sie genau so wütend wie irgendein Limpia Botas-Besitzer. Hilf der Himmel, mir ging es gerade so. Ich kämpfte nicht einmal mehr gegen das Laster. Als Jeanne meinte, daß diese Haltlosigkeit ein eigentümliches Licht auf die Intensität meiner sonstigen Liebhabereien werfe, fiel es mir kaum noch ein, mich zu verteidigen. Wüßte auch nicht, wie. Etwa mit der Ausflucht, mit der untreue Ehemänner ihre Frauen trösten, mit dem Mangel des Bewußtseins der Sünde. Ich bin aber höllisch bewußt bei der Sache und frage Kersting Löcher, um in alle Geheimnisse der Inteligencia torera einzudringen. Er hat schon einige hundert Stierkämpfe hinter sich und kennt sich aus wie ein Fachmann. Es ist auch nicht das Malerische, wie ich schon mal Jeanne vorgeschwindelt habe. Dieser ganze dekorative Kram interessiert mich nicht im mindesten. Sondern die Sache selbst, die ungeheuer nervenspannende Erwartung, ob es dem Mann gelingt, die Bestie so und nicht anders zu treffen, oder ob er aufgespießt wird. Ich schreie schon Bravo und zische wie die andern. Es passiert mir nur manchmal, daß ich wie ein

Wilder applaudiere, während um mich herum alles in eisiges Schweigen versinkt. Gaona war übrigens nicht so stark wie das letztemal. Spanien hatte dem Fremden einen der besten Madrilenen, Vicente Pastor, gegenübergestellt, der dem noch nicht zwanzigjährigen Toreador an Erfahrung überlegen war und alles aufbot, um von dem Neuling nicht verdunkelt zu werden. Gaona war nicht disponiert und litt unter dem Winde, der ihm die Capa ein paarmal fast verhängnisvoll ins Gesicht schlug. Er hatte sehr große und unruhige Stiere. Beim letzten erhielt das vorigen Sonntag in den Himmel gehobene Wunderkind trotz der mädchenhaften Anmut seiner Bewegungen vom Präsidenten den ersten Verweis.

Die Presse nach solch einem Tage gibt einen Begriff von der Bedeutung des Stierkampfes. Wir haben heute den Vormittag verbracht, um die Kritiken zu lesen, und manches erscheint uns nun ganz anders als gestern. Ganz wie zu Hause, wenn man beim Frühstück die Erlebnisse der Premiere in der Kritik der Berufsleute verdichtet findet. Es gibt den positiven, optimistischen Kritiker, der im kleinsten Stier noch einen guten Gedanken findet; den feigen Kritiker, der den Leuten nach dem Munde redet und an intellektueller Lasterhaftigkeit leidet; den großen Unabhängigen, der den Nagel auf den Kopf trifft, wie Vicente Pastor seinen dritten; den Mystiker, der zwischen Rindvieh und Menschen geheime Beziehungen entdeckt; den ewig Unzufriedenen, der genau das für den Abschaum aller Tauromachie erklärt, was jedes brave Herz begeistert; den Nationalisten, der jeden Stier, der nicht den illustren Züchtereien entstammt, für ein schwindsüchtiges Scheusal hält; den Idealisten, Symbolisten und sogar den Übermenschen, der eine ganze Kritik zusammenschreibt, ohne daß man sich nachher klar wird, ob er sich oder das Rindvieh gemeint hat.

Gasset*, ein junger Madrider Philosoph, war bei uns. Er hat deutsche Universitäten besucht und die Augen aufgehabt. Große Anerkennung unserer Organisation, unserer Lehrmittel, unserer Laboratorien. Und die Professoren? frage ich. Er antwortet ausweichend und fängt nochmal an. Unsere Einrichtungen überträfen alles, was er je gesehen habe; höchstens in Amerika, wo er noch nicht gewesen sei, könne es dergleichen geben. Dieser Reichtum von Material, an alle Bedürfnisse sei gedacht. Mich ärgert dieses Lob Deutschlands als Bedürfnisanstalt höheren Ranges. Er wird sehr verlegen, schwört, daß er nicht das geringste dabei gedacht habe. Er sei ein großer Verehrer Goethes und habe auch viele gastfreie Häuser in Deutschland gefunden. Er kennt hundert Leute, die wir auch kennen. Wir kommen ins Plaudern. Man könne gegen den Militarismus sagen, was man wolle, aber so eine Parade sei doch eine wahrhafte Augenfreude. Er sagt wirklich Augenfreude. Er spricht deutsch, als ob er sein Leben lang in Berlin gewesen wäre. Abends beim Zubettgehen sagt Jeanne: »Du, der hat sich nur über uns lustig machen wollen. Ich kann die Spanier nicht ausstehen.«

MADRID, DEN 15. JULI.

Hans schreibt, das Bild sei fertig. Übermorgen werden sie hier sein. Wir wollten heute abreisen. Nun freue ich mich, eine Entschuldigung zu haben, noch zu bleiben. Es fängt an, warm zu werden. Man braucht den Schatten jedes Baumes, um zum Prado zu kommen, schleicht wie ein Verbrecher mit schwarzer Brille auf der Nase die Mauern entlang und vermeidet den

---

* *José Ortega y Gasset* (1883–1955). Span. Philosoph. Hauptwerk: »La rebelión de las masas« (1930; dt. Der Aufstand der Massen, 1931). (Anm. d. Verl.)

großen Platz, um nicht von der Sonne gesehen zu werden. Das dicke schwarze Bronzesitzbild Goyas auf der Treppe des Museums glänzt wie ranziger Speck.

Gasset frühstückt bei uns. Er meint, Deutschland schade der Überfluß an ideologischen Momenten. Daher könne es von Frankreich nur Vorteil gewinnen, um das Gefühl für Wirklichkeit zu stärken. Daher sei bei uns die Propaganda für französische Kunst nützlich. In Spanien nicht. Spanien habe überhaupt nur eine Tradition, den Realismus, und müsse gedankliche Werte erhalten. Daher sei der Einfluß von Paris auf die jungen Madrilenen verderblich. Einen Maler wie Sorolla hindere die Beschränkung auf die Reize der Retina. Ich frage ihn, was er unter unseren ideologischen Momenten verstehe. Er exemplifiziert mit Böcklin und Wagner. In dem Maße, in dem er recht hat, wird das Problem kaum gestreift. Freilich mag in einem Lande, wo die Erzieher des Volkes noch mit der unheimlichen Anzahl von Analphabeten zu rechnen haben, dieser primitive Utilitarismus verzeihlich, vielleicht sogar heilsam sein. Aber er kann immer nur niedere Schichten der Entwicklung fördern, dadurch, daß er Widersprüche entstehen läßt. Aus der Reibung mögen Vorteile werden.

Ein kompliziertes Verfahren. Einer Kultur, der man künstlich Widersprüche beibringen müßte, wäre wohl überhaupt nicht zu helfen. Ich glaube nicht an die realistische Tradition Spaniens. Sie hat in der Vergangenheit nichts Gültiges hervorgebracht und ist heute noch weniger potent. Böcklin und Wagner werden hier genau so absorbiert wie der belgische Modern Style, dessen spanischer Schwester wir die denkwürdige Nacht im Park Guell von Barcelona verdankten. Der Erfolg kann immer nur negativ sein. Wenn wirklich solche Anreger nützen, ersäuft der Vorteil in der Überschwemmung, weil das Land zu trocken ist, um die Befruchtung ins Innere zu saugen. Böcklin kann hier nur hundert kleine Böcklins, Wagner hundert kleine Wagners erzeugen. Da wird die Belehrung der drei oder vier Widerstandsfähigen denn doch zu kostspielig. Notabene ist sie nicht mal nötig. Gasset weiß über unsere sogenannten ideologischen Heroen

Bescheid, und so gut wie er wohl auch die paar anderen. Man braucht aus keinem Märchenlande zu kommen, um das Schwemmvermögen dieses Deutschtums zu erkennen. Unsere sogenannten ideologischen Momente sind so wenig gedanklicher Art wie Sorollas Reize der Retina, und die Vorstellung, es gebe einen mit den Sinnen und eine andere mit ideologischen Momenten gemachte Kunst, ist ebenso naiv wie die neudeutsche Anschauung meiner industriereichen Heimat, es gebe eine mit Soldaten und Geld gemachte Kultur und eine andere Goethes. Das jeder vernünftigen Tätigkeit, also auch der Kunst voranstehende Denken ist einem Sorolla ebenso fremd wie einem Böcklinverehrer. Und beide sind gleich weit von solchen physiologischen Momenten entfernt, die dem Kunstwerk nützen. Der Böcklin-Mensch aus Prinzip, weil ihm physiologische Vorstellungen im Zusammenhang mit der Kunst schlechterdings unanständig erscheinen wie der deutschen Hausfrau die Benutzung eines gewissen Möbels der intimen Toilette; der Sorolla-Mensch, weil ihm über dem selbstgefälligen Spaß am Sehen das Schöpferische entgeht.

Gasset gibt sich übrigens keinen Illusionen über Spanien hin, aber ist guter Hoffnung wie fast alle Intellektuellen des Landes. Ich frage ihn nach der Pfaffenwirtschaft. »Wissen Sie,« antwortet er, »es ist alles bei uns Schwindel, unser Stolz, unsere Kultur und so weiter, aber zum Glück auch das andere, unsere sogenannte Unfreiheit, die Abhängigkeit von den Schwarzen. Auch die uns schädigenden Teile des alten Regime sind unhaltbar und für den einzelnen irrelevant. Die Intoleranz steht nur auf dem Papier wie unsere Vorräte an Kanonen und Schiffen.«

Ich mußte unwillkürlich an meinen Freund Prozor denken, der mir etwas ähnliches über Rußland sagte und mir auf der Fahrt im Hofzug nach Peterhof zur Taufe des Kronprinzen – er hatte mich eingeschmuggelt, da er eine Hofcharge bekleidet – einen seiner Aufsätze im Mercure de France vorlas, eine Kritik der Regierung, die den Mann bei uns sofort seine Hofcharge und noch manches andere gekostet hätte.

Gasset meint, er habe viel mit den Priestern zu tun, um Zulaß zu den Chroniken zu erlangen, deren er für seine Studien bedarf. Die Priester wüßten ganz gut, daß seine Studien nicht den Zielen der Kirche dienen. Seiner Universitätsbehörde sei er als Sozialist bekannt, und der Minister werde ihm demnächst einen Lehrstuhl geben. Das sei ihm am meisten in Deutschland aufgefallen, daß die Lehrer so behutsam mit ihren politischen Überzeugungen umgingen. Das falle in Spanien niemand ein. Aber jedes Land habe natürlich seine Vorzüge und Nachteile. – Dann kam wieder ein großes Loblied auf unsere Einrichtungen.

»Sie haben dafür die Stierkämpfe«, sagte ich ziemlich brutal.

»Ja, leider. Der Stierkampf ist natürlich das beste Mittel der Reaktion. Aber etwas Ähnliches haben Sie ja auch in Deutschland.«

»Wieso?«

Er lächelte. O, es sei wohl nicht so greifbar, es habe ja auch gar keine Wichtigkeit, und er verdanke den deutschen Einrichtungen so viel. – Er wurde sehr verlegen.

Jeanne wollte ihn nötigen, zu sagen, was er im Sinne habe. Aber er ließ sich nicht darauf ein und kam immer wieder auf unsere Bibliotheken zu sprechen. Wenn Jeanne mal nicht dabei ist, werde ich ihn fragen, was er meint.

MADRID, DEN 17. JULI.

Hans und May sind angekommen; sie frisch wie ein Backfisch, er arg mitgenommen von der Arbeit in der Hitze. Während der Eisenbahnfahrt hat sie fortwährend zwischen zwei offenen Fenstern gesessen. Und vom Zug – la caresse de Dieu – hat er einen Schnupfen bekommen. Er liegt im Bett, und sie legt Patiences auf seiner Bettdecke.

In Granada haben sie eine hübsche Geschichte miterlebt. Die berühmte Rafflestruppe – immer dieselbe – gab auch im Theater von Granada mehrere Vorstellungen. Eine der Schauspielerinnen, offenbar die Soubrette, die mit Jeanne in einer Kabine übernachtete, hatte von früher her ein Verhältnis mit einem Andalusier niedriger Herkunft, der inzwischen Granada verlassen hatte. Sie ersetzte ihn durch den jungen und stattlichen Redakteur der Neuesten Nachrichten von Granada, mit dem Hans bekannt geworden war.

Eines Abends sitzen sie zusammen im Café. Da kommt plötzlich der Andalusier. Die Soubrette erbleicht und beschwört ihren Redakteur, das Lokal zu verlassen. Pepe sei ein reißendes Untier und habe versprochen, ihr die Ohren des Menschen zu verehren, der sie zu einer Untreue verleiten würde. Der Redakteur denkt nicht daran. »Laß ihn mal kommen!« »Ich werde es ihm besorgen,« sagt er lässig. Der reißende Andalusier setzt sich an einen Nebentisch. – »Je vous assure«, unterbricht May, »ce n'était pas drôle du tout. Il avait les yeux d'un tigre!«

Der Kellner fragt demütig nach seinen Befehlen. Der Andalusier bestellt sich eine Portion Schinken, aber ausdrücklich: ohne Messer! Der Kellner, dem die Situation bekannt ist, schlottert: »Ohne Messer?«

Der reißende Andalusier wirft ihm einen Blick zu. – »Non, je vous assure«, sagt May, »on l'aurait pris pour un ange descendu du ciel pour exterminer la race pourrie des hommes! Il était beau!« – Nun also, der schlotternde Kellner bringt den Schinken. Der Andalusier zieht ein Dolchmesser heraus – »grand comme ça« – heißt auf spanisch Matasuegra, Schwiegermuttertöter, – läßt es aufspringen – »cela faisait trrr« – und zerteilt dann, ohne eine Miene zu verziehen, das Fleisch. – »Vous pensez bien que je n'osais plus respirer.« Die kleine Soubrette war einer Ohnmacht nahe, und Hans wurde es unbehaglich.

Da ruft auf einmal der Redakteur: »Kellner!«

Der Kellner, im großen Bogen um den Andalusier, schlottert an den Tisch.

»Eine Flasche Champagner! aber ohne Korkenzieher!«

»Donnerwetter!« sagt Jeanne.

»Ah oui, ma chérie, lorsqu'il avait dit cela je croyais que l'autre allait éclater.«

Der Redakteur sagt kein Wort. Wie man die Flasche bringt,

zieht er einen Revolver heraus. Spannt ihn. – »Ça faisait tsic!«
»Donnerwetter!« sagt Jeanne.
Und schießt, denken Sie sich, mit tödlicher Sicherheit den
Pfropfen der Flasche ab.
Das ganze Lokal schreit Bravo. Der reißende Andalusier mit
dem Schwiegermuttertöter verduftet – comme par enchante-
ment. Der Redakteur gießt die Gläser voll.
»Je vous assure, mes amis, jamais le champagne ne m'a fait tant
de bien!« –

ESCORIAL, DEN 18. JULI.

Gestern abend mit Langhans hierher. Hans und May sind in
Madrid geblieben, weil er seine damals unterbrochene Kopie zu
Ende bringen will. Es ist so kühl, daß wir Überzieher tragen.
Auch in Madrid wurde es gestern abend besser. In Deutschland
sind dreißig Grad im Schatten.
Der Escorial ist ungefähr so, wie man ihn sich denkt. Grau,
grau, grau. Recht melancholisch und bei aller Größe ein bißchen
miserabel wie alle Melancholiker. Irgendwo steckt etwas Ver-
krüppeltes. In den zwerghaften, verdrehten Schiefertürmen auf
den großen Eckpfeilern, in der Kirche, einer versteinerten
Peterskirche ohne Echo. Die übertriebene Echtheit des Mate-
rials bringt etwas Unechtes in den Bau. Woran es liegt, weiß ich
selbst kaum. Das einzige Grüne in der Nähe sind winzige,
niedrig geschnittene Buchsbaumbeete, die gleichsam in den
Stein des Bodens eingelassen sind. Auch ihre Echtheit scheint
zweifelhaft. In den Fassaden viel Fenster, hinter denen Mönche
sitzen sollen. Man sieht keinen einzigen. Vermutlich sind sie
auch aus Stein. Alles in allem ein monumentales Krankenhaus,
das Versailles für einen Philipp II., insofern erschreckend echt,
eine Brutanstalt für finstere Träume. Man fühlt die phantastische Impotenz eines kranken Mönches.
Und eine Begräbnisanstalt. Wir kamen gerade zurecht, um in
das Souterrain mitgenommen zu werden, wo Spaniens Könige

liegen. Das Mausoleum ist mit dem marmorreichen Komfort eines modernen Hotels ausgestattet. Schon die enge Treppe hinunter mit den Wänden und Stufen aus dunklem Marmor weckt die Vorstellung: Wir sparen Raum, aber kein Geld. Man glaubt, solche Treppen – ein wenig besser beleuchtet – in den Carltons und Bristols unserer Hauptstädte schon oft gegangen zu sein. Unten müßte sich ein elegantes Lavabo auftun. Da stehen die Särge. In engen, aber eleganten Fächern übereinander. Marmorsärge, von denen jeder aufs Haar dem anderen gleicht, jeder mit üppigen Bronzebeschlägen in dem bekannten berlinisch-amerikanischen Renaissancestil, jeder mit seinem Etikett von genau demselben Schriftcharakter: Philipp II., Philipp III., Philipp IV.... Jeanne stößt mich an: »Karl der Fünfte« – Ja, wahrhaftig, auch Karl V. Man hat das »Imperator« abgekürzt. Jeder weiß doch, was die Buchstaben heißen sollen, und so fügt sich der Kaiser der Typographie der Könige geschmeidig ein. – Vanitas Vanitatum! Wie gut hat euch, Fürsten, der pietätvolle Engel verstanden! – Er übertraf eure entsagungsvolle Demütigung. Ihr gingt ins Kloster, tatet die Krone von euch, mischtet euch unter die gleichfarbenen Kutten der Mönche und saht in dunkler Zelle geduldig der Erlösung von eurer schmerzensreichen Menschlichkeit entgegen. Aber bliebt immer noch Fürsten, fühltet euch mehr denn je als Fürsten. Die freiwillige Dunkelheit ließ eure Würde wie eine magische Krone über euren Häuptern erstrahlen. Ihr glaubet, Fürsten des Geistes zu werden, eine besondere Art von Königen. Auch diese letzte Sonderheit, die euch die höchste dünkte, kam euch abhanden.
»Es sieht wie eine Hofapotheke aus«, flüstert Jeanne.
Dann kommen die Räume für die Infanten und Infantinnen. Ein anderes Schema, diesmal weißer Marmor, eine Klasse geringer. Es kommen noch Unterabteilungen, dritter und vierter Klasse. In einem Saal ist eine Art Marmorkarussell eingerichtet; ein Dutzend Särge mit ihren zugehörenden Votivtafeln sind in einen Kreis eingebaut nach dem Modell einer Marzipantorte. Man kann in dieser Beerdigungsanstalt wirklich alle Arten von Bestattung studieren und glaubt in einer Ausstellung zu sein:

Ausstellung künstlerischer Ansichtssärge. Zwei oder drei Säle enthalten weiße Marmorgrüfte nach dem Schema der anderen, ohne Votivtafeln. Sie sind noch unbenutzt. Man sucht unwillkürlich nach dem automatisch beweglichen Schildchen: »Libre.« Der Vorrat ist groß. Ob sie alle noch von richtigen Prinzen besetzt werden?

ESCORIAL, DEN 19. JULI.

Das beste am Escorial ist das Postament, die weite Ebene. Man sieht bis nach Madrid und womöglich noch weiter. Lüneburger Heide mit winzigen Oliven, die in der Ferne wie Heidekraut aussehen. Gelbe halbkahle Flächen, aus denen die krummen hellgrauen Wege ausrasiert sind. Am weiten Horizont ein paar bewegte Hügel. Wir haben unsere Zimmer im obersten Stockwerk des neuen Hotels, englische Mansarden, aus deren Fenstern man hinaussieht wie in einen Guckkasten hinein. Gleich vor uns ist ein großer sauberer Platz mit grünen Bäumen. Über die Gipfel gleitet der Blick auf die Wipfel der Jardines del Príncipe hinunter und überfliegt dann die ganz langsam aufsteigende weite Ebene. Von unten herauf hat man den grauen Escorial mit dem Städtchen vor kahlen Bergwänden.

ESCORIAL, DEN 20. JULI.

Die Ebene ist nicht das Gegenteil des Gebirges, sondern die Norm für unser Dasein. Große Städte ertragen nicht die Nähe hoher Berge. Nicht weil die Straßen sich nicht ausdehnen könnten. Die vielen Menschen würden übereinander herfallen, die vielen Gedanken, die vielen Feindseligkeiten, die wie wilde Tiere in die Menagerie gesperrt sind, würden einander massakrieren. Wir müssen eine ganz artige, bescheidene Natur vor uns

haben, um die Artigkeit simulieren zu können, mit der wir miteinander umgehen, brauchen die Ruhe der Natur, um unsere Unruhe zu meistern. Unsere Gelüste bedürfen des leeren Raumes, um dünner zu werden. Ein Schneider wird im Gebirge zum Poeten. Wie würde es den anderen Berufen ergehen, den Polizeidirektoren, Zeitungsschreibern und Kunstprofessoren! Die Börse müßte zur Irrenanstalt werden. In den Köpfen der Philosophen würden die Systeme wechseln wie heute die Kurse der Kuxe. Die Götter würden sich wie Kaninchen vermehren, und es wäre selbst einer treuen Armee nicht möglich, die Existenz des Monarchen zu schützen. London ist nur in seinem bügelbrettartigen Gelände denkbar, Berlin nur neben Lichterfelde – gibt es eine bessere Lage für eine Soldatenfabrik? Rom verdankt der Campagna seine Weltmacht, und Peter der Große wußte, was er gegen die Nihilisten tat, als er seine Kapitale in eine Wüste baute. Die Pariser tragen zeitlebens an der Koketterie ihrer Umgebung, und ich bin sicher, daß die österreichische Monarchie nur deshalb nie zur Ruhe kommt, weil Wien den Kahlenberg hat. Die Ebene bändigt die Massen, der Persönlichkeit löst sie die Flügel. Unseren größten Geistern hat der Blick auf weite Ebenen zur Klarheit geholfen. Das Denken wird reiner und allgemeiner, verliert die zufällige Form, wird monumental, von allen Seiten sichtbar. Böcklin hat nie den Schweizer überwunden, und Leibl verhärtete im Gebirge. Nietzsche ging in Sils Maria zugrunde. Wir brauchen die Ebene, um unsere Werke als Berge hineinzubauen. Wir bevölkern sie mit unseren Gestalten, und der weite Blick erlaubt uns, jede einzelne im Auge zu behalten. So entstand das Objektive persönlicher Kunst. Eingesackt zwischen reizenden Hügeln blieb Florenz immer auf die Primitiven beschränkt. Orvieto und Siena sind steile Festungen mittelalterlichen Geistes. In den Klüften der Alpen nistet der Aberglaube, und Schiller hatte Unrecht: auf den Bergen ist Unfreiheit. Die weiten Lagunen lichteten der Malerei den Weg ins Freie. In dem Garten Flanderns blühte sie weiter. Aus dem Flachland Hollands wuchs ihr Größter empor.
Es war vielleicht kein kleinlicher Pietismus, was Philipp II.

trieb, seinen Escorial in diese Einsamkeit zu bauen, mit der weiten Terrasse, zu deren Füßen sich die grenzenlose Ebene ausbreitet. Seine kranke Gestalt erhält hier fast den Umriß der Größe. Wir sind zu seiner Silla gegangen, dem Felsen jenseits des Klosters, von dem aus er das Wachsen des Klosters verfolgte. Das einzig Fatale daran ist, daß ein unsäglicher Schinken der Nationalgalerie den Vorgang verewigt hat. Philipp hatte kein Glück. Die Trödlerhand eines spanischen Malers unserer Zeit rächte an dem König den größten Geist seines Landes, dem er die Anerkennung schuldig blieb. Der Fluch der Könige baut den Künstlern Ehren. Heute preisen wir Philipps Torheit. Der verdankt man, daß Grecos größtes Werk nicht in einem dunklen Winkel der traurigen Kirche hängt, sondern in all seiner Schönheit offenbar wird.

Die Instinkte der Könige gleichen sich wie ein Haar dem anderen. Der Beruf färbt auf sie ab wie jeder bürgerliche Beruf auf den Menschen. Man erkennt einen Monarchen, wie man einen Gymnasiallehrer, einen Kanzleirat oder einen Dichter erkennt. Es steht ihnen an der Stirn geschrieben. Gleich am ersten Tage erinnerte mich die Kirche an etwas wohl Vertrautes. Nicht an die Peterskirche. An die wollte Philipp II. erinnern. Die Dinge, an die ein König erinnern will, pflegen immer böse zu werden, sobald der Monarch verblichen ist und nicht mehr befehlen kann: an dich will ich erinnern. Corcos, der unsterbliche Venezianer, der den Kaiser mit der Büste Friedrich des Großen im Hintergrunde malte und dafür mit der Accolade gelohnt wurde, verstand die Sache. »Ick sein nix Maler«, sagte er mir bescheiden, als ich die Stiefelwichse seines Kaiserbildnisses lobte, »ick sein nix Künstler, ick sein Schwein. Aber ick verstehen Eure Kaiser.«

Nicht an die Peterskirche erinnert der Dom des Escorial, sondern an die Berliner Kathedrale. Natürlich nur ganz von fern, so wie die Begräbnisanstalt unter der Kirche ganz von fern an das Hotel Bristol erinnert. Es kommt immer nur auf den Geist an, und der Geist ist derselbe. Oder, wenn ich mich so ausdrücken darf, der Ungeist dieser Bankierpracht, die in den kahlen Raum von unempfundener Größe diesen Altar aus Porphyr und Bronze einbaut, so, als wäre er vorgestern hineingesetzt und würde übermorgen wieder weggenommen; mit der unglaublichen Menge von Stein und Metall, die ganze Berge von Erz und Marmor verschlungen haben muß und trotzdem klein ist wie eine Visitenkarte. Alles ist unglaubliche Kleinheit daran, selbst die hübsch ziselierten Fürstengruppen Leonis in den Seitenwänden zwischen den Säulen; Kleinplastik in Lebensgröße. Man kann sie sich in der Rue de la Paix in einem schicken Galanteriewarenladen denken.

Wie begreiflich ist der Könige und Kaiser Abneigung gegen große Künstler. Sie müßten ohne Krone zu herrschen vermögen, also selbst große Künstler sein, um den Künstler neben sich zu ertragen. Nichts geißelt boshafter die Ohnmacht der Gekrönten, als daß eines genialen Menschen Augenblickseinfall, ein unsichtbarer, ungreifbarer Gedanke all ihre Pracht, all ihre über Millionen gebietende Macht mit Grazie bei Seite räumt, wie ein Kind mit dem Zeigefinger und Daumen einen toten Fliegenleib wegschnellt. Diese Kirche wäre etwas, wenn Greco daran gerührt hätte. Philipp II. wollte nicht. Er wies für das teure Ultramarin, mit dem der Grieche sein Bild malte, die Kosten an, aber verwarf das Gemälde. Er hätte noch viel mehr bezahlt, Greco konnte sein geliebtes Ultramarin zentnerweise verschwenden; nur nicht etwa Geist damit machen, etwas Höheres als Ultramarin. Könige wollen für ihr Geld etwas haben, viel Ultramarin für viel Geld, oder, wenn die Zeiten schlecht sind, viel Stiefelwichse für etwas weniger Moneten. Und so kommt es, daß jeder Dachstubenbewohner von oben auf die Straße hinabsehen kann, wo die goldenen Wagen mit den goldenen Püppchen fahren. Nein, es ist gut, daß die Mauritiuslegende nicht hier hängt, auch wenn das Bild den Millionen, die der fromme Fürst für die Kirche spendete, reichliche Verzinsung gegeben hätte. Es hätte nicht hergepaßt. An der neutralen Wand des Kapitelsaals ohne anderen Rahmen als den seiner eigenen Welt ist es besser untergebracht. Aber es ist gut, daß es überhaupt im Escorial ist, nicht wo anders. Es paßt in dies graue

dumpfe Gebäude über der weiten Ebene. In dieser Einsamkeit
werden seine Farben noch reicher, der Ernst der Gestalten noch
gebietender, und man glaubt, jedes Teilchen mit der Kraft zu
empfinden, mit der es der Meister schuf. Wie eine Kantate von
tausend Sängern, die in schweigender Mondnacht zum Himmel
steigt.

Nichts ist produktiver an Erinnerungen als der Blick vom
Escorial auf die Ebene. Neulich dachte ich an die Lüneburger
Heide, und als wir gestern nachmittag auf der steinernen Mauer
der Terrasse saßen, bildete ich mir so fest ein, auf der Höhe von
St. Cloud zu sein, daß ich unwillkürlich in dem blaurosa Son-
nennebel vor mir nach dem Eiffelturm suchte und zur Linken,
noch weiter am Horizont, die Kuppel von Sacre Coeur entdeckte. Eine Landschaft ist immer nur gerade gut genug, um uns
an eine andere zu erinnern. Gibt es etwas Unsinnigeres, als hier
an St. Cloud zu denken! Die Landschaft ist immer nur ein Lokal,
ein Hintergrund für irgend etwas wie auf den Bildern des
Velasquez oder der englischen Porträtisten. Wir behalten höchstens ganz primitive Vorstellungen von ihr, wie flach, hoch,
winklig undsoweiter und diese auch nur in Abhängigkeit von
unseren Empfindungen. Etwas Konkretes wird die Landschaft
erst als Kunstwerk in den Bildern der van Goyen, Poussin oder
Constable. Es war sehr schön auf der Terrasse. Wir hatten den
Nachmittag in dem kühlen Kapitelsaal zugebracht, und nun war
die milde Wärme im Schatten der Klostermauern doppelt
behaglich. Die Sonne lag hinter uns, der Abend begann das
weite Tal mit farbigen Schleiern zu überziehen. Es war sehr still.
Wir schliefen mit offenen Augen. Plötzlich zuckte Jeanne ein
wenig zusammen. Vermutlich hat sie sich über eine Eidechse
erschreckt, dachte ich und druselte weiter. »Ich seh sie ganz
deutlich«, sagte sie nach einer ganzen Weile. – »Was denn?« –

»Da!« – – Sie zeigt in den blaurosa Nebel und hat die Augen fast geschlossen. »Die vier Männer!« – »Was für Männer?« – »Herrgott, die vier Männer mit den Armen und Beinen.« So, so, denke ich, Jeanne hat Halluzinationen, wer hätte das gedacht! und druselte weiter.

»Der Junge mit dem Helm ist auch da.« –

»Sieh mal an!« –

»Und auch die Geköpften, und dahinter der ganze Zug von Nackten, blau und gelb mit der rosa Fahne. – Mauritius.« – So, so! Blau, gelb und rosa Fahne. – In meiner Erinnerung dämmert etwas von nackten Gestalten, blau und gelb, die ich einmal gesehen habe, mit Armen und Beinen und rosa Fahnen. Nur weiß ich nicht mehr, ob in der Lüneburger Heide oder in St. Cloud oder im Kapitelsaal des Escorial.

ESCORIAL, DEN 24. JULI.

Wir haben unsere Mansarde verlassen müssen, es wurde zu heiß, und sind ins Parterre gezogen, in ein hohes formloses Hotelzimmer, mit dem nichts anzufangen ist. Statt der Hitze hat man hier die Fliegen. Sie sind noch viel weniger erträglich. Die Hitze kann man vergessen, die Fliegen aber nicht. Sie verhindern jeden Gedanken und sind sicher schuld an dem unintellektuellen Dasein aller südlichen Völker. Wir machen regelmäßig Jagden. Das Terrain eignet sich insofern wenig, als man nicht die hellen Wände mit Fliegenklatschen beschmutzen mag. So muß man warten, bis das Wild auf dem Boden oder auf den Tischen sitzt, oder ist auf den wenig ergiebigen Fang mit der Hand angewiesen. Morgens nach dem Aufstehen helfen wir uns mit der sogenannten trockenen Methode, die nicht bezweckt, die Tiere zu töten, sondern sie zu verjagen. Jeanne steht am offenen Fenster und macht mit dem kleinen Badetuche kleine radiale Bewegungen, die teils dazu dienen, die Fliegen von draußen abzuhalten, teils die Tiere hinauszubefördern, die ich mit dem großen Badetuch aus der Tiefe des Zimmers zum Fenster treibe. Dann wird das Fenster geschlossen. Nach dem Frühstück rücken wir den Tisch ans Fenster und stellen Zucker und Milch darauf. Die Tiere sammeln sich, und wenn ihrer genug sind, wird nochmal aufgemacht, und bei diesem Schub verläßt immer ein gutes Dutzend das Zimmer. Der erreichbare Rest wird mit einem nassen Handtuch teils erschlagen, teils durch den Luftdruck getötet. Man braucht sie nicht mal zu treffen, es genügt scharf daneben zu schlagen. Sie sind dann eine halbe Sekunde duselig, dann erwischt man sie nochmal. Zuweilen, bei glücklichen Doppelschlägen oder gar Terzetts, fühlt man sich sehr erhoben. Manche erlegt man, indem man sie vom Rande des Milchtöpfchens in die Milch jagt, wo sie ertrinken. Andere erstickt man im Bett, dessen Laken in tiefe Falten gelegt sind. Ein wenig Zucker ist das beste Lockmittel. Oder man zerquetscht sie zwischen Fenster und Scheibengardine, bei weitem die beste Methode, aber von Jeanne verboten, da die Gardinchen im Handumdrehen schwarz werden. Leider bleiben immer ein paar übrig. Sie setzen sich auf die Schnur der elektrischen Plafondlampe, die ich schon zweimal abgerissen habe, wobei das eine Mal die hübsche Lampe draufging. Da nach Darwin die übrigbleibenden die geschicktesten ihrer Art sind, quälen sie einen nachher doppelt und dreifach. So kommt es, daß ich den größten Teil des Tages im Escorial verbringe. Dort ist für die Fliegen zu wenig zu haben. Es fällt mir ein, daß ich im Kapitelsaal noch nicht eine einzige gesehen habe.

ESCORIAL, DEN 25. JULI.

Lieber Hans! Es hilft nichts, Sie müssen auf ein paar Tage Ihren Greco unterbrechen und herkommen. So schön die Kopie werden mag, es wäre sinnlos, wenn Sie in dem Glauben, ein Stück von Greco mitzunehmen, ohne die Grecos des Escorial das Land verlassen würden. Ich bilde mir ein, daß Sie Ihre Kopie noch viel besser machen werden, wenn Sie die Grecos im Escorial gesehen haben. Es sind mindestens drei da. Sie können sich vorstellen, was Sie wollen, und wenn Sie dann nicht trotzdem wie eine Fliege auf dem Boden liegen, können Sie mich totschlagen. Von dem Greco, den Sie am höchsten stellen, weil er Ihnen am nützlichsten ist, finden Sie zwei Bilder, das Original des prunkvollen Bischofs, dessen Kopie im Prado mir am ersten Tage schmählichen Angedenkens so imponierte. (Mein Gott, was haben wir seitdem alles erlebt! es kommt mir so vor, als sei ich in den paar Monaten steinreich und steinalt geworden.) Nun schön, vor dem werden Sie auf- und abtanzen, teils vor Begeisterung, teils um die Details zu erwischen. Er hängt leider zu hoch. Sehen Sie sich ja nochmal die Kopie im Prado an, bevor Sie herkommen, dann werden Sie erleben, was Ihren Mitmenschen hoffentlich erspart bleibt, wenn Ihre Kopie fertig ist. In derselben Sakristei gibt es zwei Hände an einem heiligen Petrus, die fast den ganzen Körper überflüssig machen. Auch vor dem werden Sie tanzen. Und dann werden Sie in den Kapitelsaal geführt, vor die fünfzig nackten Menschen der Mauritiuslegende. Und da werden Sie nicht tanzen, sondern sich ganz still in respektvoller Entfernung auf ein Bänkchen setzen und abwarten. Zeit ist genug. Wir haben von der hohen Obrigkeit die Erlaubnis, von morgens 8 bis abends 6 in dem Saal zu sein. Langhans hat ein paarmal die Grenzen dieser Liberalität ausgenutzt. Er kopiert ein Stückchen mit immerhin einem Dutzend Figuren und behauptet, er könnte auch die Nacht daran weitermalen, wenn es hell wäre. Jeanne vermag ihn weder mit Bosheit noch mit Grazie zu fünf Minuten Spazierengehen zu betören. Beim Pikett schläft er nach zehn Minuten ein. Gestern nachmittag eröffnete er mir mit voller Gemütsruhe, er wolle hier bleiben und nach dem kleinen Stück das ganze Bild vornehmen. Und als ich ihn darauf aufmerksam machte, daß das etwa drei Jahre seines Daseins kosten dürfte, meinte er prompt: Ja, ich werde meinem Concierge kündigen. – Bis jetzt gleicht die Kopie dem Original wie eine reichlich mit Honig und Erdbeermarmelade bestrichene Butterstulle einem menschli-

chen Antlitz. Es wird sicher nie im Leben ähnlich. Er behauptet,
es sei nur so und nicht anders zu kriegen. Ich schreibe Ihnen das
nur, damit Sie sich von Cossíos unzweifelhaft richtiger Datie-
rung des Werkes nicht verleiten lassen, die Duldsamkeit mit den
Schwächen eines Frühwerkes mitzubringen. Es liegt zeitlich in
der Tat vor dem Orgaz und kommt gleich nach dem Espolio.
Aber es liegt in Wirklichkeit jenseits von beiden. Nun wissen Sie
nicht mehr was und wie, nicht wahr? Jawohl, ich auch nicht.
Obwohl ich seit acht Tagen jeden Tag hinlaufe. Deshalb sollen
Sie eben herkommen. Wenn ichs Ihnen erzählen könnte, wäre es
nicht der Rede wert.

ESCORIAL, DEN 26. JULI.

Der Escorial wechselt sein Gesicht wie der Mond. Anfangs, als
wir herkamen, war es die Residenz Philipps II. Wir sahen immer
nur den hageren kranken Mann mit dem bleichen Gesicht unter
dem spitzen Hut und gefielen uns, das Gebäude mit übriggeblie-
benen Brocken der Geschichte Spaniens zu tapezieren. Wir
suchten uns auszumalen, wie dies oder jenes gewesen war oder
gewesen hätte sein können. Jeder reist mit seinem Stückchen
Romantik. Jeanne, die am wenigsten davon hat und noch dazu
noch weniger von der spanischen Geschichte weiß als ich, hatte
einen ganz interessanten Philipp II. fertig; die Kombination
einer bis zum Grotesken getriebenen Lasterhaftigkeit mit idioti-
scher Gottesfurcht – eine Spitze auf Mays frommes Gemüt.
Dabei sehr grausam, und, wie ich gelegentlich entdeckte, nicht
Nachfolger Karls V., sondern Karls des Großen. Die Landschaft
paßte dazu. Sie war trübe und traurig, obwohl die Sonne alles
aufbot, und der blaue Himmel das heiterste Antilitz zeigte. Das
Spiel der Kinder auf dem Platz vor der mächtigen Front schien
uns krasse Ironie, und das Weiß der Kleider der hübschen
Mädchen, die hier abends kokettieren, hatte etwas Indezentes.
Ging das geringste leise Lüftchen, so hörte man den Sturm um

die Zelle des Unglücklichen rauschen und sah den Einsamen verstört aus seinen Träumen auffahren. Jeanne äußerte sogar ein gewisses Mitleid, das ihr im allgemeinen abgeht.

Nun ist der interessante König längst abgesetzt. Wir würden eher auf die Idee kommen, uns von Rhamses II. zu unterhalten als von diesem Philipp. Es fällt uns nicht im Traume ein, uns auszumalen, wie es war oder wie es hätte sein können, wir halten uns an die Wirklichkeit. Die Sonne scheint. Zum blauen Himmel steigen frohe Gedanken hinauf. Der Wind wird dankbar als Linderer der Wärme erkannt, ein Gruß der Kühle, die das Bild umgibt. Die kleinen Mädchen, die Arm in Arm in Reihen auf dem Platz stolzieren und die Augen, wenn sie vorbeikommen, mit dem Mechanismus einer Reihe von Puppen nach rechts nehmen, sind keine grausame Ironie, sondern scheinen mir recht zutunliche Geschöpfe, und der große graue Kasten, das Krankenhaus mit den unsichtbaren Männchen, ist der Palast eines ganz sichtbaren Geistes, der ist und immer sein wird. Der neue König hat alle Frommheit, die wie die Pest in den Mauern steckte, ausgetrieben und nimmt lächelnd unsere Gebete entgegen. Sie sind inbrünstiger als alle Litaneien wackelnder Pfaffenlippen.

ESCORIAL, DEN 27. JULI.

Gestern sind Hansens gekommen. Es ging genau so, wie ich mir gedacht hatte. Zuerst war er nicht von dem Bischof wegzubringen und wurde von dem Mauritius mehr beunruhigt als hingerissen. Er gab alles mögliche zu, aber fand das Bild im stillen zu modelliert, zu wenig modern, und es half nichts, daß ich ihn darauf aufmerksam machte, daß unter den Blumen dieses Gartens von Malerei auch der Impressionismus blühe, nämlich in dem ganzen linken Teil, wo die Menschen kleiner und zur Masse werden; ein wahrer Renoir. Na, das Rosa und Blau des Bischofs, meinte er, sei doch noch viel mehr Renoir. Ich zeigte ihm die Landschaft links auf dem Mauritius, bei der man sofort an Renoirs wie die Grenouillère oder dergleichen denkt. Nun ja, aber schließlich die Hauptsache seien doch die vier Kerls vorn, und die seien doch gar nicht impressionistisch.

Es war eine Gelegenheit, sich weidlich zu ärgern. Als ob Greco dazu da sei, unsere kümmerlichen Aktualitäten zu legitimieren. Aber anstatt meine entscheidenden Darlegungen anzunehmen, war er längst mit May, die natürlich ebenso tönt, wie er hineinbläst, wieder zu dem Bischof gelaufen. Ich fand eine Art Habgier in seiner Art, Bilder zu betrachten. Nachmittags wurde er schon etwas menschlicher. Heute früh ließen wir uns wie gewöhnlich im Kapitelsaal einschließen, weil der Diener die Aufsicht im Pantheon hat. Ich sagte kein Wort. Nach einer Weile rutschte Hans auf seiner Bank hin und her. Nach einer halben Stunde war er weich zum Davonfließen und redete keinen Ton mehr von seinem Bischof. Morgen werde ich den Bischof gegen ihn in Schutz nehmen müssen.

ESCORIAL, DEN 28. JULI.

Hans meint, es sei, um den Moralischen zu kriegen. Ja doch, den habe ich auch gehabt. Wie oft habe ich ihn schon auf dieser Reise gehabt. Wenn man all den Unsinn ausstreichen könnte, den man vorher über dieses und jenes gedacht und geschrieben hat. Aber dieser Moralische ist ersprießlich. Schließlich malt man Bilder, nicht um anderen, sondern um sich selbst Spaß zu machen, und schreibt Bücher, nicht um zu belehren, sondern um Dummheiten loszuwerden.

Ich habe Greco ebensowenig dieses Bild zugetraut. Man wird das wohl überhaupt keinem Menschen zutrauen. Es ist beinahe der Anfang seiner Laufbahn, und es scheint, daß man nur so aufhören könnte. Jeder wird wie Hans zuerst mit den Begriffen Malerisch und Modelliert gegen die Wirkung kämpfen, weil sie zu groß, zu ungeheuer ist, weil man nach irgendeiner Kritik sucht, nicht um zu kritisieren, sondern um sich dem Eindruck zu entziehen, um die Wirkung zu verteilen, unter der man zu unterliegen droht. Man leidet zuerst unter dem Eindruck, weil man ihn nicht begreift. Mir ist es lange so gegangen. Ich sah das Bild, wie man es in der Photographie sieht, wo nur das Unwahrscheinliche der Situation bemerkbar wird, und spornte mich gewaltsam an, es abzulehnen. Die Verirrung eines genialen Draufgängers, sagte ich mir, doppelt verzeihlich in diesem Stadium der Entwicklung, beinahe notwendig. Eine Art Massacre oder Sardanapal Delacroix'. Das Gebäude eines kühnen Baumeisters, der das Unmögliche will. – Es hätte so gut in die Biographie gepaßt. Man kämpft mit diesem Bilde. Mir ging es so, daß ich jeden Morgen die Erklärungen, die ich mir abends fern von dem Bilde ausgedacht hatte, als lächerliche Ausflüchte bekannte. Das Bild stand wie ein Geist, auf den man mit Pistolen schießt, vor mir. Meine Einwände kollerten auf dem Boden herum und machten überflüssigen Lärm. Einmal hatte ich die Perspektive erwischt. Wie konnte man mit diesen Mitteln, mit einer unbeschränkten Wissenschaft hier einen Haufen über Lebensgröße darstellen und hart daneben einen anderen Haufen von Menschen, die nicht halb so groß sind. Als ich das glücklich hatte, empfand ich fast eine diabolische Freude und lief den andren Morgen Punkt acht Uhr hin, trat vor das Bild, als wenn ich ein preußischer Museumsdirektor wäre, und hatte schon die mitleidige Anrede fertig. Aber das Wort blieb mir im Halse stecken. Nun ja, die Perspektive war immerhin gewissermaßen da, merkwürdig, ich hätte darauf geschworen, sie wäre nicht da. Ich hatte die vier Hauptgestalten im Geiste schon geköpft wie die beiden Leichen auf dem Boden liegen gesehen. Sie standen unerschütterlich. Die anderen traten ein wenig zurück und standen tiefer als die Hauptgruppe. Ich wollte mindestens versuchen, die Stellung merkwürdig, wenn nicht auffallend zu finden. Nun ja, auffallend war das Ganze. Nicht jedem fiel so etwas ein; höchst auffallend, daß sich die Gestalten der Hauptgruppe in der Dekapitationsszene wiederholten; sehr wenig realistisch. Aber es wäre albern gewesen, ihm vorzuwerfen, daß er aus einer gegebenen Tradition die Erlaubnis zu dieser genialen Benutzung gewann. Ein andermal schlich ich mit dem Argument hin, die Massen seien nicht equilibriert. Das gab mir eine gewisse Haltung. Die Perspektive mochte sein, wie sie wollte, das hatte ich auch gar nicht so gemeint. Aber das Gleichgewicht der Massen! Eine Forderung, an der sich nicht rütteln ließ. Dieser gute Mann versuchte die Asymmetrie ein paar Jahrhunderte zu früh. Er hatte nie etwas von den Japanern gesehen, geschweige von Degas. Das Bild mußte rutschen. Das Übergewicht der Hauptgruppe ließ sich nicht mit den kleinen Figuren, wahren Embryos, auf der anderen Seite ausgleichen. Er hatte es mit der Menge versucht: vier oder fünf Menschen hier, ein paar Dutzend dort. Aber hatte vergessen, daß auch Tausende von winzigen Menschen nicht genügten, um diese überlebensgroßen Gestalten zu balancieren. Diesmal durchschaute ich ihn. Wieder stand ich in aller Frühe auf, beinahe hätte ich mir meinen schwarzen Rock angezogen. Ich trat vor ihn wie ein deutscher General, der eine Kunstausstellung eröffnet. – Ach so, die Engel! an die hatte ich nicht gedacht, ich hatte sie vorher überhaupt nie mit Bewußtsein gesehen. Es lag an den Engeln. Gewiß, wenn die Engel, diese Masse von Gestalten, gerade oben in der linken Ecke nicht gewesen wären, dann wäre unten alles drüber und drunter gegangen. So viel stand fest, das Bild rutschte durchaus nicht. Es rutschte so wenig wie ein Wald von Steineichen. Ich entfernte mich etwas beschämt und sah von der Tür, wo man am weitesten von dem Bild entfernt ist, nochmal zurück. Selbst von hier behielt das Bild das Waldartige.

Schließlich gab ich meine Argumente auf, ließ mich treiben in dem Wonnegefühl der Überlegenheit eines anderen. Die Schönheit wurde immer größer, gewaltiger, zu einem Ozean, auf dem ich, ein Schiff ohne Masten, widerstandslos trieb. Die Ufer verschwanden. Ich sah nur nach dem Himmel über mir. In den Wolken musizierten die Engel.

Der erste und größte Mann der Hauptgruppe mit dem grauen Haar, der dem Beschauer den Rücken zukehrt, ist wie ein Mensch aus der Natur in das Bild gestellt. Wenn einer von uns hart vor dem Bild steht, so daß sich seine Gestalt den Gestalten des Gemäldes nähert, erschrickt man über die Ähnlichkeit zwischen Kunst und Natur. Man denkt an große Bildhauerwerke aber merkwürdigerweise nie an Maler, die wie Bildhauer malten. Es gibt nur zwei Menschen, die mit solchen Massen nackter Glieder gewirtschaftet haben: Signorelli und Michelangelo. Vor den Fresken Signorellis in Orvieto bedarf man aller wohlgefügten kunsthistorischen Begriffe, um nicht vor diesem Durcheinander von Körpern, das dem Mittelalter des Campo-Santo in Pisa näher steht als unserer Empfindung, die Flucht zu ergreifen. Muß sich vergegenwärtigen, was alles aus diesem Werke hervorging, um seine primitive Wildheit zu verzeihen, und entschuldigt Signorelli mit der Schönheit Michelangelos, seines Nachfolgers. Es ist mindestens nicht die spontane Bewunderung, die der Berliner oder Londoner Signorelli oder die Tafeln in Florenz sofort erzwingen. Das Riesenwerk in Orvieto meldet nur die Existenz des nackten Körpers in der Malerei. Von hier zu dem Greco führt kein Weg. Diese Evolution der Barbarei, die noch in Michelangelos jüngstem Gericht nicht ganz ihre dunkle Herkunft verschweigt, ist aus der Genesis Grecos ausgeschieden. Er hat weder im Nahen noch im Weitern damit zu tun. Wohl mit Michelangelo. Von dem kam er ja her. Hat er ihn nicht zum Dank in einer der Gestalten, die der Dekapitation beiwohnen, verewigt? Man glaubt das gebirgige Antlitz in dem Kopf gerade hinter dem kleinen Mauritius zu erkennen. Michelangelo hielt ihn über die Taufe, und Tizian vollzog sie mit dem Wasser der Lagunen. Aber der Täufling war ein Findelkind und weder aus Rom noch aus Venedig. Es scheint fast, daß er sich erst Michelangelos bewußt wurde, als er Italien verlassen hatte. Wenigstens sind die seltenen noch in Italien entstandenen Erstlinge seiner Kunst ganz venezianischen Geistes, während die Trinität mit dem michelangelesken Christ, die Auferstehung in Santo Domingo el Antiguo mit den aus gleichem Geiste geschaffenen Gestalten der Krieger schon in Toledo entstanden. Er behielt sein ganzes Leben etwas von dem Meister der Sixtina. Alle Apostelgeschichten zeugen dafür, auch der Petrus mit den wunderbaren Händen, im Escorial. In diesen Händen liegt das, was ihn von Michelangelo scheidet. Solche Hände hat es nie in Rom gegeben. Sie sind nur geistige Dinge zu greifen gewohnt. Die Finger sprechen wie Finger von Menschen, denen das Wort zu laut ist. Sie scheinen direkt mit dem Hirn in Verbindung; nicht Glieder, sondern bloßgelegte Nerven. Solche Konzentration der Anschauung, solche Verfeinerungen des Anspruchs an das Natürliche waren in einem Rom undenkbar, wo die Differenzierung des Darstellungsvermögens noch nicht die Scheidung zwischen Malerei und Plastik und die unbedingte Selbständigkeit der Malerei notwendig gemacht hatte. Greco sagte von Michelangelo, er sei kein Maler gewesen. Das wollte mehr sagen, als Techniker heraushören. Michelangelo malte mit all den Nachteilen des malenden Bildhauers. Wenn seine Bilder zu den mächtigsten Schöpfungen der Menschheit wurden, geschah es trotz ihres Mangels, und der Mangel bleibt fühlbar. Hätte er seine Gestalten in Holz geritzt, wären sie immer noch ungeheuer gewesen. Seine Kraft spottete der Verschwendung. Nicht vollendend brachte er tausend Vollendungen hervor. Doch, fühlten wir nicht die Verschwendung, zumal in dem größten Werk, in dem sein Wille unbezwinglich über der Form blieb, so wüßten wir heute nicht, wie wir Spätgeborenen mit unserer viel ärmeren Kunst vor ihm bestehen sollten. Michelangelo war Römer. Alles, was Rom in zweitausend Jahren geworden war, flammte in diesem Riesen noch einmal auf, bevor der Niedergang anhub. Roms Stierkraft, die die Welt gebändigt hatte, Roms Cäsarenstolz, der sich an der eigenen Gebärde berauschte, die ungeheure Fruchtbarkeit römischen Größenwahnsinns. – Greco aber war ein kleiner Grieche und meinte, Michelangelo habe nichts von Malerei gewußt. Das ist weiter nichts Neues. Wir wissen besser als Pacheco, wie er es meinte, wie man solche Sätze überhaupt meinen kann. Ich glaubte, es zu wissen, bis ich hierher kam und den Mauritius sah. Da kam etwas Neues, höchst Unerwartetes zum Vorschein, das alle Ideen, mit denen man Grecos Kritik begreiflich zu finden vermochte, über den Haufen warf. Es nötigt zu einer viel weniger gemütlichen Stellung. Dieser kleine Grieche verließ plötzlich die ihm eigene Sphäre, in der man ihm alles nur Mögliche zugeben durfte, guckte über die Sphäre hinweg, so wie ein Löwe aus der versehentlich geöffneten Tür des Käfigs tritt und sich anschickt, die Zuschauer mit ganz ungeheuren Effekten zu zerstreuen. Kein Wunder, daß man die Pistolen mit allen nur erreichbaren Argumenten ladet. Der kleine Grieche saß auf einmal hart neben dem römischen Riesen. Man dachte sich den Einfluß Michelangelos auf Greco etwa wie den Michelangelos auf Rubens. Dafür sprach schon die Schule Venedigs, in der er gelernt hatte, und die auch für Rubens entscheidend war. Die einzige Kombination dieser beiden einander entgegengesetzten Pole schien im Bereich der Dekoration zu liegen. Sie konnte von Michelangelo immer nur das Barock brauchen, löste es auf in Farbe und verwandte es noch in Delacroix' Symphonien. Auch Greco ist dieser Theorie gefolgt, auf seine Weise – mit dem Unterschied, daß er alles, was die Auflösung von Rubens bis Renoir und Cézanne in dreihundert Jahren vollbrachte, selbst realisiert hat. Damit hätte er zufrieden sein können; man hat schon Mühe genug, ihm einen gebührend starken Ehrentitel für diese Tat zu geben. Aber das Programm wird vor dem Mauritius als zu klein befunden. Ganz unprogrammäßig ist der Inhalt dieser freskenhaften Leinwand von drei Meter Breite und vierundeinhalb Meter Höhe, die Festigkeit dieser Körper, deren Glieder wie gemeißelte Formen vor dem Hintergrund stehen, gedrungener als Michelangelos gemalte Gestalten, gefestigt wie die Torsos des Bildhauers Michelangelo und doch nicht aus der Plastik übernommen. Die Einfachheit der Hauptgruppe, dies Stählerne in der Zeichnung, das die Natur in federnde Spannkraft verwandelt und doch ohne Gewaltsamkeit, ohne Übertreibung besteht, das ist so fern von

Michelangelo wie Phidias von der Renaissance. Wohl gehört das Werk zur Renaissance Michelangelos, aber diese Bestimmung gibt nur einen weiten Gattungsbegriff, meldet nichts von der Eigentümlichkeit der Schöpfung. Das Barock der Fahnen und Wolken, der Posen ist eine Äußerlichkeit. Der Grieche vermummte sich in das Kleid seiner Zeit, da er doch irgend etwas anhaben mußte. Aber der Adel seiner Form durchbricht die Maske, wie die Struktur der herrlichen Körper durch die enganliegenden blauen und gelben Wämser der Krieger hindurchdringt. Ein wenig ferner vom Hauptschauplatz, da wo der Zug mit den beiden Fahnen gehemmt wird, verliert sich das unterscheidende Blau der Kleidung, und die Menschen werden nackt, wie sie in der antiken Kunst umhergingen. Da glaubt man wirklich eine Schar von Gestalten von den Friesen der Tempel herabsteigen zu sehen, um zu christlichen Märtyrern zu werden.

ESCORIAL, DEN 30. JULI.

Michelangelo fehlt die Gabe der Griechen, beim Aufwand größerer Kraft die Geduld zu behalten. Greco handelt nicht im Affekt. Die Handlung fließt über die gegebenen Höhen und Tiefen seines Wesens. Er ereifert sich nicht wie die Leidenschaften der Kunst. Sein Mauritius ist mehr ein Durchschnitt seines Wesens als ein Höhepunkt. Diese Gelassenheit ist göttlich. Michelangelo und alle Großen, die nach ihm kamen, reden auf uns ein. Ihre Gesten stoßen uns, es sind die Gebärden empörter Enthusiasten, die über unsere Trägheit außer sich geraten. Nicht den Motiven ihrer Werke, aber dem Impuls, der sie entstehen läßt, haftet versteckt oder unverhohlen das Werbende, Didaktische, Bekehrende edler Demagogen an. Und oft denken sie erst an die Schönheit, nachdem sie uns ihre Kraft erwiesen haben. Der Mauritius wartet schweigend wie die Statue im Tempel. Seine Gesten, obwohl sie denen Michelangelos gleichen, sind Spiel. Sie sagen absolut nichts außer der Tatsache, daß sie sprechen können. Sie wären theatralisch, wenn sie nicht noch weniger als Theater wären. Sie spielen unter sich wie die Figuren des Parthenon. Und was von ihnen zu uns dringt, sind so wenig bestimmte Empfindungen, daß es sich nicht lohnt, darüber nachzudenken. Was zieht uns zu ihnen? Wir stehen jenseits eines Gartens, darin sich Menschen wie wir wie Götter ergehen. Und sind so gebannt, daß unsere Ehrfurcht zu einer Mauer wird, die unser Sehnen sich nicht traut zu übersteigen.

Die Kopie von Langhans scheint schön zu werden. Es ist ihm ernst. Ich soll ihm wirklich jemanden suchen, der das ganze Bild bestellt. Denn bei dem Fragment ist er auf Schritt und Tritt durch den Mangel seines Ausschnitts an Rapports mit dem Rest des Bildes gehindert. Manchmal fragt er mich ganz verzweifelt: ist das Rot? bei einer Stelle, in der nicht die Nuance von Krapp zu finden ist. »Ja, ja, aber sehen Sie hier, die Stelle geht mit dieser zusammen, und in der ist massenhaftes Rot. Bei der anderen liegt das Rot darunter. Was kalt scheint, ist alles auf Warm gemalt. Meinen Sie etwa, daß in dem Elfenbein der Beine kein Rot steckt?« – »Keine Ahnung.« Er stottert vor Wut. »Ist aber drin gewesen! Wofür halten Sie den freien Platz zwischen den kleinen Gestalten?« »Grün«, sagte ich. – »Jawohl!« – er sagt ein Wort, das in den Ateliers von Paris gebräuchlich ist, aber nicht in den Kapitelsaal des Escorials paßt. »Braun ist es, violett und rot.« »Langhans, Sie sind farbenblind, es ist doch grün, Sie haben es ja auch grün gemalt.« – »Natürlich habe ich, weil ich keine Ahnung habe. Natürlich ist es grün, aber nur von unten, es wirkt grün, aber gemalt ist es mit allen möglichen anderen Farben.« –

ESCORIAL, DEN 31. JULI.

Der Gegensatz zwischen Plastizität und Fläche existiert so gut wie nicht mehr in dem Mauritius. Die Körper sind plastischer als auf irgendeinem Primitiven. Im selben Saal hängen die beiden

287

Roger van der Weyden. Die trotz aller Verstümmelung noch schöne Kreuzigung und das Original der Kreuzabnahme verlieren jede Eigenheit und wirken wie anonyme Schulwerke. Zumal die Kreuzabnahme. Die Monumentalität des anderen Bildes ist einfach genug, um die Stimmung der Figuren in den Portalen gotischer Kirchen zu erreichen. Die Kreuzabnahme, deren Kopien im Prado mich auf das Original neugierig machten, wird in diesem Saal zu einer vergrößerten Buchillustration. Das Plastische hier und das Plastische in dem Mauritius sind ganz verschiedene Dinge. In dem Roger van der Weyden ist es primitive Unbeholfenheit, in dem Greco der tiefste Punkt einer Skala, die alle Möglichkeiten malerischer Darstellung umfaßt und im Vordergrund, wo die Hauptfiguren stehen, so extrem sein muß, um die ganze Skala bis zu dem ebenso notwendigen entgegengesetzten Extrem in der Ferne des Hintergrundes zu durchlaufen. Die Kunst erscheint in den Händen dieses Menschen wie ein Instrument, das auf allen Saiten gespielt wird. Und zwar könnte man sagen, gleichzeitig. Die am stärksten modellierte Gestalt, die Rückenansicht des vordersten Mannes – Jeanne hat ihn mit der ihr eigenen Sicherheit im Geschichtlichen Ajax getauft – nimmt gleichzeitig am malerischen Gefüge teil, das im Hintergrund die Renoirsche Landschaft hervorbringt. Wie das erreicht ist, darüber ließen sich Bücher schreiben. Das Hauptmotiv ist wieder der Ellipse entnommen. Das Bild wird diagonal von zwei Ellipsen durchschnitten, deren einfachste Form etwa so aussieht: Die obere Ellipse wird von den Engeln und den Wolken gezeichnet, die untere, wesentlich entschiedenere von den Menschen, das heißt von Vertikalen. Ein System geschlängelter Linien teilt die untere Ellipse so, daß die Schleifenform entsteht. Diese Untersysteme nähern sich der Horizontalen und der Vertikalen, deren Richtungen auch in der ganz viereckigen Anlage der Hauptgruppe entscheiden. Auf diesem Spiel höchst barocker Kurven mit den Horizontalen und Vertikalen beruht der unerschöpfliche Reichtum des Bildes. Greco verhüllt die mathematische Grundform dadurch, daß er für seine konstruktiven Punkte nicht etwa dieselben Körperteile

7   *El Greco, Taufe Christi. Madrid, Museo del Prado*

8   *El Greco, Begräbnis des Grafen von Orgaz. Toledo, Kirche Santo Tomé*

benutzt (wie in der viel einfacheren Kreuzigung), sondern mit Helligkeiten und Dunkelheiten, gleichgültig, von welchen Details sie geliefert werden, operiert. Man fühlt die Form, dieses Durcheinanderwogen der Kurven und Graden, ohne sie fassen zu können. So werden die auffallenden Handbewegungen natürlich, die Hände halten unsichtbare Fäden des Rhythmus. Darum gelingt das Wagnis, die gewaltigste Gestalt der Hauptgruppe, den Ajax, neben die winzigen Figuren der linken Seite zu stellen. Gerade er und kein anderer durfte es sein. Es bedurfte an dieser entscheidenden Stelle dieses Kolosses von Menschen, um das verwegene Spiel der anderen zu bändigen. Darum empfindet man die Lage der Geköpften und die Stellung des Henkers mit diesem Zwang der Notwendigkeit. Beide runden die linke Seite der Ellipse. Scheinbar zufällig fällt auf der anderen Seite der untere Saum des Mantels des Heiligen in die Verlängerung des Knies und Ellbogens des Fahnenträgers und erzeugt dadurch das entgegengesetzte Ende der Kurve. Dieses scheinbar so einfache Stück ist typisch. Greco zeichnet gerade Linien und erweckt dadurch die Vorstellung von Kurven. Die eben genannte Linie wird von der monumentalen Gewalt der fünf Beine, die hier sichtbar sind, balanciert. Auch der Arm des Fahnenträgers mit dem Schwertgehänge trägt dazu bei. Dadurch rundet der Blick des Betrachters unwillkürlich die Gerade und ergänzt die latente Kurve. Es wimmelt von den raffiniertesten Details dieser Art. Die unvergleichliche Stellung des kleinen Heiligen in der Märtyrerszene scheint aus einem dichterischen Einfall, den nichts Irdisches hemmte, entsprungen. So unendlich rührend ist die Hoheit getroffen, mit der die ausgebreiteten Arme den Kopf des Knienden erwarten. Nichtsdestoweniger sind diese barmherzigen Arme gleichzeitig reinste Mathematik. In ihnen steigt eine der Schleifenlinien empor, die die ganze Gruppe durchziehen. Alles ist freieste Gestaltung, und alles ist strengste Berechnung. Bis auf die Klinge des Henkers, die man zischen zu hören glaubt, und die einen unentbehrlichen Schlußstein der Kurve bildet; bis auf die Fahnen links, die sich der Horizontalen nähern, bis auf den kleinen köstlichen Helmträger in der Mitte, den Stützpunkt unzähliger Systeme, bis auf die Fransen an den Wämsern, ja bis auf das Stilleben mit dem Ast im Vordergrund, das mit dem Realismus eines Japaners gemalt ist. Nur eine einzige übrigens unwesentliche Stelle läßt zwischen Rhythmus und Natur einen Rest. Die Köpfe auf der rechten Seite zwischen dem Heiligen und dem Fahnenträger, an sich vortreffliche Portraits, sind Füllsel, um der Linie die unentbehrliche Abwärtsbewegung zu geben. Man vermißt die Körper. Die Köpfe der Leidtragenden auf dem Begräbnis des Grafen von Orgaz zeigen den Fortschritt in der Beherrschung solcher Situationen. Greco hat den Fehler eingesehen und namentlich diese Stelle auf der späteren Wiederholung des Mauritius entschieden verändert. Wenn Jeanne nicht die Vernunft selber wäre, führe ich von hier nach Bukarest, um die Grecos des Königs zu sehen. Übrigens verhüllt im Original die Farbe den geringfügigen Lapsus. Die Stelle fällt zwischen die erste mächtige Abwechslung zwischen dem Gelb und dem Blau.

Es ist ebensowenig möglich, sich dieses Bild in anderen Farben zu denken als den Faust in einem anderen Versmaß. Man begreift vollkommen die Wichtigkeit der Entscheidung ob Philipp II. die Kosten für das Ultramarin bewilligte oder nicht. Es ging nicht ohne das Blau. Greco war es so notwendig wie dem lieben Gott, um den Himmel zu machen. Er brauchte diesen einfachsten stärksten Gegensatz zwischen dem Blau und dem Gelb, den die Modernen für sich in Anspruch nehmen, um das Gewirr seiner Gestalten zu vereinfachen. Insofern macht er es umgekehrt wie die Modernen. Seiner Farbe fällt an diesem Bilde die synthetische Aufgabe zu. Nur so wurde die Größe des Bildes möglich. Seine Palette ist eine Freskenpalette, Poussin hätte nicht bescheidener sein können. Blau, Gelb und Weiß, viel Weiß, und sein geliebtes Krapprot. Zu dem Gelb tritt Grün als Begleitfarbe. Also im wesentlichen vier Farben, von denen zwei entscheiden. Trotzdem ist es der farbigste aller Grecos, die ich kenne. Dieses Blau ist wirklich wie ein Himmel aller Tages- und Jahreszeiten und aller Zonen, vom tiefsten Stahlblau, vom Blau der Augen Renoirscher Mädchen, vom Saphir bis zum Türkis.

Alle Farben tönen sich von rechts nach links ab und werden am zartesten in dem Zug der Halbnackten, wo das Blau fast zu einer Fleischfarbe wird und in den Lebenden das reichste Dasein, in den Toten des Vordergrundes, wo es mit dem Grau eine unbeschreibliche Verbindung eingeht, die Verwesung schildert. Ebenso tönen sich die Rots ab. Sie sind am stärksten in den Fahnen rechts und in den prunkenden Gewandteilen, von denen man immer nur ein paar leuchtende Flecke sieht, und am zartesten in den Fahnen des Zuges der linken Seite. Mitten in diesem Spiel steht wieder der Ajax, ganz für sich allein, eine Welt von Blau, auch hier der Rocher de bronce, den er im Liniengewirr der Gestalten einnimmt. Im Innern der gewaltigen Rückenfläche wird das Blau am tiefsten, in der linken Achsel am hellsten, so hell im Licht, daß sich die Form auflöst und unmittelbar in das verklärte Blau der kleinen Menschen des Hintergrundes übergeht, die auf diese Weise mit der Hauptgruppe verbunden werden. Ohne diese geniale Verbindung, die keine Willkür ist, sondern sich einfach die uns Heutigen geläufigen Lichtgesetze der Natur zu eigen macht, wäre das Problem nie gelöst worden. Die Kurve würde sich irgendwohin verlieren, nicht geschlossen werden, wie es die Monumentalkunst verlangt. Und wie die Farbe schließt, was die Zeichnung für sie offen läßt, so erweitert sie, was die Linie zu eng begrenzen möchte. So balanciert das Gelb im hellen Teint des sonst blauen Himmels das starke Indigo des großen Fahnenträgers. Der Zipfel der großen rosa Fahne rechts liegt mit der rosa Fahne des kleinen Fahnenträgers links in einer Diagonale. Die barocken Falten der großen Fahne leiten diese Diagonale in die Vertikale über. Die Fransen der Wämser der drei Hauptpersonen liegen auf einer Horizontalen. Aber diese das Viereck bestätigende Disposition verschwindet wieder infolge der Verschiedenheit der Farben. Beim Fahnenträger stehen die Fransen des gelben Wamses auf stärkstem Ultramarin. Beim Mauritius ist das Stückchen Untergewand unter den Fransen des blauen Wamses krapprot; das gleichfarbige Wams des Ajax steht auf weiß. Der kleine Helmträger unterbricht die Linie, und daher wird hier die

Reihe der Blaus und Gelbs unterbrochen. Ein sehr schönes Grün verhüllt das Gelb des Gewandes. Das Hemd ist weiß, um mit der Beziehung zu dem Weiß des Ajax die Starrheit dieser Gestalt zu brechen. Das Grau des prachtvollen Helmes den der Junge trägt, wiederholt sich in dem Stahl des Gepanzerten neben dem Fahnenträger und vorn links in dem Helm neben dem Geköpften. Dadurch kommt wieder die Diagonale zustande. Gleichzeitig wird die mit dem Helmgrau verwandte Fleischfarbe der Leichen unmerklich ins Bild gezogen. Das bleiche Fleisch der Hauptgestalten hat schwach bläuliche und gelbliche Schimmer, die gerade genügen, um das Weiß nicht zu isolieren. Mit dem Weiß in den beiden köstlichen Häusern des Hintergrundes, deren Winzigkeit jede Teilnahme versagt scheint, wird tatsächlich die Horizontale dieses Teiles erreicht. Der heilige Mauritius ist in beiden Gruppen am kostbarsten geschmückt, und da der linke und entscheidende Umriß der Gestalt genau in der Mitte des Vierecks steht, wird er zur Hauptperson trotz des viel mächtigeren Volumens des Ajax. Da ist es nun wunderbar, wie die Farbe trotz ihres Reichtums sorgt, daß die Gestalt nicht den zweiten Plan überschreite. Der große Reiz liegt in dem Mantel, von dessen Außenseite nur oben am Hals das umgeschlagene, rot lasierte Gelb sichtbar ist. Die Innenseite ist dunkles sattes Oliv, der farbige Schatten des hellen Grüns, das sowohl den kleinen Helmträger bekleidet wie in dem Band um den Leib des Fahnenträgers wiederkehrt. Ebenso sind die Rots, der prachtvolle Rubin in der gelben Mantelschnalle, das rote, blau und gelb geschmückte Schwertband dunkler als die benachbarten Rots. Denselben Reichtum zeigen die Kostüme der beiden links wiederholten Gestalten des Heiligen und des Fahnenträgers. Sie werden dort, trotzdem sie genau mit den Kostümen der Hauptgruppe übereinstimmen, zu neuen Farbenspielen benutzt. Die Juwelen werden kleiner und noch leuchtender. Die kleinen Flächen konzentrieren alles, was an Reichtum in den großen steckt, und bleiben deshalb neben den anderen bestehen.

Wenn man wählen müßte, würde ich natürlich den Mauritius für den besten Greco erklären, weil ich ihn für das schönste Bild der Menschheit halte. Hans und ich brechen Lanzen gegen Langhans für Rembrandt. Die Nonchalance dieser jungen Menschen in Paris im Einsetzen und Absetzen ihrer Götter ist Zynismus. Greco – das geben wir ihm zu – steht gleichberechtigt neben Rembrandt. Beide teilen sich in die Welt. Man kann sie nicht gegeneinander ausspielen, am wenigsten auf Grund moderner Farbenjuxereien. In der Rembrandtverehrung dieser jungen Pariser spricht immer der geheime Ärger mit, daß sie keinen unmittelbaren praktischen Malervorteil von Rembrandt haben können. Sie dürfen sich nicht zu eng mit ihm einlassen, um nicht ihre teuren Palettenscherze aufs Spiel zu setzen, und halten sich fern von ihm wie weißgeschürzte Bäckerjungen sich vor dem Schornsteinfeger in acht nehmen. Rembrandt hat eine Welt gemacht, Greco eine andere. Man kann nicht diese Welten miteinander vergleichen, nur die Art und Weise, wie sie zustande kommen, kontrollieren, und ob der eine tiefere Dinge von seiner Welt zu offenbaren hatte als der andere. Ihre Subjektivität kann untersucht werden. Beide sind bis an die Grenze menschlicher Vorstellungen gegangen. Sie haben alles gesagt und haben es vollkommen gesagt. Es bleibt nur der Unterschied der Sprache übrig, über den nicht zu diskutieren ist. Ich kann einem Deutschen nicht vorwerfen, sich weniger elegant als ein Franzose auszudrücken.

So reden wir vor Langhans. Wenn wir aber unter uns sind, reden wir eine Nuance anders. Es ist nur eine Nuance. Aber ich hätte vor einem halben Jahre eher geglaubt, Feueranbeter zu werden, als meiner Verehrung Rembrandts diese Nuance zuzusetzen. Doch, er verliert etwas von seiner Unnahbarkeit neben Greco. Wohl steht er neben ihm, wohl bleibt die Tiefe seiner Anschauung, die Macht seines Willens ungeschwächt. Aber in der ganz lichten Atmosphäre Grecos sehen wir deutlicher die nordische Häßlichkeit, durch die sich unser Heros durcharbeiten mußte;

sehen wir einen grotesken Haufen, die ungeheuerliche Masse von Vorurteilen, die er sich erst vom Leibe zu schaffen hatte. Das beschwert sein Profil. Wir haben größere Mühe, den Umriß seines Ideals zu entdecken. In der Stille, die den anderen umgibt, hören wir vernehmlicher den keuchenden Atem des Arbeiters unserer Zone, der im Schweiße seines Antlitzes um seines Volkes höchste Offenbarung rang. Die Not dieses Werdens hat tiefe Rinnen in das Antlitz des Greises gegraben. Was hat ihn das Licht gekostet! In seiner Finsternis dünkte ihn die Sonne die Welt selbst zu sein. Er begann damit, sie mit der Laterne zu suchen, freute sich in enger Kammer am Kerzenschein, der den Gestalten gespensterhaftes Aussehen verlieh. Was hat er gerungen, bis der Apparat der Belichtung von seinen Erscheinungen wich, der selbst manchen reifen Werken noch das Gekünstelte des Anfängertums läßt, bis es licht in ihm selbst wurde. Was hat ihn die Reife gekostet! Er steht neben Greco. Die Götter haben dulden müssen, daß ein Prolet niederer Abkunft das Feuer vom Himmel riß und ohne sie, gegen sie, gegen die Mächte ihrer Traditionen die Gottheit menschlicher Würde dartat. Sublimes Beispiel der Schönheit unserer Rasse, die aus der Nacht zum Licht emporsteigt und heute noch um jede glückliche Minute ringen muß, so gewöhnt an des Daseins Härte, daß ihr die unerkämpfte Kunst nutzlos und gemein wird. Greco kam mit dem Licht auf die Welt. Man erstarrt vor der Höhe seines Beginns. Wo ist bei Rembrandt ein Frühbild von der satten Schönheit der Tempelaustreibung Beruetes? Wann ist ihm je gelungen, die gleiche Einfalt der Legende mit der Pracht eines Mauritius ins Werk zu setzen? Sein reichsten Werke sind die Selbstbildnisse des Alters, glühende Monumente der Erkenntnis, so reich an Wahrheit, daß wir sie zu schmälern glauben, wenn wir sie schön nennen, daß wir von ihrem Dasein an einen neuen Begriff des Schönen anerkennen; eine Schönheit jenseits des geborenen Adels der Antike. Eine Schönheit, die uns ernst macht, wie er war, die wir leidend empfangen, eine Schönheit nach dem Sündenfall.

Wir saßen heute wieder auf der Terrasse des Escorial. Der große graue Kasten war ein Tempel der Götter und Helden Griechenlands geworden, und wir sehnten uns nach Gebärden, weil uns die Worte ausgegangen waren. Da nahte sich unten aus der zweiten Ebene ein langer Zug. Voran schritt ein Mensch, der kaum noch etwas Menschliches hatte. Er brach fast unter dem Kreuz zusammen, das viel zu groß für ihn war. Die Leute, die mit ihm waren, schlugen auf ihn los mit dumpfen Schlägen wie die Treiber auf die unglücklichen Mähren in der Arena. Er hatte kaum noch Fleisch unter den Lappen und war ein uralter Mann. Als er ganz nahe bei dem Escorial war, traf ihn der letzte Strahl der untergehenden Sonne. Er blieb einen Augenblick stehen und sah zu uns herüber in das Licht. Die Lappen um seine Lenden wurden silbern, die Blutkrusten leuchteten wie Rubinen, und das Kreuz, dieses ungeheuer lange Kreuz, formte sich zur goldenen Schleppe eines überirdischen Gewandes. An den tiefen Furchen des Antlitzes, dessen Augen die Sonne suchten, erkannte ich den Menschen. – Du! sagte ich leise zu Hans, der bleich wie Wachs auf die Erscheinung starrte.

ESCORIAL, DEN 2. AUGUST.

Philipp II. hatte mit dem Mauritius genug. Vielleicht war die unscheinbare Skizze mit dem Traum des Königs, die auch im Kapitelsaal hängt und von Cossío – ich weiß nicht, ob mit Recht – viel später datiert wird, ein Versuch, den König nochmal zu einem Auftrag zu bewegen. Sie macht jetzt keinen Eindruck und ist mehr ein ungewollter Beitrag zur Psychologie Philipps II. als eine Bereicherung unseres Besitzes an Greco. Aber man kann nicht wissen, was daraus geworden wäre. Jedenfalls hat er keinen Mauritius wieder gemacht. Die Bestattung des Grafen Orgaz, der unmittelbare Nachfolger, übertrifft den Mauritius durch die vollkommene Abgewogenheit der Komposition, die hier wie in allen folgenden Werken – eben mit der einzigen Ausnahme des Traums Philipps II. – stets ganz zentral angelegt ist; aber ist dafür auch viel einfacher. Man bewundert an dem

Orgaz den freiwilligen Konventionalismus, die wunderbare Verteilung der Kraft, die den Realismus objektivster Bildnisdarstellung mit der Gewalt dieses domartigen Aufbaues vereint und einen Gegenstand rein legendarischen Charakters der Form eines Begräbnisses, mit aller Zurückhaltung, die so ein Motiv erfordert, anpaßt. Aber so stolz der Aufbau ist, so viele kostbare Details man finden mag, in dem Mauritius steckt noch etwas ganz anderes. Ich will nicht sagen, daß es der Zauber der Jugend ist. Denn Greco blieb immer jung; ich kenne nichts Seniles unter seinen Werken; alle haben die Frische ungebrochener Kraft. Auch gehörte zur Überwindung der ungeheuren Schwierigkeiten des Bildes ein ausgewachsener Mann. Das Hinreißende liegt in dem unbändigen, alles für nichts wollenden Enthusiasmus, der die Wunder auftürmt zu Füßen der Welt wie zu den Füßen einer Geliebten, und dem es gelingt, weil das Gefühl ihn über sich selbst erhebt, weil er im Glück Hellseher wird. Nie war Greco glücklicher, als da er das Bild malte.

Nach dem Orgaz konzentrierte er seine Kraft. Er baut sich aus, macht es wie Rembrandt, gelangt zu immer einfacheren, reineren Formen. Die Welt versinkt um ihn, wie sie um Rembrandt versank. Er schöpft nur noch aus sich selbst und erfindet sich in Ermangelung von Menschen, die ihn zu verstehen vermögen, den Typus, mit dem er lebt.

Wir waren heute früh in Madrid. Jeder sehnte sich nach dem Prado, und als ich es vorschlug, hatte Langhans mit erstaunlichem Eifer bereits nach dem Fahrplan gesehen. Hans fiel ein Stein vom Herzen vor seiner Auferstehung. Er möchte doch kein anderes kopieren, meinte er, und Langhans schwor, nach dem Mauritius die Kreuzigung in Originalgröße zu malen. Und dann den heiligen Bernardino mit den Bischofsmützen und dann nochmal den Covarrubias. – Er hatte für zehn Jahre.

Doch, die Spätzeit wird von dem Mauritius nicht geschmälert, so wenig sie vermag, das Entzücken an dem Mauritius zu mindern. Wir erleben das seltene Schauspiel, daß ein Künstler zu allen Zeiten seines Daseins eine Höhe einnimmt, die von keiner anderen übertroffen wird und doch fortschreitet.

Nach Tisch beim Kaffee reden wir von dem Fall Eulenburg.
Plötzlich sagt May, es müsse ein Velasquez im Kapitelsaal
hängen.
»O je!« sagt Langhans und macht den Affen.
»Doch, er hat sogar ein Kreuz im Baedeker.«
Jeanne fragt, ob der Mauritius ein Kreuz habe.
»O je!« sagt Langhans und verzieht die Fratze noch mehr.
»Das ist doch eine Gemeinheit!« sagt Jeanne.
Langhans stottert: »Verzeihung, gnädige Frau! ich finde, ich
finde –«
»Ach was!« sagt Jeanne. Sie ist fuchswild, wie wenn sie auf der
Straße die Kerls auf die Esel prügeln sieht.
Langhans stottert: »daß es eine viel größere Gemeinheit wäre,
wenn er eins hätte.«

ESCORIAL, DEN 5. AUGUST.

Große Diskussion zwischen den beiden Malern über das Kopieren.
LANGHANS: Mit der Ähnlichkeit kriegen Sie das Bild doch nicht
heraus. Das ist einfach unmöglich. Dann müßten Sie ein zweiter
Greco sein.
HANS: Das ist erstens nicht richtig. Es gibt sicher Kopisten, die
die Auferstehung mit wer weiß was für Schwierigkeiten und in
wer weiß wie langer Zeit faksimilieren können, ohne im
mindesten Grecos zu sein.
LANGHANS: Na ich danke! ich würde mir das nicht einbilden.
Dafür stände mir der Mann zu hoch. Das würde mir geradezu
wie ein – hm! – –
ICH: Nu, nu, sachte!
LANGHANS: Und was haben Sie davon?
HANS: Das Bild, zum Teufel! ich will das Bild haben, ich will

etwas von Greco haben. Da ich in Deutschland Dank der Intelligenz unserer Museumsleute keinen Greco sehen kann und sobald vermutlich nicht wieder herkomme, nehme ich mir das mit. So ähnlich wie möglich. Wörtlich, wenn es geht. Selbstverständlich wird mir nicht alles gelingen. Aber etwas Annäherndes, denke ich, kriege ich heraus. Und den Rest kann ich mir dazu denken.

LANGHANS: Nette Quälerei.

HANS: Stimmt!

LANGHANS: Die Ihnen Vergnügen macht.

HANS: Ja, ich denke an mein Berliner Atelier, wo die Kopie demnächst hängen wird.

LANGHANS: Schön, aber während der Arbeit, ich meine das Manuelle.

HANS: Stellenweise sehr unangenehm.

LANGHANS: Zum Umkommen langweilig.

HANS: Meinetwegen.

LANGHANS: Wobei Sie riskieren, Ihr bißchen, – ich meine, verzeihen Sie!

ICH: Nu, nu sachte!

HANS: Bitte, genieren Sie sich nicht! Wenn ich wirklich etwas dabei riskiere, wäre es nicht schade darum.

LANGHANS: Also hören Sie während dieser Zeit auf, als persönlicher Künstler zu existieren.

HANS: Absolut, mit Wonne!

LANGHANS: O je, hm! (Affengesicht).

HANS: Und Sie?

LANGHANS: Ich nicht.

HANS: Ich meine, Sie bleiben genau, wer Sie sind.

LANGHANS: Nu ob! – Ich versuche es wenigstens. Ich sehe zu, mit meinen gewohnten Mitteln zu einem ähnlichen Resultat zu kommen.

HANS: Aha! – Klingt sehr gut. Wissen Sie, das ist eigentlich nur Faulheit.

LANGHANS: Ach so.

HANS: Stinkende Faulheit!

ICH: Nu, nu, sachte!

HANS: Sagen Sie, könnten Sie es ähnlich machen?

LANGHANS: Interessiert mich garnicht, ob ich es könnte. Ich übertrage.

HANS: Aha!

LANGHANS: Das heißt, ich versuche es, so wie Sie versuchen, es wörtlich zu machen. Ich habe nur für mich, daß meine Methode der aller großen Künstler gleicht. So haben Manet, Cézanne, Renoir kopiert. Während die Ihre – hm!

HANS: Das ist etwas anderes.

LANGHANS: In der Praxis. Sie trauen mir hoffentlich nicht den Größenwahnsinn zu, mich mit Manet und den anderen zu vergleichen.

HANS: Nein, nicht deshalb. Sondern weil diese Leute niemals Greco kopiert haben.

LANGHANS: Dafür hat Delacroix Raffael, Manet Tizian und Filippo Lippi kopiert, Cézanne Rubens, Degas Holbein; schließlich ganz ordentliche Leute.

HANS: Ich wußte gleich, daß Sie keine Ahnung von Greco haben.

LANGHANS: O je, hm!

HANS: Denn die Beispiele, die Sie im Auge haben, lassen sich gar nicht mit Greco vergleichen. Daß Delacroix einen Raffael nicht wörtlich kopiert, ist selbstverständlich, dafür ist Raffael zu trocken. Er konnte nichts davon haben.

ICH: Nu, nu sachte!

LANGHANS: Also, Raffael würden Sie auch übertragen?

HANS: Nein, ich würde nie auf die Idee kommen, ihn zu kopieren. Mir ist die Kopiererei so gräßlich, daß ich einen Menschen eben sehr lieb haben muß, um die Sache auf mich zu nehmen. Wenn ich's aber mal täte –

LANGHANS: Glauben Sie, daß Manet die Vierge-au-lapin Tizians nicht – hm! lieb gehabt hat?

HANS: Nein, nicht so wie ich den Greco. Manet interessierte sich für den Tizian. Die Komposition gefiel ihm, die Farbe weniger. Und er sagte sich: Daraus läßt sich etwas machen. Er sah den Tizian ungefähr wie die Natur an und, da er außer dem nötigen Selbstvertrauen Genie besaß, machte er die Übertragung. Das heißt, er versuchte das Vorbild zu verbessern. Eine Übertragung hat nur Sinn, wenn man das Vorbild verbessern zu können glaubt. Bis zum gewissen Grade durfte Manet bei Tizian so denken. Die verschmutzten Farben, die wahrscheinlich gar nicht mehr so sind, wie sie ursprünglich waren, ließen sich von einem so genialen Koloristen, der im übrigen in mancher Hinsicht Tizian nahestand, verbessern. Immerhin sind mir ein echter Tizian und ein echter Manet lieber als ein von Manet hergerichteter Tizian.

LANGHANS: Mir nicht, aber das ist Nebensache.

HANS: Eben. Bei der Auferstehung Grecos aber kann selbst von einem relativen Recht solcher Verbesserungsversuche keine Rede sein. Die Vollkommenheit des Bildes beruht gerade auf all den Qualitäten, auf die Delacroix oder Manet oder die anderen Impressionisten bei ihren Übertragungen anderer Meister rechnen durften. Und wenn Sie sich einbilden, die Auferstehung besser machen zu können, dann sind Sie entweder blind oder größenwahnsinnig.

ICH: Nu, nu, sachte!

LANGHANS: Ich kopiere ja gar nicht die Auferstehung. Der Mauritius ist ein ganz anderes Bild.

HANS: Den Sie besser machen können?

LANGHANS: Ach, was, hm, oh! besser machen! Sie müssen mich doch nicht für verrückt halten. Ich will etwas dabei lernen, voilà tout! Und ich bin sicher, ich lerne während meiner Arbeit hundertmal mehr als Sie.

HANS: Das ist möglich. Und das Resultat?

LANGHANS: Das Resultat ist mir ganz gleichgültig.

HANS: Also, was machen Sie nachher mit der Kopie?

LANGHANS: In den Ofen.

HANS: Darüber läßt sich reden.

LANGHANS: Denn dann habe ich das Bild nicht auf der Leinwand, sondern im Kopfe, wo es hingehört.

Das einzige, was in dem Mauritius im Dunkel bleibt, ist die Legende. Was treiben die Personen der Hauptgruppe? Sind der Ajax und der andere links die Abgeordneten des Kaisers, die dem Feldherrn der Thebanischen Legion den Befehl bringen, den Christenglauben abzuschwören? Oder ist der Befehl schon vorher gekommen, und die beiden gehören mit zu den Offizieren des Mauritius, denen der Feldherr mitteilt, daß es ihm und seinen Soldaten nur noch übrig bleibt, würdig für die Sache zu sterben? Cossío hat mir eine ganz unzureichende Antwort gegeben, noch dazu auf einer Postkarte. Man muß Spanier sein, um ein Problem von solcher Tragweite auf einer Postkarte zu behandeln. Ein Problem, meines guten Freundes Thomas würdig. Da der Ajax und der andere auf der Märtyrerszene fehlen, könnte geschlossen werden, daß die erste Vision die richtige ist. Da sich aber die beiden Heiden durchaus nicht der bekannten Befehlspose bedienen, die für solche Vorgänge geheiligt ist, sondern sich bei der Konferenz ebenso manierlich wie die anderen betragen, könnte man auch wieder zweifeln. Ich sehe förmlich die Bände schwellen, die der Zukunft über diese Kapitalfrage geschenkt werden dürften.

Auffallend, wie viel schlechte Bilder berühmter Leute im Escorial sind. Philipp II. hatte keine glückliche Hand. Auch wenn der Mauritius fehlte, würde man kaum den anderen nachgehen. Den Tizians ist die Klosterluft schlecht bekommen, aber sie waren wohl nie sehr glänzend. An der Anbetung in der alten Kirche interessierte mich die Ähnlichkeit mit der Hütte auf der zerfallenen Hirtenanbetung des Pitti. In den Kapitelsälen kann man ohne Nervenchok nach dem Mauritius nur die beiden Fußwaschungen Tintorettos betrachten. Die große mit dem schönen Tisch in dem Riesenraum, dessen Kahlheit wie ein Blick auf die Ebene die Seele lüftet, ist wunderschön. Aber man merkt immer noch, daß die Sache gemalt ist.

Mays Leidenschaft ist das zum Umfallen komische Dreiflügelbild des Hieronymus van Aeken. Sie kann stundenlang davor stehen und sich Details zusammensuchen wie Rosinen aus dem Kuchen. Natürlich ist es nur reines Kunstinteresse, und wenn man sie näher darnach fragt, hat sie auch immer ein paar Adams und Evas am Bändel, deren wunderbare klassische Profile das Hexenküchenhafte des Ulks unheimlich vertiefen.

Vor unserem Hotel werden heute Jahrmarktsbuden aufgeschlagen. Adieu, Escorial!

SEGOVIA, DEN 7. AUGUST.

Die Stadt sieht von weitem flach aus, so daß ich nicht begriff, wie man sie mit Toledo vergleichen kann. Ist man drin, so kommt wirklich etwas von der spröden Romantik der Greco-Stadt zum Vorschein. Nicht so reich, nicht so wuchtig, ohne die wunderbare Verbindung der Höhe mit der Ebene, die in Toledo jenen Eindruck von Größe mit hundert Arten von schmeichlerischer Grazie zusammenbringt. Der Trotz dieser Stadt ist spezifischer, trotzdem man hier Bauten aller Zeiten, von den Römern bis zum achtzehnten Jahrhundert findet. Die Erinnerung an die Kommuneros haftet an jedem Stein, und dadurch erscheint sie kleiner. Schade, daß man den Alcázar nicht in Ruinen gelassen hat. Das Burghafte ist theatralisch hergerichtet. Nur der Blick auf die Schlucht und die Ebene, mit dem Parral und Vera Cruz von großer Schönheit. O Gott, wenn hier erst einmal unsere Ansichtsmaler herkommen! – Die Kathedrale gelb wie die Farbe der Eingeborenen, im Innern recht banal. Man merkt kaum, wo die spätgeborene Gotik aufhört und das Barock anfängt. Übrigens, spanisches Barock! Da steckt noch allerlei, was Spanien für sich allein hat. Ich ärgere mich, nicht besser in Valencia und anderen Städten darauf geachtet zu haben. Erst in der Erinnerung fällt einem manches auf, was man bei uns nicht findet. Die Toledobrücke von Madrid gibt es nicht noch mal auf der Welt. Die Kirche St. Martin ist ein mittelalterliches Kleinod, ohne das Düstere unserer romanischen Bauten, mehr nach Italien zu. In dem Portal prachtvoll ausgemergelte Heilige. Der römische Viadukt wirkt in diesem Ensemble unwahrscheinlich und ist nicht eigentlich schön. Die Verhältnisse der unteren Teile zu den oberen unrein; brutale Provinzantike aus schlechter Zeit und anscheinend im fünfzehnten Jahrhundert noch mehr verdorben. Der Viadukt in Tarragona viel edler. Trotz alledem, wenn man nicht zu nahe steht, gelingt der unglaublichen Menge von Bogen der Rhythmus. Wenn ein Bau nur groß genug ist, so daß die Grundform genügend oft wiederholt wird, dann kann das einzelne schon recht miserabel sein, das Ganze wirkt doch. Zumal wenn der blaue Himmel mittut. Die Ausschnitte der schweren grauen Bogen vor dem Blau sind eine Form für sich, an der die römischen Baumeister nur geringen Anteil haben.

Auf der Fahrt nach Cercedilla sahen wir etwas, das in Spanien seltener ist als Römerbauten: einen Wald. Nicht von Palmen, sondern von richtigen Bäumen, Kiefern wie im Grunewald. Auf der Station bummelten entzückende Backfische, die mir auch ganz germanisch erschienen und von Jeanne abgelehnt wurden.

MADRID, DEN 8. AUGUST.

Abschied vom Prado. Hans bleibt widerhaarig gegen Poussin. Was nützt mir das alles, wenn ich keine Natur sehe! Das sind alles nur Figuren. Arabesken, keine Menschen!

Es kommt mir gerade so vor, als wenn einer von Mozart sagt: Das sind alles nur Töne, keine Musik. –

Ich habe übrigens einen zweiten Saal mit Poussins gefunden. Diesmal natürlich im Keller, da der andere Saal unter dem Dache liegt. Mit einer Jagd des Meleager, dem Gladiatorenkampf und einer heiligen Cäcilie; wie die anderen entweder schlecht erhalten oder miserabel gehängt. Die musizierende Cäcilie, die am höchsten hängt, scheint eine Perle von der Qualität des David. Wenn die Leute die Bilder vernünftig hielten, hätten sie nach dem Louvre die beste Poussinsammlung.

303

Nochmal durch alle Säle gegangen. Ich ertappte mich auf der etwas kindlichen Suche nach einer dem Mauritius verwandten Farbenharmonie, sah mir nur kühle Bilder an und solche, in denen recht viel Blau vorkam, wie man aus Sehnsucht nach einem Menschen mit äußerlichen Ähnlichkeiten die Gedanken an den Abwesenden weiterspielt. Nie habe ich mit größerer Andacht den Mantegna betrachtet, nie schienen mir die Patinirs so schön. Die in das kühle Blau der Landschaft hineingesetzten Figuren verursachten mir einen geradezu physischen Schmerz, weil sie mich hinderten, von dieser Atmosphäre in die andere zu gelangen, in der Grecos Gestalten leben. Selbst die prachtvollen Gestalten der Versuchung des heiligen Antonius stießen mich aus diesem Grunde ab. Ich war wehleidig und sentimental wie ein Primaner. Der Mensch ist mir noch zu nahe. Ich habe bis jetzt nur die Nachteile einer Bekanntschaft, die ich nicht fortsetzen kann, kämpfe noch mit dem primitiven Bedürfnis, bei ihm zu bleiben, und das Gefühl, wegzumüssen, ist stärker als die Einsicht in meinen Gewinn.

Wir essen allein in dem großen Speisesaal unseres Hotels und bewohnen ganze Fluchten von Zimmern. Es wäre urbehaglich, wenn man hier bleiben könnte. Die gesegnete Angst vor der Hitze hat alle Fremden weggetrieben. Auf der Straße sieht man nur Leute der niederen Klasse. Die Vormittage und Abende sind kühl wie bei uns im ersten Frühling. Gestern um Mitternacht waren wir nochmal auf der Toledobrücke, dem schönsten Stück Madrids, wo die Stadt den Kleinpariser Charakter aufgibt und urspanisch wird. Die Brücke mit den enormen Pfeilern und dem schönen Aufbau am Ufer ist ein Wunderwerk des Barock. Man könnte an Prag denken, wenn der Manzanares nicht wäre und der nackte Hügel mit dem Kirchhof und die Kahlheit rundherum. Wie man diese Leere liebt, wenn man länger im Lande ist. Ganz Spanien ist wie die Ebene um den Escorial, ein Gelände für Leute, die sich nach Platz für ihre Gedanken sehnen. Mir erscheint die berüchtigte steinige Armut Spaniens immer mehr wie üppigster Reichtum. Wir hatten nahezu Vollmond. Über die Brücke zog ein Begräbnis mit allem möglichen Pomp.

Kaum waren die Wagen drüben, so hörte man sonores Schellen-
geläute in der Ferne. Es näherte sich sehr schnell. Unheimliches
dumpfes Getöse klang mit. Bevor wir uns noch fragten, was es
sein könnte, sauste im Galopp eine Herde von Stieren über die
Brücke nach der Stadt zu. Vermutlich haben sie das Begräbnis
mit sämtlichen Leidtragenden niedergeritten. Es waren riesige
Tiere. Wilde Kerls mit langen Peitschen rannten neben ihnen her
und schrien wie besessen. Es ging im selben Tempo in die Stadt
hinein, und man konnte sich fragen, was aus der Stadt werden
würde. Es waren Toros für die nächsten Stierkämpfe, die in die
Corrales getrieben wurden. Dabei fiel uns ein, daß der nächste
Tag wieder mal ein Sonntag sein würde.

MADRID, DEN 9. AUGUST.

Gran Becerrada Mixta in Tetuán. Das heißt: große, gemischte
Kälberei: Jede Gewerbezunft Madrids veranstaltet alljährlich
eine Corrida. Dabei treten keine Berufsfechter auf, sondern
Dilettanten, Zunftmitglieder. Statt der Stiere werden Kälber
genommen. Die Pferde fallen weg. Der Kampf beschränkt sich
auf das Spiel mit der Capa, auf die Suerta de banderillear und die
Tötung des Tieres. Ein richtiger Espada leitet den Kampf.
Diesmal war der Verein der Schnapsbrenner und Weinhändler
dran. Tetuán ist ein kleines Nest im Norden Madrids und hat
sicher mit dem Tetuán Afrikas den unsäglichen Staub gemein.
Außerdem gibt es in dem sehr kleinen ländlichen Zirkus keine
numerierten Plätze. Gewitzigt vom letzten Mal, fuhren wir
schon sehr zeitig hinaus und konnten so die Handlung von den
ersten Anfängen an verfolgen. Gleich neben uns war die Präsidentenloge. Darin saßen, schon gut eine halbe Stunde vor
Beginn der Festlichkeit, die vier mit weißen Mantillas
geschmückten Ehrenjungfrauen und der Herr Präsident, ein
blonder junger Mann freundlichen Aussehens. Auch die mit-
wirkenden Schnapsbrenner kamen sehr früh. Sie hatten über

ihren Straßenanzügen die buntgestickten Capas und taten sich enorm wichtig. Vom Zuschauerraum und von der Präsidentenloge zu ihnen war ein fortwährendes Nicken, Grüßen und Zurufen wie bei unseren Stiftungsfesten vom Podium, wo der Gesangverein sitzt, zu den Müttern, Schwestern, Cousinen, Bräuten im Saal. Auch die Festordner mit der roten Schleife fehlten nicht. Im übrigen das gewohnte Publikum Tetuáns niederster Schicht. Den Anfang machte eine Gran Caza de Conejos. Jungens von acht bis zwölf Jahren, die über den Hosen grobe Säcke hatten, hüpften und purzelten in der Arena herum nach den Kaninchen, die sich übrigens leicht fangen ließen. Zudem lockerten sich auffallend schnell die unteren Nähte der Säcke, so daß die meisten Bengels bald tatsächlich frei den gefälligen Tierchen nachsprangen. Dann ging die Corrida los. Es waren schon recht ausgewachsene Kälber, nicht viel kleiner als manche Novillos, die in richtigen Stiergefechten auftreten, und mit recht respektablen Hörnern. Gaona in Zivil leitete den Kampf. Er tänzelte, mit der Zigarette im Mund, vor dem Rind und zeigte den Schnapsbrennern, daß die Sache ganz ungefährlich und einfach war. Sie gingen denn auch mutig darauf los. Und nun begann der Spaß. Die Sache war doch nicht so einfach. Das Kälbchen kümmerte sich den Kuckuck um die Capas, nahm den dicksten Schnapsbrenner wie einen Gummiball auf die Hörner und warf vier oder fünf andere auf einen Haufen, daß sie wie Fliegen dalagen. Dabei passierte merkwürdigerweise kein ernstes Malheur, abgesehen von recht artigen Püffen, ausgeschlagenen Zähnen und Beulen, dick wie Winterbirnen. Manchmal war Gaona der einzig Aufrechte der ganzen Gesellschaft. Die Kerls benahmen sich so ungeschickt, daß es einen in den Beinen kribbelte, mitzutun. Sie hielten sich im besten Augenblick die Capa vor den Bauch und stolperten über ihre eigenen Füße. Das Kalb blieb unbestritten Sieger. Nun sollte es sein Leben lassen. Der dicke Schnapsbrenner, der vorher auf den Hörnern gesessen hatte, nahte mit dem Degen. Er prüfte und befeuchtete die Spitze wie ein echter Matador. Kaum aber hatte er sich, von Gaona geführt, im Positur gestellt, so flogen

Capas, Schnapsbrenner und Degen in verschiedenen Richtungen in die Lüfte. Gaona sekundierte vortrefflich und führte das Stierlein, sobald es wegtrabte, dem Matador wieder zu. Aber das hatte während gut einer Viertelstunde immer nur den Erfolg, die unfreiwilligen Luftsprünge des Dicken zu variieren. Bald glich der Unglückliche kaum noch einem Menschen. Die Hörner hatten Dutzende von Löchern in seinen Anzug gerissen. Überall drang das Weiße hervor. Er sah wie ein geplatztes Sofa aus. Blieb aber standhaft, was anerkannt wurde. Immer wieder zielte er mit dem Degen, ob das Biest die Beine zusammen hatte, wie es die Regel verlangt, oder nicht. Ja, zuweilen zielte er nach dem Hinterteil, und da hätte es leicht eine Katastrophe geben können, und einmal hätte er bei einem Haar Gaona für den Stier genommen. Offenbar hatte er sich bandagiert. Denn er stand wie ein Zinnsoldat, wenn auch sein Kopf nachgerade zur Melone wurde. Schließlich fing er an, das ermüdete Tier zu treffen. Es blutete, klappte zusammen und erhielt von einem hilfreichen Puntillero den Gnadenstoß. Stolz verließ der sofaartige Schnapsbrenner das Schlachtfeld. Man sah ihn nicht wieder. Er war der mutigste der Genossen und hatte zuletzt unsere Sympathie erobert. Beim zweiten Stier wurde eine Kneipe gemimt. Wie das Tier hereinkam, saßen in der Mitte der Arena ein paar Kerls gemütlich beim Weine zusammen. Nun, so ganz gemütlich war es ihnen nicht. Als das Kalb auf sie losstürmte, ließen sie die Pose fallen und flüchteten. Im Handumdrehen flogen Tisch, Stühle, Flaschen in die Luft und zerschellten elend am Boden. Dieses Kälbchen war wesentlich stärker als der Vorgänger und soll verschiedene Rippen gekostet haben. Es dauerte nicht lange, so verzogen sich alle Schnapsbrüder und ließen sich auch von den elegantesten Bewegungen Gaonas nicht mehr verführen. Zur Empörung des Publikums, selbst der Freunde und Verwandten der Feiglinge, mußte das Kalb von den Leitochsen aus der Arena entfernt werden. Beim dritten ging es nicht viel besser. Die Rinder schienen den Braten zu riechen und wurden jedesmal besser. Während die Vereinsbrüder düsteren Blicks im Wandelgang jenseits der Arena harrten, stürzte ein

Schwarm winziger Jungen mit unglaublicher Courage in die Arena. Es waren Bengels von zehn Jahren darunter. Sie hielten alle nur möglichen Lumpen als Capas vor das Tier und wurden wie Gummibälle in die Höhe gefeuert. Die Festordner waren außer sich. Denn diese Kinder gehörten nicht zum Verein, sondern stammten von der Straße, hatten also nicht das mindeste Recht, sich aufschlitzen zu lassen. Zur Empörung Mays reinigten schließlich die Festordner und rotjackigen Diener mit brutaler Energie den Platz von diesen magnifiques enfants du peuple. Nun blieb außer Gaona nur ein einziger Aktiver drin, ein Mensch von etwa zwanzig Jahren. Er sah wenig respektabel aus, aber hatte einen famosen Kopf. Seine erste entscheidende Tat war, daß er sich mit zwei Banderillas sechs Schritt vor das Tier hinstellte und, während es in voller Wucht angriff, ihm mit Sicherheit die beiden Haken genau an die rechte Stelle in den Nacken stieß. Das konnte kein Zünftiger besser machen. Es war ein Schneider, gehörte auch nicht zum Verein. Das Publikum widersetzte sich den Festordnern und schrie, man solle es ihn nochmal machen lassen. Der Schneider bekam richtig zwei neue Banderillas und applizierte sie wieder auf dieselbe Weise. Wir waren unwillkürlich aufgestanden. Es sah prachtvoll aus, wie sich der Mensch mit einer wahren Wollust auf das Tier stürzte. Dabei war er ohne jeden Assistenten. Gaona schnitt ihn pflichtgemäß als nicht zum Verein gehörend. So ermüdete sich der Mann durch das Hin- und Herlaufen, während das Rind frisch blieb. Beim drittenmal kam er unmittelbar unter das Tier zu liegen, das im letzten Moment stehen geblieben war und den Kopf in die Höhe gestreckt hatte. Eine Sekunde lag der Schneider auf dem Rücken, das Biest hatte einen Fuß auf seiner Brust und konnte ihn wie nichts abtun. In der Arena war es still, als wären alle diese tausendartig verschiedenen Menschen wie ein Uhrwerk abgestellt. Der Stier machte eine Bewegung mit den Vorderfüßen. Blitzschnell drehte sich der Schneider auf den Bauch, rollte weg, griff im selben Moment die Banderillas, die neben ihm lagen, auf und brachte sie dem Kalb in der nächsten Minute al cuarteo bei. Sie konnten nicht besser sitzen. Nun ging

es los. Die Luft tanzte von dem Geschrei. Ich habe nichts davon gehört, aus dem einfachen Grunde, weil ich überhaupt nicht zuhörte, sondern mitschrie. Da wir neben der Präsidentenloge saßen, konnten wir helfen und taten es mit aller Kraft unserer Lungen. May, die in Berlin nicht zu bewegen ist, sich der Sprache ihres Gatten zu bedienen, sprach auf einmal ein unglaubliches Deutsch. Es handelte sich darum, dem Schneider zu dem Degen zu verhelfen. Gaona wollte einen jungen Berufstoreador vorschieben, der bei dieser Gelegenheit lanziert werden sollte und sich im vollen Wichs präsentierte. Der zerlumpte Schneider sah daneben recht erbärmlich aus. Aber das Volk war für ihn. Nicht der Geputzte, sondern der Schneider! Der soll ihn töten! – Wir schrien in die Loge hinein, wo sich die Ehrendamen einigermaßen echauffierten. Der Präsident war in einer heiklen Lage. Ließ er den Schneider zu, so bekam er Krach mit seinen Vereinsbrüdern, die das gute Recht für sich hatten, aber gar nicht mehr daran dachten, davon Gebrauch zu machen. Der Schneider kletterte zum drittenmal über das hohe Tor und kniete mit einem Fuß vor der Loge nieder, wie ein Ritter aus dem Mittelalter. Schließlich nickte der Präsident halb und halb, betäubt von unserem Skandal. Der Schneider kletterte zurück. Aber die Vereinsfritzen gaben ihm nicht den Degen. Er sprang mit seinen elenden Lumpen vor dem Stier hin und her und machte die verwegensten Passes. Der ganze Zirkus sang nach der Melodie der Lampions, die man in Paris für solche Zwecke zu verwenden pflegt:
El Estoque! El Estoque! El Estoque!
Schließlich gab Gaona dem Schneider seinen Degen. Eine dröhnende Salve lohnte ihm. Der Schneider nahm den Degen und küßte Gaona auf die Backe. So küßt man sich auf dem Schlachtfeld. Dann wurde er auf einmal ganz ruhig und arbeitete mit dem Stier mit größter Exaktheit. Nach ein paar Minuten stand das Tier. Der Schneider traf das erstemal richtig in die Mitte, aber zu flach. Gaona holte mit seiner großen violetten Capa den Degen wieder heraus. Zum zweiten Male zielte der Schneider sehr lange, den Körper straff wie eine Feder gerichtet. Der Stier

ging vor, und mit einer mächtigen Bewegung stieß ihm der Schneider den Degen bis an den Korb in den Nacken. Er lag dabei vollständig zwischen den Hörnern, wurde wie eine Kugel in die Höhe geschleudert und kam zehn Schritte von dem Tier entfernt zur Erde. Aber im selben Moment stürzte das Rind hin und streckte alle Viere von sich. Es wäre kaum nötig gewesen, ihm noch die Puntilla zu geben. Ich weiß nicht, was wir alles dem Schneider zugeworfen haben. Zigarettentasche, Baedeker, Portemonnaie. Mit knapper Mühe gelang es mir, Jeanne aufzuhalten, den Kodak in die Arena zu feuern.

Der Schneider kletterte wieder über das Tor und kniete wieder mit einem Fuße vor der Loge nieder. Die blödsinnigen Ehrenjungfrauen wußten in dem Tumult nichts anzufangen. Da sprang May auf, streckte die Hand aus wie eine richtige Königin und sagte: Grand héros, ich grüße dich, muy bien! – Die Ehrenjungfrauen wurden rot, Hans auch, das Publikum aber klatschte. May setzte sich vollständig gelassen wieder hin. Neben mir der alte Knoblauchmann mit dem ranzigen Gesicht sagte galant, wobei ihm die wahre Pest aus dem Rachen fuhr:

Vivan los sentimientos nobles!

Es folgten noch zwei richtige Corridas mit Novillos, die niemanden mehr interessierten. Beim Weggehen sahen wir den Schneider bei einem bekannten Manager stehen. Er buchstabierte dem Impresario seine Adresse, da er nicht schreiben konnte, und ließ sich für eine Corrida engagieren. May meinte, er würde sicher binnen kurzem einer der größten Matadore werden. Jeanne dagegen war der Ansicht, er würde vorher längst aufgespießt sein.

ÁVILA, DEN 10. AUGUST.

Wir sind allein hierher gefahren. Hans hat noch drei Wochen an seiner Kopie zu tun. May geht morgen zu ihren Eltern nach Paris. Langhans hofft uns in ein paar Tagen einzuholen. Bis

Escorial waren wir mit einem jungen eleganten Advokaten zusammen. Er bot mir noch am Bahnhof von Madrid Zigaretten an und ließ nicht locker, obwohl wir eigentlich noch ein wenig schlafen wollten. Ob wir Aficionados der Toros wären? – Und auf unsere Zustimmung erzählte er, er fahre nach dem Escorial, wo heute zu Ehren des Ortsheiligen eine Corrida stattfinde. Nichts besonderes, schlechte Stiere und schlechte Fechter. Aber er gehe hin, um beim zweiten Stiere über die Barriere zu springen. Mit dem nächsten Zug bringe ein Kamerad die Ausrüstung mit. Die Torreadores würden so schlecht fechten, daß eine Chance für ihn sei, wenn auch keine große. Einsperren würden sie ihn wahrscheinlich trotzdem, aber er sei eben aus Andalusien. Er habe schon drei Stiere getötet, und wenn es Jeanne recht sei, würde er ihr seine Photographie als Toreador schicken. – Während der zwei Stunden bis zum Escorial dringen wir ein gehöriges Stück tiefer in die Inteligenzia torera ein. Die Metzelei der Pferde, die wir immer noch empörend finden, gehört durchaus nicht von Rechts wegen zur Sache. Der Stier soll von der Pike geschwächt werden, nicht dadurch, daß er die Pferde aufspießt. Und lediglich weil die Picadores schlecht sind, werden die Pferde geopfert. Machaquito hat in seiner Quadrilla einen Picador, dem es oft gelingt, im letzten Moment, wenn er mit der Lanze zustößt, das Pferd nach links zu drehen, so daß es nicht verletzt wird. Aber solche Leute sind heute selten. Als sich Guerrito zur Ruhe setzte, wurde seine Quadrilla von Machaquito übernommen. Auch Bombita hat noch gute Leute. Aber Bombita selbst ist trotz seiner Berühmtheit nicht mehr viel wert. Von der Klasse von Matadoren, die zu Goyas Zeiten da war, gibt es heute überhaupt nur noch allenfalls Machaquito. Bombita verbirgt seine Unsicherheit und Ängstlichkeit unter eleganten Bewegungen. Sein Trick, beim Spiel mit der Capa dem Stier die Hand auf den Kopf zu legen, der ihm jedesmal Beifall bringt, ist gar nichts. Er tippt den Stier vorn. Wenn Machaquito das macht, legt er die Hand tief hinein bis an den Nacken. Da muß einer schon viel Courage haben, zumal bei Jura-Stieren, die nicht auf den Mantel, sondern auf den Menschen gehen. Und die Eleganz Bombitas ist fauler Zauber. Die Regel verlangt, beim Spiel mit der Capa die Füße zusammenzunehmen. – So, sagt der Advokat, und stellt sich gerade. – Ohne die Füße zu rühren, den Stier vorbeilassen! Das macht nur noch Machaquito. Und dann, sehen Sie Bombita bei der Tötung. Er fuchtelt dem Tier mit der Muleta vor den Augen herum, statt es zu führen. Der Advokat nimmt sein Taschentuch heraus und macht die Bewegung. – »Ja«, sage ich, »Vicente Pastor ist ein besserer Töter. « – »Una bruta!« sagt der Advokat, »una bruta!« Er sei so stark, daß er den Stier womöglich mit den Händen töten könnte. Er macht es nur mit der Kraft, sehen Sie so: Der Advokat springt auf die Polster, greift meinen Stock und spießt von oben auf das andere Polster. Sehen Sie, er springt! er hüpft sozusagen beim Stoß. Das ist gar nichts, denn dabei kann er nie vollkommen sicher stoßen. – Gaona, sage ich. – Ach was, Gaona ist ein hübscher Junge, gut für die Damen! Sehen Sie, wie er den Ellbogen beim Stoß in die Höhe nimmt, so! – Nun bitte ich Sie, wie soll der Arm da Kraft und Sicherheit behalten? Aber Machaquito, sehen Sie mal – der Advokat tut so, als stehe der Stier im Fenster des Kupees und mit einer pfeilgeraden Bewegung stößt er zum Fenster hinaus.

Die Fahrt bis zum Escorial verging sehr schnell. Als wir einliefen, schlug Jeanne vor, bis zum Abendzug dort zu bleiben. Wir könnten uns bei dieser Gelegenheit ja auch noch mal den Mauritius ansehen. »Wirklich, findest du«, sagte ich. »Vor oder nach dem Stiergefecht?« Sie zog einen Fluntsch, und mir war sehr bitter zu Mute. Bis Ávila redeten wir nicht miteinander.

Wir kamen mittags an. Beim Lunch saßen am Nebentisch zwei alte Franzosen, die zusammen eine Reise durch Spanien machten. Sie sprachen vom Théâtre français und von der Regierung. »C'est honteux!« sagte der eine immer, und der andere antwortete darauf stets: »C'est comme ça, mon ami!«
Als wir sie nachher im Dom wiederfanden, waren sie immer noch bei demselben Thema. Und ich bin überzeugt, daß sie auf der ganzen Reise von nichts anderem gesprochen haben.

Die Kathedrale liegt gleich gegenüber dem Hotel und hat am Portal zwei wilde Barockmänner, die wie aus Lebkuchen gemacht aussehen. Die Sonne brannte so scharf, daß man die zehn Schritte vom Hotel zur Kirche mehr sprang als ging und sich nachher wie im kalten Wasser fühlte. Das Innere der Kathedrale ist nicht harmonisch. Schon der willkürliche Wechsel des grauen Steins mit der rötlich gefleckten Bemalung stört, aber es gibt wunderbare Teile. Eine Mischung des Romanischen mit der Gotik, die mir einzig scheint. Zumal der doppelte Umgang um die Capilla Mayor ist von phantastischer Schönheit. Es sind doppelte Gewölbe, die von Säulen getragen werden. Die nach dem Innern zu gelegenen Gewölbe bedeutend breiter als die an der Fensterwand. Das gibt ein wundervolles Wogen von Flächen. Das Grecosche Porträt in der Kardinalkapelle ganz verdorben und im gegenwärtigen Zustand sicher nicht original. Möglich, daß unter der rohen Übermalung ein echter Greco steckt. Wahrscheinlich Schülerarbeit.

San Vicente wird restauriert. Schade, schade! auch in Spanien grassiert der Restauratorenwahnsinn. Ein gut gekleideter Eingeborener, den wir zwischen den Gerüsten trafen, wollte mir den Aufschwung des Landes mit dieser »überall betätigten Liebe für die alten Monumente« beweisen. Ich reagierte sauer und sagte, in der Hoffnung, den Baumeister vor mir zu haben, Restaurationen schienen mir nichts weiter als die Organisation der künstlerischen Impotenz eines Landes. Worauf er uns in Frieden ließ. Sehr hübsch die Säulenhalle draußen. Im Innern fielen mir die unglaublich barbarischen und barbarisch bemalten Tierkapitäle auf. Damit verglichen sind die primitiven frühchristlichen Skulpturen Italiens hohe Kunst. Man könnte sie für Erstlingswerke der Negerkultur nehmen. Übrigens fanden wir auf einem Platz Ávilas und an einer anderen Stelle steinerne Ungetüme, anscheinend Stiere, aus ganz früher Zeit, die faktisch gewissen plumpen Monumenten der Neger Zentralafrikas gleichen. Einen Augenblick in der Kirche Mosén Rubí nahe von San Vicente. Man muß sich den banalen Renaissanceeingang wegdenken. Die gotischen Pfeiler und Gewölbe prachtvoll.

Hier steht die rotgesprenkelte Bemalung der Gewölbe, die eine Spezialität Ávilas zu sein scheint, recht gut zu dem Grau der unteren Teile.

Es dunkelte schon, als wir nach San Pedro am Markt kamen. Und wir freuten uns. Die Dämmerung gab dem romanischen Innern etwas Besonderes. Wir erkannten nicht mehr die Formen des goldenen Altars, sahen nur das Leuchten im Dunkel. Am Tage ist es womöglich infamer Kram.

AVILA, DEN 11. AUGUST.

Wir wollten eigentlich noch gestern abend abreisen, weil ich auf Burgos brenne. Aber der Expreß nahm uns nicht mit. Den beiden Franzosen ging es gerade so. »C'est honteux,« sagte der eine, weil es nicht im Fahrplan stehe, und der andere, der Philosoph, antwortete: »C'est comme ça, mon ami!« Heute gratulieren wir uns, denn wir haben einen prachtvollen Abend gehabt und wären weggefahren, ohne Ávila gesehen zu haben. Auch die beiden Franzosen sind zufrieden. Man muß die Stadt des Nachts sehen. Da werden die famosen dicken Mauern, die aus der einen Seite der Kathedrale einen mittelalterlichen Festungsbau machen, noch drohender, die dicken Türme bekommen noch mehr Masse. Das allzu Neue der spanischen Kleinstadt verschwindet, die alten Winkel scheinen neues Leben zu erhalten, die Menschen verlieren das moderne Kostüm, und man kann sich wer weiß wohin träumen. Und heute bei Tage sahen wir die schönste Kirche Ávilas: Santo Tomás. Hier hat die späte Gotik mal, weil sie sich mit einem Schiff begnügte, etwas ganz Monumentales geschaffen. Vermutlich, weil die vielen romanischen Muster der Stadt den Baumeister zur Einfachheit anhielten. Wieder zweifarbig, grau und rot. Die Gewölbe teilen sich über den Säulen wie ideale Palmen. Der Blick von dem Hochchor auf das niedere Marmorgrabmal des Prinzen, darüber der von der Sonne beschienene Retablo und darüber die Bogen –

unvergleichlich. Übrigens, das Grabmal des Prinzen, von Fancelli, eins der allerschönsten italienischen Werke in Spanien. Die Bilder des berühmten Retablo sind ein recht matter Reflex italienischer Vorbilder, wie alle Bilder Borgoñas und seines Kreises. Sehr schön die beiden Kreuzgänge, die uns ein entsetzlich schmutziger Mönch zeigte.

San Nicolás ist eine ins Barock verwandelte romanische Kirche mit ein paar hübschen Kapitälen. Recht traurig verunstaltet. Aber hier steht die kleine Läuse-Madonna, Santa Maria de la Cabeza. Vor soundso viel hundert Jahren wurde die Kopfhaut vieler Bürger und Bürgerinnen einmal ganz besonders von dem Ungeziefer heimgesucht. Die Priester rieten zur Madonna – was lag näher? und die Avilaner beteten. Beteten so gründlich, daß die Läuse wirklich weggingen, so behaupten die Chronisten. Und heute noch trägt manche Frau aus dem Volk, wenn sie es nötig hat, ihre Cabeza zur wohltätigen Senora, einem hübschen Püppchen, das wie eine Bäuerin aus Oberbayern Berghut und knappes Mieder trägt. Auf dem Pendantaltar derselben Kirche thront eine andere, viel reicher geputzte Madonnenpuppe. Zu der gehen die Frauen, die gern schwanger werden wollen. In Rom gibt es auch so ein viel verehrtes Püppchen, dem man die gleiche Wunderkraft zutraut. Auf dem holprigen Rückweg durch den armen Stadtteil Avilas kamen wir bei vielen Frauen vorbei, die mit Erfolg bei der pomphaften Madonna gewesen waren, aber wie es schien, noch nicht vor der anderen Erhörung gefunden hatten.

BURGOS, DEN 12. AUGUST.

Auch hier wird viel restauriert. Das ganze Innere der Kathedrale sieht wie eine Restauration von gestern aus. Es ist aber das Alte daran schuld, nicht die zudringliche Pietät der Gegenwart. Eine recht grimmige Enttäuschung. Merkwürdig, wie konsequent sich alle unsere außerhalb Spaniens gebildeten Vorstellungen von den Schätzen des Landes als Irrtümer erweisen. Ich hatte einen Höhepunkt der Architektur erwartet, wenn auch nicht der spanischen, ein Monument der Gotik, so etwa zwischen Chartres und Straßburger Münster, und das Äußere versprach, gerade weil man es, verbaut zwischen den Häusern und den Differenzen des Niveaus, nicht recht übersehen konnte. Um gleich einen recht starken Eindruck zu haben, gingen wir sofort hinein und fanden eine miserable moderne Prachtarchitektur reich gewordener Bourgeois, von der Gotik so weit entfernt wie die Gedächtniskirche im Berliner Westen von dem Romanischen, auffallend ähnlich den portugiesischen Bauten, die man in Lissabon gotisch nennt. Dieselbe plumpe Ornamentik spätgeborener Epigonen, denen es nicht gelingt, den Schmuck der Masse unterzuordnen. Die Strenge der Gewölbe und Bogen, die die Nerven des Baues sein sollen, ungeschlacht wie die Uhrketten am Bauch der Bierbrauer: die Pfeiler, die das vielgerühmte Oktogon tragen, wahre Monstren einer jeden Gefühls für Verhältnisse baren Kunst; nicht mächtig, sondern korpulent wie die Ehefrauen der erwähnten Bierbrauer. Das Platereske geht hier mit der Gotik eine zum Himmel schreiende Verbindung ein. Ich wundere mich, wie berühmte Reisende von Geschmack sich an diesem Krämerwerk erbauen konnten. Wir brachten es gestern nicht fertig, länger drin zu bleiben und uns das einzelne anzusehen, und gingen um die Kirche herum. Das Äußere, soweit es sichtbar ist, ist besser. Es gibt ältere Teile, und den neueren hat die Zeit geholfen. Die Verwitterung hat manchen Figuren das Aussehen echter Gotik gegeben. Man darf nicht zu nahe herankommen, sonst erweist sich oft als geringfügige Plumpheit, was man für monumental nehmen wollte. Das Ornament der Türme spielt nur in der Ferne. Es fehlt ganz und gar das Genie, das solche Details auch in der Nähe weich und biegsam macht, so daß es Körper, Linie wird, nicht Zacke bleibt wie diese groben Schnitzereien. Originell ist das Nichtkathedralhafte an der Kathedrale, der Festungsteil mit den gesunden Zinnen. Aber wie unendlich viel markiger und stattlicher ist das an dem Dom von Ávila! Es fehlt hier ganz, was alle Kirchen

Ávilas auszeichnet, die stolze eingesessene Eimpfindung, die zu Bauten wird. Man hat das Gefühl, daß diese umfangreiche Arbeit auf Bestellung von Fremden geliefert wurde, die sich nicht um das Aufbauen und Einordnen der gelieferten Dinge zu kümmern hatten. Die Gotik als Marktware. Ein Trost für unsere Zeit.

BURGOS, DEN 13. AUGUST.

Die Stadt ist nicht nur die Umgebung der Kathedrale, so schön ihr die Türme zumal von weitem, vom anderen Ufer des Arlanzón zu Gesicht stehen, sondern würde auch ohne die Kirche gefallen. Die Neuzeit hat die alte Anlage nicht verdorben, und was sie dazu getan hat, die schönen grünen Paseos, hilft dem Bilde. Es gibt vier oder fünf verzierte Plätze, die an der richtigen Stelle liegen, da, wo die Straßen zusammenlaufen und man einen freien Blick erwartet. Die Kathedrale scheint von einer gedankenlosen Masse erbaut, die Stadt von einem einzigen klugen Willen. Nicht mal der Stil der Kathedrale hat auf den Rest abgefärbt. Man findet eine Menge famoser Häuser aus der Renaissance diesseits und jenseits des Flusses. In der Calle de la Calera sogar ein paar stattliche Paläste. Den einen, die Casa de Miranda, hat man in ein Holzmagazin verwandelt. Der schöne Hof ist durch Vermauerung der Säulen ganz entstellt. Nur von oben erhält man noch einen Eindruck. Hier gäbe es etwas zu restaurieren. Leichte Arbeit, die sich lohnen würde. Für ein paar tausend Peseten wäre das ganze Haus zu kaufen und könnte ein Schmuckkasten werden. Aber die Leute verbeißen sich auf die Kirchen und verderben das Alte, statt es, wie hier nötig wäre, zu schützen. Sehr hübsch in der Nähe, an einem grünen Platz das Instituto, eine ganz schmucklose Fassade, die noch den Rest des Festungsstils zeigt, nur unterbrochen von dem Renaissanceportal, dessen Barock auf der schlichten Fläche eine dem Barock ganz ungewohnte Wirkung hervorbringt.

An der berühmten Cartuja de Miraflores ist der Weg dorthin, die breite schattige Allee, das beste. Die Kirche, von außen ganz passabel, ein Ableger der schlimmen Seiten des Doms, mit einer womöglich noch wüsteren Verschwendung sinnloser Ornamente. Ein Kind scheint den Altar aus gelungenen und wertlosen Einzelheiten zusammengesetzt zu haben. Dazu paßt das Renommiergrabmonument. Der Marmor ist zu Zucker geworden. Erträglicher das Grab des Infanten. Die Figur ohne die albernen Ornamente könnte reizend sein. Bei dem heiligen Bruno, sicher kein schlechtes Stück der naturalistischen Holzplastik, dachte ich an den von Houdon.

Auf dem Rückweg hielt sich die Kathedrale um so besser, je weiter wir davon entfernt blieben. Die Linie des Berges mit dem Kastell verlangt unbedingt die Türme des Doms. Sicher wurde von hier die Lage bestimmt. Als wir näher kamen, wirkte die Sonne wie Röntgenstrahlen. Man erkannte das Unorganische der beiden Haupttürme. Sie sahen wie spindeldürre Gerüste aus, nicht steinern, sondern aus Holz.

Das dicke Tor mit den dicken Königen, Arco de Santa Maria, ist urkomisch zu jedes Tageszeit. Jeanne machte respektlose Witze. Schade, daß wir nicht nach dem Kloster Silos können. Der Abt läßt keine Frauen ein, und an einem Tage ist es ohne Auto nicht zu machen. Der romanische Klostergang muß etwas haben.

SAN SEBASTIAN, DEN 14. AUGUST.

Schon vor Burgos wird Spanien nordeuropäisch, zivilisiert. Man sieht, wo die Leute das Brot hernehmen. Es gibt gepflegte Äcker, grüne Wiesen, Bäume. Die Städte scheinen zu blühen. Die Landschaft wird friedlich und idyllisch. Die Berge verlieren die Kahlheit, und es regnet wieder. In San Sebastián ist man beinahe in Frankreich. Es gibt sogar Boulevards und Pariser Koketten.

Mit uns im Luxuszug, der wie eine Heringstonne vollgepfropft war, denn morgen ist hier großes Fest, fuhren ein Madrider Rentier und ein junger, in Madrid lebender Maschinenmeister aus Bordeaux, der auf Urlaub in die Heimat ging. Er hatte Schwielen an den Händen und war wie ein Handwerker gekleidet. Der Spanier war ein echter Madrider Rentier, liebenswürdig, ein wenig dick, ein wenig unsauber und ein wenig ungebildet. Bordeaux hielt er für eine Hafenstadt des mittelländischen Meeres. Sie sprachen von den Sevillanos, den falschen Fünfpesetenstücken. Da ich auch die Tasche davon voll hatte, interessierte mich der Fall nicht wenig. Dieses falsche Geld unterscheidet sich von dem Produkt gewöhnlicher Falschmünzer durch seinen Silbergehalt. Es enthält genau soviel Silber wie die echten Duros. Die Fabrikanten begnügen sich mit der Differenz zwischen Silberwert und Währung, der etwa zwei Peseten beträgt. Im Anfang habe ich versucht, mich vor diesen Dingen zu schützen, da man schließlich von Rechts wegen bei hundert Duros zweihundert Peseten verliert. Aber ich merke bald, daß dieser Verlust nur fiktiv war, denn alle Welt nahm mir die falschen Duros mit derselben Geläufigkeit ab, mit der man sie mir gegeben hatte. Und ich verzichtete darauf, die Unterscheidung zu lernen. Der eine behauptete, die falschen zeigten Differenzen in der Prägung des Kopfes; die Stirnhaare des hübschen Knaben, der die eine Seite des Geldes schmückt, sollten nicht genau mit den echten Stücken übereinstimmen. Andere wiesen auf Differenzen der Wappenprägung. Legte man aber echte und unechte Stücke nebeneinander, so versagten die besten Experten, und es gab nicht zwei Menschen, die dasselbe Stück für echt oder unecht erklärten. Dieser Ansicht verschloß sich auch nicht die Bank von Spanien. Sie nahm alle Duros, soweit sie nicht aus Blei waren, barmherzig an, publizierte aber vor drei Wochen einen Erlaß, daß vom nächsten Sonntag keine Sevillanos mehr in Zahlung genommen würden. Den Sonntag war ich gerade in Madrid und verbrachte zwei Stunden bei meinem Friseur mit der Zahlung meiner bescheidenen Rechnung, da der Mann meinen Hundertpesetenschein nirgends gewechselt erhielt und ich mich weigerte, aus dem reichen

Schatz seiner Duros zu schöpfen. So machte es jeder. Da sich kein Mensch auskannte, verweigerte man die echten Duros so gut wie die falschen. Und da das Papiergeld nur bis zu fünfundzwanzig Peseten herabgeht, lief jeder mit ganzen Beuteln von Silbergeld herum. Am nächsten Tag stellten die Zeitungen aller Parteien einmütig fest, daß, wenn die Regierung auf ihrem Machtwort bestände, der Handel zusperren müßte. Sie bestand natürlich auch nicht, sondern setzte einen neuen Termin an, der in etwa zehn Tagen fällig sein wird. Wir werden die Entscheidung jenseits der Grenze abwarten. Denn ohne Sevillanos scheint mir das Land nicht wohnlich.

Dies ist ein echt spanisches Stückchen, geeignet, die größten Eisenbahnentfernungen zu kürzen. Wird es gehen oder wird es nicht gehen? Der Maschinenmeister, intelligent wie ein Affe und offenbar mit dem spanischen Wesen intim vertraut, behauptete, nein. Der Rentier war zuversichtlicher. Aber, meinte der Maschinenmeister, die Sevillanos sind ja mit den Stempeln des Staats gemacht, wie soll man sie da unterscheiden? – Dies kam mir einigermaßen grotesk vor. Mit den Stempeln des Staates? Das würde voraussetzen, daß der Staat selbst – die Anwesenheit des Rentiers aus Madrid verbot mir, den Gedanken zu vollenden. Der machte ein betrübtes Gesicht. In der Tat, es sei recht schwierig. Wieviel Sevillanos es wohl gebe, fragte ich. – Beiläufig, siebzig Millionen. Dann muß es freilich ein sehr mächtiges Unternehmen sein, glaubte ich bemerken zu müssen. Als der Rentier ausgestiegen war, meinte der verschmitzte Maschinist aus Bordeaux, dies sei das einzige rein spanische Unternehmen, das sich in Spanien halte. Die anderen gingen alle bankerott, wenn keine Ausländer dabei seien.

Es freute mich, meine gute Meinung von dem Volk bestätigt zu finden. Der Maschinist lebt seit fünfzehn Jahren in Spanien und hat nur mit der Arbeiterklasse zu tun. Die Leute sind durchweg ehrlich, vielleicht weniger aus Gehorsam vor den Gesetzen als aus Stolz. Gemeine Verbrechen sind seltener als wo anders. Freilich, schlechte Arbeiter. Sie arbeiten nur, um zu leben und des Sonntags im Wagen zur Corrida zu fahren. Mit dem Appell an ihre Generosität kann man alles von ihnen haben, sie sind gutmütig wie die Wilden. Aber sie sparen nicht. Niemand denkt an das Haus. Es fehlt der bürgerliche Sinn des Franzosen, der als Tagelöhner die Rentnerkarriere beginnt. Es gibt keine Mittelklasse. Und doch auch keine rechte obere Klasse, meine ich. Ben, Sevillanos! meint er verschmitzt. – Aha! – Ob es nicht ähnlich ist wie in Rußland?

Das Problem der Zukunft Spaniens scheint mir ebenso verzwickt wie das der Sevillanos und nicht viel einfacher als die russische Frage. Unsere populäre Vorstellung von dem stolzen Spanier wird nur noch von dem niederen Volke bestätigt, in weniger prächtigen, aber fast noch rührenderen Formen, als sie uns von der Überlieferung her bekannt sind. Die Ritterlichkeit der Aristokraten ist ein Don Quichotismus bedenklichster Art, der sich nicht mehr gegen Windmühlen und zu Verteidigung der Dulcinea, sondern gegen greifbarere Schätze richtet. Grotesk ist nur noch die moralische Unverfrorenheit, mit der man das durchlöcherte Prestige der Vornehmheit zu flicken sucht. Die Lage ist kompliziert, weil sowohl oben wie unten jeder bürgerliche Instinkt mangelt. Der Gedanke ist betrübend, daß sich das Volk des Restes von Generosität entwöhnen muß, um vorwärts zu kommen, und daß der neue Mittelstand, ohne den keine politische Entwicklung denkbar ist, nur aus der Vermischung der guten Teile des Volkes mit den fragwürdigen der oberen Klasse entstehen kann.

Unser Maschinenmann hat in der kurzen Zeit Geld genug verdient, um sich mit dem Luxuszug eine Frau aus Bordeaux zu holen. »Warum keine aus Madrid?« frage ich. Er lacht verschmitzt, sie hätten ihm zu viel Haare. Wenn sie sich frisiert haben, ist der Tag zu Ende. Alles steckt bei ihnen in den Haaren. Der Pot au feu ist für die Spanierin die gute Coiffure. Damit kann man doch nicht satt werden. Und es hat trotzdem keinen Schick. Sie sind häuslich, und es gibt sehr brave, gutmütige darunter, sie sind sicher gutmütiger als die Französin. Aber sie stecken noch ganz im Orient, wissen vom lichten Tag nichts – des vaches, quoi!

Heute zu Mariä Himmelfahrt hat San Sebastián sein Fest, den größten Stierkampf der Saison. Die Arena liegt prachtvoll, hoch über dem Meer, und ist nicht viel kleiner als der größte Zirkus Madrids. Der Menschentrubel auf dem Aufstieg zur Arena wäre in einem anderen Lande lebensgefährlich. Im Zirkus bleibt kein Platz frei, ich schätze fünfzehntausend Menschen. Trotzdem war er leer. Es fehlte die Sonne. Bei einem Haar hätte es geregnet. Und es fehlten die rechten Farben. Statt Mantillen und rotgelben Fächern – Pariser Hüte und Fächer von Duvelleroy, Kostüme von Paquin und Doucet. Im einzelnen alles viel schöner und zarter als in unserem knoblauchduftenden Tetuan, zumal die bessere Klasse der Parfüms ist wohltuend, aber das Ganze hat keinen Charakter. Das Publikum Guitrys paßt nicht in die Arena. Neben mir erzählte eine kleine, sehr delikate Frau ihrem Begleiter, wie schmerzlich ihr das Los Henris sei, der sich mit dem Crédit Minier eingelassen habe. Natürlich nur, weil Lucie so viel Geld gebraucht habe. Cette pauvre Lucie, elle est bien à plaindre! Es ist ja nicht nur der materielle Verlust allein, mais les circonstances un peu spéciales. O, er hat natürlich nichts Unrechtes getan, Henri ist der geringsten Undelikatesse unfähig, mais enfin! – Tiens, regardez donc ce pauvre cheval, mais c'est horrible! regardez donc! quels monstres! – prenez ma lorgnette, vous verrez mieux. Ne trouvez vous pas, qu'on est bien mal assis sur ces coussins?

Machaquito und Bombita teilten sich in die Ehren des Tages. Bombita ließ sein ganzes Repertoir mit der Capa los und tanzte ein paarmal im richtigen Walzerschritt vor dem Stier her. An Eleganz erreicht ihn keiner. Schon an dem Kostüm merkt man den wählerischen Menschen, und ich glaube, er ließe sich eher aufspießen, als sich mit einer ungraziösen Bewegung zu retten. Zur Feier des Tages machten die beiden Matadore bei je einem Stier die Banderilleros. Bombita spielte Fangmich mit dem seinen, lief ganz allein, die Banderillas in einer Hand, im Zickzack vor dem Stier her, immer so nahe, daß ihn bald die

Hörner berührten, und immer mit dem Rücken zum Stier. Es war unbegreiflich, wie er, ohne das Tier zu sehen, die Bewegungen berechnen konnte. Wenn man glaubte, nun würde der Stier zustoßen, drehte sich Bombita um, tippte den Stier mit den bunten Stäben auf den Kopf, und der Stier blieb verdutzt stehen. Man hatte dabei das Gefühl, das man sonst sooft bei den Stierkämpfen vermißt, daß lediglich die Gewandtheit gegen das Tier aufgeboten wurde. Manchmal blieb Bombita hart vor den Hörnern stehen, immer mit dem Rücken zum Stier, bog dann den Körper um ein paar Linien zur Seite und kam neben die Rippen des Stiers zu stehen, dessen gewaltiger Körper die zierliche Gestalt wie eine Woge umarmt hielt. Das Einstecken der Banderillas kam mehr als Nebensache hinterdrein. Der Stier ließ sie sich ruhig beibringen. Einem anderen Banderillero aber, dem Bombita das letzte Paar Speere überließ, machte derselbe Stier das Leben höllisch sauer. Beim Töten versagte Bombita wie gewöhnlich. Ich denke mir, daß das nicht anders sein kann. Dieser Mensch ist in seinem Beruf Künstler von nicht gewöhnlicher Originalität und sucht über die brutale Sphäre des Berufs hinauszukommen. Der Typus des modernen Künstlers. Er bricht die rationelle Regel der Überlieferung und findet neue reizvolle Details, die sein fragiles Künstlertum offenbaren. Aber er zersplittert sich, und wo es darauf ankommt, das Höchste zu leisten, wird er von der strengen Technik Machaquitos um zehn Längen geschlagen. Der war wieder mal prachtvoll, von einer nur das Notwendige glänzend realisierenden Technik. Er spielte nicht, sondern kämpfte, schnell und sicher. Bei dem Publikum aber, in dem diesmal die Laien noch viel mehr als gewöhnlich überwogen, war sein Erfolg viel geringer als der Bombitas, den meine Nachbarin wiederholt tout à fait gentil nannte.

Beim Baden tritt man auf Menschen. Die ganze Nation scheint sich hier zu waschen, und man wird mißtrauisch gegen das Seewasser. Trotzalledem ist San Sebastián kein Bad, sondern eine große Provinzstadt, die einen Strand besitzt. Kein Badeleben. Morgens wimmelt der Strand. Aber dann sieht man bis Abends zum Korso kaum einen eleganten Menschen. Die schöne Bucht mit den Bergen erinnert an manche südspanische Häfen. Das Meer erschöpft sich hier und in der Umgebung in der Erfindung von allen möglichen Arabesken. In Pasajes bildet es einen See, an dem die Häuser wie an einem malerischen Binnensee des Nordens stehen. Der See hängt durch eine winzige Enge, die man überspringen zu können glaubt, mit dem Meer zusammen. Wir sind tagsüber gewöhnlich hier oder in dem alten, famosen Fuenterrabia bei Hendaye, einer ins Wasser gesetzten Bergfestung, die von Hendaye wie ein Märchen aussieht. Leider konnten wir dort kein Quartier finden.

ST. JEAN DE LUZ, DEN 20. AUGUST.

Es war in unserem engen Zimmer in San Sebastian nicht auszuhalten, obwohl wir schließlich nur noch des Nachts dort waren. Hier sind wir in Frankreich. Die großen Hotels sind auch bis auf das letzte Plätzchen besetzt. Wir wohnen in einer Familienpension, haben schöne Aussicht aufs Meer, aber bei Tisch lauter ausgehungerte Lehrerinnen als Gegenüber, die sich vergeblich die Fülle anzuessen trachten, die ihnen die Natur versagt hat. Zweifellos, Spanien fehlen nur zu sehr diese Wesen, die geeignet sind, die Anzahl der Analphabeten des Landes zu verringern. Zwei dicke Mütter sind darunter. Sie sitzen den ganzen Vormittag vor unseren Fenstern am Strand unter ihren Sonnenschirmen und lassen die Füße vom Wasser bespülen. Ein Hündchen ist bei ihnen.

Hans und Langhans sind immer noch in Madrid. In der Woche kopieren sie treulich Greco. Sonntags gehen sie in die Arena. Hans meint, der Reiz für uns liege in der ungewohnten Manifestation des persönlichen Mutes, den das moderne Leben immer mehr unterdrücke. Ich weiß nicht, ob er recht hat. Statt persönlich müßte er körperlich sagen, und diese Körperlichkeit hat das Odium eines barbarischen Atavismus. Der persönliche Mut ist heute kaum geringer als zu irgendeiner Zeit, nur fehlt die Gelegenheit, sich physisch zu massakrieren. Aber die gestenlose Selbstopferung moderner Arbeiter steht womöglich noch höher, weil sie der Suggestionen ritterlicher Akte entbehrt. Unser Mut ist nicht mehr plastisch, daher nicht mehr schön im alten Sinne, da sich der überlieferte Begriff der Schönheit nur an das Körperliche heftet. Damit hängt die Modifikation aller ästhetischen Begriffe zusammen. Die Wirkung Bombitas oder Machaquitos profitiert vielleicht am meisten von unserer Armut an Gebärden.

Wir begnügen uns hier mit dem baskischen Ballspiel. Der Franzose Chiquito de Cambo ist gegenwärtig König der Pelote. Gestern kämpfte er, unterstützt von einem ganz jungen Landsmann, gegen drei der besten Spanier und schlug sie, wie er wollte. Es sieht prachtvoll aus, wenn die Kerls im Sprunge den Ball fangen. Der lange, korbähnliche Handschuh, mit dem der Ball aufgefangen und geschleudert wird, ist bei den guten Spielern kein Instrument mehr, sondern die verlängerte und verstärkte Hand. Unerhört ist die Beweglichkeit. Nach der halben Partie schien Chiquito vollkommen erschöpft. Kein Wunder. Denn während die drei Spanier ungefähr den großen Platz so besetzen konnten, daß der einzelne nicht allzu große Entfernungen zu durchlaufen hatte, um den von der Wand zurückgeschleuderten Ball zu fangen, mußten die beiden Franzosen zuweilen eine Strecke von dreißig Metern in ein paar Sekunden durchlaufen. Es kämen tolle Geschwindigkeiten heraus, wenn man die Leistung dieser paar Sekunden auf Kilometer und Stunden ausrechnete. Als sich die Entscheidung näherte, wurde Chiquito wieder munter. Er flog durch die Luft, selbst ein Ball, der, ich weiß nicht woher, neue Elastizität gewann. Dabei schrie er wie besessen, was ihm offenbar noch mehr Kraft raubte, während die anderen ihre Lungen schonten. Nach jedem Gang schien er sich aufzulösen. Die Glieder lagen weit von ihm wie die verbogenen Teile einer verunglückten Flugmaschine. Zuweilen schien es ausgeschlossen, daß er sich noch rühren könnte. Aber wenn der Ball kam, flogen die Glieder von selbst in die Höhe. Chiquito siegte mit fünf Points. Ein Herr neben mir, der seit zehn Jahren keinen Matsch Chiquitos versäumt, meinte, seine scheinbare Ermattung sei nur ein Trick. Er sei zuletzt noch so frisch wie am Anfang. Die drei Spanier sahen dämlich aus.

ST. JEAN DE LUZ, DEN 22. AUGUST.

Die Franzosen und Spanier, die das Pelotespiel betreiben, sind Basken. Außer dem Pelotespiel, das übrigens dem Namen nach französischen Ursprungs sein dürfte, und der vorsintflutlichen aber malerischen Art, ihre Zugochsen einzuspannen, ist mir kein besonderes Merkmal baskischer Kultur aufgefallen. Die Leute aus dem Volk sind gut gewachsen und auffallend beschränkt. Die Sprache, bekanntlich die älteste Europas, steht an Umfang auf der Höhe des Idioms der Hottentotten und klingt unartikuliert. Der »Chanteur-compteur«, der die Points beim Pelotespiel ankreidet, kräht wie ein Hahn. Die baskische Sprache hat keine Literatur hervorgebracht, aber es gibt eine baskophile Bewegung. Der Herr, der mir das Pelotespiel erklärte, ein geborener Katalane (aber, wie er sagt, im Herzen Baske), suchte mir das Ziel der Bewegung auseinanderzusetzen. Ich bin nicht recht klug daraus geworden und habe den Verdacht, daß es sich in Wirklichkeit um eine der dekorativen Reaktionserscheinungen handelt, die auch in nordischen Ländern ihre Blüten treiben. Tatsächlich sind die baskischen Provinzen der Herd aller reaktionären Umtriebe Spaniens. Hier haben die Karlisten die meisten Anhänger. Die Häupter sollen in St. Jean de Luz residieren. Die Pfaffen unterstüzten sie nach Kräften. Ignacio de Loyola ist nicht umsonst in der Nähe von San Sebastián geboren. Die Reisebücher des siebzehnten Jahrhunderts über Spanien sind sich alle einig, daß die Basken fromme Leute, aber gefährliche Burschen seien, denen man nicht weit genug aus dem Wege gehen könne. Sie raubten und mordeten noch wie in den frühesten Epochen des Mittelalters. Der Herr, der mir das Pelotespiel erklärte, meinte, das seien alles Erfindungen der Sozialisten. Die Basken seien noch heute die Erhalter des alten, wirklichen, echten Spaniertums. Wenn er des Deutschen mächtig gewesen wäre, hätte er sicher »bodenständig« gesagt. Hier sei das Volk noch kindlich und treu und habe tiefen religiösen Sinn. Außerdem interessiere er sich für Stickereien.

ST. JEAN DE LUZ, DEN 23. AUGUST.

Die Lehrer und Lehrerinnen unserer Pension machen uns das Leben so ungemütlich, daß wir den Eindruck unseres Speisesaals auf den ganzen Ort übertragen. Der Platz, wo die Leute ihre Zeitungen lesen, riecht förmlich nach Spießertum. Selbst die reizenden alten Häuser an dem Hafen sind verpestet, und wir werden auf den weitesten Spaziergängen durch das liebliche Gelände nicht den infamen Eindruck los. Zum Glück haben wir Freunde getroffen. Cossío hat sich mit den Seinen in einem Häuschen außerhalb der Stadt an der Chaussee nach Bayonne einquartiert, gerade weit genug vom Wege, um nicht von dem Staub und dem vermaledeiten Skandal der Autos gar zu sehr beunruhigt zu werden. Man steckt im Grünen und sieht die ganze Bergkette. Hinter dem Haus führt ein Weg zur Küste. Sie ist hier sehr hoch und fällt steil zum Meer ab. Das Wasser hat in dem Schiefer schnurrige Formationen ausgewaschen; wahre Gedärme der Erde, die, wenn sie nicht bespült sind, von der

Sonne gebleicht werden. Nachher hat man den kleinen Strand von St. Jean de Luz unten vor sich liegen. Zum Tee gab es dieselben wohlschmeckenden Plätzchen, die uns Frau Cossío immer in Madrid serviert. Cossío kam auf sein Steckenpferd, die Erziehung. Seine Schule geht ihm noch über Greco. Spanien habe es, meint er, schon zweimal erfahren, daß die Revolution von oben unmöglich sei. Man müsse von unten anfangen. Es gehe langsam, aber die Resultate könnten nicht ausbleiben. – Wenn es etwas Größeres als das Ziel gibt, das sich Cossío und seine Freunde gestellt haben, so ist es der Idealismus, mit dem sie dafür eintreten. Die Hingabe eines hochentwickelten Menschen für Zwecke, deren Einzelheiten ihn notwendig verzetteln müssen, grenzt an das Sublime. Ich erzählte ihm von unseren Leuten in der Pension. Er meinte, Spanien sei frei von dem schlimmen Bürokratismus, der die großen Ideen Frankreichs versande. »Freilich, wir haben überhaupt noch keine Beamten. Ich möchte, daß wir dahin kommen, tüchtige Beamte zu erziehen, ohne sie erst Bürokraten werden zu lassen.« – Ich brachte es nicht fertig, die Frage nach der Möglichkeit dieses Ideals aufzuwerfen. Es war ein wunderbarer Nachmittag. Vor uns lagen die Berge, so leicht in ihrer bläulichen Fülle, daß man hätte glauben können, sie wären mit den Händen wegzuholen.

.   .

BIARRITZ, DEN 24. AUGUST.

Die Pensionsmenschen haben uns vertrieben. Schließlich knüpften die Lehrerinnen mit den Lehrern Beziehungen an. Natürlich ganz gesittet. Leider! unsittliche Beziehungen sind immer diskreter und anständiger. In dem kleinen Speisesaal war ein Geschnatter, daß jeder Bissen zur Qual wurde. Außerdem wurde Jeanne ausfallend. Die ewige Angst vor einer Katastrophe war noch schrecklicher als die Spießer.
Der Bourgeois ist in allen Länder furchtbar. Wenn ich die Wahl habe, ist mir immer noch die deutsche Spezies die liebste. Sie hat

ihren Stil. Der deutsche Bourgeois ist der richtige Deutsche, und ich empfinde es wie eine Schmälerung unserer angestammten Rechte und wie etwas schlechterdings Anormales, wenn ich in anderen Ländern Individuen sehe, deren Denkart sich dem deutschen Spießer nähert. Sie erreichen ihn doch nicht, und es bleibt ein widerliches Gemisch. Die Bücher Maupassants geben mir Alpdrücken. Das Bourgeoistum ist bei uns reich und vertieft. Es entspricht den Notwendigkeiten unseres öffentlichen Lebens und des Daseins des Einzelnen, dem Gebaren unserer Politik, der Gesinnung der Leute, die uns regieren, und der Hingabe, mit der wir uns regieren lassen. Es steht mit allen sichtbaren Zeichen unserer Kultur in Einklang.

Cossío meinte neulich, alle Darbietungen deutscher Kultur hätten neben der Schönheit etwas Subalternes, das er nicht zu bezeichnen vermöge. Er suchte lange nach einem Wort und fiel immer wieder auf »pas chic«. – Selbst an dem Weimarkreis Goethes fand er etwas, das nicht »chic« sei. Ich fragte ihn, ob er vielleicht »gemütlich« meine, weil das Wort nur im Deutschen existiere. Aber das war es offenbar nicht. Sicher liegt das, was er meint, jenseits von moralischen Begriffen, obwohl es in der Genesis mit Moral zu tun hat. Die Entstehung des deutschen Spießers gäbe ein gutes Buch. Man müßte beim Mittelalter anfangen. Wie kommen die Franzosen, die Enkel der Leute von 1789, die Bürger von Paris, dazu, Spießer zu haben, die genau so verlogen, vertrackt und vertrocknet sein wollen wie die unseren! Man kann ihnen nicht die geringsten mildernden Umstände bewilligen. Der deutsche Spießer ist das Urbild der Gesundheit, er hat eine breite Brust, ist stark wie eine Eiche. Wo er hintritt, wächst kein Gras mehr. Der französische hat Pickel im Gesicht und schlechte Zähne. Er drückt sich in den Ecken herum und verbirgt seine Schande. Er ist, alles in allem, nun einmal nicht bodenständig.

Wir wohnen oberhalb des Port vieux, gleich an der Côte basque, weit genug vom Strand, und sehen auf den grünen Hügel mit dem Sémaphore. Rechts der Kessel mit dem Zentrum von Biarritz, von unseren Fenstern aus ein großes Loch, in dem alles mögliche sein könnte; links das Meer. Unsere Zimmer liegen im Parterre, wir haben einen kleinen Garten, der nur selten von den Hotelgästen benutzt wird, da der Haupteingang an dem Prospekt Miramar liegt. Wenn das Meer hoch geht, spritzen die Wellen zu uns herauf. Immer, selbst an ganz ruhigen Tagen, hört man das Rauschen. Es ist nicht so laut, um uns zu stören, und bestimmt genug, um zum Inhalt unseres Daseins zu werden. Morgens – ich stehe immer gegen fünf auf – steige ich, da die Haustür noch zu ist, durch das Fenster in den Garten und warte, bis der Tee fertig ist. Kein Auto, wenig Menschen. Der Trubel liegt jenseits des Hügels in dem Loch, und es ist ein behagliches Gefühl, zu wissen, daß drüben der Teufel los ist. Bis um elf arbeite ich gewöhnlich. Dann gehen wir hinunter, um zu baden. Es gibt keinen schöneren Strand: Er ist wie ein menschliches Gesicht mit vielen Falten und Fältchen, das lachen und weinen kann und alle möglichen Grimassen schneidet. Manchmal lacht und weint er gleichzeitig. Nicht die langweilige grade Linie des nordischen Strandbildes. Der große Strand vor dem Kasino, wo die meisten baden, ist die weite Bucht, wie man sie so oft auf der Halbinsel findet. Hier sind die Wellenbäder. Der Port Vieux geht schmal und tief zwischen zwei Hügeln ins Land hinein. Hier ist ruhigeres Wasser, gut für Schwimmer. Schließlich die riesige Côte Basque mit den felsigen Abhängen, die bis nach St. Jean de Luz und noch weiter reicht, vor dem Panorama der Pyrenäen. Hier baden und angeln die Träumer, die gern allein sein wollen. Die reiche Formation der Küste bringt es mit sich, daß man in Biarritz an einem Tage, in einer Stunde alle Arten von Meeren besitzt. Man kann sich gleichzeitig am Kanal, am mittelländischen Meer und an der Ostsee glauben.

Cossio begreift nicht recht, daß wir uns hier wohl fühlen. Ihm ist Biarritz zu mondän. Mir ist es gerade recht so. Wir haben es hier oben stiller als er an seiner Chaussee, und es ist ein eigenes Vergnügen, mit ein paar Schritten mitten im Badeleben sein zu können. Es sind fast nur Franzosen und Spanier hier, sehr wenig Engländer, fast gar keine Deutschen. Das Publikum ist kosmopolitischer als in Trouville und nicht so charakterlos wie in Scheveningen oder Ostende. Der Spanier zeigt sich gern, der Franzose auch, und beide bringen verschiedene Nuancen, die sich ergänzen. Der Luxus geht vom Pathetischen, das manche Spanier ins Groteske treiben, zu der raffinierten Diskretion des vornehmen Parisers. Und im Wasser sind sie alle gleich lustig und harmlos. Heute, nachdem eine große Welle über die ganze Gesellschaft hinweggegangen war, fragte eine niedliche Französin Jeanne, ob ihr das Schwarz von den Augenbrauen nicht weggewaschen sei. Aber sehr! sagte Jeanne, denn die Augenbrauen waren lichtblond geworden wie bei einer Norwegerin. Ein Herr bot aus einem eleganten wasserdichten Etui, das er am Gürtel trug, Ersatz an. Und wir bemalten uns alle. Dabei mußten wir immer aufpassen, nicht umzufallen. Die Wellen gingen so hoch, daß man, wenn man nicht hochhüpfte, unfehlbar umgeworfen wurde. Das Hüpfen bestimmt den Ton der Unterhaltung. Sobald man zuviel sagt, kommt die Welle. Die meisten Damen haben ihre Baigneurs. Auch Jeanne ist nicht zu bewegen, sich meiner Führung anzuvertrauen. Die Baigneurs sind derbe Kerle und machen Witze, daß man sie ohrfeigen könnte. Aber die Welle kommt.

Nachher, während sich Jeanne ankleidet, was immer ungefähr eine halbe Stunde länger dauert als meine Toilette, schaue ich auf den weißen Schaum, in dem die winzigen dunklen Gestalten der Badenden tanzen. Ein wenig weiter draußen im Meer liegen, vom Wasser bespült, ein paar Felsen wie groteske Ungeheuer. Unter dem Zeltdach vor dem Kasino ist es so voll, daß nur gerade ein schmaler Weg für die Leute bleibt, die zwischen den

Stühlen promenieren. Vom Wasser aus sieht die Terrasse wie das Deck des Kap Arcona aus. Die Stühle stehen kreuz und quer in fünf, sechs, sieben Reihen. Ich suche mir ein Plätzchen, wo es am dichtesten ist, zwischen weißem Tüll, weißem Battist, weißem Flanell, unter die Riesenhüte mit weißen Federn, zwischen die Fächer, und sitze in einer Wolke von allen möglichen Parfüms, durch die der Duft frisch gebadeter Haut durchdringt, und tue so, als lese ich die Zeitung. Um mich herum wird gestikuliert, geflüstert, geflirtet. Es ist wie ein zweites Bad, das auch sein Behagen hat. Manchmal glaubt man unter Wellen zu verschwinden. Die Nachbarinnen vergessen, daß man da ist. Ich beuge mich tief über meinen Matin, und sie plaudern, fächeln und kokettieren über mich hinweg. Dabei meine ich tausende der verschiedensten Empfindungen in einem Augenblick zu schlucken. Manchmal hüpfen wir alle ein wenig in die Höhe, wenn ein Kleid oder ein Hut, die sich lohnen, vorbei kommt. Und wie ein Wellengekräusel läuft die Kritik über das Geschehene durch die Zickzackreihen der Stühle, ohne daß etwas gesagt wird, ohne daß das Summen der Stimmen aufhört, ohne daß ich von der Zeitung aufsehe. Während die Gelästerte oder Gelobte irgendwohin sieht, wo gar nichts zu sehen ist, oder so tut, als ob sie mit dem Monsieur plaudere, der neben ihr geht und noch viel gleichgültiger tut als sie selbst; ein wenig hinter ihr, wenn es der Ehemann ist – notre mari – wie die unverschämten Baigneurs sagen. Durch die Reihen der Promenierenden drängen sich triefende Badeengel, die in ihre Kabinen wollen, Männer mit nackten Beinen und Armen in grellen Trikots, blonde und schwarze Gestalten in Bademänteln aller möglichen Art. Das Nackte reizt weder hier noch im Wasser. Das feuchte Element stärkt die Moral, und abends beim Kotillon im Kasino haben die Damen viel weniger an. Die Dicken tragen sogar Korsetts unter dem Badekostüm. Es ist eine stille Abmachung unter den Stühlen, niemanden im Badekostüm zu kritisieren, selbst wenn er auch noch so merkwürdig aussieht. Wir wissen, daß wir schließlich alle sterblich sind und vorhin selbst im Wasser waren.

Man darf dieses trockene Bad so wenig übertreiben wie das nasse, sonst wird es fade. Eine halbe Stunde ist es reizend.

Die Spanier sind der Natur näher als die Franzosen. Sie haben eine robustere Grazie. Ihr naive Art ist noch weniger gespielt. Die Allüre ist breiter, volkstümlicher, ungesucht. Sie sind unter sich viel weniger verschieden und erscheinen gesünder und kräftiger. Man sieht nie einen gebrechlichen Spanier. Selbst die Abgelebten, die sich vergeblich bemühen, am Strand die gestrige Baccaratnacht wegzuwaschen, haben etwas Starkes, etwas vom Hidalgo, in ihren verlumpten Gesichtern. Sie profitieren von dem Ungeistigen ihres Daseins und ähneln abgetriebenen Pferden guter Rasse, die nicht tot zu kriegen sind. Sie bewegen sich weniger als die Franzosen, geistig und körperlich. Man sieht den jüngsten Mädchen an, daß ihre Mütter, Großmütter und Urgroßmütter immer nur gesessen haben. Der Körper geht da, wo er sich bei der Pariserin zusammenzieht, auseinander. Es gibt entzückende Kinder, und hier sind sie wenigstens des Morgens, solange sie ihre Strandhöschen anhaben, nicht durch die lächerlichen Kleider verdorben, mit denen man sie in Madrid behängt. Selbst die Kinder unterscheiden sich in derselben Art von den französischen Babys. Sie sind natürlicher, freier von Kunst. Schon daß sie weniger selten sind, macht sie weniger preziös. In unserem Hotel wohnt eine Familie aus Barcelona, die nicht weniger als vier Knaben und drei Mädchen mitgebracht hat. Morgens, bevor sie zum Strande gehen, sammeln sie sich in unserm Gärtchen und machen einen Heidenskandal. Sie haben alle rote Flanellkleidchen, von dem Rot der Geraniumblüten unseres Gartens. Die Pickelfamilie aus Paris, so genannt, weil Vater, Mutter und Backfisch einen mit Pickeln besäten Teint haben, hat auch ein Baby von vier Jahren, ein sehr niedliches Mädchen, das bis jetzt von den Pickeln verschont geblieben ist. Am ersten Tag fing es mit mir eine geistreiche Unterhaltung an, kokett wie eine erfahrene Mondäne. Mit den spanischen Kindern, die sehr gut französisch sprechen, hat es noch kein Wort gewechselt.

Bedauerlich sind die Verschönerungen der Felsen. Ich ärgere mich jedesmal über die eiserne Brücke, mit der man den Rocher mit der albernen Vierge zugängig gemacht hat, und über die vielen Gucklöcher und Promenaden in den Felsengrotten. Dadurch bekommen die prachtvollen Steine etwas von der sächsischen Schweiz. Man glaubt schließlich, es wäre alles künstlich. Die große Fläche des Meeres, das Prachtornament der Brandung, macht das Kleine noch kleinlicher. Die Villen sind ausnahmslos scheußlich. Mehr nach dem Lande zu, an den Alleen zum Bahnhof liegen Paläste mit prachtvollen Parks. In einem der Gärten finden wir Frau und Fräulein Kersting aus Madrid und gingen mit ihnen Shopping. Biarritz ist eine ländliche Rue de la Paix.

Nachmittags waren wir in Bayonne. Der Dom ist nichts Besonderes, aber es tat wohl, endlich wieder einmal eine Kirche ohne Choreinbauten zu sehen. Den leeren Raum kann keine Pracht ersetzen. Dann im Musée Bonnat*. Es ist nur ein großer Teil der Sammlung hergekommen. Ich kannte sie von Paris her, als sie noch im Hause Bonnats war, und hatte sie wie etwas Außerordentliches im Gedächtnis. Das ist sie in dem gegenwärtigen Zustand nicht. Es müssen viele schöne Dinge in Paris geblieben sein. Leider hat der Geber seine eigenen massiven Schöpfungen dazugetan. Da die meisten Werke der anderen Maler Skizzen sind, sieht es fast so aus, als sei nur der Banalität unserer Zeit die Vollendung gegeben.

Eine seltene Freude hatten wir vor den Männerköpfen Rembrandts, zumal vor dem älteren der beiden. Wir feierten ein

---

* *Léon Bonnat* (1833–1922). Französ. Maler und Kunstsammler. (Anm. d. Verl.)

Wiedersehen. Nach langer Zeit war der Meister wieder bei uns, der einzige, den wir auf der langen Fahrt entbehrt hatten. Er erschien uns noch mächtiger, als wir ihn verlassen hatten. Sein Ernst dünkte uns gewaltiger als je und dabei vertrauter als alle Schönheiten dieser Reise. Unser Betrachten wurde zu einem Austausch von hundert Gedanken. In wirrer Folge brachten wir ihm alles, was wir erlebt hatten; unsere Enttäuschungen, unsere Zweifel und unser Glück über das unendlich reiche Geschenk, das uns in Spanien geworden war. Und trotzdem unsere Erzählung kreuz und quer ging und sicher nicht geeignet war, ein vernünftiges Bild des Erlebten zu geben, verstand er, was wir meinten, als wenn er dabei gewesen wäre, und wir erkannten, daß er uns auf der langen Fahrt nie verlassen hatte.

Die Skizzen von Rubens sind wahre Kleinodien. In dem Entwurf für das Gemälde in Lille scheinen die rosa Frauenkörper wie von selbst aus dem gelben Holz hervorzuwachsen. Die Skizze zu den Juden, die das Manna ernten, ist in Seide gewirktes Leben. Wenn sich die Leute, die Rubens' große Bilder nicht mögen, doch an die Skizzen halten wollten, ohne an irgend etwas anderes zu denken, und dann, wenn sie sie wirklich ausgeschöpft hätten, überlegen wollten, wieviel dieser Reize der Dekorateur trotz aller Vergrößerungen und Verbreiterungen in den Gemälden zu erhalten wußte! Und dann, wie viele trotz alledem dazu gekommen sind! Man überträgt zu fix auf Rubens alles, was man bei weniger Starken mit Recht gegen die Überproduktion sagen kann. Diese überlaufende Fruchtbarkeit muß uns Armen von heute verdächtig sein, aber sie gehört zu Rubens wie Ebbe und Flut zum Meere. Ich staune immer wieder über den Umfang dieses Herzens. Denn wahrhaftig, man fühlt es in jedem Bilde und Bildchen schlagen, selbst da, wo man nicht mehr im einzelnen die Hand des Meisters erkennt. Man redet von der Rubensschen Massenfabrik. Wer erfindet heute eine Kunst, an der hundert verschiedene Hände mitarbeiten könnten?

Die beiden Grecos des Museums sind nicht aufregend. Das große Porträt ist wohl nur in den Zutaten, in dem Weiß der

Hals- und Armkrausen, ganz intakt. Daß das Gesicht ein wenig übermodelliert wirkt, dürfte auf die Erhaltung zurückgehen. An den Händen sieht man deutlich die fremden Retuschen. Das andere Porträt, der kleine Kardinal, oder, wie Cossío meint, San Jeronimo, mit dem grauen Bart im roten Mantel, ist eine Wiederholung des Bildes der Londoner National-Gallery, ohne die Hände und das Buch. Das Typische Grecos beschränkt sich auf ein Diminutiv seiner gewohnten Wirkung. Es ist kaum mehr als ein größeres Miniaturbildnis, die Spielerei einer verlorenen Stunde, trotzdem charakteristisch wie alles, was ein großer Mensch zu schaffen unternimmt. Wenn es wirklich der Heilige sein soll, so ist es ein Hieronymus, der mit uns spazieren könnte und sicher über vieles anders außer seiner Heiligkeit Bescheid wüßte. Es könnte ein Gelehrter sein, der sich für Soziologie interessiert und im Begriff steht, ein entscheidendes Werk über die Reorganisation Spaniens zu veröffentlichen; mit einer Nuance von Ironie, die der Kühnheit des Gesichtspunktes förderlich ist. Das Museum ist reich an Bildern und mannigfachen Skizzen von Géricault, Delacroix, Ingres, Barye und besitzt sogar zwei Bildnisse von Degas. Also die rechte Umgebung, um den Modernismus Grecos nachzuprüfen. Nur das Kostüm seiner Leute verrät eine frühere Zeit; die Anschauung ist neuer als die aller modernen Meister dieser Sammlung. Und zwar neuer ohne Betonung des Aktuellen. Die Unseren scheinen sich um den Modernismus zu bemühen, der Greco selbstverständlich ist. Das Romantische der Romantiker unter ihnen hat einen leichten Anflug des Veralteten. Von Ingres sind außer zwei glänzenden Bildnissen und dem berühmten Oberkörper der Odaliske schlimme Banalitäten in Öl da, mit die schlimmsten, die er gemacht hat; aber auch eine Menge Zeichnungen und darunter drei der besten. Nie ist er mir so gekünstelt vorgekommen. Géricault pocht gar zu ungestüm auf seinen Eroberermut. Man fragt sich, wie er sich bei ruhigeren Motiven verhalten würde. Baryes Pastelle und Bronzen sind hübsche Bibelots. Die beiden Bildnisse von Degas, auffallend schlecht gewählt, zielen auf äußerliche Dinge. Von Delacroix leider nur belanglose Kleinigkeiten.

Es war mir auf einmal ganz sonderbar zumute. Ich hatte eine ungeheuerliche Sehnsucht zurück nach dem Prado. Womöglich würde jetzt alles, was mich früher entzückt hatte, so demprimierend auf mich wirken wie dieses traurige Museum schöner Reste.

Sicher, man hat hier nur Skizzen unserer Leute vor sich, und lange nicht die besten. Ich ließ im Flug die Pariser Sammlungen an mir vorüberziehen und bekam wieder Mut. Es handelt sich schließlich um ein paar recht willkürlich zusammengestellte Dinge. Unsere Meister, ein paar von ihnen, zeigen sich in Bayonne im Negligé, in einem Kostüm, das im siebzehnten Jahrhundert verpönt war. Das darf man nicht vergessen. Daran liegt es, daß sie neben Greco fragmentarisch erscheinen. So erklärte ich den Fall Jeanne, die wie gewöhnlich ihren Pessimismus herauskehrte. Sie sagte kaum etwas dagegen, aber ich bildete mir ein, sie widerspräche, und wurde deshalb immer energischer. Nun zählte ich die besten Géricaults auf. Das Bedenkliche war das Überhastete dieser Fragmente, von dem mir im Stillen selbst Delacroix nicht ganz frei schien. Dieser ganzen Kunst schien mir etwas Überanstrengtes anzuhaften, gegen das sich Ingres nur mit den größten Opfern zu wehren vermochte. Es rührt von dem Ungestüm der Temperamente her, sagte ich Jeanne und freute mich über den Einfall. Es war eine wirkliche Tröstung, als ich das Temperament gefunden hatte, und es wurde mir ganz heimatlich. Gewiß, es hat vielleicht keine Zeit so starke Temperamente hervorgebracht.

Neben dem Hieronymus Grecos hängt eine glänzende Skizze Goyas, die Kommunion des hl. Joseph. Sie zeigt alles, was ein Temperament zu geben vermag. Das Goyasche Bildnis des Herzogs de Osuna ist die fast mathematische Demonstration der Klippe, an der solche Temperamente scheitern. Über dem Hieronymus hängt ein wundervoller Poussin. Wieder fiel mir die paradoxale Beziehung zwischen beiden auf. Vielleicht beruht sie nur darauf, daß beider Wagnisse über die Grenzen des Temperaments hinausgehen.

Lieber Richard! Dein »Beitrag zur reinlichen Scheidung der Begriffe« wurde in einem stillen Winkel gelesen, Aussicht auf den Ozean und die drei Kronen, unser höchster Berg. Ich habe nach der Lektüre eine lange Weile auf den Ozean und die drei Kronen gesehen, darauf habe ich den Aufsatz unserem Thomas geschickt, nachdem ich zwei Sätze dick angestrichen hatte, und zwar mit Rotstift. Den ersten Satz, in dem Du den Zwecken der Kunst die Nachahmung der Natur ausziehst. (Sei dafür gesegnet!) Das wird er mit dem ihm eigenen Lächeln zu sich nehmen, es ausschneiden und bei passender Gelegenheit wieder von sich geben. Den zweiten, in dem Du die Kunst als eine Befriedigung von Freiheitsgelüsten proklamierst. (Dafür sei hundertmal umarmt!) Es hat mir fast ebensoviel Vergnügen gemacht wie Deine letzten Gedichte. Und damit will ich nicht Deiner Poesie, sondern der Ästhetik unserer Epoche etwas Unangenehmes sagen. Daß uns heute präzise Wahrheiten zu Kunstwerken werden, scheint mir ein bedenkliches Zeichen.

Thomas aber – ich habe mich in Granada mit ihm verkracht, schriftlich. Nun, das ist eine lange Geschichte. Ich meine, schließlich kannst Du nicht verhindern, daß Thomas Deinen Aufsatz liest. Er hätte es sowieso getan, obwohl er Professor der Ästhetik ist. Du kennst solche Menschen nicht. Jedenfalls kannst Du mir keinen Vorwurf machen, daß ich ihm die Sache geschickt habe. Nun also, Thomas – siehst Du ihn? Bitte, stell Dir sein feistes Gesicht vor, achte auf die rotgeschruppten Backen, sieh seine listig gezückten Schweinsaugen, mit dem Ausdrucke widerlicher Herzlichkeit – ach, Du ahnungsloser Dichter!

Erstens wird er Dir erklären, daß er unter Natur etwas anderes versteht als Du, und obwohl Dir das so gleichgültig ist wie die Ästhetik der Kaffern, wird er es Dir auseinandersetzen. Und zwar ausführlich. Wie gesagt: mich kann höchstens der Vorwurf treffen, die Sätze angestrichen zu haben. Sieht er darin eine persönliche Beleidigung, so kannst Du ihm mit Recht Mangel an objektivem Urteil vorwerfen. Übrigens bist Du vielleicht so gut, mir seinen Brief zu schicken, denn ich bin fest entschlossen, mir nicht mehr das Geringste von ihm gefallen zu lassen.

Deine Behauptung, die Natur sei ein künstlicher Begriff, wird ihm, wie ich ihn kenne, unsympathisch sein. Du wirst sehen, er wird das Wort brauchen. Unsympathisch und unnatürlich. – Achte darauf: unnatürlich! Es ist auch möglich, daß er unwissenschaftlich hinzufügt. Wenn er aber auf die Freiheitsgelüste kommt – o Richard, ich möchte dabei sein. Übrigens, dessen sei überzeugt; er wird nie darauf kommen. Ich will Dir auch den Grund sagen. Du hältst alle Formulierungen der Kunst, die auf die Natur zurückgehen, für verkehrt, weil es nicht angeht, den kleineren Begriff, die Kunst, durch einen weit größeren Unbekannten, die Natur, zu erklären. Weise wie Salomon! Ich ärgere mich, dies nicht auch angestrichen zu haben. Denn Du wirst sehen, er wird darüber hinweglesen, wie die Welle da vor mir über den Stein läuft. Nein, gerade weil wir das vermuten, wird er es nicht tun. Im Gegenteil, er wird sich daran festbeißen. Und nun wirst Du etwas erleben. Nun kommt er auf die Freiheitsgelüste. Liebster, Bester, Freiheit! siehst Du denn nicht, daß Du da einen noch viel größeren Unbekannten einführst? – Du meinst, unsere Landsleute vermöchten sich nicht das Richtige unter Natur vorzustellen. Ich glaube es wahrhaftig auch nicht. Aber, Menschenskind, Freiheit – was sollen sie sich denn dabei denken? Freiheitsgelüste! – sieh unseres Thomas ölige Stirn! Schließlich kann man nicht sagen, daß er schlimmer ist als die anderen. Sieh seinen krummen Rücken, seine krummen Beine und vor allem seinen ungeheuren krummen Bauch. Jetzt liegt er auf dem Sofa und starrt an die Decke wie die drei Kronen, unser dickster Berg, zum Himmel. Gleich wird er dichten.

Kehre zur Natur zurück wie Rousseau, sei friedlich und entsage der Manipulation mit Begriffen, die nicht nur unsympathisch, sondern im höchsten Maße undeutsch genannt zu werden verdienen.

Lieber Richard! Noch etwas. Es handelt sich um eine Wette. Ich weiß nicht, ob ich Dir mal von meinem niederträchtigen Wohltäter erzählt habe, der mir zwischen Eisenbahnstationen oder im Traume und auch bei anderen Gelegenheiten alle möglichen Wünsche erfüllt, meine Vermögensverhältnisse ergänzt, mir gangbare Romanstoffe, Jeanne Kleider stiftet usw. Er heißt Carnegie, ist aber noch viel reicher. Er besucht mich hier besonders häufig. Vermutlich weil wir immer das Meer hören. Denn offenbar hängt seine Erscheinung mit kaustischen Reizen zusammen. Wenn ich auf dem Métro in Paris fahre oder Hotelzimmer an der Straße bewohne, kommt er regelmäßig. Nun also, gestern Abend hatten wir im Anschluß an die Marokkogeschichte viel von den Möglichkeiten eines Krieges mit Frankreich geplaudert. In der Nacht war stürmische See, und da kam er. Er teilte mir mit, daß er gestorben sei und mir zwei Milliarden hinterlasse. Er hat schon tollere Sachen gemacht. Beim Frühstück heute früh stellten sich die ersten unangenehmen Folgen des plötzlich über uns gekommenen Reichtums ein. Ich muß Dir sagen, daß alle Gaben des Kerls in Unannehmlichkeiten mit Jeanne enden. Jeanne macht Ansprüche, die kein Milliardär zu befriedigen vermöchte. Außerdem waren es im Grunde unnütze Dinge, die uns nur unbequem geworden wären. Nun, ich will Dich mit Details verschonen. Wir zankten uns also gründlich, sprachen den Vormittag nicht miteinander, und um allen solchen Szenen in Zukunft aus dem Wege zu gehen, erklärte ich ihr beim Lunch en passant, ich hätte versäumt, ihr mitzuteilen, daß mir der Carnegie die beiden Milliarden mit der Bedingung geschenkt habe, sie für einen von mir zu bestimmenden nützlichen Zweck allgemeinen Interesses zu verwenden. Sie war natürlich außer sich, aß nicht mehr weiter, und darauf gab ich zu, daß bis zur Etablierung des bewußten Zweckes die Nutznießung der Milliarden uns gehören werde. Gesetzt den Fall, daß diese Etablierung, die schließlich allerlei Formalitäten mit sich bringt, ein Jahr beansprucht, würden wir durch unseren Freund Stern, der das Geld so lange verwalten sollte, mindestens sechzig Millionen Zinsen erhalten. Das kam ihr natürlich wie ein Butterbrot vor, und sie redete immer noch nicht mit mir. Beim Dessert fragte sie mich aber doch, was ich für einen Zweck hätte. Und nun kommt es. Ich beabsichtige, die beiden Milliarden zwischen Frankreich und Deutschland zu teilen. Und zwar anderthalb Milliarden bekommt Frankreich, die übrigbleibende halbe Deutschland. Mit folgenden Vorschriften für die Verwendung. Die fünfzehn-hundert Millionen für Frankreich erhält der französische Staat mit der Bedingung: a) die Hälfte für Befestigung der französi-schen Wehrkraft gegen Deutschland, b) den Rest für Erzeugung von Kindern aus französischen oder französisch-deutschen Mischehen legitimer oder illegitimer Art auszugeben. a ist einfach zu erledigen. Für b habe ich ein kleines Projekt ausgear-beitet, das ich Dir nächstens unterbreiten werde. Ich denke, den französischen Staat zwingen zu können, die Konfektion der Ehen nach englischem Muster einzurichten. Im übrigen Verlok-kung zur Kindererzeugung mit allen halbwegs mit der Staats-moral verträglichen Mitteln. Befreiung der Eltern bei bestimm-tem Nachwuchs von allen Steuern, Einrichtung großer Entbin-dungs- und Erziehungsanstalten. Verstaatlichung der Hebam-men usw. Die halbe Milliarde für Deutschland wird ausschließ-lich für Eisenbahnbillets und Reisebörsen für eingeborene Deut-sche beiderlei Geschlechts nach Frankreich verwendet. Für die Berechtigung zur Reise soll im Prinzip ein tadelloses Gesund-heitsattest genügen. Die Reisenden müssen mindestens einen Monat bleiben. Näheres unten. Die Reisebörsen zerfallen in drei Klassen: reichlich, mäßig, knapp. Bei einem Durchschnitt von fünfhundert Mark könnte man eine Million Menschen verfrach-ten und einen Monat unterhalten. Das Geld erhält natürlich nicht der Staat, sondern eine Kommission, deren Ehrenpräsi-dium mit einem anständigen Ehrensold Dir angeboten werden wird. Damit Du diese Andeutung nicht als captatio benevolen-tiae für die Wette, die Du entscheiden sollst, auffaßt, gestehe ich Dir hiermit, daß diese Wahl nicht von mir ausgegangen ist, sondern von Jeanne. Aus demselben Grunde enthalte ich mich aller Erläuterungen der Umstände, die mich zu diesem Projekt getrieben haben. Die Kommission wird die Wahl der geeigneten Reisenden zu treffen haben. Über die nach meiner Ansicht dabei zu befolgenden Gesichtspunkte habe ich ein kleines Exposé gemacht, daß Dir demnächst zugeht. Die einzige Bedingung, zu der sich die Reisenden verpflichten müssen, ist: kein Bierrestaurant in Frankreich zu etablieren. Sonst können sie sich beliebig ausleben.

Nun die Wette: Als ich Jeanne das Projekt mitteilte, gab es eine zweite Szene, in deren Verlauf mir alles Mögliche, unter anderem Mangel an Patriotismus vorgeworfen wurde. Ich habe das Recht zu konstatieren, daß sich Jeanne dabei von keineswegs patriotischen Erwägungen leiten ließ, sondern einfach dem Ärger folgte, nicht allein die beiden Milliarden zu erhalten. Ich hatte Gelegenheit, sie zu überführen, daß sie im Prinzip abgeneigt ist, irgendeinem Projekt ihre Billigung zu geben. Ihr Vorwurf wurde aber von einem Bekannten, einem Landsmann, aufgegriffen, dem sie in begreiflicher Aufregung die Angelegenheit mitteilte. Er ist Verehrer deiner Gedichte. Ich sage Dir das, obwohl ich keineswegs dazu verpflichtet bin, überzeugt, daß Du Dich dadurch nicht im geringsten beeinflussen lassen wirst. Ich habe gewettet, daß Du mein Projekt nicht nur nicht unpatriotisch, sondern durchaus patriotisch nennen wirst. Die Wette geht um zwanzig Francs, also schreib bitte umgehend.

BIARRITZ, DEN 15. SEPTEMBER

Mit Kerstings im Auto nach Cambo, dem Geburtsort Chiquitos, des Pelotemeisters, und Residenz Rostands, des Dichters der Sarah, mitten im baskischen Lande. Es war uns eine ganz neue Sensation, eine Landschaft ohne Meer zu sehen und mal wieder von Herzen heiß zu haben. Die beiden Spanierinnen litten unter der Hitze, obwohl es kaum fünfundzwanzig Grad im

Schatten war. Sie sind genau so wie die Russen, die immer kalt haben, auch wenn wir ohne Pelz ausgehen. Ich glaube, sie hatten sich uns zu Liebe geopfert, weil wir gern den Ausflug wollten. Die spanische Gastfreundschaft gibt es in der Welt nicht wieder. Cambo ist wunderschön. Man sieht von der Terrasse des Hotels in ein waldiges, kesselartiges Tal. Wir konnten die paradiesische Stille nicht begreifen. Das Rauschen des Meeres fehlte. Nach dem Lunch spazierten wir durch die enge Felsenschlucht der munteren Nive zu dem Pas de Roland, einem runden Loch, das sich der tapfere Kämpe mit dem Schwert in einen Felsen bohrte, um auf das andere Ufer zu gelangen. Über dem Felsen war ein Schild: Pas de Roland-Restaurant. Was Jeanne so übersetzte: Roland gibt es nicht, aber ein Restaurant.

Dann in einer flotten Tour mit dem Auto nach St. Jean de Luz. Eine Stunde lang an immer neuen Bergen und Hügeln vorbei. Hinter ihnen liegt Spanien. Es ist, als ob sich die Natur in den Pyrenäen mit Bergen erschöpft hätte, um die immensen spanischen Ebenen möglich zu machen. In St. Jean de Luz roch es immer noch so, und ich glaube, wir werden den Geruch nach Spießern noch in hundert Jahren wiederfinden. Wir wollten Cossío guten Tag sagen. Aber er war nach Pau gefahren zu seinem alten Lehrer Salmeron, dem Expräsidenten der gewesenen Republik, der in Pau seine letzten Tage verbringt und bedenklich erkrankt ist. Das Stück von St. Jean de Luz nach Biarritz war das schönste. Die Chaussee ist glatt wie ein Parkettboden, und der Renault machte achtzig Kilometer. Jeden Tag schimpfte Jeanne über die unverschämten Barbaren, die das Land mit ihren Maschinen verpesten und an den schönsten Dingen vorbeirasen. Es ist wohl weniger die Besorgnis um die Geistesarmut der Barbaren, denen so viel Herrliches und Göttliches entgeht, das der Fußgänger mit Muße betrachtet, als die Wut, zur Seite treten zu müssen. Jeanne mangelt der Philosophie in solchen Dingen. Ich habe sie schon auf den merkwürdigsten Rachegedanken während dieses auch mir nicht angenehmen Gefühls der Ohnmacht erwischt und habe mich stets vergeblich bemüht, ihre Empörung mit dem Appell an unser höheres

343

Menschentum zu schlichten. Sie hatte in St. Jean de Luz mit mir den Platz getauscht und saß nun neben dem Chauffeur. Ich sah, wie sie den Mann zu immer größerer Geschwindigkeit trieb, und brachte es nicht fertig, ihr zu widersprechen, was mir auch wohl wenig genützt hätte. Unseren spanischen Fahrtgenossen ging es ähnlich. Die Unterhaltung stockte, und wir hatten schließlich kaum etwas anderes gemein als den geheimen Wunsch, noch schneller zu fahren. Rechts lief die Kette der Pyrenäen, zur andern Hand flimmerte das Meer, das zuweilen hochaufschäumend hinter Felsen verschwand oder von Bäumen, Häusern und allen möglichen anderen Dingen verdeckt wurde und dann wieder eine lange Strecke neben uns blieb. Es war sehr angenehm, während rechts die Berge vorbeigaloppierten, an der anderen Seite eine ruhige Fläche zu haben, an der man sich festhalten konnte. Der Himmel war von tiefstem Blau ohne eine Spur von Wolken und vermischte sich in der Ferne mit dem Meer. Es gab im selben Moment nicht nur hundert Bilder, sondern hundert Bewegungen, und doch wurde man nicht durch die Eindrücke zerrissen. Aus der Vielheit entstand eine neue Form, die um so sicherer erkennbar wurde, je schneller wir fuhren. Aus den unregelmäßigen auf- und absteigenden Bergen machte die Geschwindigkeit unseres Autos eine einzige leicht bewegliche Wellenlinie, die dem Wasser ähnlicher wurde und der Größe des Firmaments besser entsprach als das Vielerlei der pittoresken Winkel. Die hübschen Einzelheiten, die wir früher als Fußgänger auf demselben Wege bewundert hatten, empört, daß die Leute in den Autos es nicht ebenso machten, erschienen uns jetzt als kleinliche Details, und das Gefallen daran wie niedrige Neugier. Aus den drei ewigen Einheiten, Erde, Himmel und Wasser, deren wunderbares Zusammensein uns nie zu Bewußtsein gekommen war, entstand eine neue Natur, viel einfacher, unendlich größer als die alte, von dem erhabenen Wurf einer Freske. Die Natur wurde Kunst, und wir wurden zu anderen Wesen. Die Bewegung schien sich immer mehr mit unserer Willenskraft zu einen. Sie entstand aus unserem Wunsche heraus, ohne daß wir uns regten, und sie steigerte, was früher Betrachtung war, zur dramatischen Teilnahme. Unser Sehen war nichts Passives mehr, für das wir willenlos unsere Retina hergaben, sondern Schöpfung. Wir glaubten Künstler zu sein.

Als wir langsam in Biarritz einfuhren, kamen wir uns wie Eroberer vor und sahen freundlich auf die Leute, die sich in die Gasse drängten, um nicht von unseren Pneus zerquetscht zu werden.

BIARRITZ, DEN 16. SEPTEMBER.

Man schuldet dem Auto ein Stück zeitgenössischer Seele. Das sagt man auch von den Eisenbahnen, von unseren großen Bazaren und von vielen anderen Dingen unserer Zeit. Aber man kann es vom Auto mit größerem Rechte sagen. Dies Vehikel ergänzt auf seine Art, was moderne Dichter, moderne Maler, moderne Musiker geschaffen haben, die notwendige Physiologie des heute Lebenden. Es nützt nichts, über den Schmutz, den Lärm und die Roheit zu schimpfen. Diese Vorwürfe treffen die Sache so wenig wie die Wutschreie der aus beschaulicher Ruhe erschreckten Fußgänger den Wagen, dem sie nachrufen. Die Beschaulichkeit ist unproduktiv. Wir haben keine schönen Briefwechsel, keine Idyllen, keine Kantaten und keine Lyriker mehr und dürfen sie nicht mehr haben. Denn sie nehmen uns nur den Platz für Dinge, die wir unbedingt haben müssen und die wir nur mit äußerster Anstrengung schaffen können. Goethe konnte sich über Diderots Impressionismus aufhalten. Diderot kam sehr früh. Er fuhr schon damals im Auto. Heute würde Goethe auch fahren, oder wir müßten ihn stehen lassen. Das Sträuben gegen notwendige Zeitformen ist immer nur die trübe Kümmernis der Leute, die nicht mitkönnen.

Der Fortschritt, der dem Auto verdankt wird, ist mehr als eine Mechanikerfrage. Es steckt ein kräftiges Symbol darin, womit ich nicht sagen will, daß alle die Herrchen, die sich ihre sechzig

PS leisten, daran teilnehmen. Nicht weil es dreimal so schnell fährt als der spanische Südexpreß, sondern weil es den Mechanismus der Zeit zerstört, aus dem es hervorgeht. Es führt uns zur Natur, und zwar nicht zurück, sondern vorwärts.

Wir haben noch oft den Weg nach St. Jean de Luz gemacht, mit allen möglichen Verhikeln. Am schönsten war es einmal zu Pferde im Sand der Düne, am Meere. Wir ritten bei Ebbe hin, es war schon spät. Wir wollten eigentlich nur bis Guéthary. Aber die Berge lockten. Es trabte sich so wunderbar in dem weichen Sand, daß wir uns beinahe einbildeten, immer so weiter bis nach Madrid kommen zu können oder doch wenigstens bis zum Escorial. Schließlich stellte sich heraus, daß auch Jeanne gern noch mal unten gewesen wäre. Mit alledem verpaßten wir die Zeit und mußten im Galopp zurück. Wir ritten immer hart zwischen Meer und Felsen. Die Gäule patschten stellenweise im Wasser. Wenn hohe See gewesen wäre, hätte es uns böse bekommen können.

Das war am 18. Und am 19. sind wir richtig morgens um sieben nach Madrid gefahren und kamen um Mitternacht an. Am nächsten Morgen überraschten wir Hans vor seinem Greco im Prado. Er ist sehr dünn, aber die Kopie ist gut geworden. Sie versöhnt uns ein wenig mit dem Gedanken, nach Berlin zurück zu müssen. Jetzt ist sie fertig. Statt vier Wochen, wie er hoffte, hat er vier Monate gebraucht. Er fand es ganz natürlich, daß wir da waren, und wir auch. Es kam uns so vor, als wären wir wieder zu Hause. Am 21. fuhren wir nach Toldeo, am 22. nach dem Escorial und gestern wieder hierher. Die Rückfahrt war melancholisch. Morgen wird Hans hierher kommen, und dann geht es nach Paris. So schwer ist mir noch nie eine Reise nach Paris geworden.

Mynheer und Frau holten uns vom Bahnhof ab. Der Brave hat ungefähr die ganze Zeit in Paris gesessen. Wir hielten es zuerst unter unserer Würde, ihm unsere Erlebnisse mitzuteilen, konnten aber schließlich doch nicht anders und kamen infolgedessen kaum zum Essen. Hans schwärmte von seinen tanzenden Zigeunern, ich von etwas anderem, Jeanne wieder von etwas anderem, und May von allem. Mynheer hörte behaglich zu und war, wie bei allen seinen Diners, sein bester Gast. Zum Kaffee rauchte er einen seiner schwarzen spanischen Balken. Es seien die besten Zigarren. Um zehn Uhr schleppte er uns in das Apollotheater. Wir kamen gerade zur »Gitanella« zurecht. Als Hans sah, daß es sich um spanische Zigeunertänze handelte, wollte er gehen, ließ sich aber zureden. Die Aufmachung war dem Boulevard angemessen, so spanisch und zigeunerisch wie Isadora Duncan griechisch. Das betonte Hans so lange, bis die Lola kam. Mynheer hatte sein bekanntes Lächeln. Diese Lola ist zum Unterschied von unseren Zigeunerkindern ausgewachsen. Es ist etwas anderes. Vor allem fehlt ihr das Kindliche. Der Neid muß ihr lassen, daß sie schön ist und es zu sein versteht. Sie trug ein prachtvolles rotes Kleid. Das wogte um ihre Brüste wie riesige Rosenblätter. Sie hat kohlrabenschwarze Augen. Die flackerten in den hochstehenden Backen wie Kerzen in barockenen Leuchtern. Etwas anderes. Auch der Antonio de Bilbao ist etwas anderes. Virtuosentum! brummte Hans, ein blödsinniger Kreisel! Denken Sie mal an den Kapitän. – Ich nickte, natürlich! konnte aber nicht daran denken, obwohl ich es als Hochverrat empfand. Denn nun kam auch noch dieser Faico. Hans gab das Schmollen auf. Mynheer schmunzelte. Unsere Zigeuner waren eben etwas anderes, vor allem waren sie dezenter. Ja, ja, lächelte Mynheer, das Dezente sei auch etwas sehr Schönes. Da entlud sich May. Wo war die Höhle mit dem Blick auf die Alhambra? – Lokalfrage, Madame! – Nein, nein, jamais! – Sie stieß uns wie hilfesuchend an, aber wir konnten nicht wegsehen. Wo war le mystère du rhythme, das sich aus den Wölbungen der Höhle auf die Glieder der Tänzer senkte und ihre armseligen Kleider in Prachtgewänder verwandelte? – Kostümfrage, Madame! – Mynheer dehnte sich behaglich in seinem Fauteuil. Aber May kämpfte mutig. Es war etwas ganz anderes, man konnte es nur so schnell nicht ausdrücken. Vielleicht konnte man es überhaupt nicht ausdrücken. Dies hier war wohl packend, vielleicht packender als die Tänze in der Höhle, unsere Tänze; aufregender, surtout pour des hommes blasés; pariserisch, das, was die Pariser überall sehen wollen, erotische Exzesse für voyeurs. Dieser Mensch da tanzte doch nicht, sondern verrenkte sich, sicher mit ungeheuer charakteristischen Bewegungen. Es war kein Tanz, sondern Erotomanie, sicher sehr phantastisch, aber mit den süßen Rhythmen der Leute in Granada nie vergleichbar, jamais, jamais! – Wir hörten sie nicht. Sie sprach immer weiter in ihrer leisen hastigen Art. Auch dann noch, als in der Pause die Diener das Publikum von den Sitzen drängten, um das Parkett für das Manöver des Drehbodens frei zu bekommen. In unsere Loge kamen andere Menschen. Wir mußten zusammenrücken. May schwieg. Plötzlich bewegte sich vor uns das leere Parkett. Der linke Teil senkte sich langsam, der rechte stieg ebenso langsam in die Höhe. Wir sahen in ein großes Loch. May war bleich. Mynheer erklärte, daß gleich an Stelle der Sitzreihe die Manege erscheinen würde für Madame Rose mit ihren zwölf dressierten Rappen. Grobe Klasse! Wir sahen zu, wie sich die Sitzreihen nach unten kehrten. Die Theaterzettel und was sonst auf dem Boden lag, flatterte in das große Loch. Dann gingen wir traurig nach Hause.

PARIS, DEN 1. OKTOBER.

In Toledo, im Prado und im Escorial waren es Renoir und Cézanne zumal, die uns die Erfassung Grecos erleichtert hatten. Und jetzt war es wieder Greco, der uns die Modernen teuer machte. Wohl erkennt man den Wurm, der ihre Nachfolger zerstört. Auch die Großen der Impressionisten haben nicht mehr die Fähigkeit Grecos, die Bilder so vollkommen wie er abzuschließen. Aber der Vergleich des Meisters des sechzehnten Jahrhunderts mit den Unseren wird ihnen trotzdem nicht gefährlich. Das Ziel ist so gewaltig, daß die Einsicht in die Gemeinsamkeit der Bestrebungen die Frage, wer es von ihnen weiter brachte, zum Schweigen bringt. Sicher, Greco steht über allen. Er ist wie Dante oder Shakespeare der Erfinder einer Sprache. Nie wird ein Künstler wieder je so große Dinge mit ihr sagen. Seine Erfindung übertrifft verhältnismäßig noch die Taten der großen Dichter, weil sie Entdeckung ist. Er hat ein Reich von neuen Möglichkeiten entdeckt. Nicht einmal er selbst vermochte sie zu erschöpfen. Und alle Generationen, die nach ihm kommen, leben in seinem Reiche. Zwischen ihm und Tizian, seinem Lehrer, ist ein größerer Unterschied als zwischen ihm und Renoir oder Cézanne. Und trotzdem sind Renoir und Cézanne Meister von unanfechtbarer Originalität, weil es nicht möglich ist, sich der Sprache Grecos zu bedienen, wenn man sie sich nicht immer wieder von neuem selbst entdeckt. Die sogenannten Modernen haben keinen besseren Ahnen, auf den sie sich als alte Meister berufen können. Es ist ein ungeheurer Gedanke, daß eines einzigen Menschen Werk die höchsten Kulturtriebe von Jahrtausenden – man kann ohne Übertreibung sagen, von Phidias bis auf unsere Tage – entfalten konnte. Den Menschen schmückt kein Beiwort würdig genug. Noch berauschender ist die Tatsache, daß er möglich war. Nicht die Tat, sondern die intelligible Norm der Tat ist anbetungswürdig. Man sollte glauben, daß jetzt niemand mehr die Alleinherrschaft einer Kunst, die mit gleichem Recht im Bilde Grecos wie im Bilde Renoirs den Namen Impressionismus verdient, anzweifeln könnte. Und was ist dieser Impressionismus schließlich anderes als die Kunst aller Meister, die um ihre Freiheit kämpfen.

Hofer hat den Abschied bekommen und zieht fort. Hofer war ungefähr der einzige Mensch, mit dem ich gern plauderte. Müller, Korn & Cie. haben die Klage gegen mich eingereicht, und Thomas hat wieder ein Buch über Kunst geschrieben. Der Kronprinz hat ein Patent auf Manschettenknöpfe genommen, und der Himmel ist wie ein Aschenbecher.

Auf meinem Tisch liegen Berge. Man hat nirgends Platz. Bekannte fragen mich nach Spanien, und ich erzähle von Spanien. Von den Stiergefechten. Sie lächeln interessiert: ja, ja, die Stiergefechte! Von den Zigeunern. Sie lächeln verschmitzt: ja, ja, die Zigeuner. Von Greco. Ja, ja Greco! Da lächeln sie noch verschmitzter.

Manchmal sitzen wir bei Hans. An der einen Wand hängt die Auferstehung, an der anderen das Bild aus Granada vom Sacro Monte. May trällert spanische Lieder, wenn sie nicht im Bett liegt. Sie kann das Klima nicht vertragen. Wenn sie im Bett liegt, sieht das schmale Gesicht mit der verwegenen Nase wie ein Engel Grecos aus. Mays Katze hat Junge gekriegt, und unseren Slugi hat ein Schlächterhund gebissen.

NACHBEMERKUNG DES VERLAGES

Unsere Neuausgabe der *Spanischen Reise* orientiert sich am Text der 1922 bei Rowohlt erschienenen zweiten Auflage. Der zeitliche Abstand hat uns dazu bewogen, Rücksichten auf »nachgeborene« Leser zu nehmen. Die Veränderungen, die unsere Edition im Vergleich mit der Vorlage von 1922 aufweist, beschränken sich auf die Schreibweise spanischer Eigennamen – »Velasquez« ist allerdings eine Konzession an den deutschen Sprachgebrauch – und auf die Korrektur von Ortsangaben verschiedener Museumsstücke und Kirchenschätze; ebenso haben wir auf Passagen verzichtet, die sich auf längst überholte Details des Kunsthandels beziehen. Auch die Anmerkungen sind im Interesse des Kunstreisenden unserer Tage eingefügt worden. Der Verlag dankt in diesem Zusammenhang besonders herzlich Frau Susanne Felkau und Herrn Dr. Gerhard Woeckel, die sich um die Revision der *Spanischen Reise* verdient gemacht haben.

REISEN UM GLÜCKLICH ZU SEIN

Jean Giono
In Italien um glücklich zu sein
Ein Reisebuch.
Aus dem Französischen von Peter Gan.
221 Seiten, Leinen.

Gionos Reisebuch stellt das in den Mittelpunkt, was sich viele Urlauber wieder unter »Ferien« vorstellen: zwanglos und ohne Zeitdruck das Land und vor allem seine Menschen zu verinnerlichen. Eine Wiederentdeckung unter den Italienbüchern, ein Vademecum für alle, die in Italien glücklich sein wollen.

Der große französische Schriftsteller ist durch Oberitalien gereist, aufmerksam, gelassen und zum Glücklichsein bereit. Nach wenigen Seiten hat der Leser nur den einen Wunsch: mit diesem Buch in der Hand nach Brescia, Verona, Venedig zu fahren!   FÜR SIE

Der List Verlag beginnt mit diesem Buch eine Serie von Reisebüchern, die alle mehr von einer »glücklichen Versunkenheit« handeln als vom Abfahren dreisterniger Sehenswürdigkeiten.   Willi Winkler,
SÜDDEUTSCHE ZEITUNG

List Verlag